紅神

韋拔群與
華南邊疆的
農民革命

韓孝榮 著

中華書局

目錄

中文版前言   *5*

導言   *9*

第一章   **邊疆少年 1894－1914**   *27*

第二章   **初出遠門 1914－1921**   *67*

第三章   **第一次暴動 1921－1924**   *95*

第四章   **再出遠門 1924－1925**   *117*

第五章   **第二次暴動 1925－1929**   *137*

第六章   **第三次暴動：地方革命融入全國革命 1929－1930**   *199*

第七章   **失敗：革命的生態和文化因素 1930－1932**   *263*

第八章   **作為國家與地方之間中介和紐帶的紅神**   *317*

結語   *353*

參考書目   *361*

地圖、照片

地圖一　東蘭的位置　29

地圖二　桂西北的左江、右江、紅水河、龍江流域　30

地圖三　當代東蘭縣地形圖　36

照片一　韋拔群的出生地東里村　51

照片二　北帝岩（列寧岩）　149

照片三　武篆魁星樓　220

照片四　武篆魁星樓邊的鄧小平和韋拔群雕像　223

照片五　東里村的紅神廟　324

照片六　香茶洞洞口　341

照片七　東蘭革命烈士陵園中的韋拔群墓　343

照片八　緊鄰東蘭縣革命烈士陵園的韋拔群紀念館　344

中文版前言

　　自 1980 年代進入學術界以來，我的研究興趣逐漸演變為中國與東南亞這片廣大區域內的三重互相關聯的重要關係，即知識份子與農民的關係、國家與少數民族的關係，以及中國與東南亞、特別是越南的關係。大體說來，1992 年前的八年間主要是在當時的中國社會科學院民族研究所學習和探討與民族史、民族關係和民族政策有關的一些問題；1992 年之後我開始關注越南北方的華僑華人，從而開始把民族關係，即作為越南少數民族的華僑華人與越南主體民族和政府之間的關係，與中國和越南之間的國際關係結合起來；1995 年轉入夏威夷大學後，我用五年時間完成了一篇有關二十世紀上半葉中國知識份子與農民關係的博士論文，但對於知識份子與農民關係這個新寵的喜愛，並未削弱我對於民族關係和中越關係這兩位舊愛的迷戀。

　　這三重關係的互相疊加和交織，帶給我的是間歇性的輕度困惑和無窮盡的自得其樂。

　　在學習華南和東南亞民族史和民族關係時，就曾接觸過韋拔群這位中國最大少數民族壯族的最重要代表人物，而此後在探究知識份子與農民關係問題時，又認識了作為二十世紀中國最有影響的農民運動領袖之一的韋拔群。在構成我個人學術世界的三重關係中，韋拔群是民族關係以及知識份子與農民關係這兩重關係中的核心人物，而他同時也是中越關係中的邊緣人物：他的故鄉廣西與越南接壤；越南是他到過的唯一的外國；他的一些追隨者在他遇難後曾長期在中越邊界一帶從事革命活動。

　　正是由於他與我所鍾情的三重關係的交集，韋拔群很自然地成為一位我希望能夠深入了解的人物。在 2003 年修改完博士論文之

後，我開始全力搜集有關韋拔群的資料，準備為他立傳。在其後幾年間，我曾經多次到廣西，其中三次到訪韋拔群的故鄉東蘭，最終得以在 2012 年完成書稿，並由紐約州立大學出版社在 2015 年出版。特別令我欣慰的是，2016 年 9 月我第四次前往東蘭去完成還願之旅時，能夠手捧韋拔群的第一本英文傳記在他的出生地東里村、他和鄧小平一起居住過的武篆魁星樓、他的遇難地今巴馬瑤族自治縣的香茶洞和他的埋骨之地東蘭縣城等處與他做隔世的精神交流。如果說在我剛開始把他當做一個研究對象來仔細考察的時候，還曾試圖在他和我之間保持一定的距離，以便我能夠保持一種永遠可望不可即的中立和客觀的話，在書成之後，一方面因為不再有所顧忌，另一方面由於對他已相當熟悉，我已能在想像中移除作為研究者的我與作為研究對象的他之間的距離，甚至常常能在想像中把自己拔高為「拔哥」的朋友。在東蘭期間，有時會設想的一個場景是：拔哥的在天之靈讀到了我書中的某個章節，然後高興地對我說：「這段寫得不錯」，或是氣呼呼地對我說：「這段你不該這麼寫！」

為拔哥作傳期間曾得到眾多師長、同事、朋友和家人的幫助。為了表達對他們永遠的感激之情，請允許我抄錄幾段英文版中的致謝詞：

眾多師友、同事和家人的幫助使得我對韋拔群人生和革命意義的長期探尋成為一段愉悅而有益的學習經歷，並使我能夠最終完成這本小書。

南寧的范宏貴和陳欣德以及河池的牙遠波都非常慷慨地與我分享他們的資料和見解。百色市委黨史辦和百色市檔案館都熱情地接待過我，而市檔案館韋咏梅的幫助特別重要。百色起義紀念館特許我在書中使用館藏韋拔群塑像的照片。在東蘭，縣黨史辦的黃好業、施傑泰、汪宏華和韋輝曾兩次接待過我，並與我分享他們撰寫和編輯的著

作。縣政協的王皓為我提供了重要而不容易找到的東蘭本地出版的書刊。

吳義雄和潘蛟的邀請使我能有機會與中山大學和中央民族大學兩校的部分師生就韋拔群研究進行交流。

Stephen Uhalley Jr.、Paul Hansen、Bruce Bigelow、李懷印和 David Mason 都讀過部分章節或整篇書稿，並與我分享意見和建議。與 Jerry Bentley（已故）、戴仁樹（Richard L. Davis）、Edward Shultz、黃興球和黃鸞的交流令我獲益良多。Monte Broaded、Antonio Menendez、Bob Holm 和 Scott Swanson 也為我的研究提供了重要支持。

巴特勒大學 Irwin 圖書館的 Susan Berger 通過館際互借系統為我借到大量書籍和文章。巴特勒大學寫作工作室的 Matthew Jager 細緻地校閱、編輯了全書初稿。

紐約州立大學出版社的兩位匿名評審人曾給予我深具啟發性和建設性的總體評論和具體建議。安樂哲（Roger Ames）和 Nancy Ellegate 對於我前後兩本書的出版都同樣用心。在本書印製過程中，紐約州立大學出版社的 Eileen Nizer、Jessica Kirschner、Ryan Morris 和 Michael Campochiaro 都曾給予及時而耐心的指導和幫助。

我的老師們，廈門的吳文華、北京的李毅夫以及夏威夷的郭穎頤和張寶林，總是毫無保留地給予我睿智的指教和慷慨的鼓勵。

夫人劉萌是初稿的第一位讀者，後來又通讀定稿，並提出諸多修改意見；弟弟永青多次幫忙購買舊書；兒子博寧讀過部分章節，同時也一直是一位出色的技術助理。

英文版出版以來，致謝詞中提到的吳文華、范宏貴和李毅夫三位老師已先後辭世。不能把本書的中文版親自送到他們手上，是一大

憾事。

　　本書基本上是英文版的翻譯，但從書名到內容都有一些改動。中文版與英文版的差別主要在於：其一，英文版中的一些錯誤在中文版中得到糾正；其二，中文版根據英文版出版後搜集到的一些資料做了一些修正和增補。我要對曾在翻譯過程中給予我大力協助的王藝璇、譚景輝和曾強，以及為我重新製作三幅地圖的張夢婷深表謝意，也要特別感謝李向紅、何雨蕾、陳元中、李寧等朋友在搜集補充資料時給予我的幫助。本書得以順利出版，也有賴於香港理工大學中國文化學系提供的研究資助。

　　老朋友林少陽是本書的重要推手。他的鼓勵和認可使我能夠積極地面對一些困難。我也衷心感謝周悅、張謙、黃彥對本書的厚愛以及劉蜀永和黎耀強的關鍵性支持。

　　需要特別強調的是，雖然上面提到的和一些沒有提到的人士和機構都為這本書的寫作、翻譯和出版提供了幫助，但本書的內容，包括書中的觀點和謬誤，都由作者本人負全部責任。

　　最後，我願把這本書的出版當作一位深深迷戀二十世紀中國的歷史研究者對於 2020 年東蘭脫貧、2021 年辛亥革命一百一十周年和中國共產黨建黨一百周年，以及 2022 年韋拔群遇害九十周年的一種紀念。

導言

這是 1932 年 10 月 19 日，黎明前的黑暗時分。

年輕壯實的韋昂，正坐在香茶洞洞底的一攤火堆旁，而這個山洞則坐落在中國南方廣西省東蘭縣西山地區綿延不絕的崇山峻嶺中的一個山坡上。此刻，跳動的火光不時映照出韋昂臉上的麻點——那是天花留下的印記。在他的腳邊，依次躺着他的母親、小老婆和妹妹。他們一家四口是為了逃避國民黨軍隊發動的對共產黨人的最新一輪武裝清剿而躲避在這裏。韋昂認為這個山洞足以保障他們的安全，因為它距離最近的道路已經足夠遠，而且洞口還被樹木和草叢遮蓋着。

香茶洞大約有三米深，洞底很窄。在與洞口相對的洞壁上，韋昂找到一處高出地面幾米的凹坑，面積不大但足夠被當作「臥榻」來躺着休息了。在這個「洞中之洞」裏支着一張用三塊木板拼湊起來的床鋪，兩個男人正在「床」上酣睡着。洞中氣溫太低，為了禦寒，他倆各自裹緊了厚厚的毛毯。

韋昂卻徹夜未眠，因為他需要為這兩名熟睡的男子擔任警戒。此外，他還必須面對一個艱難的抉擇。

這兩名男子中，有一個正是韋昂的叔叔韋拔群。他是以江西為根據地的中華蘇維埃共和國的中央執行委員，而中華蘇維埃共和國的主席就是毛澤東。除去這個主要具象徵意義的職務外，韋拔群還是中國工農紅軍右江獨立師的最高指揮官，也是右江革命根據地的主要領導人之一。比這些官式頭銜更重要的是，自 1921 年以來，韋拔群一直是東蘭農民運動最重要的領袖，也是整個右江地區乃至廣西全省最有名的革命者或「匪首」。

過去兩晚，韋拔群帶着他的警衛員羅日塊和韋昂一家躲在香茶

洞，但韋拔群和羅日塊已計劃第二天一早便動身前往鄰省貴州，以逃避國民黨人的追捕。

韋昂幼年喪父，而韋拔群一直「叔兼父職」，供他衣食溫飽、幫他娶妻成家，後來又帶他參加革命，並對他委以重任。有一段時間，韋昂還擔任過韋拔群的警衛員。

投身革命之後，韋昂的地位已經發生了一些變化，他不再是當初那個吃不飽穿不暖的農夫了，甚至還給自己討了個小老婆──這在當時是只有那些有錢有勢的男人們才能享受的特權。然而，韋昂想得到的遠不止這些。遺憾的是，韋拔群發起的革命，雖然曾經那麼勢如破竹、前程似錦，此時卻面臨着崩潰的邊緣。整個右江獨立師已被打散，革命領袖們要麼躲進山洞，要麼逃往他鄉，革命根據地的地盤已大部喪失，而根據地的中心區域也已陷入國民黨軍隊的重重包圍。韋昂覺得，革命已是生機渺茫，而韋拔群也不可能重新崛起。如果說，韋昂對在革命興旺時期曾給他帶來「好日子」的韋拔群曾懷過感激之情的話，那麼現在，他對這個害他陷入困境的叔叔卻已產生幾分怨恨。在他看來，堅持這場正走向失敗的革命不只會帶來麻煩，還會傷害很多性命。韋拔群的親屬們有不少已經被殺害了，而韋昂並不想成為下一個被殺的人。

為了徹底剿滅右江地區的革命，廣西省政府宣佈懸賞捕殺共產黨領袖們，而捕殺韋拔群的賞格當然是最高的，在 1931 年是一萬銀元，一年後更是漲到一萬四千銀元。這筆錢足夠讓韋昂和家人安度餘生。除此之外，韋昂還盤算着，他如果殺了韋拔群，國民黨就不會再把他當做共產黨，他就不只可以活下來，而且能夠享受一個守法公民可以得到的一切自由。他一刻都不想繼續待在這山洞裏了。

韋昂在那個寒夜所經歷的痛苦和猶豫源自於一種矛盾：一方面，他渴望金錢、生存和自由，另一方面，他內心裏還殘存着一絲對叔叔的親情。雖然在小老婆陳的伯等人的勸說和協助下，韋昂已經與駐紮在鄰近的武篆鎮的國民黨部隊達成交易，但他對於是否真要完成這筆

交易依然猶豫不決。韋昂還擔心，他若是殺了叔叔，那他就會成為眾人眼中的忘恩負義之徒和為求自保而不惜殺害親人的懦夫，而叔叔韋拔群那些還活着的部下則會認定他是叛徒，要他血債血償。「可是，拿了這些銀元，我就能遠走高飛，再也不回東蘭了」。這樣想着，韋昂在黎明之前終於決定下手了。他很清楚，幾小時內，叔叔就將逃離廣西，而且近期不會回來。太陽即將升起，叔叔和他的警衛員隨時都有可能醒來。韋昂知道他已經不能再等了。

據說數年後，已搬往柳州居住的韋昂曾對人說，他之所以最後還是決定對韋拔群下手，除了有人已向他允諾「不殺頭、給錢、給好地方住」之外，還有另外兩個原因，一是韋拔群殺過他的一位親屬，二是韋拔群已決定帶人去貴州找賀龍，但沒有叫韋昂一起去，讓他感到進退兩難。另外幾位參與設計謀害韋拔群的本地人也自認為與他有血仇。[1] 怨恨和復仇的念想把他們連在一起。

心意已決的韋昂慢慢起身，朝洞口的草叢中扔了幾塊小石頭，弄出一些聲響。床上的兩人沒有任何反應。韋昂又慢慢走到韋拔群身邊，輕輕說道：「叔叔，敵人來了！」韋拔群依然沒有反應。昨天以來，韋拔群就病得很重，睡覺時更是用厚毛毯裹住了自己的整個腦袋，以抵禦洞中的寒氣。因此，即使是醒着，他也不容易聽見任何聲響。床上的另一個人羅日塊，也因為連日的奔波而精疲力竭，此時還在夢鄉中。羅日塊只是個年方十五的毛頭小夥，連槍都沒有，與其說是警衛員，倒不如說只是個嚮導。[2]

在確定拔群叔叔和他的警衛員都還在沉睡之後，韋昂迅速抽出枕在叔叔腦袋下的手槍。他知道這把手槍已經上滿子彈。昨晚韋拔群

1　東蘭縣公安局：〈關於殺害韋拔群等烈士的反革命罪惡材料調查報告〉，1960 年 10月 27 日。

2　方大恒、鄒文生：〈左右江革命根據地的肅反保衛工作〉，《左右江革命根據地》（下），北京：中共黨史資料出版社，1989，第 1133 頁。

在床上躺下之後，韋昂曾提醒叔叔要把子彈裝好。「你的槍要上好子彈，防止火線（打仗）」，他這樣警告叔叔。韋拔群聽從了韋昂的建議，起身給手槍裝滿了子彈。[3] 此刻韋昂抽出的正是這把手槍。他使勁扣下扳機，對準叔叔的腦袋連射了兩槍，頃刻間結束了韋拔群的生命。

　　槍聲驚醒了羅日塊。他從床上一躍而起時，韋昂正將毯子從韋拔群身上拉開。羅日塊瞥見韋拔群鮮血淋漓的腦袋，立刻意識到他已經死了。羅慌忙往洞口方向逃去，但韋昂捉住了他的胳膊，然後用手槍抵住羅的腦袋，喝令他割下韋拔群的首級，並放進一個籮筐裏。隨後，羅日塊又不得不背起籮筐，向武篆鎮走去，身後緊跟着用槍指着他的韋昂。一路上，韋昂逢人便說：「我今天撩了拔群的頭，你們要看就去（武篆）。」[4]

　　當天早上七點左右，武篆的國民黨駐軍就收到了韋拔群的首級。在確認頭顱的主人的確是韋拔群之後，官兵們激動不已。他們決定把這個可怖的「戰利品」掛在他們團部駐地魁星樓的大門上，立即就有七百多位當地居民趕來圍觀。[5] 僅僅兩年之前，魁星樓還是韋拔群領導的蘇維埃政府的辦公地點。韋拔群的首級在抵達武篆之後不久，就又被送去東蘭縣城示眾。東蘭縣當局先是為首級拍照，然後又將它放入防腐液中以防腐爛。後來，省政府下令將韋拔群首級送往廣西省會南寧，以便省城居民「一睹為快」，「並認識其面目」。[6] 除了省會南寧，韋拔群的首級還被送往省內各大城市示眾。這場韋拔群首

3　　羅日塊：〈回憶韋師長犧牲前後〉，中共廣西壯族自治區委員會黨史研究室編：《韋拔群陳洪濤史料專輯》，南寧：2006，第 462 頁。

4　　同上，第 462 頁。

5　　覃彩五：〈東蘭痛史（下編）〉，左右江革命歷史調查組編，《左右江革命史料彙編》，第 3 輯，南寧：1978，第 259 頁。

6　　〈白副總座令將該匪首級解送來邕懸重賞購緝共匪黃大權等文〉，《南寧民國日報》，1932 年 10 月 25 日。

級的巡迴示眾，直到 1932 年 11 月底才告一段落。[7]

國民黨方面預測，韋拔群之死會讓東蘭及周邊的共產主義運動徹底消停。雖然他們知道韋拔群的許多追隨者都還活着，並可能試圖讓他的運動起死回生，但國民黨方面確信，就給他們製造麻煩的能力而言，這些追隨者沒有人能夠比得上韋拔群。共產黨方面贊同國民黨當局的判斷，認為韋拔群之死無疑是共產主義運動的一個巨大損失，而作為地方革命領袖，韋拔群是無人可以取代的。韋拔群死後，他的支持者中有許多人因為徹底喪失對革命的信心而放棄鬥爭，而另一些人，不僅永遠痛心他的死難，還更加堅定地繼承他的遺志，並以極大的熱情把他樹立為烈士和英雄。在韋拔群逝世三十周年之際，曾和他共事的鄧小平為這位老朋友寫了一長段悼詞。鄧小平形容韋拔群是「無產階級和勞動人民的英雄」、「名符其實的人民群眾的領袖」和「模範的共產黨員」。在悼詞結尾，鄧小平寫道：「韋拔群同志永遠活在我們的心中，他永遠是我們和我們的子孫後代學習的榜樣，我們永遠紀念他！」據說毛澤東曾說韋拔群「是壯族人民的好兒子，農民的好領袖，黨的好幹部」，周恩來也稱韋拔群「是全中國人民的英雄」。[8]

中華人民共和國成立以後，中國史學界特別是廣西史學界把韋拔群和另外兩位共產黨高級領袖彭湃和毛澤東相提並論，認為他們是中國共產黨早期的「三大農民運動領袖」。[9] 其實，在這三人中，按照時間順序，韋拔群可能是投身於農民運動的第一人。韋拔群早在 1921 年底就開始組織農民了，而彭湃 1922 年中才開始發動海豐的農民運動，毛澤東直到 1925 年才真正意識到農民的力量。在毛澤東的故鄉湖南省，起始於 1920 年代中期的農村革命是在都市革命運動

7　〈韋匪首級示眾和掩埋〉，《梧州民國日報》，1932 年 11 月 20 日。

8　黃現璠、甘文傑、甘文豪：《韋拔群評傳》，桂林：廣西師範大學出版社，2008，第518 頁。

9　藍懷昌、李德漢：《人民群眾的領袖韋拔群》，北京：中國青年出版社，2009，獻詞。

之後發生的。[10] 韋拔群也是最早發動農民暴力革命的領袖之一，他在 1923 年就組織了連續四次對東蘭縣城的攻擊，震動了廣西全省。有人認為，連毛澤東都承認，他在 1920 年代曾經向韋拔群學到過有關如何發動農民運動的一些經驗。[11]

對於東蘭縣當地的農民來說，韋拔群不單是一位革命者。在他們的意識中，韋拔群活着時是一位地方豪傑，死後則成為半人半神一樣的存在。韋拔群的敵人對他恨之入骨，不願放過他留在香茶洞的無頭屍身。當韋拔群的首級被送到武篆後，一群國民黨官兵來到香茶洞，將韋拔群的殘軀付之一炬，直到確定韋拔群已被從肉體上徹底消滅之後才離開。幾個月後，一群村民在一個黑夜潛入洞中，在灰燼中找到一些韋拔群的焦骨。他們隨後把這些遺骨埋葬在韋拔群故鄉的一處山腳下。為了防止國民黨方面認出和破壞韋拔群的墳墓，村民們便把它改建成一座神廟，並命名為「紅神廟」。韋拔群還活着時，他在當地的追隨者們就已經開始宣揚他的神力。韋拔群死後，他們就把他變成一尊真神。這是一尊紅神，而這尊神曾經是一位革命者。

部分地由於這種「神化」，村民們不斷地傳頌着有關這尊神靈的故事，使得那些一心想探尋真相的人們很難把歷史與神話分開。例如，韋拔群死後，關於 1932 年 10 月 19 日凌晨在香茶洞裏究竟發生了什麼，就有些眾說紛紜。有人認為，在韋拔群被謀害的時候，韋昂的母親、小老婆和妹妹都在洞中。也有人相信，當時只有韋昂的小老婆在場，或者這三個女人都不在場，因為她們當晚都住在武篆。有人聲稱，在韋昂朝韋拔群開槍時，羅日塊正在洞外站崗，但羅日塊本人卻回憶說他當時正睡在韋拔群的身邊。有人相信韋昂只向韋拔群頭部

10　Angus W. McDonald, *Urban Origins of Rural Revolution: Elites and the Masses in Hunan Province, China, 1911-1927*. Berkeley, CA: University of California Press, 1978.

11　黃現璠、甘文傑、甘文豪：《韋拔群評傳》，第 518 頁。

開了兩槍,也有人認為是三槍,甚至多達八槍。有人說,韋拔群在韋昂試圖掏出他枕着的手槍時就被驚醒了,並且曾經喝令韋昂放下武器,但大多數人堅持認為韋拔群是在睡夢中被槍殺的。有人相信韋拔群的頭顱是韋昂割下來的,也有人認為是羅日塊幹的——當然,是韋昂逼迫他幹的。不過,至少各種說法都認可一件事實,那就是:1932年10月19日凌晨,韋拔群被他的侄子韋昂槍殺在香茶洞中。對於韋拔群生活中的其他片段也存在着類似的爭議和共識。各種說法對於重要方面的描述往往趨向一致,但在細節上卻常常相去甚遠。

韋拔群是1920年代到1930年代在中國大地上崛起的眾多農民運動領袖之一。如果以出版物的數量來衡量的話,韋拔群比大多數其他農民運動領袖都更受中國學者和作家們青睞,但同時卻受到國外學者的忽視。有關韋拔群的中文著作的作者,大都來自廣西,其中很多是各級黨史研究部門的研究人員。他們為破解韋拔群生命中的眾多謎團以及收集和保存有關韋拔群的資料做出了重要貢獻。在國外,戴安娜·拉里(Diana Lary)於1972年發表的九頁論文,至今仍是有關韋拔群及其農民運動的唯一英文文獻,[12] 韋拔群的名字還曾出現在一些有關二十世紀廣西以至中國的英文文獻中。這是我決定寫作一部探討韋拔群及其革命運動的英文專著的原因之一,而在做出這個決定的同時,我也告誡自己要為作為人、而非作為英雄或神的韋拔群立傳,並把韋拔群的個人歷史與另外三個層面的歷史,即中國共產主義運動史、東蘭和廣西的地方史和民族史,以及二十世紀中國史融為一體。

我所依據的是四大類別的資料。第一類是韋拔群時代產生的資料,包括韋拔群本人的著作以及他的追隨者、敵人和第三方人員留下的演講稿、書信、詩歌、日記、新聞報道和政治文件。第二類是回憶

12　Diana Lary, "Communism and Ethnic Revolt: Some Notes on the Chuang Peasant Movement in Kwangsi 1921-31." *The China Quarterly*, 49 (1972), pp. 126-135.

錄和口述史。這些大多是在 1949 年之後記錄、收集和出版的。班國瑞（Gregor Benton）曾經令人信服地指出，雖然 1949 年以來出版的回憶錄有不少缺陷，但它們還是可以被當作史料使用，因為在某些議題上，除了這些回憶錄，就找不到任何其他資料；另外，只要方法得當，還是有可能從這些回憶錄中尋獲證據。[13] 第三類資料是神話傳說和民間故事，而這些也大都是在 1949 年後收集和出版的。最後一類是相關的中英文二手資料。儘管上述這些材料即使對同一事件也常常存在着不盡相同、甚至是完全矛盾的記載和看法，但它們依舊能在一定程度上相輔相成，重現韋拔群和他的農民運動的原貌。這些包含着不同的、甚至互相矛盾的記述和觀點的各類資料，都被用於重建一部或多或少前後連貫、首尾一體的有關韋拔群及其運動的歷史。

　　韋拔群一生中最重要的事件就是他的幾次走出東蘭和廣西的旅行，以及他在家鄉發動的幾次暴動。這些也正是本書的中心論題。那幾次旅行對韋拔群的革命生涯特別重要，是他人生各主要階段的分水嶺，因為每次旅行都促使他把革命推進到一個新階段。這幾次旅行不僅讓韋拔群學到了新的思想和方法，還使得他能夠與外部勢力建立聯繫和同盟，而這些外部勢力後來在他發動的東蘭和周邊地區的革命中發揮了重要作用。通過這幾次旅行，韋拔群把自己變成了地方、省與國家之間溝通的媒介。他把省內和國內中心地區的思想和文化傳播到地方，並促進了地方與省和國家的融合。他的這種中介作用是他能夠成為地方領袖的原因之一，而那幾次旅行對於他從鄉村少年到革命者、再由革命者到紅神的轉變至關重要。

　　旅行與革命緊密關聯，這是韋拔群與二十世紀早期其他許多革命者的共同經歷。其他許多革命者，特別是其中的共產黨人，都和韋

13　Gregor Benton, *Mountain Fires: The Red Army's Three-Year War in South China, 1934-1938*, Berkeley, CA: University of California Press, 1992, pp. xx-xxiii.

拔群一樣在農村出生，然後去城市接受教育，並接觸到革命思想。在成為政治活躍份子之後，他們又自願返回或是被派回自己的故鄉發動革命。例如，彭湃在日本早稻田大學接受社會主義思想之後，就回到家鄉廣東海豐開展革命。毛澤東在長沙和北京學習和工作期間轉變成共產黨人，並在1927年下半年被派回家鄉湖南領導革命。方志敏在南昌、九江和上海等城市完成了從學生和無業青年到社會主義者和共產主義者的轉變，然後返回家鄉江西弋陽組織農民運動。類似的例子舉不勝舉。韋拔群作為地方社會與全國中心區域之間的中介所發揮的作用，比大多數其他革命者更加重要和顯著，這主要是因為他的故鄉遠比海豐、湖南、弋陽以及大多數其他革命運動的發源地更加偏遠和隔絕。也正因如此，韋拔群的長途旅行，也比其他革命者的旅行更加艱難。更何況，大多數革命者都只經歷過一次這種可以改變人生的長途旅行，而韋拔群則經歷了三次之多。

韋拔群與同時代的其他農民運動領袖們還有另外幾點重要的相似之處。他從改革者向革命者的轉變，讓我們聯想到孫中山和其他一些革命者的類似經歷。與其他一些共產黨人一樣，韋拔群在確立共產主義信仰之前，也對其他激進意識形態產生過興趣；另外，他也經歷過一個逐漸激進化的過程，並因此導致了他與當地豪強的血腥衝突。與彭湃和其他許多革命者一樣，韋拔群出生於地主家庭，卻領導了一場反對自己家庭和階級的革命，而他的運動給自己的家庭帶來了巨大的損失。在每時每刻都要面臨的危險環境和他自願接受的激進的革命思想和方法的影響下，韋拔群同許多其他革命者一樣，變得有些殘酷無情。他還與同時代許多共產黨人一樣，具備堅定的決心和犧牲奉獻的精神，而正是這些品質，構成了周錫瑞（Joseph Esherick）所描述的對於共產主義革命的成功至關重要的「革命辯證法的主觀因素」。[14]

---

14   Joseph Esherick, "Ten Theses on the Chinese Revolution," in Jeffrey N. Wasserstrom, ed., *Twentieth-Centuy China: New Approaches*, New York: Routledge, 2003, p. 50.

韋拔群與其他許多共產黨人經歷過類似的實驗和事件，包括游擊戰、農業集體化、黨內衝突以及國民黨發動的一次又一次清剿運動。他是那個時代的典型的具有個人魅力並受人愛戴的農民領袖。同彭湃等其他革命者一樣，他最終成為受到當地農民膜拜的神靈般的人物，而他短暫的生命和殘酷的死亡，也是那個時代眾多革命者的共同命運。

韋拔群與其他農民運動領袖之間也有一些差別，而正是這些差別使他成為二十世紀中國革命家和改革家群體中一位相當特立獨行的人物。韋拔群出生於一個邊疆多民族地區，而大多數其他農民運動領袖都來自沿海和內地的漢族地區。韋拔群是壯人，他的支持者中有壯人、漢人和瑤人，他也因此需要處理大多數其他農民運動領袖都不必關注的民族關係問題。與他同時代的革命者，大都只熟悉中、西兩種文化傳統，韋拔群卻在壯、瑤、漢、西四種文化之間游刃有餘，並從所有這些文化傳統中吸取靈感和智慧。

主要由於東蘭的偏僻位置，外國勢力對於當地經濟和政治的控制不像在其他一些孕育了激進革命運動的區域那麼明顯。表現為反帝傾向的那種民族主義是許多早期共產黨人接受共產主義思想的重要原因之一，但這種反帝傾向對於韋拔群的思想轉變似乎沒有發生同等重要的影響。許多學者都強調，民族主義和社會革命是共產黨贏得民眾支持的兩大因素，[15] 但對於韋拔群的農民運動來說，社會革命的重要

15　關於這兩大因素的重要性，可參見 Frederick Wakeman Jr., "Rebellion and Revolution: The Study of Popular Movements in Chinese History," *The Journal of Asian Studies*, Vol. 36, No. 2 (1977), pp. 222-224; Kathleen Hartford and Steven M. Goldstein, eds., *Single Sparks: China's Rural Revolutions*, pp. 4-9, pp. 13-20. Armonk, NY: M. E. Sharpe, Inc. 1989. 相關著作還有 Chalmers Johnson, *Peasant Nationalism and Communist Power: The Emergence of Revolutionary China, 1937-1945*. Stanford, CA: Stanford University Press, 1962; Mark Selden, *The Yenan Way in Revolutionary China*. Cambridge, MA: Harvard University Press, 1971; Lucien Bianco, *Origins of the Chinese Revolution, 1915-1949*. Stanford, CA: Stanford University Press, 1971.

性遠超反帝民族主義，部分原因在於韋拔群領導的革命運動發生在日本全面侵華之前。1930年代初東蘭農民運動和其他共產黨領導的革命運動的失敗表明，雖然在某些地區共產黨人已贏得民眾的強有力支持，但共產黨領導的農村社會革命總體上還無力戰勝國民黨控制的都市中心。

　　韋拔群雖然是一位受過良好教育的知識份子，他卻主要是一位實幹家而非理論家。其他一些農民運動領袖，如共產黨陣營的彭湃、毛澤東、方志敏和早期的沈定一，以及非共產黨陣營的梁漱溟、晏陽初和後期的沈定一，都留下了有關農民運動、中國農村和其他國家大事的豐富著述，其中有些著作，如彭湃的《海豐農民運動》和毛澤東的《湖南農民運動考察報告》已成為有關中國農民革命的經典著作。[16]韋拔群卻只留下少量簡短的文稿和一些民歌，這為我們研究他的生平和思想增添了困難，也為他罩上一層神秘的光環。毛澤東曾笑稱：「韋拔群讀了半本馬列主義，紅了半個中國。」[17]顯然，在毛澤東看來，韋拔群不是一流的理論家，但卻善於把他所掌握的馬列主義理論

16　有關其他農民運動領袖的代表性英文著作包括 Benjamin Schwartz, *Chinese Communism and the Rise of Mao*. Cambridge, MA: Harvard University Press, 1951; Stuart Shram, *Mao Tse-tung*. Harmondsworth: Penguin, 1966; Roy Hofheinz Jr., *The Broken Wave: the Chinese Communist Peasant Movement, 1922-1928*. Cambridge, MA: Harvard University Press, 1977; Guy Alitto, *The Last Confucian: Liang Shu-ming and the Chinese Dilemma of Modernity*. Berkeley, CA: University of California Press, 1979; Robert Marks, *Rural Revolution in South China: Peasants and the Making of History in Haifeng County, 1570-1930*. Madison: University of Wisconsin Press, 1984; Fernando Galbiati, *Peng Pai and the Hai-Lu-Feng Soviet*. Stanford, CA: Stanford University Press, 1985; Kamal Sheel, *Peasant Society and Marxist Intellectuals in China: Fang Zhimin and the Origin of a Revolutionary Movement in the Xinjiang Region*. Princeton: Princeton University Press, 1989; Charles Hayford, *To the People: James Yen and Village China*. New York: Columbia University Press, 1990; Keith Shoppa, *Blood Road: The Mystery of Shen Dingyi in Revolutionary China*. Berkeley, CA: University of California Press, 1995; Ross Terrill, *Mao: A Biography*. Stanford, CA: Stanford University Press, 1999; Philip Short, *Mao: A Life*. New York: Henry Holt, 2000; Jonathan Spence, *Mao Zedong*. New York: Lipper/Viking, 2006; Maurice Meisner, *Mao Zedong: A Political and Intellectual Portrait*. Cambridge, UK/Malden, MA: Polity, 2007.

17　馬寅主編：《中國少數民族》，北京：人民出版社，1984，第504頁。

付諸實踐。研究農民運動的學者一般偏愛研究那些留下豐富著述的農民運動領袖，這可以理解，可是像韋拔群這樣的重要的實幹家也不應被忽視。

與其他中共早期農民運動領袖相比，韋拔群與中國共產黨的關係也比較特殊。雖然他最終成為一名共產黨員，甚至被國民黨人及大眾認定為共產黨領導人物，但有證據表明，他和中國共產黨的關係也並非總是一帆風順。一方面，中共領導人把他看作天然盟友，渴望借用他的名望和影響力，並按照共產黨的路線改造他的運動；另一方面，一些中共領導人因為對韋拔群過去的社會關係持懷疑態度，所以在他活着的時候，並不總是認可他的貢獻，有時也不支持他的行動。他在本地民眾中的威望似乎超過他在本地中共黨員中的威望，而他對於本地民眾的影響也遠超他對當地黨組織的影響。對於當地民眾來說，早期的韋拔群比共產黨更具有號召力，而在他的一些黨內同志看來，這既是一種資本，也是一種負擔。大多數中共農民運動領袖都是先接受共產主義思想，然後才開始從事農民運動，韋拔群卻在正式加入中共很久之前就已經是頗有名望的農民運動領袖了。與其他中共農民運動領袖相比，韋拔群更像是羅賓漢式的民間英雄，而非正統的共產主義革命者。這也部分地解釋了為什麼有關韋拔群的民間傳說要多過大多數其他農民運動領袖。韋拔群既有的名望以及他與國民黨等其他政治團體的關係，使得他在初期的革命活動中不需要過度依賴中共的認可和支持。

最後，韋拔群比同時代其他著名農民運動領袖都更加依戀自己的故鄉。雖然他後來贏得了全國性的聲望和影響，與外部世界建立了廣泛的聯繫，對外來的思想和方法懷有濃厚的興趣，也熱心關注國內和國際事務，但他的首要興趣卻始終在於改變自己的家鄉。他雖然去內地和沿海地區遊歷過，但每次遊歷的終點都是他位於邊疆的故鄉。他的全國性聲望在很大程度上源於他對於故鄉的奉獻，而他在贏得全國性影響之後，依然決定留在故鄉，甚至當故鄉對他來說已經變成危

險之地之後，他依舊拒絕離開，而這最終導致了他的死亡。

韋拔群在與其他農民運動領袖相比時所表現出的特性和共性，使他的生平和革命運動成為研究與中國革命相關的各種專題的絕佳案例。這些專題包括：中國的現代化及其對地方的影響；地方精英的轉型；知識份子和各類組織在農民運動和共產主義革命中的作用；中心與邊緣的互動；地方傳統、族群關係和生態環境對革命的影響，以及中國農村的社會經濟狀況等等。

本書的主旨是通過分析韋拔群所處的地方社會與國家的互動以及他在這種互動中的作用，來探討韋拔群的生平和革命運動。只有通過考察代表着地方、區域和國家的各種勢力和視角的結合和衝突，才能最好地理解韋拔群所經歷的重要事件和重要時刻，因為他正是邊疆與中心之間的中介。韋拔群和他的邊疆群體與當時的多重中心進行着持續的互動。從文化上看，位於中心位置的漢文化圈與處於邊緣地帶的少數民族文化之間存在着差異；從經濟上看，在沿海中心地區與由內地和邊疆構成的邊緣地區之間，以及在代表着中心的城市和代表着邊緣的農村之間，都存在着差距。從政治上看，中國當時的四分五裂，意味着韋拔群和他的追隨者們在不同時期不得不與不同的政治中心打交道，而這些政治中心包括舊桂系和新桂系政權，俞作柏、李明瑞的政府，蔣介石的南京國民政府，以及中國共產黨。這些政治中心，有的是敵人，有的是朋友。韋拔群對於處理東蘭與上述各個政府之間的關係都發揮了重要作用。

對東蘭與民國時期各政治中心之間關係的研究，有助於揭示韋拔群領導的農民運動與國內其他地區的同類運動之間的一些重要區別。與其他中共革命根據地相比，東蘭與各政治中心之間的互動具有兩個顯著特徵：其一，韋拔群和他的支持者們所面對的國民黨方面的敵人主要是廣西的國民黨地方政府，而不是南京的國民黨中央政府。海陸豐、中央根據地、鄂豫皖和其他根據地的共產黨人常常不得不直接與蔣介石南京政府派來的軍隊作戰，韋拔群和他的支持者們極少有

機會與所謂的中央軍打仗；他們的對手主要是廣西地方軍閥的軍隊。造成這種局面的原因之一就是：在民國時期的大部分時間內，蔣介石的中央政府都無法有效控制廣西。在這個意義上可以說，革命的東蘭與敵對的廣西省政府之間的關係深受國民黨體系內的中央與地方關係的影響；其二，與大多數其他革命根據地相比，在東蘭和右江地區，本地革命者與代表中共中央的外來共產黨人之間的關係更加和平。在中央根據地、鄂豫皖、湘鄂西、海南和其他一些根據地，共產黨革命力量的內部整合都曾導致殘酷血腥的自相殘殺，但東蘭和右江地區卻從未發生過真正的黨內清洗。

　　對中心與邊緣之間複雜關係的分析，也有助於將韋拔群和他的運動置於更宏大的國家背景中。東蘭雖然偏僻而孤立，卻從不曾與中國其他地區和世界完全隔絕。中心地區的思想、政策、技術和物品一般比較晚才能傳播到東蘭，但它們最終總是會到達東蘭並對地方社會發生影響。在面對外來刺激時，有些本地人就比其他本地人表現得更敏感、更積極，也更樂於接受新事物，而這就促進了本地社會的分化。如此看來，東蘭地方對於來自國內中心地區的影響的回應，與中國對於來自西方的挑戰的反應，也有相似之處。韋拔群一生的起起落落表明，在東蘭農民運動發展和消亡的關鍵時刻，外部因素比地方因素的影響更加重要。韋拔群在東蘭所能調動的民眾力量，足夠他用來戰勝本地的對手，但並不足以讓他對抗更為強大的外來敵人。他在1931年和1932年的失敗毋庸置疑地表明，在那個時刻，要在被反共勢力包圍的一個縣或幾個縣裏建設社會主義，是多麼艱難。

　　韋拔群的革命生涯和他所領導的革命運動清楚地表明，在近代中國，中心對於邊緣地區的確可以發揮巨大的變革性或破壞性影響，但如果我們因此就認為，邊緣地區永遠只能被動地接受中心地區的影響，則有違史實。在東蘭發生的一系列起義，把這個邊疆小縣變成了一個政治中心。革命把東蘭變成了與各級敵對政府抗衡的革命中心之一，以及左派和共產黨體系中的一個次級中心。在獲得這種雙重中

地位後，東蘭就開始對周邊地區發揮重要的政治影響。

在中心與邊緣關係這個最重要的主題之外，本書還探討了幾個次要主題，其中之一就是東蘭當地的暴力傳統及其對韋拔群所領導的農民運動的影響。東蘭和周邊地區在歷史時期所展現的暴力傳統是在幾個因素的影響下形成的。從宋朝到清朝初年，東蘭都由世襲的土司統治着，而土司的權威就建立在皇帝冊封的名號和訓練有素的私人軍隊之上。當中國大多數其他地區都已實行中央集權制度並由文官管治的時候，作為邊疆地區的東蘭則仍實行着由一個軍事集團掌控着的比較地道的封建制度，而這又催生了一種尚武精神。民族衝突，特別是壯人與瑤人之間的衝突，以及清末民初廣西猖獗的匪患，也促進了當地暴力文化的形成。這種根深蒂固的暴力傳統，對於韋拔群的革命而言，無疑是一把雙刃劍。革命初起時，這種暴力傳統使得革命者易於獲取武器並將當地村民變成戰士，還可以吸取封建軍頭、起義農民和土匪們流傳下來的戰鬥技能和策略。然而，韋拔群和他的敵人所表現的過度殺戮的傾向也可能與這種暴力傳統有關，而這種過度殺戮導致人口銳減、人心背離，並最終造成了經濟生產的衰落，加速了地方革命的失敗。

生態環境對韋拔群革命運動的影響也是本書關注的一個次要主題。與暴力傳統類似，東蘭及其周邊地區的生態環境，對韋拔群的農民運動來說也是一把雙刃劍。遍佈東蘭的丘陵山地和大量的隱蔽洞穴為韋拔群及其追隨者提供了天然的藏身之所，使敵人很難尋獲他們，更難「剿滅」他們。但這些山區耕地不多，人煙稀少，難以持續地為大批戰士提供補給。在革命的最後階段，當東蘭的山山嶺嶺陷入國民黨部隊的長期包圍之後，韋拔群不得不解散部隊以解決糧食不足的問題。其結果是，他手中不再握有一支戰鬥部隊，而失敗已不可避免。

東蘭多民族的人口結構使得民族關係順理成章地成為本書的另一個次要主題。儘管有人認為韋拔群的革命實質上是由漢人與壯人的對抗而引發的民族起義，但現有證據表明，東蘭及周邊地區的漢人和

壯人之間並沒有那麼深的敵意。在韋拔群的時代，壯人是當地的主體族群，漢人只佔少數，而且大都是貧苦農民。當地壯人的漢化程度很高，作為壯人的身份認同受到壓抑，所以像韋拔群那樣的本地壯人都認為自己既是壯人，也是漢人。直到 1949 年之後，被壓抑的壯人認同才得以重新綻放並得到政府的承認和支持，因此，韋拔群的身份才在他死後多年，由既是壯人也是漢人變成了不再是漢族的壯族。在壯人和漢人之外，東蘭和周邊地區還有第三個族群，即瑤人。瑤人才是那時當地真正的被壓迫民族，並因此成為韋拔群忠誠的支持者，積極地參加他領導的運動。從這個角度來看，雖然不應把韋拔群的革命降格為民族起義，但民族衝突確是韋拔群革命運動的一個促進因素。

本書的各章節都是圍繞着韋拔群的幾次旅行和他組織的幾次暴動來編排的。前兩章敘述了韋拔群發動革命前的歲月，講述他如何從一個鄉村少年變成一個叛逆者和革命者。年輕的韋拔群與他周圍的人們很不一樣，因為他極度鄙視權貴和社會現狀，渴望變革，並對外部世界和新思想深感興趣。早在他參與政治、開啟革命生涯之前，他在家中和學校就已經十分叛逆，而促使韋拔群變成叛逆者和革命者的因素則包括家庭的影響、當地的社會結構和文化傳統、現代文化的滲透，以及已經和正在發生的國內革命運動等等，其中尤為重要的是他的第一次走出廣西的長途旅行。

1921 年到 1924 年的三年間，韋拔群經歷了人生的第一輪大起大落，而這正是本書第三章的主題。1923 年，在三次攻打東蘭縣城都以失敗告終之後，韋拔群終於在年末推翻了縣政府，取得了第四次攻打縣城的成功。這是他第一次暴動的高潮，也使他成為一位在右江地區和廣西全省家喻戶曉的革命者。韋拔群的第一次暴動不僅體現了無政府主義、民族主義和共產主義的影響，也帶有鮮明的民間和地方傳統的印記，是他運用外來思想改造地方社會的初次嘗試。然而，他的成功並未持續多久。1924 年，他就被本地和外來的敵人打敗，並不得不離開東蘭。第一次暴動之所以失敗，一個關鍵原因就是，韋拔群

雖然得到了當地民眾的支援，但在省和國家這兩個層面卻未能得到強有力的支持。也就是說，地方因素和非地方因素對於他第一次暴動的成敗都至關重要。

在第四章，我們可以看到在第一次暴動失敗後的兩年中，韋拔群如何與國家層面的領袖們密切互動。雖然他名義上依然是國民黨員，但他也開始與共產黨人一起學習和工作，並更深入地去了解共產主義思想。畢竟這是第一次國共合作時期，而韋拔群正身處國共合作的大本營廣州。他過往從事農民運動的經驗以及他長期以來對農民運動的興趣，使得他易於接受共產黨人的思想和實踐。對韋拔群來說，這是一個養精蓄銳和接受再教育的時期。這兩年的經歷也確證和延續了他人生中的一個重要模式，那就是：每當在邊緣地區遭受失敗，韋拔群就會去中心地區尋求新思想、新方法，建立新的聯繫，尋找可能的支持者，同時等待時機以便回鄉實施改革或革命。

1925 年初，韋拔群意識到廣西的政治形勢已有所改善，於是決定重返東蘭發動第二次暴動，從而開啟了他人生的第二輪起落。本書第五章就是對第二次暴動的分析。第二次暴動比第一次暴動表現出更強烈的共產主義色彩。當 1927 年中，第二次暴動達到高潮時，沿海和內地的共產黨人正遭受着蔣介石國民黨官兵的攻擊和殺戮。東蘭這個邊疆地區的偏遠成為韋拔群的一種保護。然而，東蘭的偏遠只能延緩、而不能徹底阻滯國民黨的反共清剿。1927 年底，反共的清剿部隊終於到達東蘭，而韋拔群的第二次暴動似乎又註定要失敗了。

然而，韋拔群第二次暴動的失敗，竟被省內和國內發生的一系列巨變延緩了。1929 年初，俞作柏和李明瑞推翻了新桂系，組成了新的廣西省政府。他們決定與中共合作，而中共就把鄧小平和張雲逸等老資格共產黨人派往廣西，使廣西省會南寧成為共產黨的一個新基地。1929 年底俞李政權失敗後，廣西的共產黨人就決定移往桂西北的最大城市百色，而他們選擇百色的原因之一就是為了靠近韋拔群的根據地東蘭。來自南寧和東蘭兩地的革命者的結合不僅延緩了雙方的

失敗，而且造就了廣大而著名的左右江革命根據地。這是 1930 年代早期中國的主要蘇維埃根據地之一。外來老資格革命者的到來，促成了中共中央與韋拔群的地方革命運動的融合，而韋拔群的個人政治生命也因此徹底匯入更為宏大的共產主義運動中。第三次暴動既是韋拔群革命生涯的頂峰，也是廣西革命史的高潮。本書第六章以東蘭本地和外地的革命與反革命力量的互動為出發點，分析了韋拔群第三次暴動的成因。這一章還探討了位處邊疆的東蘭如何隨着韋拔群的聲名鵲起和他領導的農民運動的發展壯大而逐漸演變為一個革命中心，以及東蘭的農民運動如何影響到廣西乃至全中國的其他地區。

但外來的中共軍隊並沒有在右江地區停留太久。1930 年底外來的中共部隊離開之後，韋拔群就不得不獨自面對已在廣西捲土重來的新桂系軍閥的優勢武裝。由於無法獲取任何外援，韋拔群的部隊很快就被敵人打散。本書第七章試圖解釋韋拔群革命運動的失敗原因，並重點分析了革命失敗的生態和文化因素。

韋拔群作為地方與國家之間中介和紐帶的使命，並未隨他的逝去而終結。本書第八章着重討論身故之後的韋拔群如何被塑造成一尊紅神、一位完美的共產黨員和最偉大的壯族人。結論部分回顧了本書的部分中心議題，並試圖闡明在改革開放時代韋拔群的政治遺產如何被轉化成經濟資本。

第 一 章

邊疆少年

1894 —— 1914

　　韋拔群的出生地廣西省東蘭縣，從各種意義上講都屬於「邊陲」之地。東蘭縣距中越邊界不遠，在韋拔群生活的年代，從東蘭前往香港和廣州等地的旅客往往取道越南。這條線路韋拔群自己也至少走過兩次。廣西和越南的邊界之所以能被輕易跨越，部分原因是當時越南的法國殖民政府和中國廣西的軍閥政府都並不重視那段邊界。比起廣西，法國人把注意力更多地放在也與越南接壤的雲南，而廣西省政府則覺得，桂東和桂北都比桂南更重要。[1] 東蘭縣恰好又靠近廣西與雲南、貴州和湖南三省的邊界，並因此成為「邊疆省」裏的「邊疆縣」。

　　在十九世紀末和二十世紀初，東蘭完全符合中國人想像中典型的「邊疆」的形象。首先，東蘭是一個多民族聚居的地區。佔當地人口數量最多的是土人，也叫壯人，而韋拔群就屬於這個群體。壯人的祖先在不同時期和不同地域曾經有過不同的名稱，如越、百越、駱越、西甌、烏滸、俚僚、俍人等等，他們一度佔據了華南的大片土地，但到二十世紀初期，壯人的中心地帶已經萎縮，只剩下桂西一帶和雲南的一小部分。桂西的壯區可依流經當地的四條河流劃分為四個區域，而這四條河流對流域內壯人的生活和認同都有深刻的影響。這四條河流，從北向南分別是龍江、紅水河、右江和左江，而它們都流入珠江幹流之一的西江。韋拔群的故鄉東蘭縣就位於紅水河河谷地帶，通常被認為是大右江地區的一部分。

1　Diana Lary, "A Zone of Nebulous Menace: The Guangxi/Indochina Border in the Republican Period." In Diana Lary, ed., *The Chinese State at the Borders*. Vancouver: University of British Columbia Press, 2007, pp.183-190.

地圖一　東蘭的位置

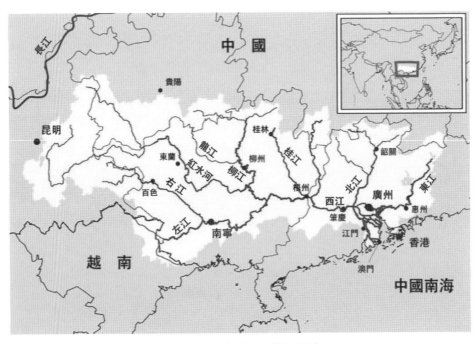

地圖二　桂西北的左江、右江、紅水河、龍江流域

壯人有自己的語言，但書寫時卻主要使用漢字。壯人的一些傳統習俗，在漢人眼中有點離奇。例如，壯人婦女不纏足，不論男女個個都喜歡唱歌跳舞，而歌舞的才藝，為一般漢人，特別是儒家文人所輕視。壯人的歌會，一開就是幾天幾夜，山歌的主題和內容極其豐富，有的歌頌愛情，有的讚美親情，有的講述神話和英雄豪傑，有的傳播信仰，更有關於耕地、旅行、捕魚、狩獵、放牧、建屋等與日常生活息息相關的內容。正因如此，在華南地區崛起一位遠近馳名的壯人「歌仙」劉三姐，也就一點都不奇怪了，而韋拔群的故鄉東蘭武篆也是有名的「山歌之鄉」。[2] 還有一點讓傳統漢人學者頗為費解的是，某些地區的已婚壯人婦女會繼續住在娘家，直到生下第一胎後才搬去婆家。有漢人學者認為，壯人男子暴戾記仇，且喜歡遊手好閒，總是讓妻女在外替他們艱辛勞作。[3] 雖說對壯人男子的這種印象無疑是一種偏見，但壯族婦女確實非常勤勞。在東蘭，已婚婦女在搬進夫家前，就要在春天來臨時在夫家附近的山上種棉花，以顯示自己是幹農活的能手。[4] 最讓一些漢人學者感到無法接受的是，壯人婦女生產後，丈夫會呆在家裏陪着孩子，佯裝是他生了孩子，而剛剛生完孩子、身體還很虛弱的妻子則必須去做水田裏的農活。[5]

漢人和壯人之間還有其他或大或小的差異。例如，漢人的房子一般建在地上，而壯人卻把房子建在木柱上，上層住人，下層圈養動

2　已結集並非正式出版的東蘭山歌有韋文俊、馬永全編：《東蘭歌謠集》，東蘭：1987；莫鋒、韋正健主編：《廣西山歌：廣西山歌之鄉東蘭縣武篆專刊》，廣西山歌學會，2011；有關劉三姐的記述和研究，可參見劉錫蕃：《嶺表紀蠻》，上海：商務印書館，1934，第 166－167 頁；潘其旭：〈歌仙劉三姐的產生是歌圩形成的標誌〉，唐正柱編：《紅水河文化研究》，南寧：廣西人民出版社，2001，第 529－552 頁；Eddy U, "Third Sister Liu and the Making of the Intellectual in Socialist China," *The Journal of Asian Studies*, No. 69 (2010), pp. 57-83.

3　劉錫蕃：《嶺表紀蠻》，第 39－40 頁；黃現璠、黃增慶、張一民：《壯族通史》，南寧：廣西民族出版社，1988，第 658－659 頁。

4　覃劍萍：〈墾荒植棉〉，唐儂麟編：《桂海遺珠》，上海：上海書店，1994，第 148－149 頁。

5　黃現璠、黃增慶、張一民：《壯族通史》，第 20－21 頁。

物。又比如，漢人和壯人都崇拜龍，但壯人還崇拜蛇和青蛙。信仰方面，漢人信奉儒、道、佛三教，而壯人也信儒、道，但對佛教就不太熱衷。又如，壯人喜嚼檳榔，並會奉行一些獨特的喪葬習俗。[6] 在儀式和慶典上，漢人敲木鼓，壯人則偏愛銅鼓，東蘭也被稱為「銅鼓之鄉」。即使在今天，每個村裏都有自己收藏的銅鼓，而居住在紅水河沿岸的東蘭人尤為鍾愛銅鼓。村民們常會在附近的山頭舉辦擊鼓大賽，常常是數天之內，銅鼓之聲不絕於耳。[7]

在東蘭，政治和經濟大權都由漢化的壯人精英掌控着，而一般從事農耕的壯人平民則居住在山谷和盆地。東蘭的大多數地方官員都是壯人，瑤人和漢人是東蘭的兩個少數民族。東蘭的瑤人又分成兩個群體，即土瑤和番瑤。土瑤於元、明時期遷入東蘭，而番瑤則晚至清代才來到這裏。[8] 儘管大多數民族學家認為，壯人比瑤人更早在東蘭定居，但也有一些當地人認為，瑤人才是東蘭真正的土著，他們後來被來自北方的官兵驅趕上山，而這些北方來的官兵就成為東蘭壯人的祖先。當地的許多神話傳說都試圖描述和解釋瑤人是如何失去平地的。瑤人的一個流傳甚廣的故事說到，壯人初到東蘭來搶奪平地的時候，壯瑤兩個群體達成一項協定，就是讓平地自己來決定它的歸屬。瑤人率先向平地喊話，但平地沒有回應。等到壯人發問時，卻立刻獲得了平地的肯定答覆。結果，這片平地就歸壯人所有了。瑤人後來才明白，原來壯人事先已派人藏匿在平地附近，平地的那聲肯定答覆實際上是來自於這個壯人。[9]

土瑤通常居住在壯人聚居區附近，有些甚至和壯人雜居一處。

6　同上，第 706－715 頁。

7　覃劍萍：〈銅鼓之鄉〉，唐儂麟編，《桂海遺珠》，第 171 頁。

8　《東蘭縣志》，南寧：廣西人民出版社，1994，第 564 頁。

9　中央訪問團第一分團聯絡組：《廣西東蘭縣第五區（中和區）民族概況》，鉛印本，1951 年，第 5－6 頁；中央訪問團第一分團聯絡組：《廣西東蘭縣西山區民族概況》，鉛印本，1951，第 6－7 頁；韋漢臣：〈建國前東蘭發展少數民族教育概況〉，《東蘭文史》，第 4 輯（2001），第 183 頁。

因此，他們的壯化程度較高，也比番瑤更加富裕。有些富有的土瑤甚至成為地主，向壯人或漢人佃戶出租土地。而處於東蘭社會最底層的番瑤一般散居在山坡上，從事刀耕火種，以種植玉米、紅薯、南瓜等旱地作物維生，並輔以狩獵採集。東蘭的番瑤需要向當地權貴提供徭役，而且不能穿戴白色的衣衫、不能穿鞋襪、不能戴帽子或其他頭飾；甚至不能打傘、不能騎馬、不能上學、不能參加科舉考試、不能在平地居住，等等。因為無法獲取足夠的冬衣，在寒夜裏他們只能生火取暖。經常性的烤火使番瑤的雙腳變得通紅，因而遭到當地人取笑，並得了個「紅腳瑤」的蔑稱。番瑤日常只能喝雨水，遇上旱季，他們只好長途跋涉到很遠的地方取水。[10]

北方居民向廣西的遷徙最晚在秦代就已開始，但早期的移民數量很少，一般在幾代之內就會被當地人同化。二十世紀初居住在東蘭的漢人，或是第一代移民，或是不久之前遷入的移民的後代。他們來自湖南、貴州、四川、廣東、江西以及其他省份，操着不同的方言口音，包括客家話、廣東話，還有各式各樣的北方話。他們有的經商、有的做官、有的務農。漢人商人和官員通常住在城鎮裏，而漢人農民則住在山裏。[11] 那句用來描述鄰近廣西的雲南壯區民族分佈情形的俗語，即「壯族住水頭，漢族住街頭，苗瑤住山頭」，[12] 用在東蘭也頗為貼切，雖然在東蘭也有些漢人住在山上。在二十世紀初，儘管漢族已佔廣西全省人口的大多數，並掌控着省政府和中央政府，但東蘭的漢人卻並非當地最強大的群體。[13] 實際上，由於清朝時期移居東蘭的漢人大多被認為是李定國手下的抗清起義軍，因而被當地壯人視為叛

10　韋樹奎：〈蒙卜門其人其事〉，《東蘭文史》，第 4 輯，第 196 - 205 頁；《左右江革命史料彙編》，第 1 輯，南寧：1978，第 5 - 6 頁；《東蘭縣志》，1994，第 56 頁；《東蘭縣志》，油印本，1960，第 27、31 頁。

11　《左右江革命史料彙編》，第 1 輯，第 5 頁；《東蘭縣志》，1960，第 27、32 頁。

12　白耀天：《儂智高：歷史的幸運兒與棄兒》，北京：民族出版社，2006，第 36 頁。

13　今天壯族仍然佔當地人口的大多數。據估計，2004 年時全縣總人口為 28 萬，其中85% 為壯族。

逆並遭受歧視。[14] 清朝政府禁止這些人參加科舉考試，以致於有些漢人為了參加考試，不得不偽裝成壯人。有趣的是，雖然很多壯人認同過去的或遠方的漢人，卻並不喜歡自己身邊的漢人。

中華民國的建立給東蘭漢人帶來一些積極的變化。有些漢人從山上搬到了平地，甚至當上了下層官員。總的來說，東蘭漢人的社會地位要高過瑤人，壯漢通婚也比壯瑤通婚更為普遍。在經濟方面，多數漢人要比瑤人更加富有，但比壯人更貧窮。1951 年，住在武篆附近的一位壯人村民對調查人員說，本地的壯人一年中有半年時間能吃上米飯，另外半年吃玉米；漢人有四個月能吃上米飯，剩下八個月都得吃玉米；瑤人則全年都只能吃玉米、南瓜和小米。1950 年代初曾有人估計，在共產黨接管廣西之前，東蘭的壯人平均每年有六到十個月可以吃上鹽，漢人每年有三到四個月有鹽吃，而瑤人每個月只有三天能吃上鹽。[15] 雖然東蘭的大多數漢人都是無權無勢的平民，但有些在清末移入東蘭的漢人官員或商人卻得以進入當地的統治階層。

壯、漢、瑤三個族群相互之間並非全無敵意，比如：壯人把漢人叫做「不滾」（外來下賤民族），把瑤人叫做「不有」（山上的猴子）或「勒升」（後生或奴僕）；漢人稱壯人「泥頭」（小便射下的泥土）；而一些瑤人也用蔑稱指稱壯人。[16]

和中國其他邊疆地區一樣，東蘭過去人口稀少，但到了明代，尤其是進入清代之後，東蘭的人口急劇增長。據估計，明朝初年，東蘭縣的居民只有約兩萬五千人，到了明末清初，已增長至七萬

14　黎國軸、嚴永通：《韋拔群傳》，桂林：廣西師範大學出版社，1989，第 3 頁。

15　中央訪問團第一分團聯絡組：《廣西東蘭縣第五區（中和區）民族概況》，第 2－3、5－6 頁。

16　同上，第 6 頁。

二千人，到清朝晚期更是迅速增長到十六萬七千人。[17] 民國初年，東蘭縣的長度和寬度都是大約 110 公里，東蘭的面積佔廣西省總面積的 0.94%。當時人口密度已超過每平方公里 100 人的東蘭縣，成為右江、紅水河流域人口密度最高的縣份，也是廣西人口最為密集的縣份之一。[18]

　　東蘭近百分之四十三的土地都是山地和丘陵，這個比例在廣西各縣中排名高達第九。十七世紀著名的地理學家顧祖禹曾用「群山森立，地僻而險」八個字描述東蘭的地理形態。[19] 1920 年代的一位東蘭縣縣長，則形容東蘭是「萬山重疊中」的一個縣治。[20] 東蘭大部分的山地丘陵，高度都在海拔七百到八百米左右，也有些達到海拔一千米，而縣裏最高的山峰就高達海拔 1,214 米。[21] 當地人喜歡把東蘭的山分為兩類：石山和土山。縣域北部多為土山，南部則多為石山。石山顯然沒有土山那麼適宜耕種。南部的石山又被分為西山、中山、東山三段，矗立於許多可以耕作的平地之間，而這些山間平地在壯語中叫做「峒」。有些「峒」大到足以容納一個小型城鎮或一個大型村落，而另一些又小到只能容納一兩戶人家。在 1930 年代初期，東蘭縣每戶農民平均只有四畝水田，因此東蘭也是廣西最缺乏耕地的縣份之一。[22]

　　東蘭作為邊陲之地的另一個顯著特徵就是經濟和科技、教育發

17　蔣晃：《東蘭縣政紀要》，桂林：1947，第 16 頁；陸秀祥：〈1929 年東蘭人口考證〉，陸秀祥編：《東蘭革命根據地》，右江日報印刷廠印，1990，第 402－403 頁。

18　唐凌：〈清朝同光時期廣西人口問題初探〉，鍾文典編：《近代廣西社會研究》，南寧：廣西人民出版社，1990，第 300 頁。

19　顧祖禹：《讀史方輿紀略》，上海：商務印書館，1937 年版，卷 109，第 4473 頁。

20　陳勉恕：〈廣西東蘭農民運動之實際狀況〉，《農民運動》（武漢），1927 年 4 月；《韋拔群陳洪濤史料專輯》，南寧：2006，第 50 頁。

21　《東蘭縣志》，1994，第 45 頁。

22　廣西省民政廳：《廣西各縣概況》，南寧：大成印書館，1934。

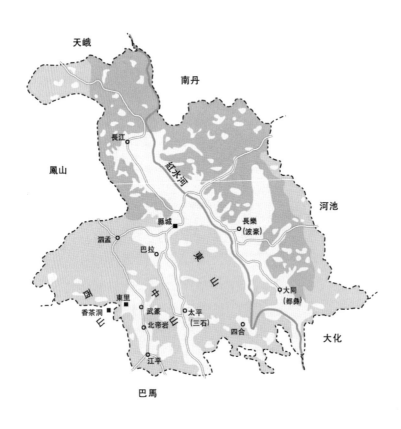

天峨

南丹

鳳山

長江

紅水河

河池

縣城

泗孟

巴拉

長樂
(波豪)

東

山

東里

香茶洞

武篆

中

太平
(三石)

大同
(都彝)

山

北帝岩

四合

大化

江平

巴馬

「土山」與盆地

「石山」與盆地

山丘與山谷

道路

地圖三　當代東蘭縣地形圖

展的落後。廣西是當時中國最貧窮的省份之一。在晚清時期，鄰近的廣東、湖南和湖北三省每年都要為廣西提供經濟資助。[23] 廣西那些靠近沿海地區特別是廣東的縣份、或是擁有廣闊平原的縣份，都要比東蘭更加先進和繁榮。在 1930 年代初期，東蘭縣仍然沒有任何現代工業。當地工匠只能製作一些木器、竹器、陶器、瓦、布料等傳統產品。東蘭的山上原來也有礦產，但後來因燃料短缺而停止開採。縣裏的貿易活動，也僅限於買賣日常用品，如食用油、鹽、酒、米和肉等。東院是東蘭最大的一個鎮。雖然有關東院的歷史記載可以追溯到公元 1053 年，而從 1730 年起東院就是東蘭縣城，但直到 1940 年代，東院鎮依然只有四條狹窄的街道。在 1920 年代和 1930 年代，東院鎮的人口數量還不及東蘭最大的村莊，而那個村莊的人口也不到兩千人。[24] 顯然，那時的東院更像是個「中心村落」，而非一個實體城鎮。[25] 東蘭境內的集鎮，還有武篆、江平、三石、泗孟、長江和都彝。這些集鎮一般每隔五日開市一回。[26]

　　交通的不便極大地阻礙了經濟尤其是貿易的發展。紅水河是東蘭最重要的河流，因河流中所攜帶的紅土而得名。紅水河由北至南，為東蘭提供了長達百多公里的水路。作為珠江的主要支流之一，紅水

23　韋瑞霖：〈陸榮廷〉，廣西辛亥革命史研究會編：《民國廣西人物傳》（一），南寧：廣西人民出版社，1983，第 51 頁。

24　何偉典編：《東蘭縣地名志》，東蘭縣地名辦公室，1988，第 4 頁；《東蘭縣志》，1960，第 41－42 頁；黃炳利：〈機聲響徹東蘭城〉，河池日報社編：《追尋紅七軍足跡》，南寧：廣西人民出版社，1990，第 45 頁；覃應機：《硝煙歲月》，北京：中共黨史出版社，1991，第 1－2 頁；陸現靈：〈回憶慘痛兩件事〉，《東蘭文史資料》，第 2 輯（1987），第 32 頁。

25　有關「中心村落」（stockaged village）和「實體城鎮」（substantial town）的討論，可參見 William Skinner, "Introduction: Urban Development in Imperial China." In Skinner, G. William, ed., *The City in Late Imperial China*. Stanford, CA: Stanford University Press, 1977, p. 18.

26　陳勉恕：〈廣西東蘭農民運動之實際狀況〉（1927 年 4 月），《韋拔群陳洪濤史料專輯》，第 50 頁。

河是連接東蘭與周邊地區的最便利的水道，但由於河床凹凸不平，載重不超過 1.5 噸的船隻才能在東蘭境內的紅水河上航行。同時，由於廣西遍佈山地丘陵，公路建設難度很大，成本很高。1911 年至 1921 年陸榮廷統治廣西時期，全省只建了三條公路，全長共一百五十公里，卻沒有一條經過東蘭。1921 年廣西省長馬君武上任後，曾制定一個宏偉的修路計劃，但到他第二年卸任時，一共才修了 2.5 公里的公路。新桂系在站穩陣腳後，便着手在廣西建設一個便捷高效的公路網。到 1928 年，廣西條件良好的公路要多過中國其他任何省份。不幸的是，直到 1930 年代初期，廣西的公路網尚未延伸到東蘭。正因如此，韋拔群時代的東蘭連一輛汽車都沒有。[27]

部分地由於缺少現代化的交通運輸體系，東蘭的各類進口商品都售價奇高。商販們需要花錢僱人將桐油等本地貨物先從東院挑到往西約 140 公里遠的田州，再將進口的食鹽等貨物從田州挑回來。這條連接東蘭和田州之間的又長又窄的山路，就被名副其實地稱作「鹽路」。[28] 另一條行人略少的「鹽路」則從東蘭往東延伸至河池的金城江和宜山的懷遠。[29] 有些商人會用船隻運出草藥、皮革和大米，同時運回鹽、棉花、剪刀、針和其他商品。[30] 這些商路，不僅崎嶇難行，而且由於土匪猖獗而變得危機四伏。這一切無疑都抬高了商品的成本。有時本地居民要用一匹好馬或一二百斤糧食才能換來一斤食鹽，

27　李宗仁、唐德剛：《李宗仁回憶錄》，桂林：廣西師範大學出版社，2005，第 113、187 頁；黃紹竑：《黃紹竑回憶錄》，南寧：廣西人民出版社，1991，第 161 頁；Diana Lary, *Region and Nation: The Kwangsi Clique in Chinese Politics, 1925-1937*. London & New York: Cambridge University Press, 1974, p. 110; 范宏貴、顧有識編：《壯族歷史與文化》，南寧：廣西民族出版社，1997，第 187－188 頁；廣西省民政廳，《廣西各縣概況》（1934）。

28　《東蘭縣志》，1994，第 380 頁。

29　陳儒楷：〈東蘭食鹽專賣公店概況〉，《東蘭文史資料》，第 2 輯（1987），第 18 頁。

30　《東蘭縣志》，1994，第 414 頁。

而山裏的瑤人有時要用五斤玉米才能換到一根針。[31] 到 2010 年止，在東蘭全縣的 3,676 個村莊中，仍有 915 個尚未連接上公路。[32]

農業是東蘭的經濟支柱，而農民也佔當地人口的大多數。東蘭有許多獨立而貧窮的農民。在 1930 年代初期，東蘭的所有農業人口中，自耕農佔 65%，半自耕農佔 31%，剩下的 4% 則是佃農。[33] 然而，絕大多數的自耕農和半自耕農也只有很少的土地。每個地主家庭或富農家庭擁有的土地面積平均介於二十到三十畝之間，擁有超過七十畝地的家庭可謂屈指可數。[34] 佃農比小自耕農還要窮。在東蘭，佃農們須把收入的五分之三甚至三分之二繳給地主，[35] 這個比例比當時全國的平均值要高出許多。

在政治上，大多數朝代都把東蘭當作一個特殊的邊疆地區來管治。東蘭在公元前三世紀秦始皇時期首次歸屬中國。然而，由於東蘭與中原相隔太遠，加上地形崎嶇、氣候濕熱、疫病多發等原因，並沒有很多中原人願意遷徙到這裏，導致東蘭未能實現與其他地區的高度整合，而朝廷也未能實施有效的管治。因此，在被秦朝征服很久之後，東蘭依然得以保持獨特的文化和認同，以及某種程度的政治自治。秦始皇用流官治理平原地區，但在東蘭這樣的山區則建立了一種準封建制度。這種制度允許地方權貴家族以世襲方式統治自己的領地，只要他們聽命於中央，並定期向朝廷納貢。在唐代，朝廷把左

31　《東蘭縣志》，1994，第 380、414 頁；陳儒楷：〈東蘭食鹽專賣公店概況〉，《東蘭文史資料》，第 2 輯（1987），第 18 頁；覃應機，《硝煙歲月》，第 1 頁；《東蘭縣志》，1960，第 44 頁。

32　〈東蘭縣官方回應「挑水老人跪求政府修路」事件〉，《中國青年報》，2010 年 3 月 28 日。

33　鍾文典編：《二十世紀三十年代的廣西》，桂林：廣西師範大學出版社，1992，第 208 頁。

34　范宏貴、顧有識編：《壯族歷史與文化》，第 178 頁。

35　陳協五：〈陳部長演說稿〉（1926），陸秀祥編：《東蘭農民運動 1921−1927》，南寧：廣西民族出版社，1986，第 74 頁。

江、右江和紅水河一帶都納入這種封建體系中。在八世紀末和九世紀初，一些地方實力人士起兵反抗朝廷，並得以在近百年時間內完全控制左江和右江一帶。[36] 北宋時，來自廣西西部的地方領袖儂智高又發動起義，試圖建立獨立國家。雖然東蘭並不曾受儂智高直接管治，卻離起義區域很近，因此不可避免地在起義和鎮壓起義的過程中受到影響。有一份記述中提到，北宋將領狄青打敗儂智高後，儂志高逃到雲南，而他的弟弟則沿着紅水河一路向北，企圖逃往貴州。狄青於是派遣部下韋景岱一路追討。韋景岱到達東蘭後，便受命留下管治東蘭。本地人認為韋景岱來自山東，他的子孫從北宋時期到二十世紀初期一直以世襲方式統治着東蘭，而包括韋拔群家族在內的東蘭所有韋姓家族，都源出於韋景岱這一位祖先。[37]

現在已經很難證實韋景岱的北方血統或是他與東蘭韋姓家族的血緣關係。即使史料所載屬實，即當時與儂智高作戰的北宋軍人大多來自山東，而當中有一部分人後來定居廣西，但南方的少數族群也常常偽稱自己家族來自中原，而他們這麼做可能是為了避免遭到歧視。[38] 統治東蘭的韋姓土司的家族歷史，可以追溯到明代早期，卻無法追溯到北宋時期。[39] 即使韋景岱將軍真的是北方人，來到東蘭後，他的家族、後人也應該在幾代之後就「本土化」了，而變得與之前的當地實力家族基本一樣。換言之，北宋的征服，和先前秦朝的征服一樣，並未迅速帶來東蘭與中原地區在政治、文化方面的融合。地方權貴家族依然可以自行徵收賦稅和徭役、保有私人軍隊，並世襲官職。

36　黃現璠、黃增慶、張一民：《壯族通史》，第 279－287、312－313、746－749 頁。

37　韋天富：〈東蘭韋氏土司的興衰〉，《東蘭文史》，第 4 輯（2001），第 116－117 頁。

38　祝萬里：〈壯族韋姓起源三説〉，《文史春秋》，第 10 期（1995），第 50－51 頁；粟冠昌：《廣西土官制度研究》，南寧：廣西民族出版社，2000，第 185－211 頁。粟氏認為大多數廣西的土司，包括東蘭的韋氏土司，都是壯人。

39　《東蘭縣志》，1994，第 152 頁。

直至二十世紀初年，廣西某些地方的土司們還可以向屬下臣民要求「初夜權」，迫使很多當地百姓在深夜舉行秘密婚禮。[40]

　　與中原地區那些以文才和學術成就著稱的文官不同，邊境地區的首領多以軍事實力和軍事技能為立身之本。右江地區的壯兵，以英勇善戰和在戰場上採用的特殊戰陣而聞名於世。其中一種戰陣要求把戰士分為戰隊，每一戰隊由七名戰士組成。在戰鬥中，四名戰士負責衝鋒殺敵，另外三名則負責防守及砍下死傷敵軍的首級，用來領賞。[41] 壯兵的驍勇善戰甚至引起朝廷的注意，朝廷就曾不止一次派遣他們去其他地區協助平亂，如宋明兩朝就曾徵招壯兵對抗越南和蒙古。[42] 十六世紀時，明朝皇帝曾至少三次命令東蘭土司率兵前往東南沿海地區抗擊倭寇。第一次發生在 1509 年，當時東蘭土司韋正寶和兒子韋虎臣奉命率領一千多名士兵前往廣東沿海打擊倭寇。韋正寶和他的士兵們英勇抗敵，一年後，韋正寶不幸死於戰傷，他年方十五的兒子韋虎臣繼承了土司職位並戰勝倭寇，隨後更護送父親靈柩回到東蘭。1513 年，朝廷命令韋虎臣再次率領軍隊去東南沿海與倭寇作戰。韋虎臣這位傑出將領曾屢次打敗江西、廣東和福建三省的土匪及倭寇，但不幸的是，在 1516 年即將返回東蘭之前，韋虎臣被同僚中的仇敵毒殺。然而，由於他的軍功，朝廷賜給他封號，當地百姓也把他神化。1555 年，韋虎臣的兒子韋起雲和下屬一千壯兵又被朝廷派往浙江平寇，韋起雲的表現不亞於父親韋虎臣。[43] 明朝政府還常常派遣

40　楊相朝：〈凌雲縣泗城壯族夜婚習俗〉，唐儂麟編：《桂海遺珠》，第 146－147 頁。

41　梁庭旺：《壯族文化概論》，南寧：廣西教育出版社，2000，第 317－331 頁。

42　Jeffrey Barlow, "The Zhuang Minority Peoples of the Sino-Vietnamese Frontier in the Song Period," *Journal of Southeast Asian Studies*, 18(2), p. 264; Jeffrey Barlow, "The Zhuang Minority in the Ming Era," *Ming Studies*, p. 28, pp. 25-26, pp. 31-32.

43　覃劍萍：〈韋正寶三代抗倭建奇功〉，《文史春秋》，第 36 期（1995），第 31-32 頁；黃鋒：〈韋氏三代抗倭寇〉，《東蘭文史》，第 4 輯（2001），第 112－115 頁；韋天富：〈東蘭韋氏土司的興衰〉，《東蘭文史》，第 4 輯（2001），第 118－122 頁；文史組：〈韋虎臣傳略〉，《東蘭文史》，第 4 輯（2001），第 132－133 頁。

東蘭土司及其壯兵武裝前去鎮壓周邊省縣的叛亂，而東蘭土司也因此得以收穫來自朝廷的金錢和封號，並為子孫贏得官職。[44]

位處邊疆的東蘭，尚武傳統遠遠強過文化傳統，這與省內經濟、文化比較發達的地區形成了鮮明對比。如桂林附近的臨桂縣，明清兩朝分別有 53 人和 190 人考中進士，但臨桂籍的武將卻很少。[45] 東蘭是到了 1777 年才被納入清廷的科舉體系。清朝末年，每次縣試都有十四名來自東蘭和鄰近的鳳山、那地的學生可考取秀才，即科舉中的最低學位。十四人當中，八名是文秀才，六名是武秀才。到 1905 年科舉制度被廢除時為止，整個東蘭只有兩名生員考中舉人。廣西省在明朝共有 173 人考中進士，在清朝共有 570 人考中進士，其中沒有一個是東蘭人。[46] 廣西省科舉進士及第者的地理分佈並不均衡，這與清代浙江省的情形相似。[47] 據 1946 年統計，東蘭到那年為止只出了九個大學畢業生，另有六人是在校大學生，這些人只佔全縣總人口的 0.01%。[48] 羅威廉（William Rowe）曾把廣西桂林一帶以漢族為主的地區描述為「半邊緣區」，[49] 如果我們運用這一概念來描述東蘭的話，

44　韋天富：〈東蘭韋氏土司的興衰〉，《東蘭文史》，第 4 輯（2001），第 118－122 頁；《東蘭縣志》，1994，第 721 頁；David Faure, "The Yao Wars in the Mid-Ming and Their Impact on Yao Ethnicity." In Pamela Kyle Crossley, Helen F. Siu, and Donald S. Sutton, eds., *Empire at the Margins: Culture, Ethnicity, and Frontier in Early Modern China*. Berkeley, CA: University of California Press, 2006, pp. 175-178; pp. 184-187; Jeffrey Barlow, "The Zhuang Minority in the Ming Era," *Ming Studies*, pp. 30-31.

45　William Rowe, *Saving the World: Chen Hongmou and Elite Consciousness in Eighteenth-Century China*. Stanford, CA: Stanford University Press, 2001, p.22; 李宗仁、唐德剛：《李宗仁回憶錄》，第 8 頁。

46　Ping-ti Ho, *The Ladder of Success in Imperial China: Aspects of Social Mobility, 1368-1911*. New York: John Wiley & Sons, 1964, p. 229; 黃漢鍾：〈清朝科舉制度在東蘭〉，《東蘭文史資料》，第 1 輯（1985），第 1－7 頁。

47　William Skinner, "Introduction: Urban and Rural in Chinese Society." In Skinner, G. William, ed., *The City in Late Imperial China*, p. 263.

48　《東蘭縣志》，1960，第 47－48 頁。

49　William Rowe, *Saving the World: Chen Hongmou and Elite Consciousness in Eighteenth-Century China*, p. 24.

那麼東蘭縣和廣西其他大多數以壯族為主的縣份，顯然就是中國的「全邊緣區」了。葉文心用了一套不同的概念來描繪浙江和長江三角洲區域的空間層級：錢塘江流域的金華等縣是閉塞的鄉下，杭州是省會，而上海則是大都市。[50] 如果用這些概念來分析廣西的話，那麼東蘭無疑屬於閉塞的鄉下，桂林和南寧就是省會，廣州、武漢和上海則是離東蘭最近的大都市。然而，要特別指出的是，在二十世紀初，東蘭遠不如金華「現代」，而且它與上述任何一個大都市的地理間隔都比從金華到上海要遠得多。

　　儘管不斷有人提議「改土歸流」，但為了安撫當地居民並降低管理成本，明清兩朝還是決定在中國南部邊疆的大部分地區繼續維持土司制度。到了 1730 年，滿人官員鄂爾泰在中國西南邊疆發起的「改土歸流」運動波及東蘭，結果東蘭的東南部變成一個由外地流官治理的常規縣，而東蘭西北部則直到二十世紀初仍由韋氏土司管轄，雖然他們在設縣後不得不聽命於縣長。然而，外地流官並不一定就比土司表現更好。部分地由於廣西位置偏遠，時疫多發，朝廷通常只能派二流的或獲罪的官員到廣西任職，導致官員們士氣不振、效率低下。實際上，在剝削百姓方面，這些外地流官可能比土司更加肆無忌憚。流官的有限任期迫使他們在任職期間最大程度地以權謀私。況且，流官來自外地，在地方認同和族群認同方面與當地百姓沒有緊密關係。他們的家眷大都留在故鄉，便無需顧及他們的安危，因此，這些流官大可放手施行苛政。與之前的土司一樣，這些流官都深知「天高皇帝遠」的道理，認為皇帝很難知曉他們的行為。

　　身處被認定天性殘暴的「野蠻人」包圍之下的流官們，自然格外重視防衛措施，而且有時會對真實的或假想的安全威脅做出過當反

50　Yeh Wen-hsin, *Provincial Passages: Culture, Space, and the Origins of Chinese Communism*. Berkeley, CA: University of California Press, 1996, pp. 6-7.

應。例如，1730 年流官到來後所採取的最早的舉措之一就是建造一座兵營，而這項工程在 1732 年竣工。1903 年，東蘭知州陶其淦在鎮壓當地的一個反清反稅的秘密組織時，手段非常殘忍。他把所有嫌疑犯圍捕起來，對他們嚴刑拷打，直到認罪為止。然後這群人要麼被處死，要麼在繳交罰金或向陶行賄後被釋放。這個組織的頭目後來在一個深夜發起對縣城的襲擊，並殺死陶其淦。陶其淦死後，繼任的易振興比陶其淦更加殘暴。易帶來了許多士兵，聲稱要殺死所有當地人。五年後，一群地方精英發起一場抗議易振興的運動。清政府在調查之後，以易振興「苛罰濫刑，既貪且酷」給他定罪，將他革職，並發配到比東蘭更偏遠的邊疆 —— 新疆。[51]

土司和流官的高壓統治引起頻繁的武裝抗爭，但這類抗爭大都不如對陶其淦和易振興的反抗那麼成功。明朝正史中記載了廣西壯人和瑤人發動的起義，以及朝廷對這些起義的鎮壓。明代一朝廣西就發生了 218 次起義，平均幾乎每年一次。在明朝統治的 276 年間，廣西只有 29 年是風平浪靜的。[52] 到了清朝，廣西依然是起義頻發的地區，而且漢人和少數民族都會參與這些起義。一些秘密會社和散兵游勇在許多起義中發揮了重要作用。有些起義就發生在東蘭或東蘭周邊。1763 年，一群瑤人在東蘭起義，但在被清軍重重圍困了四十六天後，終告失敗。1858 年，一位來自田州的秘密會社頭目組織了對東蘭縣城的攻擊，但在與清軍廝殺兩天後不得不撤退。三年後，太平軍進軍東蘭，有許多本地人加入了起義軍。他們打了幾場勝仗，但最終還是被清軍擊潰。1890 年代，陸榮廷因為成功地平息了東蘭等地由秘密會社和散兵發起的叛亂而獲清廷擢升。另一位將軍莫榮新，也

51　《東蘭縣志》，1994，第 2－3、81 頁。

52　李國祥、楊昶編：《明實錄類纂　廣西史料卷》，桂林：廣西師範大學出版社，1990，第 26－59 頁；Diana Lary, *Region and Nation: The Kwangsi Clique in Chinese Politics, 1925-1937*, p. 23; 范宏貴、顧有識編：《壯族歷史與文化》，第 135－136 頁。

因為平定 1905 年至 1910 年間的東蘭動亂有功而獲得升遷。[53]

　　土匪是廣西眾多起義份子中的一個特殊群體。晚清時期，廣西被描繪為一個「無處無山，無山無洞，無洞無匪」的省份。[54] 與廣西境內經濟較發達的平原地區相比，東蘭這樣的貧困山區更符合這種描述。民國時期，廣西的土匪常被與廣東的海盜相提並論。貝思飛（Phil Billingsley）認為，廣西土匪的盛行，要歸咎於國際政治因素和嚴重的社會分化。新桂系領袖李宗仁是土生土長的廣西人，也是民國大部分時期廣西的實際統治者，他認為民族衝突、教育水準低和貧困是廣西匪患猖獗的主因。[55] 有時，由於廣西土匪特別人多勢眾，清朝政府也不得不特赦他們的頭目，並授予官職，以變匪為官。在 1911 年至 1921 年間統治廣西的陸榮廷就曾是一名土匪，但後來被清朝政府招安，並被授予清軍中相當高的職位。他的許多部下也是被招安的土匪。他們的好運導致許多人把落草為寇看成是升官發財的捷徑。

　　1912 年，中華民國建國不久後，東蘭的瑤民又發動了一場起義，但很快就被廣西省政府平定了。[56] 1919 年，廣西凌雲、鳳山、東蘭、恩隆、天峨等地的一些瑤民，發動了大規模的反對兵役、徭役和苛捐雜稅的起義。起義軍的訴求是自由和生存權。雖然大部分領袖是瑤人，但壯人和漢人佔了起義軍總人數的近三分之二。這次起義於 1921 年被鎮壓，領導起義的瑤民鄧卜才在東蘭被處死。許多在鎮壓中倖存的起義人員，後來都加入了韋拔群領導的農民運動。[57]

　　地方政府與民眾之間的頻繁衝突，印證了一種刻板印象，即在

53　韋瑞霖：〈陸榮廷〉，廣西辛亥革命史研究會編：《民國廣西人物傳》（一），第 49 頁；韋瑞霖：〈莫榮新〉，廣西辛亥革命史研究會編：《民國廣西人物傳》（一），第 72 頁。

54　李宗仁、唐德剛：《李宗仁回憶錄》，第 49 頁。

55　Phil Billingsley, *Bandits in Republican China*. Stanford, CA: Stanford University Press, 1988, p. 38; 李宗仁、唐德剛：《李宗仁回憶錄》，第 451 頁。

56　《東蘭縣志》，1994，第 2－3 頁。

57　「瑤族人民起義」，百色市檔案館（083-002-062-002）。

像東蘭這樣的邊疆地區，官員往往殘暴而貪婪、民眾則桀驁不馴。這種桀驁不馴就突出地表現為民眾對於武器的迷戀。在東蘭，槍支是最受歡迎的商品之一。富人會買現代武器，窮人只買得起老式槍支，有時幾戶窮人會合買一支或多支槍械。廣西與廣東、香港和當時的法屬越南相距不遠，軍火走私因此相當容易。一份羅列了 1907 年 3 月至 12 月期間清政府在廣西沒收的武器的清單表明，當年廣西民眾使用的槍支多達二十餘種。[58] 1949 年中華人民共和國成立後，新政府下令所有廣西民眾交出武器，但東蘭西山的一些瑤民卻爭辯說，他們需要武器來防犯壯人可能發起的攻擊。[59] 由於槍支氾濫，善於鼓動的組織者們就可以輕而易舉地把當地農民變成土匪、起義軍，甚至革命者。

在十九世紀和二十世紀初期，廣西比許多內地省份受到更多的外來影響，也更多地承受了外來侵略的後果。在這方面，處於邊陲的廣西與廣東、福建等沿海地區相似。在廣西，無論是正面的還是負面的外來影響，都來自兩個方向：東邊的廣東和南邊的越南。十九世紀初，以廣州為中心的鴉片貿易開始影響廣西。最初，國外來的鴉片從廣州借道廣西運到中國西南地區。後來，由於中國人也開始在雲南、貴州和四川種植罌粟，鴉片開始向反方向流動，而廣西，尤其是右江地區，仍是整個鴉片貿易網絡中非常重要的一環。商隊將雲南和貴州的鴉片運往百色，交換鹽、布和其他商品，這些商業活動使百色成為桂西的經濟中心和最大城市。[60] 在二十世紀初期，來自鴉片貿易的稅收，有時幾乎構成廣西財政收入的一半，而全省的鴉片稅又有幾乎一

58　《左右江革命史料彙編》，第 1 輯，第 8 頁；朱浤源：《從變亂到軍省：廣西的初期現代化，1860－1937》，台北：中央研究院近代史研究所，1995，第 136－138、141 頁。有關廣東的武器走私，可參見邱捷、何文平：〈民國初年廣東的民間武器〉，《中國社會科學》，2005（1），第 178－190 頁。

59　中央訪問團第一分團聯絡組：《廣西東蘭縣西山區民族概況》，第 17 頁。

60　有關百色的興起，可參見楊業興、黃雄鷹：《右江流域壯族經濟史稿》，南寧：廣西人民出版社，1995，第 144－167 頁。

半來自百色及右江地區。吸食鴉片變成廣西的三大害之一，其他兩害是匪患和賭博。[61]

　　在經濟方面，廣西與當時的英屬香港和法屬越南之間的聯繫變得日益緊密。廣西的梧州、南寧和龍州三城，相繼開放為通商口岸，英、法殖民政府發行的貨幣也因而得以在廣西一帶廣泛流通。[62] 廣東的北海，因其地理位置與廣西非常接近，實際上變成了廣西的第四個通商口岸。儘管右江地區離法屬越南比離廣東更近，但這裏市場上的大多數進口貨物都來自廣東而非越南。[63] 外國的宗教信仰也逐漸傳入廣西。在廣西傳播的一種扭曲變形的基督教，直接推動了 1851 年桂東南地區太平天國運動的爆發。隨着法國對越南的征服和殖民，廣西也受到法國入侵的威脅，並最終直接捲入了越法、中法之間的衝突。十九世紀末在越南北部與法國侵略者作戰的黑旗軍猛將劉永福是廣西人，他手下的大部分士兵也來自廣西。[64] 1884 年，清廷和法國在桂越邊境開戰。戰爭持續的時間雖然短暫，卻震動了整個廣西，也加速喚醒了孫中山，以及後來的毛澤東等青年學者和學生的民族意識。二十年後，孫中山也是在桂越邊境地區發動了反清武裝運動，而信奉泊來的民主共和思想的孫中山在廣西也遠比在許多其他省份擁有更多的追隨者。

61　李長壽：〈百色起義和紅軍在百色〉，《百色史志》，第 1 輯（1985），第 4 頁；范宏貴、顧有識編：《壯族歷史與文化》，第 186 頁；岑建英：〈廣西百色的煙幫〉，《廣西文史資料選輯》，第 3 輯（1963），第 155－160 頁；白崇禧：《白崇禧回憶錄》，北京：解放軍出版社，1987，第 11 頁。

62　廣西特委：〈廣西黨政治任務決議案〉（1929 年 9 月 13 日），《左右江革命根據地》，上冊，第 54 頁；中共中央：〈中共中央給廣東省委轉七軍前委的指示〉（1930 年 3 月 2 日），《左右江革命根據地》，上冊，第 232 頁。

63　軍事通訊：〈對廣西紅軍工作佈置的討論〉（1930 年 1 月），《左右江革命根據地》，上冊，第 178 頁。

64　Henry McAleavy 的 Black Flags in Vietnam: The Story of a Chinese Intervention（London: Allen & Unwin, 1968）對於劉永福的事蹟有詳細而有趣的描述。劉永福在世時他的故鄉欽州仍屬於廣東。

儘管東蘭與廣西許多其他縣份相比位置更加偏僻，但這並不意味着東蘭就可以不受任何外來衝擊和威脅。東蘭距離桂西的鴉片貿易中心百色不遠，後來甚至連東蘭一帶也開始種植罌粟。[65] 許多東蘭人參加了太平天國運動，還有一些東蘭人加入了劉永福的抗法黑旗軍。[66] 然而，若與接近廣東和法屬越南的某些廣西縣份相比，東蘭所受到的外國經濟、政治和文化影響要少得多。東蘭距離最近的通商口岸也有數百公里。在 1920 年代末，大多數東蘭人日常所用的布料還是自家手工織品，而非進口紡織品；照明用的也還是本地出產的茶籽油或桐油，而不是進口煤油。[67] 東蘭的外幣流通程度遠不如其他地區。在宗教方面，東蘭也沒有天主教、新教團體和教會。1935 年，一位英國基督教徒來到東蘭縣城傳教，他很可能是第一位來到東蘭的西方人。為了吸引民眾，他在街上一邊拉手風琴，一邊唱歌。在吸引了一大群圍觀者之後，他就開始講道，而他的那位中國同伴會為他翻譯，並分發事先準備好的傳教小冊子。他在東蘭縣城停留了幾天，卻並未吸引到真正的信眾。這名英國傳教士隨後便帶着他的同伴前往武篆，以相同的方法傳教，但同樣也未獲得任何積極回應。深感失望的兩人在武篆只待了一晚便前往鄰縣去了。[68]

1894 年 2 月 6 日，韋拔群就出生在東蘭這塊邊陲之地。他的出生地東里村風景秀麗，坐落在東蘭縣內一塊較大平地的邊緣。二十世紀初年，村裏約有八九十戶人家。[69] 東里村周邊是連綿起伏的群山，

65　楊業興、黃雄鷹：《右江流域壯族經濟史稿》，第 213 頁。

66　《東蘭縣志》，1960，第 4 頁。

67　陳協五：〈廣西東蘭農民之慘案〉，《農民運動》，第 6－7 期（廣州，1926 年 9 月）；《韋拔群陳洪濤史料專輯》，第 45 頁；陳勉恕：〈廣西東蘭農民運動之實際狀況〉（1927 年 4 月），《韋拔群陳洪濤史料專輯》，第 50 頁。

68　《東蘭縣志》，1994，第 612 頁。

69　謝扶民：《韋拔群》，北京：工人出版社，1958，第 2 頁。

其中最有名的山峰之一是海拔 747 米的銀海洲。村內有三個風光明媚的池塘，池塘的水源來自山泉，而泉水還匯成一條穿東里村而過的東平河。村前是平坦的水田，那是村民們勞作和討生活的地方。幾公里外是武篆鎮，而東蘭縣城東院則在東里村向東大約四十公里處。武篆和東院，是東蘭縣內最重要的兩個鎮，它們分別位於兩塊小盆地中。東里村向西不遠處就是隱約可見的西山，那是一個瑤民聚居的區域。東里村地處武篆平原與西山的交界處，而武篆和西山兩地都將在韋拔群的農民運動中發揮非常重要的作用。

據說東里村中有人在韋拔群出生時就預言這個男孩將來必定不凡。他們留意到許多預示韋拔群日後必成大器的祥瑞之兆。韋拔群出生在馬年的大年初一，按民間說法是大吉之年的大吉之日；並且，他生下來就比當時其他新生兒的個頭更大，重達九斤；另外，他長相俊美，據信是有着人中龍鳳的外貌。韋拔群後來便從一個俊俏的小男孩長成一位英俊的漢子。韋拔群的朋友、親人和追隨者都說他面相端正、中等身材、體格強壯、膚色黝黑，並擁有一張長滿絡腮鬍的國字臉。[70] 韋拔群還是家裏的長子長孫，註定將是韋家的支柱。[71] 韋拔群的父親韋爾章心懷美好希望，給兒子起名「秉吉」。[72] 韋拔群八歲開蒙時，名字被改為「秉乾」，意為「掌握天地乾坤」。韋拔群本人很可能知曉有關他的議論，明白眾人對他的期望，並覺得自己的確是同輩中的翹楚。1917 年，他把自己的大名改為韋萃，字拔群。「萃」自然是「出類拔萃」之意，「拔群」則意味着「卓爾不群」。如果韋拔群出生前後的各種預兆並沒能精準地預示他日後的人生歷程的話，那麼

70　藍磊斌：〈韋拔群相片之謎〉，《廣西文史》，2009 年，第 3 期，第 77–80 頁。

71　藍漢東、藍啟渲：《韋拔群》，北京：中國青年出版社，1986，第 1 頁；曾啟強編：《中國早期農民運動領袖韋拔群》，東蘭：2010，第 1 頁；黃現璠、甘文傑、甘文豪：《韋拔群評傳》，第 4 頁。

72　黃現璠、甘文傑、甘文豪：《韋拔群評傳》，第 5 頁。

這些預兆有可能影響並昭示了他的性格。韋拔群個性中最顯著的特徵便是他堅強的意志和堅定的使命感。同時，他也喜歡掌控局面，引領眾生。

儘管有各種各樣關於韋拔群必將成為大權在握的大人物的傳說，但很少有人能預料到韋拔群將會用造反的方式取得權力。在他出生時，沒有任何理由能讓人相信他將來會領頭造反或革命。當時韋家是村裏的首富，共有十口人，並有二百餘畝良田，由幾個佃農和九個長工耕種着。[73] 韋拔群的父親經營着煙草和布匹生意，有三到五個妻妾。村民們回憶說，韋拔群家並不是一直都這麼富有，而是在他祖父那輩一夜暴富的。關於韋家發跡的原因，至少有三種不同的解釋。第一種解釋是，韋家暴富全憑運氣。韋拔群的姑奶奶有一天在山坡上勞作時，意外挖出了一罐銀元。韋拔群的祖父原本只有三小塊地，得了這些銀元之後，就買了一塊又一塊地，還買了幾頭水牛、幾匹馬，並開始放高利貸。[74] 第二種說法是，韋拔群的祖父善於經商，他早年出售木柴、草鞋，後來開始經營煙草、米酒，最終得以發家致富。[75] 第三種解釋則是前兩種說法的混合。

村民們都記得，韋家雖然有錢，卻無權無勢。[76] 東蘭其他一些富裕家庭往往有家人在土司制度盛行時或在改土歸流之後，擔任過有權有勢的職位。韋拔群的祖父後來成了富甲一方的地主，卻並無官銜。韋拔群的父親花錢向清廷買了個低品階的武官官銜，但從不曾獲封任

73　黎國軸：《論韋拔群》，南寧：廣西人民出版社，1989，第 128－129 頁；黎國軸、嚴永通：《韋拔群傳》，第 7 頁；黃現璠、甘文傑、甘文豪：《韋拔群評傳》，第 6 頁；「拔群的妻子和兒女」（百色市檔案館 083-002-0017-004）。

74　藍漢東、藍啟渲：《韋拔群》，第 3 頁；黎國軸、嚴永通：《韋拔群傳》，第 7 頁。

75　謝扶民：《韋拔群》，第 2－3 頁；曾啟強編：《中國早期農民運動領袖韋拔群》，第 3 頁；陳欣德：〈韋拔群〉，胡華編：《中共黨史人物傳》，第 12 卷，西安：陝西人民出版社，1983，第 183－216 頁。

76　《左右江革命史料彙編》，第 1 輯，第 10 頁；曾啟強編：《中國早期農民運動領袖韋拔群》，第 8 頁。

照片一　韋拔群的出生地東里村（作者拍攝）

何正式官職。可以推測，韋拔群的祖父在致富後，確實強烈希望韋家能夠躋身政界，這很可能也是他為兒子買官的原因。不幸的是，韋拔群的父親英年早逝，祖父便很自然地把對政治權力的渴望寄託到長孫韋拔群身上，因為韋拔群的父親並沒有其他兄弟。祖父大概是想讓韋拔群通過讀書步入仕途。儘管韋拔群後來拒絕了這種安排，但他可能仍然繼承了祖父對於權勢的嚮往。韋拔群的祖父應該從來不曾想到，他的長孫會把造反和革命當做通往權力之路。

大多數學者在探究韋拔群發動起義的動機時都不會把韋家對於權勢的渴望當做一個重要因素。他們認為，韋拔群從小便表現出來的叛逆主要是因為他從小便目睹了身邊貧苦大眾的疾苦。很多關於韋拔群的故事都表述了一個共同主題，即童年和少年時期的韋拔群已經對他所看到的不公感到憤慨，並對勞苦大眾和被剝削階級表示同情。其中有個故事說，東里村有一個叫韋奶恩的村民，因為家裏很窮，幾乎每頓飯都只能喝稀粥。1904 年的一天，十歲的韋拔群趁着韋奶恩家裏沒人的時候，給奶恩家送去大米，並為她家煮了一鍋白米飯。另一個故事說，1905 年夏天，韋拔群與夥伴們去游泳。他發現陳慶連的衣服十分破爛不堪，便暗自決定和他交換衣服。韋拔群知道要說服慶連接受他的好意並不容易，所以便率先起身走出水塘，直接穿上慶連的破衣服回家了。當慶連上岸穿衣時，發現自己的衣服不見了，便只好暫時穿上了拔群的新衣服。之後，慶連去找拔群，希望把自己的破衣服換回來，但拔群拒絕了。第三個故事說，在同一年稍後時間，韋拔群又把自己的襯衫送給了另一個窮夥伴陳衡龍。[77]

另一個故事則描述了一個據信是發生在 1907 年的更不尋常的事件。據說，在那一年春節前的某一天，韋拔群在村裏和其他孩子們一起玩耍，但後來他的朋友們一個接一個地被父母叫回家去了。那些小

77　黎國軸、嚴永通：《韋拔群傳》，第 8–9 頁。

夥伴的父母告訴韋拔群：你家有錢，所以你可以整天玩，但我們家窮，我們的孩子需要做事，不然我們就沒飯吃了。韋拔群聽了，不免震驚難過。想到其他村裏人窮得過不了一個好年，韋拔群便決定做點什麼來幫助他們。回家後，韋拔群偷偷撬開了父親的錢箱，從裏面拿出一百多塊錢，分給那些貧困家庭，只說這是他自己的零用錢。後來韋拔群的父親發現自己的錢被偷了，卻不知道小偷是誰。他於是佯裝弄丟了錢箱的鑰匙，問有沒有人可以幫他打開錢箱。韋拔群便自告奮勇前來幫忙，只用一根鐵絲就輕鬆地撬開了父親的錢箱。父親於是盤問他錢的去向，韋拔群只好老實承認了自己的所作所為，之後就被父親狠揍一頓。[78] 這個故事的另一個版本說，錢箱的主人和最後處罰韋拔群的其實是他的祖父，而不是他的父親；此外，在這個版本裏，韋拔群只拿走八十塊錢，而不是一百多塊錢。[79] 在同一個故事中，韋拔群的父親在一個版本中是主角，但在另一個版本中卻根本沒有出現。這種情況很有可能是因為有些人相信韋拔群的父親在他九歲時便去世了，因此就無法出現在這個故事中，而另一些人則認定韋拔群的父親是在他十六歲時才過世的。[80] 其他類似的故事或是說韋拔群曾從自家穀倉裏偷糧食給朋友們，或是說韋拔群有一次違背祖父的命令，不向以種梨為生的窮佃戶收租。[81] 後一件關於種梨人的故事，據信是發生在 1912 年韋拔群十八歲時。故事裏提到，這件事發生在他即將前往縣城上學的時候，但其他大多數資料已令人信服地證明，韋拔群在 1912 年時已從縣城的學校輟學，並已在慶遠和桂林讀書了。

78　宗英等著：《韋拔群烈士的故事》，北京：作家出版社，1959，第 1-2 頁；朱仲玉：《韋拔群》，北京：中華書局，1959，第 5-7 頁。

79　藍漢東、藍啟渲：《韋拔群》，第 16-17 頁。

80　藍漢東、藍啟渲：《韋拔群》，第 3 頁；黃現璠、甘文傑、甘文豪：《韋拔群評傳》，第 9 頁。

81　宗英等著：《韋拔群烈士的故事》，第 2-6 頁；黎國軸、嚴永通：《韋拔群傳》，第 9-11 頁。

在其他故事裏，年輕的韋拔群對窮人和弱者的深切同情，不僅導致自己與父親和祖父發生衝突，還使他與當地其他有錢有勢的家庭時有摩擦。其中一個故事講的是韋拔群和他的一個家境貧寒的朋友曾在 1905 年從地主梁士諤家裏偷糧食。[82] 另一個被反覆講述的故事，提到了韋拔群和杜八（杜珠選）的一次衝突。故事裏的杜八是一個有權有勢的地主兒子，總愛欺負其他孩子。據說有一天，韋拔群在河裏游泳時，聽到一個小女孩的哭聲。他跳到岸邊，發現杜八正在欺凌割野草餵豬的小女孩。杜八不僅把她的籃子踢開了，還想「摸」她。韋拔群命令杜八把籃子撿起來還給女孩，但遭到拒絕。兩人於是打了起來，直到杜八被韋拔群打得跪地求饒，並答應不把打架的事告訴家長，韋拔群才放了他。但杜八事後反悔，不僅告訴了父親，還要父親幫忙報仇。杜八的父親接着向韋拔群的祖父抱怨杜八被揍一事，使得韋拔群遭到了祖父的責罵。背信棄義的杜八徹底激怒了韋拔群和他的朋友們，於是他們潛入杜八家中，將杜八父親存放的三瓶藥酒倒得一乾二淨，還把尿倒進瓶子裏偽裝成藥酒。由於杜八之前恰好偷過家中的藥酒，於是杜八的父親在發現藥酒瓶裏裝着的是尿之後，就認定是杜八的惡作劇，氣得將他痛打了一頓。[83]

這個故事的問題在於，在現實生活中，杜八和韋拔群並不是同齡人。杜八或杜珠選早在 1905 年清廷廢除科舉制度前就曾應試並考上秀才，並在 1920 年前已在貴州做過兩任縣長，[84] 因此比韋拔群年長很多。韋拔群的共產黨人朋友陳勉恕曾在 1926 年見過杜八，並提及

82　藍漢東、藍啟渲：《韋拔群》，第 11－14 頁。

83　謝扶民：《韋拔群》，第 6－7 頁；黎國軸、嚴永通：《韋拔群傳》，第 13－14 頁；藍漢東、藍啟渲：《韋拔群》，第 3－5 頁。

84　黃漢鍾、陳霸先：〈育才高等小學沿革概況〉，《東蘭文史》，第 4 輯（2001），第 171 頁。

杜八當時已五十來歲,也就是說,杜八比韋拔群年長大約二十歲。[85] 雖然這個故事極可能是杜撰,但故事裏描述的情節卻可以看作是韋拔群和杜八之間日後更嚴重衝突的引子。這個故事甚至還預示了韋拔群的一段愛情。在一些版本中,杜八當年欺負的小女孩就是後來成為韋拔群第四任妻子和忠實追隨者的黃秀梅。

　　韋拔群和杜八打架的故事很可能是後人為了美化韋拔群而編造出來的。然而,從韋拔群的人物性格和經歷來看,儘管細節上可能有些出入,這些故事的主要情節都有可能是真實的,而這些有關韋拔群的故事,構成了歌頌地方造反好漢和革命英雄的民間故事的最新篇章。民間故事中比較早的篇章,則包含了許多關於韋拔群之前的造反英雄們的類似故事。常常有人提起的是,韋拔群之所以在很小的時候就已經十分反叛,不僅因為他的周圍遍佈着不公和痛苦,還因為他接觸到很多講述反抗不公與痛苦的造反英雄的動人故事。這些故事是當地文化的重要組成部分,而韋拔群正是這些故事的忠實聽眾,也是這種地方文化的產物。

　　在所有當地的民間英雄中,最為著名的一位莫過於前文提及的在十一世紀中葉反抗過越南和北宋兩國朝廷的儂智高。作為一名傑出的軍事戰略家,儂智高領導他的部隊攻打南寧、廣州和其他周邊城市,震驚北宋朝廷和越南,最終戰敗慘死。自宋代以來,廣西、雲南兩省中居住在中越邊界地區的壯人就把儂智高當作英雄祖先來崇拜,其他地區的壯人則傾向於把儂智高當作反叛的蠻夷而加以譴責,而東蘭似乎屬於對儂智高持譴責態度的地區。[86] 因此,很難確定韋拔群究

85　陳勉恕:〈廣西東蘭農民運動之實際狀況〉(1927 年 4 月),《韋拔群陳洪濤史料專輯》,第 55 頁。

86　Jeffrey G. Barlow, "The Zhuang Minority Peoples of the Sino-Vietnamese Frontier in the Song Period";白耀天:《儂智高:歷史的幸運兒與棄兒》,第 52 頁;James Anderson, *The Rebel Den of Nung Tri Cao: Loyalty and Identity along the Sino-Vietnamese Frontier*. Seattle: University of Washington Press, 2007.

竟是更認同南方的造反英雄儂智高，還是那位打敗了儂智高、並且被認為是東蘭韋氏壯人祖先的北方將領韋景岱。但可以肯定的是，和所有當地人一樣，韋拔群非常熟悉儂智高的故事。

韋拔群對東蘭土司韋虎臣的評價，應該比他對儂智高的看法更加明確無疑。作為一位以尚武精神和軍事才能贏得封號和名望的本地人，韋虎臣是當地尚武傳統的象徵，是本地民眾的驕傲。韋虎臣的出生地武篆是離韋拔群故鄉東里村最近的集鎮。實際上，本地人相信，武篆這個名字就是韋虎臣造出來的。武篆的含義是「武夷侯之印」。[87] 韋虎臣在福建武夷山擊潰倭寇後，獲朝廷賜予「武夷侯」封號，他便想用武篆這個地名來紀念這份榮耀。韋虎臣的墓地離東里村很近，而他當年所建的演武場遺址，至今依然矗立在東里村附近的銀海洲上。

韋拔群也應該熟悉領導反清起義的李定國和洪秀全的故事。李定國最初是反明起義的領袖之一，但在明朝滅亡後，他又轉而反抗滿清的征服。他的運動失敗之後，他的一些部下定居東蘭，成為當地一些漢人的祖先。李定國的起義路線是由北而南的，而洪秀全的太平天國運動則是由南往北發展，但兩人都與東蘭有直接聯繫。太平天國起義的一個顯著特點在於它是一個多民族的運動。據估計，在起義初期，壯人約佔兩萬太平軍的四分之一。第一個太平軍烈士是一個壯人農民，而在太平天國初期的五位大王中，至少有兩位是壯人。[88]

有一個關於韋拔群的故事，提到他和一位名叫羅卜多的瑤民獵人的兩次相遇。兩人的第一次相遇發生在銀海洲上。1907 年底，韋拔群和幾個朋友一起去銀海州打獵，而他的職責就是躲在岔道口附近伏擊逃跑的野獸。突然，一頭受傷的野豬出現在眼前，韋拔群嚇了一

87 何偉典編：《東蘭縣地名志》，第 117 頁。

88 馬寅主編：《中國少數民族》，502 頁；范宏貴、顧有識編：《壯族歷史與文化》，第 200 頁；Jonathan Spence, *God's Chinese Son: The Taiping Heavenly Kingdom of Hong Xiuquan.* New York: W. W. Norton & Company, 1996, pp. 79-95, 114.

跳，但這頭野豬很快就被一支箭射中了嘴部，並當場死亡。這名射中
野豬的弓箭手，正是羅卜多，而他手裏那把閃閃發亮的弓，令韋拔群
非常羨慕。後來韋拔群得知，這把弓是羅卜多的祖父傳下的，而羅的
祖父當年曾加入太平軍，是石達開的部下。韋拔群後來從羅卜多處聽
到不少有關太平軍的故事。

　　韋拔群與羅卜多的第二次相遇發生在 1908 年春節前韋拔群到東
蘭縣城上學時。這一次他見到的是戴着鐐銬的羅卜多。在被警察毆打
後，只穿着短褲的羅卜多被強迫站在一個木籠裏，而木籠則被綁在
縣政府門外的石獅子上。儘管羅卜多已在寒風中瑟瑟發抖，但他始
終不肯屈服。韋拔群後來得知，羅卜多的罪名是做土匪和鼓動民眾
抗稅。[89]

　　除了這些歷史人物之外，韋拔群也應該熟悉民間傳奇所讚頌的
一些神話英雄。其中就有一位在紅水河畔長大、長着一雙綠色眼睛、
名叫岑遜的年輕人。岑遜高大健壯，為人正直。他走遍了壯鄉的每一
個角落，想盡辦法為村民清除毒蛇猛獸、抵禦洪澇災害。他疏通了紅
水河，使它可以通航；他還把山丘搬過來放在河岸做河堤以防禦洪
水。此外，岑遜還把沿河的土地都變成了肥沃的稻田，給人們帶來安
寧、繁榮和幸福。後來，橫徵暴斂的邪惡皇帝使百姓陷入水深火熱之
中，岑遜便組織當地農民反抗皇帝的統治。起義軍在紅水河邊與皇帝
的軍隊作戰，儘管岑遜手中只有一根扁擔，他卻能夠殲敵無數。敵
人的鮮血流進河中，染紅了河水，所以這條河就成為「紅水河」。這
時，皇帝決定尋求玉皇大帝幫忙，玉皇大帝答應出手相助，便藏身雲
端，一劍砍死了岑遜。[90]

89　藍漢東、藍啟渲：《韋拔群》，第 7－9、18－20 頁。

90　楊士衡、覃建才：〈岑遜王〉，農冠品、曹廷偉編：《壯族民間故事選》，第 1 集，南寧：
　　廣西人民出版社，1982，第 20－22 頁；黎國軸、嚴永通：《韋拔群傳》，第 4－5 頁。

　　民間傳說中既有岑遜這樣的英雄，也不乏惡人。其中一位惡人就是當地的一位土司，而且恰巧與明朝的韋虎臣同名。雖然這兩個韋虎臣都是東蘭的土司，但傳說中的韋虎臣與史書中的韋虎臣大不相同。歷史上的韋虎臣是一位與倭寇和叛軍英勇作戰、並為東蘭帶來榮譽的民族英雄，而傳說中的韋虎臣則是一位殘暴的統治者。兩位韋虎臣的另一個區別在於他們的死因。兩人都死得很慘：歷史上的韋虎臣死於敵對同僚的毒殺，而傳說中的韋虎臣則是被自己的臣民殺死的，而且罪有應得。在傳說中，韋虎臣對農民徵收重稅，並因此成為當地首富。由於害怕農民起義反抗，他在銀海洲上建造了一座堅固的堡壘，把徵收來的銀錢都藏在那裏，家人也住在堡壘裏。但這座堡壘最後並沒能保護他和他的家人，因為憤怒的農民造反了，把山上的草木和土司的堡壘都付之一炬。韋虎臣和他的家人都在大火中喪生，熔化了的銀子流入銀海洲山頂的一個火山口，形成一個永久的美麗池塘。[91] 據說韋拔群的姑奶奶在山上發現的銀幣，就是在這次火災中得以留存下來的韋土司家的財產。在這個傳說的其他版本中，因惡行而被殺死的土司並不是韋虎臣，而是一個叫韋錢寶的企圖從韋虎臣將軍祖先手中奪權篡位的壞人。[92]

　　根據這個傳說的另一個版本，故事中的韋虎臣和歷史上的韋虎臣其實是同一個人。當韋虎臣外出與倭寇作戰時，沒能留下足夠的兵力保衛土司的堡壘。一群土匪抓住這個機會，向韋家的堡壘發起進攻。他們燒毀了倉庫，銀元都融化了。[93] 這個版本形成的年代更早，可能也更接近事實，但後來在革命時代被改造成新版本。主要由於革命意識形態的影響，在新版本中，攻擊土司堡壘的那些人被描繪成農

91　黎國軸、嚴永通：《韋拔群傳》，第 5-6 頁。

92　何偉典編：《東蘭縣地名志》，第 239 頁。

93　黃漢鍾：〈銀海州概況〉，《東蘭文史資料》，第 1 輯（1985），第 77-81 頁。

民，而不是土匪。當然，農民和土匪的身份確實常常是可以轉換的。既然要把攻擊者從邪惡的土匪轉化成代表正義的農民，那麼就必須把韋虎臣從一個愛國將領轉化成一個壓迫者和剝削者。

除了當地的民間傳說以外，韋拔群還應當讀過或聽過一些中原地區漢人造反英雄的故事。他可以通過兩個不同的渠道接觸到外地的文化傳統，一是精英渠道，主要是學校教育；二是以口耳相傳為特徵的民間渠道。因此，年輕的韋拔群便開始為《水滸傳》中所描述的北宋年間造反英雄的故事而着迷。

難以確定韋拔群究竟如何看待當地和中國民間傳說中形形色色的人物，但可以肯定的是，他對漢、壯、瑤幾個民族的造反份子和英雄人物的故事都瞭若指掌。雖然並非所有關於早年韋拔群的故事情節都可以得到證實，但這些故事中所反映的韋拔群的最重要的性格特徵都在他後來的行為中得到印證。這些重要的性格特徵包括強烈的正義感和使命感、慷慨豪邁、意志堅強、不畏權貴、偏好以暴制暴、擅於策劃和組織、以及渴望領導民眾。有一則傳言說到，韋拔群走路時總是緊握雙拳，彷彿隨時都在準備戰鬥。[94]

韋拔群在很小的時候就顯得與眾不同，一面堅定地反抗權貴，一面盡力愛護窮人和弱者。他出生時的種種祥瑞，以及他作為東里首富韋家長子的地位，使得他本人和他周圍的人都認定他是個帶着特殊使命和擁有一些特殊品質的特殊人物。據說，如果幼年韋拔群在學校犯了什麼錯，他的師長在決定如何處罰他時也必須考慮韋家的社會地位。[95]

儘管祖父和父親都非常重視韋拔群的教育，但他們並不曾給他施加沉重的學業方面的壓力。他的祖父是一家之主，管理着一個大家

94　黎國軸、嚴永通：《韋拔群傳》，第 4 頁。

95　黃現璠、甘文傑、甘文豪：《韋拔群評傳》，第 7 頁。

庭和各式各樣的生意，而父親也不得不把他的時間分配給眾多妻妾。所以，這兩人並不能留下很多時間和精力給年幼的韋拔群。據說，韋拔群的母親或祖父，或是他們倆人一起，對韋拔群很寬容。[96] 這種寬容，加上韋拔群享有的許多自由時光，造就了他從小就天不怕地不怕的個性。

那些出身於典型上層文人家庭的孩子們，大部分時間都在書房裏學習，沒有多少時間玩耍，而且即使不在書房學習時，也只能和社會地位相近的孩子玩耍。韋拔群和他們不同，他經常在外面和一些家境貧困的朋友一起玩耍。憑藉韋家的社會地位，以及韋拔群自身的慷慨個性和知識，或者也因為他強健的體魄及個人魅力，他就自然而然地成為了孩子們的領袖。韋拔群年少時，已是個狩獵和騎馬的能手，並且水性極好，後來還練習過武術和跑步。與窮人日益密切的友誼和互動，使韋拔群愈發對他們的苦痛感同身受。與窮苦孩子的相處，也為韋拔群的性格增添了幾分「野性」。韋拔群創作和演唱山歌的天賦，無疑來源於他與村民的頻繁接觸，而這又反過來使他贏得了朋友和村民更多的欽佩和尊重。韋拔群還年輕時，他的父親就亡故了，幾年後，他的祖父也撒手而去，韋拔群的行動因而愈發自由，在家庭內外的地位也得到進一步提升。他在年僅二十歲的時候，就已成為韋家這個富有大家族的實際主人。

像韋拔群時代的其他許多革命者一樣，韋拔群的革命生涯是從反對古舊的帶有壓制性的家庭和老師開始的。在韋家，韋拔群的祖父是一家之長。儘管韋拔群和父親之間似乎也有過衝突，但祖父無疑是韋拔群早期反叛的主要對象。韋拔群的父親可能比他祖父更溫和一些；此外，他父親在去世之前，尚未開始主理家事，而且韋拔群當時年紀尚少，不足以對父親構成任何實質上的挑戰。韋拔群與祖父產生

衝突的形式多種多樣。他不贊成祖父對待工人、佃戶和鄰居的方式，覺得他過分刻薄吝嗇。前文曾提到，韋拔群曾經偷取自己家裏的糧食和銀錢來幫助鄰居，還拒絕向祖父的佃戶收取租金。後來，韋拔群的妹妹回憶說，她哥哥曾試圖改變家人對待長工的方式。這些長工中，有相當一部分是瑤民。人們常用蔑稱侮辱瑤民，但韋拔群禁止姐妹們使用這些蔑稱，一旦違反規定，就會遭到韋拔群的懲罰。[97] 韋拔群自己則與這些瑤民的孩子以及一名年長的瑤民婦女建立了深厚的情感，這名婦女曾在韋拔群年幼時做過他的保姆。

　　韋拔群也並不接受祖父為他安排的人生道路。祖父想讓韋拔群學習經商，長大後好繼承家業，可惜韋拔群對這些興趣不大。祖父也很可能希望韋拔群能通過讀書出人頭地，步入仕途，但韋拔群又從來不是一個聽話的學生。事實上，他在學校和在家裏一樣叛逆。

　　韋拔群在八歲時正式開始上學讀書。那一年是 1902 年，廣西那時已經建起第一批現代小學，[98] 但這些新式學校都位於省內比較發達的地區，新式教育尚未進入東蘭。因此，韋拔群不得不去私塾學習儒家經典。他並不喜歡私塾的教學方法，偶爾會挑戰私塾先生的權威。[99] 後來，韋拔群轉學到附近江平村的一所年級更高的私塾。在新學校裏，他和以前一樣淘氣。村民們記憶中的一個事件，充分展示了他的大膽和對馬匹的熱愛。一天，有個人騎着馬來拜訪私塾的先生。到學校後，客人就把馬拴在牛欄旁邊。韋拔群從班上偷偷跑出來飛身上馬，一路狂奔，直到馬兒累得筋疲力盡，才騎着馬回到書院。

　　1905 年，韋拔群的父親在東里村資助創辦了一所書院，於是韋拔群也轉學到這所學校，師從一位名叫吳家書的老師。吳老師共有學

97　黎國軸、嚴永通：《韋拔群傳》，第 12 - 13 頁。

98　朱浤源：《從變亂到軍省：廣西的初期現代化，1860 - 1937》，第 461 頁。

99　黃現璠、甘文傑、甘文豪：《韋拔群評傳》，第 7 頁。

生二十餘人，其中絕大部分家境優渥。一年後，東蘭縣立高等小學在縣城設立，韋拔群在 1908 年也進入這所學校就讀。韋拔群的父親似乎單純是為了兒子而創辦那所書院的，因為在韋拔群就讀縣立高等小學之後，書院就關閉了。[100] 縣立高等小學的創辦，是東蘭現代化的最早標誌之一，到 1908 年，廣西省內 74% 的縣份都已設立了這樣的高等小學。[101] 東蘭的另一個現代化標誌是在 1910 年設立的現代郵政服務。在接下來的十年裏，每隔五天就會有一個郵差來遞送信件，東蘭因此得以保持與外界的聯繫。[102] 政治改革方面，在清朝滅亡之後，就開始建立地方議會，但這並未給處於邊陲的東蘭帶來積極的政治變革。對於年紀尚輕的韋拔群而言，新學校的設立遠比郵局和議會更加重要。

經過六年儒家經典的訓練，韋拔群已準備好去接受一種不同的教育。然而，東蘭高等小學採用的並不完全是現代化的教育模式。高級小學的課程中，雖有歷史、地理、科學、英文等新型科目，但仍保留着儒家經典這個傳統科目。此外，在學校裏體罰仍然屢見不鮮。韋拔群至少有一次曾當面挑戰校長，要求他禁止體罰，校長竟然同意了。韋拔群對新科目比對傳統科目更感興趣，他尤其喜歡體育，還經常和同學們一起參加體育競賽。他在這所學校學習了兩年後，在1910 年退學了。據說韋拔群輟學主要是由於他父親的辭世。[103]

然而，韋拔群的學生生涯並沒有隨着他離開縣立高等小學而結束。1911 年，在武昌起義尚未發生之前，韋拔群通過了官立慶遠府

100 廣西少數民族社會歷史調查組：《廣西壯族自治區東蘭縣中和人民公社東里屯社會歷史調查報告》，南寧：1964，第 19 頁。

101 朱浤源：《從變亂到軍省：廣西的初期現代化，1860－1937》，第 461 頁。

102 蔣晃：《東蘭縣政紀要》，第 7 頁。據蔣晃記載，1921 年後，郵差改為每三天來東蘭一次。

103 陳欣德：〈韋拔群〉，胡華編：《中共黨史人物傳》，第 12 卷，第 184 頁；黃現璠、甘文傑、甘文豪：《韋拔群評傳》，第 9 頁。

中學堂的入學考試。這所學校是廣西最早的現代中學之一。[104] 慶遠是
州政府所在地，也是一個美麗的城鎮，坐落在東蘭以東二百多公里的
龍江邊。韋拔群的叛逆情緒也隨着年齡的增長而增強。幾乎每篇有關
韋拔群的傳記或故事，都會提及他與慶遠府中學堂的保守派校長之間
的衝突。這位校長是一名舉人，他所僱用的教師當中也有人中過科
舉。辛亥革命後不久，孫中山將總統職位交給袁世凱，使這些依然忠
於清朝的守舊派老師都鬆了一口氣，他們支持袁世凱稱帝，號召復興
儒家的倫理綱常。韋拔群一直密切關注國家大事，也閱讀了孫中山追
隨者們所編寫的各種革命宣傳冊子。由於他堅定擁護孫中山，並對傳
統禮教持嚴厲批判態度，韋拔群與保守派校長和教師們的衝突已經無
法避免。

　　衝突發生在 1912 年校長生辰的前一天。那天一位教官召集了所
有學生，要求他們為慶祝校長生日做好準備。他希望每個學生都捐點
錢，作為獻給校長的賀禮，並要去校長家向校長高呼祝壽詞。韋拔群
直截了當地告訴這位教官：現在是民國時代了，不許這麼做！面對這
一當面頂撞，教官惱羞成怒，命令韋拔群下跪致歉，但韋拔群拒絕
了。這場對峙，引起了校長的注意，他很快便來到了現場。韋拔群便
向校長重複了他的觀點，校長聽了非常生氣。儘管當時有人建議把韋
拔群抓起來，因為他有引發騷亂的嫌疑，校長還是決定對他從輕發
落。第二天，他把韋拔群開除了。[105]

　　如果這個故事的所有細節都真實無誤，那麼韋拔群肯定是反抗
儒家禮教傳統的先驅。科舉制度在那時雖已被廢除，但儒家傳統仍然
主導着國人的思想。一方面，在陳獨秀發動新文化運動的四年前，邊
疆青年韋拔群就已對儒家禮教發起攻擊，這確是非常令人驚奇的一件

104　朱浤源：《從變亂到軍省：廣西的初期現代化，1860－1937》，第 461－462 頁。

105　謝扶民：《韋拔群》，第 6－8 頁；黎國軸、嚴永通：《韋拔群傳》，第 16－18 頁。

事；另一方面，如果我們考慮到下面三件事實，即儒家傳統在邊疆東蘭一帶從未像在中原地區那樣深入人心；韋拔群在此之前已有過多次叛逆行為；許多叛逆者，包括來自附近地區的洪秀全，早在韋拔群之前，就曾挑戰儒家傳統禮教，[106] 那麼韋拔群與校長之間的這場衝突就不會那麼難以置信了。

如果把韋拔群與慶遠府中學堂校長之間的衝突和他的下一個叛逆行為結合起來看，那麼這兩次叛逆行為都會變得更加可信。韋拔群下一次反抗行動的目標是另一所學校的校長，而這次事件也在多本傳記中被反覆記載。韋拔群被慶遠府中學堂開除後，決定暫不回家，而是去到桂林，希望能進入一所更好的學校就讀。桂林位於桂東北，在 1912 年南寧成為廣西省會之前的近千年裏一直是廣西的省會。桂林是一座漢人的城市，而這次桂林之行，也是年輕的韋拔群第一次踏出具有濃烈非漢人特色的紅水河文化圈。韋拔群此時感受到的文化衝擊，大概尚不至於無法承受，因為他已經通過上學、接觸紅水河一帶的漢人以及已被漢化的少數民族人士，在一定程度上熟悉了漢文化。那時候，他應該也已經學會說某種漢語了。

在親戚的幫助下，韋拔群得以在 1912 年入讀桂林法政學校。這所學校創建於清朝末年，目的是為籌劃中的君主立憲政府培養官員和法官。這裏的校長是一位前清的京官，他自信他的學生最終都將成為政府官員。韋拔群很快就發現這所學校並不適合他，並且與這位校長發生了嚴重的衝突。學校規定，學生上學應穿校服、戴帽子。韋拔群有時會違反這條規定，身上只穿着一部分校服，或者乾脆穿上自己從鄉下帶來的衣服。學校的另一條規定是，學生不能在學習時間離開教室，也不應在校外留宿。可是，韋拔群常常在學習時間離開教室，去

---

106 有關洪秀全如何挑戰儒家禮教，可參見 Jonathan Spence, *God's Chinese Son: The Taiping Heavenly Kingdom of Hong Xiuquan*, pp. 97-98.

廚房幫助廚師做飯；他有時還會離開學生宿舍，在工人宿舍留宿。終於，當韋拔群又一次違反學校有關衣着的規定時，他與校長的衝突正式爆發了。

「你這個怪模怪樣，還好做官？」校長質問韋拔群。

「我不想做官，我是來求學的！」韋拔群答道。

「老弟，那你走錯門路了。」校長直截了當地回答。然後，他命令韋拔群離開學校。[107]

當韋拔群進入桂林法政學校時，韋拔群的祖父和其他親戚都充滿期盼，他們堅信「學而優則仕」的道理，相信韋拔群可以就此踏入官場。當韋拔群被勒令退學的時候，他們的夢想幻滅了。韋拔群的叛逆性格和行為，使他偏離了正常的升遷軌道，而愈發接近革命的道路。近代亞洲的許多革命者都有類似的經歷。如果洪秀全當年順利通過他考了四次的科舉考試，進士及第，步入仕途，很可能就不會出現太平天國了；如果孫中山如其所願，得到李鴻章的接見，並被授予官職，他可能就不會發動辛亥革命了；如果胡志明能像他希望的那樣成功進入巴黎培訓殖民地官員的學校，並成為法屬越南殖民政府的一名官員，他可能也不會參加反法運動了；這樣的事例實在是不勝枚舉。

就韋拔群而言，似乎是他自己決定不去步入官場的。然而，在與校長發生正面衝突之前，韋拔群並不曾主動提出離開學校。正是因為校長迫使他退學，才使得韋拔群的情況與洪秀全、孫中山和胡志明的經歷更為相似。實際上，難以理解的是韋拔群為什麼說他對當官不感興趣。如果他真的那麼想，那為什麼一開始要進這所學校？其實，當他第一次聽到法政學校的名字時，應該就能預見他畢業之後要做什麼了。他也應該知道，做官能為他帶來政治上的權力，讓他有機會親自改變他詬病已久的社會體制，更不用說還會給他及家人帶來榮耀和

107　謝扶民：《韋拔群》，第 8－9 頁；黎國軸、嚴永通：《韋拔群傳》，第 18－19 頁。

滿足。然而，也有這樣一種可能，就是韋拔群在進入這所學校之前，對步入仕途其實抱有期待，但當他更全面地了解學校和當前的政局體制後，反而喪失了做官的興趣。是否還有一個可能，就是韋拔群之所以不穿校服，還和學校的工人一起作息，是在試圖表明他想要成為一個與眾不同的官員？也有證據表明，韋拔群最初是作為預備生進入這所學校的，因此他也許想用不穿整套校服的舉動，來表明他還不是這所學校的正式學生。無法確定他在被學校開除時是否已經轉為正式學生。

1914 年初，已將近二十歲的韋拔群回到了家鄉東蘭。他已上過三所中等學校，但都沒能畢業。他反抗過的人，不僅限於自己的父親和祖父，還有多名老師和至少兩位校長。韋拔群在與人交往過程中所表現出的性格，糅合了不同的、有時甚至是互相矛盾的元素。他的個性中，既有紈絝子弟的大膽任性，也有慈善家般的慷慨善良和儒家君子的愛國使命感，更有農民的樸實、知識份子的精明、騎士般的俠義和豪情、朋友般的和藹可親，以及壯人的才情、浪漫和勇敢，而其中最重要的是一個來自邊疆、對當時的世界深表厭惡的年輕叛逆者的自由奔放的精神。

第 二 章

初出遠門

1914 —— 1921

　　雖然已有過在東蘭縣城、慶遠城和廣西前省會桂林等地學習和
生活的經驗，但二十歲的韋拔群還不曾到過廣西之外的任何地方。韋
拔群在 1914 年從桂林回到家鄉之後不久，就決定做一次走出廣西、
跨越數省的旅行。有人認為，韋拔群的祖父已在他回家前一年過世。
也有人說，他的祖父和父親都在他從桂林回鄉不久後相繼去世，[1] 這
樣韋拔群就成了韋家的新家主，可以為所欲為了。據說韋拔群母親支
持他外出旅行的決定，並讓韋拔群變賣一些水田以換取旅費。韋拔群
這時已迎娶了同村的黃鳳桃，與新婚燕爾的妻子分別可能並非易事，
但即使是新婚嬌妻也無法動搖韋拔群出門遠行的決心。

　　也有人說韋拔群決定出門旅行時，他的祖父還活着。老人對於
韋拔群從桂林法政學校輟學一事深感失望，便希望他能留在家中打理
家業。韋拔群答應了，但前提是祖父要給他完全的決策權。他在接管
家族事務後所做的最初決定之一便是讓三個長工回家，並贈送每人一
些銀錢和土地作為他們服務韋家的報酬。他還把家中的錢財、糧食和
土地分給其他貧困村民，並因此與祖父發生多次矛盾。當韋拔群決定
出門旅行時，祖父雖極力反對，卻無濟於事。韋拔群變賣了一些田
產，換來了兩百多銀元，隨後便踏上旅途。據說，韋拔群臨行前，祖
父讓人殺了一隻白雞，煮好後端到韋拔群面前。在壯人的傳統中，
這意味着祖父要與孫子斷絕關係。韋拔群在吃掉這隻白雞後就離開

1　　藍漢東、藍啟渲：《韋拔群》，第 25 頁；謝扶民：《韋拔群》，第 9 頁。

了家。[2]

　　韋拔群出省遠行的動機是什麼？有學者籠統地認為他出行的目
的是尋求「革命真理」或「救國救民之道」，[3] 但這並不夠具體和明確。
一種可能是，韋拔群在省內不同地區的遊歷引起了他對國內其他省份
的興趣；此外，在閱讀了有關國內不同地區的書籍後，他可能想到這
些地方親眼看看。不管韋拔群多麼憎惡他上過的那些學校，他還是從
這些學校的老師們那裏學到有關東蘭和廣西以外世界的許多知識。另
一種可能就是，由於他在省內學校的那些不愉快經歷，他盼望着能在
大城市找到一所更好的學校，並在那裏繼續他的學業。他還年輕，並
且渴望學習新思想和新知識。他沒有和親朋好友分享自己的這個夢
想，可能是因為在省內學校的不愉快經歷已在他心中留下陰影，他擔
心自己即使能考進一所省外的學校，或許也無法堅持到畢業。

　　韋拔群的長途旅行將持續多長時間？他計劃遊歷哪些城市和地
區？這些也都沒有明確的答案。有一種說法是，他走出廣西後的第一
站是廣州。這是一個可以理解的選擇，因為廣州是距廣西最近的大都
市，當地的語言文化與廣西南部一帶的漢人聚居地較為相似，而韋拔
群從小就應當聽說過許多有關廣州的掌故。1914 年 11 月，韋拔群在
鄰村一名男子的陪同下，從家鄉東蘭步行前往田州。田州是一個有約
一千戶人家的較大城鎮，坐落在右江岸邊。[4] 對東蘭居民來說，田州
是通往新省會南寧的必經之路。據說韋拔群還讓東蘭的一個村民幫忙
把他準備的旅費都交給一個田州人，然後由這個田州人分期把旅費寄
給旅途中的韋拔群。[5] 也就是說，田州不僅是韋拔群離開東蘭後的第

2　　黎國軸、嚴永通：《韋拔群傳》，第 20 頁；黃現璠、甘文傑、甘文豪：《韋拔群評傳》，
　　　第 20－22 頁。

3　　藍漢東、藍啟渲：《韋拔群》，第 25 頁。

4　　姜茂生，《千里來龍》，福州：福建人民出版社，1985，第 40 頁。

5　　「拔群外出遊歷」，百色市檔案館（083-002-0013）。

一個主要中轉站，也是他整個旅程的財務基地。

韋拔群從田州乘船到了廣西的新省會南寧，這很可能是他第一次到南寧。十二年後，共產黨人陳勉恕第一次從南寧去東蘭時，在路上走了八天之久，其中包括從南寧到田州的三天水路，以及從田州到東蘭的五天陸路。[6] 韋拔群從東蘭到南寧的行程，可能不需要那麼長時間，因為從田州到南寧的船是順流而下的，而陳勉恕所乘的船則是逆流而上的。此外，作為右江本地人，韋拔群在東蘭和田州之間的山路上應該也能比陳勉恕走得更快。但不管怎麼說，這都是一次艱難的旅程。在南寧，韋拔群轉乘了一艘往廣州的汽船。他後來又從廣州前往上海和長江沿岸的幾個省，直到 1915 年底才回到東蘭。[7]

關於韋拔群旅行路線的另一種說法認為，廣州是韋拔群返回廣西前的最後一站，而不是出廣西後的第一站，而韋拔群的第一段行程是向東走，而非向西走，雖然都是依靠步行。他在出家門往東過紅水河後，就向北走到龍江邊上的河池，然後從河池向東到柳州，再從柳州向北到桂林。柳州和桂林是桂北最大的兩座城市，而他對桂林並不陌生。韋拔群隨後從桂林向東到達湖南境內。他先是到了湘西小城冷水灘，接着經過株洲這個較大的城市到達湖南省會長沙，再從長沙向北到達湖北境內長江岸邊的武漢，又從武漢轉東進入江西、安徽和江蘇等人口密集的農業省份，最後到達上海。他隨後又從上海來到附近的杭州，然後一路往南到達位於華南的廣州，並在 1915 年底從廣州返回東蘭。[8] 有人認為韋拔群的行程也包括香港，還說他在香港時因為看到一個花園入口處掛着的「華人與狗不得入內」的標牌而大為震

6　陳勉恕：〈廣西東蘭農民運動之實際狀況〉（1927 年 4 月），《韋拔群陳洪濤史料專輯》，第 50 頁。

7　黎國軸、嚴永通：《韋拔群傳》，第 20—21 頁；黃現璠、甘文傑、甘文豪：《韋拔群評傳》，第 23—24 頁。

8　曾啟強編：《中國早期農民運動領袖韋拔群》，第 25—30 頁。

怒。[9] 韋拔群從廣州到香港遊歷一番是可能的，但不能確定那時的香港是否也有「華人與狗不得入內」的標牌。大多數看到過那個標牌並為此震怒的中國人，包括國民黨的孫中山和共產黨的方志敏和郭沫若，都是在上海而不是香港看到的。

　　韋拔群在旅途中寫了一些記錄自己沿途觀察和思考的筆記和日記，但這些都在 1926 年被敵人連同他的房屋付之一炬。[10] 雖然韋拔群本次旅程的具體行程很難確定，但可以肯定的是，他在旅途中到過上海、廣州等大城市以及許多南方省份，這對於韋拔群應該是一次大開眼界的經歷。將在 1920 年代成為廣西統治者的李宗仁，大約也是在這個時候以桂系軍人的身份首次走出廣西。關於他第一次進入廣東的經歷，李宗仁後來寫道：「一個生長在山國的人，從未越出省門一步，此次因投入軍隊，方遠行至珠江下游，見輪船火車往來行駛，熱鬧非常，雖離鄉背井，不無思鄉之苦，但也因見到新的天地而異常興奮。」他第一次進入湖南時，就留意到湖南和廣西的氣候差異。他還觀察到，廣東和廣西的婦女普遍不纏足，可以和男人一樣下地勞動，而湖南女子都裹着腳，因此無法從事重體力勞動。[11]

　　1925 年至 1929 年間擔任廣西省長的黃紹竑也在 1912 年初作為一名學生兵第一次走出廣西。當時他和同樣來自廣西的朋友們印象最深的是在湖北看到的火車以及在南京和周邊地區看到的歷史遺跡。儘管法國人早在 1888 年就曾首次提出在廣西修建鐵路的建議，但廣西的第一條鐵路直到韋拔群去世六年後的 1938 年才得以竣工。[12]

　　韋拔群與李宗仁一樣在山區出生長大，與李宗仁和黃紹竑是同

9　〈拔群外出遊歷〉，百色市檔案館（083-002-0013）。

10　曾啟強編：《中國早期農民運動領袖韋拔群》，第 27 頁。

11　李宗仁、唐德剛：《李宗仁回憶錄》，第 61、72 頁。

12　黃紹竑：《黃紹竑回憶錄》，第 22 頁；朱浤源：《從變亂到軍省：廣西的初期現代化，1860－1937》，第 417－423 頁。

齡人，也差不多同時第一次走出廣西，而他在第一次長途旅行中遊歷
的也是李宗仁和黃紹竑到過的湖南、廣東、武漢和南京等地。因此，
韋拔群和李黃二人對旅行所到之處的印象和感受應該有不少相似之
處。這次旅行讓韋拔群在華中和華東地區體驗了他的第一個真正的冬
天。東蘭在冬季一般不會下雪，氣溫也很少會下降到零度，但韋拔群
這次旅行中途經的湖南、湖北、上海等地，冬天時有可能非常寒冷。
十六年後，當來自東蘭的許多韋拔群的部下不得不離開家鄉前往江西
與毛澤東會合時，他們中有些人在進入湖南後，因初次看到大雪而倍
感驚喜。不幸的是，由於缺少冬衣，不少人被活活凍死。[13]

　　韋拔群後來一定會感到遺憾的是，他在旅途中錯失了面見另外
兩位共產黨早期農運領袖的機會。韋拔群在湖南遊歷時，毛澤東正在
長沙的湖南第一師範學校學習；韋拔群搭乘輪船經過海豐的海岸去往
或離開廣州時，彭湃正在海豐縣城讀中學。

　　這次長途遊歷使韋拔群感受到邊疆的廣西與沿海地區的差距以
及中國的廣袤和多樣性，雖然他還沒能涉足北方。可以相信，韋拔群
在旅途中親眼目睹了當時中國面臨的嚴重問題，包括階級差異、工人
和農民的貧困，以及外國對中國的侵略。廣州和上海是當時中國最重
要的通商口岸，同時也是西化程度最高的兩座城市。然而，在 1915
年，中國最危險的敵人是日本，而不是強行打開了上海和廣州這兩個
通商口岸的西方列強。日本正是在那一年向中國提出「二十一條」，
目的是把中國變成日本的保護國，導致在韋拔群經過的不同地方爆發
了大規模的反日運動。他可能也更多地了解了國內的政治局勢，特別
是決心保護共和制度的孫中山與試圖摧毀新生民主制度的袁世凱之間

13　覃應機：《硝煙歲月》，第 14 頁；莫文驊：《回憶紅七軍》，南寧：廣西人民出版社，
　　1962，第 54、73 頁；閻衡：〈閻衡同志關於第七軍的報告〉（1931 年 4 月 4 日），《左
　　右江革命根據地》，上冊，第 383 頁；鄧小平：〈七軍工作報告〉，《左右江革命根據
　　地》，上冊，第 400 頁；姜茂生：《千里來龍》，第 70 頁。

的衝突。韋拔群早在外出遊歷之前就已經是孫中山的忠實支持者，而他遊歷期間的所見所聞只會強化他對孫中山的忠誠。最後，這次旅行還改變了韋拔群的面貌。他在途中剪了辮子，帶着新髮式回到家鄉，在村裏引發一場軒然大波。[14] 這可能會令韋拔群覺得他的父老鄉親很可憐，因為國內大部分地區的民眾都已經剪去被視作恥辱象徵的髮辮。

如果說保守的村民們並不喜歡韋拔群的激進思想和不羈外表，那麼他在國內發達地區長達一年的遊歷，卻贏得了許多年輕人的欽佩。他們紛紛趕來韋拔群家中聽他講旅途中的故事。旅行，就像知識、財富或官職一樣，是贏得村民尊重的重要途徑。對於韋拔群來說，這次旅行標誌着他已正式成年並成為韋家的新家主，同時也標誌着他已成為一名年輕而受人尊敬的地方人士。

這次遠行也是韋拔群政治生涯的一個轉折點。在這次旅行之前，韋拔群曾偶爾對父親、祖父、老師、校長和當地權貴家庭有過反抗行為，但這些都是自發的個人行為。遠行結束不久後，韋拔群就開始加入反抗當時中國的最高統治者袁世凱的運動，並因此邁入政壇。袁世凱那時正試圖建立新王朝，並因此引發全國各地的抗議。在鄰省雲南，蔡鍔發動了護國討袁運動，率領軍隊向北京進發。全國其他地區的將領，包括廣西和貴州一帶一些大權在握的軍人，都支持蔡鍔。韋拔群決定以一種非常高調的方式加入討袁運動：他開始招募村民為討袁而戰。他變賣掉了部分家產，或是二三十頭水牛，或是幾畝水田，並用得來的錢為他徵募的農兵購買武器和支付路費。從此以後，韋拔群的活動就是社會政治運動的一部分，而不再只是個人活動，並因此成為集體記憶或國家歷史的組成部分。

韋拔群的小型武裝由一百多名來自東蘭和鄰近的鳳山縣的年輕

14　曾啟強編：《中國早期農民運動領袖韋拔群》，第 29 頁。

村民組成。從許多方面看，這都像是一支私人軍隊，但它卻是為保衛公眾利益而創建的。韋拔群聽說袁軍和討袁軍正在貴州激戰，便在 1916 年初帶着他的隊伍向貴州進發。他們決定加入黔軍的一個更重要的原因是因為東蘭人熊克誠當時在黔軍擔任旅長，並在紅水河畔的一個村莊設立了徵兵站。[15] 雖然他們既無汽車，也無馬匹，必須全程步行，但韋拔群和他的戰士們還是很快就抵達貴州。在那裏，韋拔群的隊伍被改組為黔軍的一個連，韋拔群被任命為副連長。由於貴州的戰事已經結束，黔軍開始向川南進軍，去與那裏的袁軍作戰。韋拔群和他的連隊參與了重慶附近的戰鬥，而這也是韋拔群的首次實戰經驗。1916 年 4 月下旬，袁世凱決定放棄帝制，並開始與討袁勢力和談，雙方的戰鬥隨即中止。

　　如果像一些人認為的那樣，韋拔群的祖父在 1914 年底韋拔群踏上旅途時尚在人世，那麼他在 1915 年底也必然已經故去。否則，韋拔群就不可能為了做一件在祖父看來與韋家毫無關係的事而賣掉那麼多田產或水牛。如果某種說法屬實，即祖父已與韋拔群斷絕祖孫關係，那麼老人就可以輕易辯稱，韋拔群已無權染指韋家任何財產。另有一種說法認為，韋拔群在為他的反袁武裝籌款時，既沒有賣水牛，也沒有賣水田，而是通過說服從母親處拿到祖父去世前交給母親的三百兩銀子，[16] 而這恰好證實祖父已在 1915 年底之前去世。如果韋拔群在 1914 年底還不是真正的韋家家主，那麼在 1915 年底他一定已經當家作主了。即使祖父在 1914 年底確實曾與韋拔群斷絕了關係，但在祖父去世之後，這種斷絕也不再有效。韋家需要一個男人來當家，而韋拔群是當時韋家唯一的成年男子。當時韋家的成員包括父親的

15　黃漢鍾、陳儒楷：〈陳樹森其人其事〉，《東蘭文史資料》，第 2 輯（1987），第 46 頁；寧顯標：〈紅水河谷的故事〉，南丹政協網，2006 年 10 月 31 日，http://www.hccppcc.com/zx_nd/comment.php?Articleid=614。

16　曾啟強編：《中國早期農民運動領袖韋拔群》，第 31-32 頁。

四五個遺孀，以及年方十一歲的弟弟韋菁，年方六歲的弟弟韋莖，四個妹妹，以及韋拔群的妻子黃鳳桃和兒子韋述祖。從這時起，韋拔群在家庭內部再沒有強有力的對手。不論他的想法聽上去多麼荒謬或激進，他現在幾乎可以為所欲為。韋拔群絕對不是他祖父和父親所期望的那種一家之主，他對家族生意漠不關心，並願意把錢花在那些不會馬上給家庭帶來利益的人和事上。韋拔群似乎覺得在家庭之外比身處家中更加自在。

　　韋拔群作為韋家之主和一位受過教育、見過世面的青年志士自行決定參加討袁之役並不難理解，難以理解的是為什麼那一百多名農民願意跟隨韋拔群去鄰省上戰場。韋拔群已是一個見多識廣並具有堅定政治信仰的知識份子，這是他參加討袁運動的原因，但不應該指望那些追隨他的農民也具有同等水平的政治覺悟和與他相同的政治信仰。如果我們相信那些描寫過 1910 年代和 1920 年代的中國農民的中國知識份子，那麼我們就不得不認同，那時農民階層的政治覺悟普遍低下。[17] 值得一提的是，韋拔群的這支農民武裝建立於魯迅寫成著名小說《阿 Q 正傳》的五年前。許多人認為，魯迅筆下無知、可笑又可憐的阿 Q 正反映了魯迅對於二十世紀初年中國農民政治覺悟的悲觀評價，而當時很多人都認同這種評價。如果把韋拔群反袁一事放入更大的歷史情境中，那麼韋拔群於 1916 年在邊疆廣西為了保衛民國、推翻皇帝袁世凱而創建一支小型農民武裝一事就無疑是一個幾乎令人難以置信的驚世駭俗之舉。可以想像，假如魯迅聽說了這件事，也應該會震驚不已。

　　在討袁運動中追隨韋拔群的村民中至少有三人將成為他終生的戰友和同志，並為他們共同的理想而犧牲，也至少有兩人後來將變成

17　有關這個主題的詳細討論，可參見：Xiaorong Han, *Chinese Discourses on the Peasant, 1900-1949*. Albany: State University of New York Press, 2005, pp. 19-24.

韋拔群的敵人。來自東里附近一個村莊、比韋拔群小一歲的黃榜巍是韋拔群的三位同志之一。他在一間私塾上過一年學，然後成為武篆育才高等小學的學生。他在小學學習期間就對袁世凱和孫中山之間的衝突多有了解，並自小就支持孫中山。他和韋拔群在加入黔軍之前不一定已是好朋友，但兩人在那之前肯定早就相識。黃榜巍與韋拔群一起參加討袁護國軍，後來留在黔軍，直到 1921 年初才回到東蘭參加韋拔群領導的農民運動。1923 年，黃榜巍成為最早為東蘭農民運動獻身的幾位烈士之一。黃的墓誌中寫着他不屑做農活，並一直嚮往從軍，還說他在 1914 年而不是 1915 年加入黔軍，而這就意味着，當韋拔群開始組建他的反袁武裝時，黃榜巍已經在黔軍中了。[18] 如果真是那樣的話，那麼黃榜巍很可能是韋拔群決定加入黔軍而非桂軍的另一個原因，雖然桂軍也持反袁立場。

另一位來自鄰村的農民知識青年黃大權也加入了韋拔群的反袁隊伍，並成為他的終身追隨者。1915 年，十七歲的黃大權從東蘭高等小學畢業後回到武篆的一所私塾任教。在 1916 年隨韋拔群離開家鄉後，黃大權在黔軍中服役到 1917 年，隨後返鄉。其後的四年，他在當地一所學校任教，並於 1921 年重新開始與韋拔群共同奮鬥。[19]

韋拔群在反袁武裝中的第三位終身盟友是來自鄰縣鳳山的農民廖源芳。廖也讀過私塾，並曾在鳳山一所高等小學就讀。他還曾在鄰近的貴州和雲南做過幾年小生意。廖源芳出生於 1880 年，比韋拔群年長許多，但 1915 年時二人在鳳山一見如故，並立即結拜為兄弟。廖可能是韋拔群組建的反袁隊伍中最年長的一位。在討袁護國軍中服

18　藍啟渲：〈黃榜巍〉，《中共廣西黨史人物傳》，第 4 輯，南寧：廣西人民出版社，2004，第 1－7 頁；黃光偉：〈黃榜巍烈士墓碑文〉（1923），陸秀祥編：《東蘭農民運動 1921－1927》，第 69 頁。

19　黃英俊：〈黃大權〉，陸秀祥、黃建平、黃英俊編：《中共東蘭黨史人物傳》，中共東蘭縣委黨史辦公室，1988，第 111－123 頁。

役一段時間後，廖源芳成為貴州講武堂的學生，而韋拔群也在同一所學校學習。1918 年，廖從講武堂畢業後回到家鄉，並在 1921 年又加入韋拔群的農民運動。廖的三個弟弟後來都跟隨他加入紅軍，並相繼犧牲。[20]

反袁武裝中的陳樹森和牙玉璠兩人後來都變成韋拔群的敵人。和廖源芳一樣，這兩人也是韋拔群的結拜兄弟。陳樹森家住縣城，畢業於東蘭高等小學，牙玉璠則來自東蘭縣北部。和廖一樣，陳、牙二人都在韋拔群的連隊服役一年後，就被選送到貴州講武堂學習。從講武堂畢業後不久，兩人都回到廣西，在舊桂系軍中服務。1920 年代初，舊桂系軍閥垮台後，陳樹森改投新桂系。1930 年代初，陳樹森在東蘭和右江地區與共產黨作戰，並在打敗韋拔群的過程中發揮了重要作用。牙玉璠也走上一條類似的道路，後來也在新桂系軍中任職。1926 年初，牙已當上了團長，並曾給韋拔群的農軍提供過一些彈藥。[21] 1930 年代初，牙也成為韋拔群的敵人，並曾積極參與對共產黨人的清剿。

可以說，廖源芳加入韋拔群反袁武裝的主要原因是他與韋拔群的友誼，而黃榜巍從軍的動機可能是他對孫中山和民國的忠誠以及他逃避農業勞動的願望。實際上，韋拔群的追隨者中有相當一部分並非真正的農民，而是鄉村知識份子。通過從軍逃避耕作並獲取一個體面的職位可能是相當多韋拔群追隨者的共同動機。後來成為韋拔群敵人之一的黃旭初認為，韋拔群本人之所以參加這場反袁運動，是因為他把這看做是在軍中謀得一個職位的大好時機。[22] 東蘭當地的尚武傳統

20　班鋒、羅昭文：〈廖源芳〉，《中共廣西黨史人物傳》，第 1 輯（1992），第 202－211 頁。

21　《東蘭縣志》，1994，第 723 頁；黃漢鍾、陳儒楷：〈陳樹森其人其事〉，《東蘭文史資料》，第 2 輯（1987），第 4－50 頁；韓建猛：〈牙蘇民〉，《中共廣西黨史人物傳》，第 4 輯（2004），第 347 頁。

22　黃旭初：〈韋拔群亂東蘭禍廣西始末〉，《春秋》，第 187 期（1965）。

可能也為韋拔群及其追隨者提供了動力。他們很容易聯想到自己是在像韋虎臣那樣幫助保護一個合法政府（中華民國），或是在像太平軍那樣對抗一個非法政府（袁家王朝）。在組織結構方面，韋拔群的反袁武裝與四百年前韋虎臣的壯兵並無根本區別。傅禮門（Edward Friedman）認為，參與辛亥革命和 1916 年討袁救國運動的鄉村民眾，與其說是革命者，不如說是社會土匪，他們是帶着傳統的和宗教的目的參與這些運動的。[23] 韋拔群的一些追隨者可能也懷有類似的動機和面目。

無論這些村民們參加討袁救國運動的動機是什麼，在決定追隨韋拔群時，他們都首先必須信任他，而他們對韋拔群的信任就建立在友誼、共同政治信仰、共同的地緣和族群關係、韋拔群的家庭地位、他所受過的教育、他的旅行經歷、以及他作為一位慷慨保護人的聲望等因素之上。為了組建這樣一支武裝，韋拔群也需要具備說服、動員和組織的能力。從這個意義上來看，組建反袁武裝這一事件是韋拔群作為革命者和政治領袖的首場表演。

1916 年反抗袁世凱的全國性起義結束不久之後，韋拔群就被捲入一場反抗連長陸永芬的小規模反抗運動中。陸連長是全連唯一的「外人」，這可能讓他感到尷尬，至少在開始時是如此。一方面是因為他在軍閥的舊部隊裏待得太久，所以學會了舊軍隊的一套作風，另一方面他可能認為製造恐懼感是樹立威信的最佳辦法，因此他對手下士兵極為殘暴，經常體罰他們。韋拔群起初曾試圖勸他改變方式，但無濟於事。有一天，陸永芬又要體罰士兵時，韋拔群就用拳頭制止了他。這種犯上行為使韋拔群遭到處罰，被由副連長降為排長。當韋拔群手下的士兵聚集起來抗議這項處罰時，韋拔群就因「煽動暴亂」而

---

23 Edward Friedman, *Backward toward Revolution: The Chinese Revolutionary Party*. University of California Press, 1974, pp. 117-164.

被強迫退役並被關入重慶的一座監獄。[24]

這是韋拔群經歷的第一次牢獄之災。他從來不曾預料到，參加討袁運動會給他帶來這樣的獎賞。幸運的是韋拔群組織討袁武裝的驚世之舉為他贏得了不少同情者，其中一名任職參謀的同情者向上級通報了韋拔群一案。[25] 一些高級將領也開始為韋拔群求情，其中盧燾將軍成為韋拔群真正的恩人。盧燾是廣西人，他的家鄉環江離東蘭不遠，並且也是壯人。他畢業於著名的雲南陸軍講武堂，曾是中共紅軍之父朱德將軍的同學，也是極少數在黔軍中擔任高級軍職的外省人之一。盧燾將軍顯然感到，出於同鄉同族之情，以及共同的政治立場，他有責任幫助韋拔群。於是，盧燾親自去向任黔軍最高指揮官的好朋友求情，結果韋拔群不但被立即釋放，還被送到貴州講武堂受訓。韋拔群這次一共在監獄中渡過了幾個月的時光。不幸的是，這將並非是他人生中唯一的一次牢獄之災。

似乎是為了把韋拔群的 1917 年變得更加戲劇化，他的妻子黃鳳桃在這一年因病去世，留下兩名幼子由韋拔群的母親照料。[26] 不清楚韋拔群是在什麼時候得知這一噩耗的，也沒有任何跡象表明他曾回鄉參加妻子的葬禮。

貴州講武堂是韋拔群就讀的第四所中等學校，也是四所學校中唯一一所授予他畢業證書的學校。這所學校創建於 1916 年，旨在為黔軍培養中低級將領。這也是貴州軍政兩界為擺脫鄰省雲南的節制所做努力的一部分。學校的首任校長何應欽是一名曾在日本軍校受訓的年輕軍官，後來成為蔣介石國民黨軍隊中一位顯赫的將領。何應欽請了一名日本軍官做講武堂的顧問，並招募了一批和他一樣畢業於日本

24　謝扶民：《韋拔群》，第 10－11 頁。

25　《左右江革命史料彙編》，第 1 輯，第 11 頁。

26　曾啟強編：《中國早期農民運動領袖韋拔群》，第 318－320 頁。

軍校的教官。申請就讀這所學校的學員，必須有小學文憑，並且不吸鴉片。當時貴州的鴉片之害比廣西還要嚴重，黔軍士兵因為總是隨身攜帶鴉片煙槍，所以和川軍一樣常被稱為「雙槍兵」。[27] 貴州講武堂的課程設置與日本軍校類似，既強調軍事訓練，也重視政治教育，學生一般可以在兩年時間內畢業。

韋拔群於 1917 年進入貴州講武堂，並於 1919 年畢業。比起慶遠府中學堂和桂林法政學校，韋拔群顯然更喜歡貴州講武堂。他尤其喜歡研習軍事科學。畢業後，他成為駐渝黔軍的一名參謀。不知道盧燾將軍是否為他取得這一職位提供了幫助，但他們兩人顯然在韋拔群出獄後就建立了聯繫。當盧燾將軍在 1920 年 8 月調到重慶後，韋拔群和他更是每天都能見面。[28]

似乎韋拔群祖父讓韋家不僅有錢而且有勢的夢想終於要實現了！二十四歲的韋拔群現在擁有一個很有前途的職位，他在黔軍中的良好人脈意味着如果他循規蹈矩，並與他的保護人保持密切聯繫，他就將獲得很好的晉升機會。然而，韋拔群卻不是那種願意為規章制度犧牲理想的人，他也做不到僅僅為了升遷就強迫自己按部就班。嚴格的紀律和密集的政治灌輸也未能阻止韋拔群對《新青年》等流行刊物中所傳播的激進思想產生濃厚興趣。他不僅自己閱讀這些雜誌，還時常與軍中友人分享，並以「憤不平」的假名將進步刊物寄給家鄉的朋友們。他還用「憤不平」的假名撰寫了一些宣傳社會革命和軍事改革的口號和小冊子，並在軍中散發。最終，他的這些秘密宣傳活動引起了軍隊高層的注意。1920 年 10 月，在軍警前去逮捕他之前，韋拔群秘密逃離了黔軍。據信是盧燾將軍在獲悉韋拔群即將被捕之前及時敦

27　莫文驊：《回憶紅七軍》，第 25 頁。

28　彭源重：〈韋拔群不當縣長〉，唐儂麟編：《桂海遺珠》，第 9 頁；曾啟強編：《中國早期農民運動領袖韋拔群》，第 39 頁。

促他離開，再次救了他。[29] 韋拔群和盧燾自此之後再未相見。韋拔群
離開數月以後，孫中山任命盧燾將軍為黔軍總司令兼貴州省省長。雖
然盧燾沒能長期保住這些職位，但他在 1949 年前一直是貴州的一位
軍政要人。1949 年底，盧燾成為中共地下黨成立的一個公民組織的領
導人，並因此在共產黨部隊攻入貴州省會貴陽幾小時前被國民黨人殺
害。死亡把韋拔群和盧燾再次連在一起：他倆都死於國民黨人之手；
他倆都被共產黨人追認為「革命烈士」。[30]

　　至少有兩位作者聲稱，韋拔群離開黔軍後，先向西到達雲南，
後從雲南去往廣州。[31] 不過韋拔群自己的記述清楚地表明，他是經由
國民黨中央所在地上海去往廣州的。韋拔群希望能在上海見到孫中
山，但他抵達上海後才得知，孫中山已於不久前把國民黨中央遷往
廣州。韋拔群隨即離開上海，於 10 月抵達廣州。在上海短暫逗留期
間，韋拔群給在百色廣西省立第五中學讀書的二十歲的表弟陳伯民寫
了一封信。他在信中告訴表弟，他已離開黔軍，但在上海未能見到孫
中山先生，現正準備前去廣州見他。信中還附有一首帶有壯人文化色
彩的信歌，內容如下：

> 故鄉那馬伯民哥
> 給你寄這支信歌
> 我走遍了天下看透了這世界
> 到處有惡人把好人生吞活剝
> 如今世界妖怪多

29　曾啟強編：《中國早期農民運動領袖韋拔群》，第 39 頁。

30　有關盧燾的生平，可參見覃華儒：〈盧燾傳略〉，《廣西文史資料》，第 21 輯（1984），
　　第 1－17 頁；韋志華：〈盧燾〉，《中共廣西黨史人物傳》，第 3 輯（1997），第
　　258－264 頁。

31　謝扶民：《韋拔群》，第 9 頁；黃旭初：〈韋拔群亂東蘭禍廣西始末〉，《春秋》，第
　　187 期（1965）。

> 口吃人肉念彌陀
>
> 故鄉那馬伯民哥
>
> 給你寄這支信歌
>
> 可恨有天無日頭
>
> 冷風嗖嗖颳冷雨沙沙落
>
> 我走遍了天下看透了這世界
>
> 到處有惡人把好人生吞活剝[32]

　　這首信歌再次體現了韋拔群對於社會不公和貧弱群體的關注。這封信和這首信歌深深地打動了陳伯民，他立即決定退學並前往廣州去見表兄和孫中山。不幸的是，他到廣州後既沒找到韋拔群，也沒找到孫中山，只好回到家鄉的一所小學教書。有人認為，陳伯民在廣州短暫逗留後曾前往上海和北京，然後才回到家鄉。[33] 陳伯民在幾個月後終於見到表哥韋拔群，但他終生都不曾有機會見到孫中山。

　　有人相信韋拔群抵達廣州後便見到了孫中山，[34] 也有人持不同意見。[35] 即使這次會面確實發生，兩人也沒有因這次見面而建立牢固的關係。幾乎所有人都同意，韋拔群確實見到了孫中山的親密朋友廖仲愷，而幾年後，廖仲愷將成為整個農民運動、尤其是韋拔群領導的東蘭農民運動的重要支持者。在廣州逗留期間，韋拔群加入了中國國民黨，並與一些來自廣西的重要國民黨人建立了友誼，其中最突出的一位是曾在歐洲和日本留學、精通多種外語的桂林學者馬君武。馬君武

32　韋崎嶸、黃建平：〈陳伯民〉，《中共廣西黨史人物傳》，第 1 輯（1992），第 139－140 頁；《韋拔群陳洪濤史料專輯》，第 78－79 頁。

33　韋崎嶸、黃建平：〈陳伯民〉，《中共廣西黨史人物傳》，第 1 輯（1992），第 140 頁；黃乃文：〈陳伯民傳略〉，《東蘭文史》，第 4 輯（2001），第 58 頁。

34　《東蘭縣志》，1960，第 58 頁；黎國軸、嚴永通：《韋拔群傳》，第 29 頁；藍漢東、藍啟渲：《韋拔群》，第 45 頁；曾啟強編：《中國早期農民運動領袖韋拔群》，第 40 頁。

35　陳欣德：〈韋拔群〉，胡華編：《中共黨史人物傳》，第 12 卷，第 186 頁。

也是第一位在德國獲得博士學位的中國人，而他的研究領域是金屬冶煉。[36] 馬君武在日本留學期間成為孫中山的信徒，並經常為中國國民黨前身「同盟會」的機關報《民報》撰稿。馬君武也是第一個將《共產黨宣言》譯為中文的人。1920 年初，馬君武和一些來自廣西的國民黨人在上海組織「改造廣西同志會」，韋拔群也立即加入了這個組織。如果說盧燾是韋拔群的第一位貴人，那麼馬君武就是第二位了。盧、馬二人都是廣西人，都曾在省外受教育，都在國家層面的政治舞台上佔有一席之位，並在地方、省、國家三個層級都有廣闊的人脈。通過他們，韋拔群得以向國家政治中心靠近一步。

「改造廣西同志會」的政治綱領主張推翻北洋軍閥政府，驅逐統治廣西的軍閥，支持自由選舉、改革稅收和財政預算，建立徵兵制度，促進工商業、農業、土地、灌溉、運輸和教育的發展，以及實施全面禁煙禁賭。同志會還支持平均地權和男女平等。改造廣西同志會的政治綱領顯然與中國國民黨的政綱非常相似。同志會的短期目標是推翻自清朝滅亡以來一直實際統治着廣西、有時也統治廣東的軍閥陸榮廷。改造湖南同志會曾成功地驅逐統治湖南的軍閥，這項成就鼓舞着「改造廣西同志會」的成員。由於陸榮廷給鄰近的廣東、湖南也製造了不少麻煩，因此「改造廣西同志會」很容易就贏得了湘粵兩省中許多政治、軍事領袖的支持。改造廣西同志會還出版《新廣西》月刊，它的最高管理機構是一個委員會，而這個委員會設有負責軍事、政治、宣傳、聯絡等事務的部門。韋拔群在「改造廣西同志會」的第二次代表大會上被任命為政治組副組長。[37]

如果說國民黨是當時最強大的全國性反對黨，那麼「改造廣西

36　華成：〈馬君武〉，廣西辛亥革命史研究會編：《民國廣西人物傳》（一），第 26 頁。

37　梁烈亞：〈改造廣西同志會的成立及其鬥爭〉，《廣西文史資料選輯》，第 6 輯（1963），第 154－157 頁。

同志會」就是廣西省內最有前途的反對派。通過加入這兩個組織，韋拔群就把自己與省和國家兩個層級的反對派精英緊密地聯繫在一起。同時他也找到一些自己願意遵循的意識形態和可供將來運用的政治策略。他在廣州期間所建立的各種關係將對他的政治生涯產生巨大影響。

1921 年 8 月，孫中山在粵系軍閥陳炯明的協助下，打敗了陸榮廷，收復了廣東和廣西兩省。因為這個變故，韋拔群在廣西之外的長途旅行意外地結束了。在 1915 年和 1916 年，孫中山和陸榮廷曾經是反袁運動中的盟友，但後來陸榮廷卻變得愈來愈像一個典型的軍閥。他鼓勵賭博和鴉片走私，試圖侵略鄰省以擴張自己的地盤，實行軍閥統治，並殘忍地殺害不少國民黨人。1920 年 8 月，孫中山和陳炯明成功地把陸榮廷的部隊驅逐出廣東，一年後，他們打入廣西，在陸榮廷的家鄉將他擊敗。隨後，孫中山在桂林建立北伐大本營，準備北伐。正是在這段時期，孫中山於 1921 年 12 月在桂林與共產國際代表馬林會談，促成了第一次國共統一戰線的建立。

馬君武和其他來自廣西的國民黨人，包括韋拔群在內，都跟隨孫中山回到家鄉。作為廣西最有影響的國民黨人，馬君武立即被任命為省長。馬君武隨後便委任「改造廣西同志會」的一些成員為廣西的省、縣兩級政府官員。馬君武希望韋拔群可以擔任位於東蘭以北、靠近桂黔邊境的南丹縣的縣長。馬君武做這樣的安排，也許是因為他知道韋拔群熟悉南丹的情況，並與貴州省長盧燾關係親厚，但韋拔群卻拒絕了馬君武的邀請。馬君武隨後又請他做東蘭縣縣長，但韋拔群再次推辭，因為他明白，馬君武並不能為他在南丹或東蘭有效執政提供武力保障。韋拔群並不是當時唯一拒絕接受縣長職位的人，馬君武選擇的南丹縣長的第二位候選人也同樣拒絕接受任命。[38]

38　同上，第 166 頁。

　　由於沒有接受馬君武省長的任命，韋拔群就有更多時間和南寧的友人們相聚，他還經常和「改造廣西同志會」的同仁探討改革廣西農村的辦法。具體來說，他們試圖尋求保護民眾免受當地權貴壓迫的方法。韋拔群的朋友們認為，由於土豪通常都依賴地方民團來行使權力，要遏制土豪的權力，就必須建立民眾自己的警察體系，以便用武力來保護民眾。他們決定在南寧附近的一個縣進行實驗。這個縣的縣長是「改造廣西同志會」的一個領導成員，他下令每個鄉都要成立一支警隊，每個警隊由十一名自耕農組成，而這十一名成員都由縣政府官員挑選。村民們再從十一人當中選出二人擔任警隊的首領。[39]

　　這個實驗歷時雖短，但對於韋拔群和他日後的農民運動來說卻具有重要意義，因為它堅定了韋拔群的一個信念，即一支忠誠的軍隊是革命運動取得成功的基石。韋拔群親身參與的大獲全勝的全國性軍事討袁運動，以及他剛剛親眼目睹的孫中山對陸榮廷的勝利，都已經向他證明擁有一支有效的武裝是多麼重要。馬君武省長也強調軍事力量的重要性，主張要建設新廣西，就必須創建新的廣西軍隊以取代軍閥武裝。[40] 事實上，馬君武很快就得到一個血淋淋的教訓，而這個教訓再次反證了擁有一支忠誠武裝的重要性。1922 年 5 月，馬君武不得不離開廣西，在乘船從南寧撤退時，遭遇到新桂系未來的領導人李宗仁麾下的俞作柏部隊在午夜發起的襲擊，雖然那時李宗仁和俞作柏都已宣誓效忠孫中山和馬君武。俞作柏發動這場襲擊是為了獲取武器和錢財。馬君武身邊的小小警衛隊抵擋不住俞作柏部隊的進攻，至少有十名警衛被打死，馬君武的小妾也為了保護他而喪命。馬君武為了保命不得不交出船上的所有武器。[41] 諷刺的是，短短幾年後，俞作

39　同上，第 168－169 頁。

40　同上，第 163－164 頁。

41　歐正人：《馬君武傳》，南寧：政協廣西壯族自治區委員會文史資料研究室，1982，第 120 頁。

柏既當上了廣西省長，又做了韋拔群的靠山，成為馬君武的雙重接班人。

沒過多久，韋拔群等人就發現，廣東軍閥的軍隊未必比廣西軍閥的部隊更好。粵軍軍紀不嚴，而粵軍將領還喜歡插手政務。馬君武承認，他的政令出了南寧城門就是一紙空文，他也控制不了駐紮在廣西各地的粵軍。此外，馬君武還不得不任命粵軍支持的一些廣東人擔任廣西較發達縣份的縣長及其他職位。這也可能是他無法在南寧或南寧周邊給韋拔群找一個職位的原因。[42] 由「改造廣西同志會」的一些領導成員主辦的《新廣西日報》在報道粵軍的不法行徑後，粵軍官兵就搗毀了報社的編輯部、毆打職工、並威脅主編。這件事發生一週後，韋拔群決定離開南寧返回東蘭。當朋友問他為什麼要離開南寧時，韋拔群說，他已經受夠了粵軍的惡行，實在無法再忍下去了。

「你離開我們去幹什麼？」朋友繼續問他。

「還不是幹這個」（革命）！韋拔群答道。

1921 年下半年，韋拔群與他的靠山馬君武及其他朋友在南寧分手。大多數學者認為韋拔群是在中秋節那天、即陽曆的 9 月 16 日回到東蘭的。也就是說，他最晚在 9 月初就離開南寧了。但也有證據表明，當年 11 月下旬時，韋拔群仍在南寧；另外還有資料顯示，他是在當年冬天回到東蘭的。除此以外，更有人認為，韋拔群在 9 月份先回到東蘭，後來又在 11 月下旬回到南寧去見正在那裏訪問的孫中山。有人認為韋拔群是 1921 年 11 月 26 日在南寧與孫中山合影的廣西政要之一。[43] 如果那張照片裏確實有韋拔群的話，那他肯定或是在

---

42 李宗仁、唐德剛：《李宗仁回憶錄》，第 113、125 頁。

43 梁烈亞：〈改造廣西同志會的成立及其鬥爭〉，《廣西文史資料選輯》，第 6 輯（1963），第 167−169 頁；黃旭初：〈韋拔群亂東蘭禍廣西始末〉，《春秋》，第 187 期（1965）；謝扶民：《韋拔群》，第 12 頁；藍磊斌：〈韋拔群相片之謎〉，《廣西文史》，2009 年，第 3 期，第 77−80 頁。

南寧待到 11 月下旬後才返回東蘭，或是先返回東蘭，之後又回到南寧。無論如何，如果不把 1915 年底和 1916 年初韋拔群在東蘭的短期停留計算在內的話，那麼到 1921 年底，韋拔群已離鄉近七年了。

馬君武在韋拔群離開南寧幾個月後便卸任省長職務。1922 年年中，孫中山為了鎮壓前盟友陳炯明發動的叛亂而不得不率領部隊回到廣東，結束了他對廣西歷時十個月的統治。馬君武也不得不將省政府從南寧遷往桂東的梧州，並最終被迫回到廣東。四年後，馬君武因反對國共第一次統一戰線而被中國國民黨開除黨籍，從而結束了政治生涯。我們或許可以推定，由於馬君武不支持階級鬥爭，對共產黨也並不友善，因此就算韋拔群發動革命後他仍然擔任廣西省長，相信他也不會真正支持韋拔群。[44]

改造廣西同志會也很快就解體了。有些成員，包括韋拔群在內，很快就將轉變為共產黨人或國民黨左派，而在數年之後，這些左派人士將是韋拔群最重要的支持者。具體來說，雷經天將成為中共廣西地方組織的領導人，並因此成為韋拔群在共產黨內的直屬上級；陳協五、陳勉恕等人，則在 1926 年為韋拔群提供關鍵支持，使他能擊敗自己在東蘭的敵人。陳勉恕是在 1921 年底韋拔群離開南寧之際前來與他道別的眾多好友之一，他後來是引導韋拔群加入中共的重要人物之一。另一方面，改造廣西同志會的其他一些成員則將轉變為國民黨右派，站到了韋拔群的對立面。這一派的代表是黃旭初。馬君武主政時期，黃旭初只是省政府的一位科長，但到 1920 年代末和 1930 年代初，黃旭初已是廣西省長，並且是鎮壓韋拔群領導的農民運動的關鍵人物。對於韋拔群來說，他在廣州和南寧的一年期間收穫甚豐。他建立了新的關係，也學到了新的思想和方法。雖然在回到故鄉時韋拔

44　華成：〈馬君武〉，廣西辛亥革命史研究會編：《民國廣西人物傳》（一），第 28 頁；
　　歐正人：《馬君武傳》，第 23－25、29－30、86 頁。

群並未在政府或軍隊中擔任一官半職，但他的經歷、人脈和見識，都使他比七年前開始長途旅行時，或是五年前開啟政治軍事生涯時，變得更強大了。

有關韋拔群生平的謎團之一就是他是否曾經信奉過無政府主義。如果答案是肯定的，那麼他又是何時以及如何對這種思想產生興趣的？韋拔群故鄉東蘭的黨史工作者不能接受韋拔群曾是無政府主義者的評判，早在 1982 年就撰文從四個方面論證韋拔群根本就沒有信奉過無政府主義。[45] 與韋拔群同時代的一些人卻認為韋拔群或者曾是一位無政府主義者，或者曾受到過無政府主義的影響。韋拔群的一位曾經的追隨者後來聲稱，韋拔群於 1919 年和 1920 年在黔軍服役期間開始信奉無政府主義，並且直到 1927 年或 1928 年都一直是個無政府主義者，而韋拔群的一些共產黨同志也有相同的看法。[46] 儘管韋拔群沒有留下足以證明他與無政府主義關係的隻言片語，但還是有三個理由令我們傾向於認為他在這一時期很可能真的受到了無政府主義的影響。這三個理由是：韋拔群可以接觸到無政府主義的著作；無政府主義對他可能也頗具吸引力；韋拔群的一些言行確實表現出無政府主義傾向。

無政府主義在二十世紀初的中國相當流行。德里克（Arif Dirlik）和沙培德（Peter Zarrow）都認為，在 1900 年到 1920 年間，無政府主義是中國最具影響的激進意識形態，部分原因就在於，在西方激進

45　中共東蘭縣委黨史資料徵集小組辦公室：〈韋拔群不是無政府主義者而是傑出的共產主義戰士〉，1982 年 8 月 5 日。油印件。

46　黃羽成：〈共產黨行政組織內幕情況〉（1934），《左右江革命根據地》，下冊，第 1005－1006 頁；黃超：〈對紅七軍建立一書的幾點意見〉，覃文良編：《東蘭縣革命英名錄》，《東蘭文史資料》，第 3 輯（1988），第 229 頁；朱錫昂：〈朱錫昂給中央巡視員和廣東省委的報告〉（1929 年 1 月 27 日），藍應波、鄧李能編：《廣西革命歷史文件彙集 1926，12－1929，3》，廣州：廣東人民出版社，1982，第 229 頁。

哲學中，只有無政府主義的著作已被詳盡地翻譯成中文。[47] 無政府主義信仰在孫中山的追隨者中非常流行，以至於辛亥革命之後，孫中山曾考慮過將上海附近的崇明島劃為無政府主義試驗區。[48] 1912 年後，下列兩個原因使無政府主義在中國更為盛行：一是清政府被推翻後，許多參與反清運動的無政府主義者得以從日本、法國等地回國；二是對民國的失望使許多知識份子認識到，僅僅推翻滿清政府還不夠；他們現在相信政府本身是所有問題的根源。因此，包括民國政府在內的所有政府都應該被廢棄。

　　據估計，1919 年前後，全國約有五十個無政府主義組織，這些組織出版了不下八十種雜誌和宣傳冊。[49] 對於韋拔群來說，在重慶、上海、廣州等大城市，以及他在這段時間到過的其他地方，要找到這些雜誌並不難。他很可能也知道無政府主義者組織的「新村試驗」和勤工儉學運動。四川的第一個無政府主義組織於 1917 年或 1918 年在達縣成立，而韋拔群 1920 年 10 月之前就住在距離達縣不遠的重慶。1920 年 8 月，重慶也成立了第一個無政府主義組織。[50] 此外，韋拔群的靠山之一馬君武，雖是國民黨員，但對各種激進意識形態，包括無政府主義，都很感興趣，也十分熟悉。早在 1902 年，馬君武就曾將一部有關無政府主義歷史的重要著作翻譯成中文。在為這部譯著所作的序言中，他主張把世上所有的暴君都殺掉。作為一名科學家，馬君武還曾參與製造革命黨人用來暗殺清廷官員的炸藥，而暗殺正是某些

47　Arif Dirlik, *The Origins of Chinese Communism*. Oxford University Press, 1989, p. 75; Peter Zarrow, *China in War and Revolution, 1895-1945*. Routledge, 2005, p. 140. 有關這兩位學者對無政府主義的研究，請參見：Arif Dirlik, *Anarchism in Chinese Revolution*. University of California Press, 1993; and Peter Zarrow, *Anarchism and Chinese Political Culture*. Columbia University Press, 1990.

48　李宗仁、唐德剛：《李宗仁回憶錄》，第 736 頁。

49　陳寒鳴：〈論近代中國無政府主義思潮〉，學説連線，http://www.xslx.com/Html/sxgc/200408/6950.html。

50　盛明：〈無政府主義在四川的流傳〉，《四川黨史》，1995 年，第 3 期，第 46 頁。

無政府主義者偏好的手段。馬君武也是劉師培、蔡元培等中國著名無政府主義者的親密朋友。他應該可以幫助韋拔群更進一步地了解無政府主義。另一方面，由於韋拔群並不通曉任何一門外語，因此他在二十世紀的前二十年，很難去真正了解國內盛行的其他激進意識形態，因為有關這些意識形態的大部分著作那時都還沒有被翻譯成中文。

　　無政府主義的一些理念與韋拔群的個性和信仰頗為符合。對韋拔群而言，無政府主義對權威的蔑視可能對他最有吸引力。正如德里克所說，在中國，權威可以是政府、家庭或傳統，[51] 而韋拔群與這三大權威都曾發生過衝突。韋拔群也很可能會欣賞無政府主義所宣導的社會團結、個人自主和勞動神聖等思想，以及無政府主義者對帝國主義和資本主義的譴責和對農民和工人生活狀況的關懷。中國無政府主義者是國內第一個認真關注農民並開始對中國農民狀況進行研究的政治團體。他們也重視教育和動員農民，並提出一種能夠允許農民在革命中發揮重要作用的理論。[52] 當韋拔群在 1921 年底開始組織農民運動時，國民黨和新成立的中國共產黨都還沒有對農民運動表現出濃厚興趣。因此，在 1921 年，如果一定要有一個人來告訴韋拔群農民很重要的話，那麼這個人不大可能是個國民黨人或共產黨人，而更有可能是一名無政府主義者。

　　韋拔群的言行和決策有時也表現出或多或少的無政府主義傾向。可以說，無政府主義思想對他在 1921 年拒絕接受馬君武省長要他擔任的縣長職務有一定影響。後來，韋拔群在東蘭建立革命政府後，卻並沒有像許多人期望的那樣親自領導這個革命政府，而是請他

51　Arif Dirlik, *The Origins of Chinese Communism*, pp. 77-78.

52　Peter Zarrow, *China in War and Revolution, 1895-1945*, p. 50, 142; Xiaorong Han, *Chinese Discourses on the Peasant, 1900-1949*, pp. 27-28.

的一位下屬做了縣長。他拒絕在政府中擔任首要職位可能是因為他內
心裏並不相信政府這種組織。1926 年，共產黨員嚴敏在一個韋拔群
追隨者的筆記本中發現了這樣的問題：「有政府何為平等，有法律何
為自由？」嚴敏認為這些問題反映了無政府主義思想的影響，便對那
人說，並非所有政府和法律都那麼可怕，而無政府主義影響應當予以
清除。嚴敏顯然會把韋拔群看作是東蘭無政府主義影響的源頭。[53]

　　然而，認為無政府主義對韋拔群有一定影響是一回事，但聲稱
韋拔群是一個狂熱的無政府主義者就是另一回事了。儘管無政府主義
思想在二十世紀初的中國非常流行，但並沒有多少中國知識份子以無
政府主義者自居。對大多數受無政府主義思想影響的中國知識份子來
說，無政府主義只是構成他們整個政治思想的元素之一，而不是唯一
的元素，甚至也不是最重要的元素。據信當時中國有名望的政治文化
領袖，包括孫中山、李大釗、梁漱溟、毛澤東、周恩來和彭湃等人，
都曾受到無政府主義思潮的影響。[54] 有人估算，1921 年中國共產黨成
立時的全部五十二名黨員中，有二十二人具有無政府主義傾向。1920
年成立的廣州共產黨執行委員會的九名成員中，有七名是無政府主義
者。[55] 這些人雖然受到無政府主義的影響，有的甚至自稱是無政府主
義者，但他們並不拒絕其他意識形態。在這方面，他們與可以同時信
仰儒佛道三教的中國傳統文人並無不同。當後來的知識份子，特別是
共產黨革命者，開始強調思想的純潔性和信仰的專一性時，他們就偏

53　唐松球：〈嚴敏〉，《中共廣西黨史人物傳》，第 1 輯（1992），第 135 頁。

54　Arif Dirlik, *Anarchism in Chinese Revolution*, p. 2; Peter Zarrow, *China in War and Revolution, 1895-1945*, pp. 140-141; Maurice Meisner, *Li Ta-chao and the Origins of Chinese Marxism*. Cambridge, MA: Harvard University Press, 1967, pp. 13-14; Maurice Meisner, *Mao Zedong: A Political and Intellectual Portrait*, pp. 14-16, 22-23.

55　陳寒鳴：〈論近代中國無政府主義思潮〉；Peter Zarrow, *China in War and Revolution, 1895-1945*, p. 140; Yeh Wen-hsin, *Provincial Passages: Culture, Space, and the Origins of Chinese Communism*, p. 216; 曾慶榴：〈無政府主義與廣州共產黨之源〉，《二十一世紀》，第 125 期（2011），第 84－93 頁。

離了同時擁抱多種信仰的傳統。

至於韋拔群，雖然可能受過無政府主義的影響，但很難證明他就是一個真正的忠實的無政府主義者。沒有證據證明，他曾加入過任何無政府主義組織，或是為任何無政府主義刊物寫過文章。就如同他曾經的上司馬君武曾至少涉獵過共產主義、無政府主義和三民主義一樣，無政府主義可能也只是韋拔群曾經感興趣的意識形態之一。1929年初，中共廣西特委書記朱錫昂曾在提交給上級的報告中對韋拔群做過一番描述，他寫道：「韋（拔群）稍涉獵過無政府主義的書報，好談無政府主義，實際上是國民黨左派⋯⋯」。[56]

韋拔群也有可能只是對無政府主義的部分主張而不是全部主張感興趣。隨着東蘭農民運動的發生和發展，韋拔群的政策和行動愈來愈清楚地表明，他並沒有遵循無政府主義的所有主要原則。例如，「社會革命」一詞是由中國的無政府主義者宣傳開來的，而韋拔群也在 1910 年代後期開始使用這個詞彙。對於無政府主義者而言，社會革命主要是指教育和提倡新道德，但韋拔群對社會革命的理解顯然與此不同。有人認為，中國最流行的是俄國無政府主義者彼得‧克魯泡特金所宣導的那種強調互助、勞工神聖及和平主義的無政府主義。[57]韋拔群會支持勞工神聖，也會接受以階級為基礎的互助，但他並不是一個和平主義者。最後，無政府主義者反對任何形式的政府。韋拔群雖然反對袁世凱的王朝政府和新、舊軍閥政府，後來也反對蔣介石的國民政府，但他並不明確反對所有政府。他實際上一直在認真參與創建一種新型的政府。

如果證明這一階段無政府主義曾對韋拔群有過影響還算相對容

56　朱錫昂：〈朱錫昂給中央巡視員和廣東省委的報告〉（1929 年 1 月 27 日），藍應波、鄧李能編：《廣西革命歷史文件彙集 1926，12－1929，3》，第 229 頁。

57　Peter Zarrow, *China in War and Revolution, 1895-1945*, p. 142; Arif Dirlik, *The Origins of Chinese Communism*, p. 75.

易的話，那麼要證實馬克思主義在他第一次長途旅行期間也已成為他思想中的重要元素就極為不易。有學者認為，韋拔群在四川期間已開始閱讀《新青年》和共產黨機關刊物《嚮導》週刊一類的雜誌，而當他在廣州停留期間，「共產主義者彭湃同志所領導的海陸豐農民運動蓬勃發展，卻給他以極大的鼓舞與啟示」。[58] 這些說法都值得商榷。由於《嚮導》週刊 1922 年 9 月才正式創刊，因此韋拔群從 1916 年初到 1920 年 8 月在貴州和四川期間是不可能讀到這份刊物的。同樣，韋拔群 1920 年和 1921 年於廣州逗留期間也不可能感受到共產主義者彭湃所領導的海陸豐農民運動的鼓舞和啟發，因為彭湃在 1922 年年中才開始發動和組織農民，海陸豐農民運動直到 1923 年和 1924 年才開始產生影響，而彭湃在 1920 年和 1921 年也還不是真正意義上的共產主義者。韋拔群在第一次遊歷期間很有可能曾讀到或聽說過馬克思主義或共產主義，因為他喜愛的《新青年》已經發表過李大釗主編的「馬克思主義研究」專號，而且韋拔群與《共產黨宣言》的第一位中文譯者馬君武關係密切，但要證實在這麼早的階段馬克思主義就已對韋拔群的思想產生了重要影響，還是相當困難。

58　曾啟強編：《中國早期農民運動領袖韋拔群》，第 38－40 頁。

第 三 章

第一次暴動

1921 —— 1924

　　韋拔群的首次遠行可分為兩段，而在兩段旅行之間他曾在家鄉東里村短暫停留。第一段旅程是個人的遊歷，第二段比第一段在時間上長得多，而且可算是一項政治和軍事活動。如果說第一段旅行為他贏得了東蘭年輕人的欽佩，那麼第二段則為他贏得了這些人的崇拜。在第一段旅程中，韋拔群除了增長見聞、拓寬視野之外，並未完成任何實質性的事功；但第二段旅程的收穫就大多了。回到東里村後，韋拔群可以和他的年輕朋友們分享他的很多收穫：他曾參與逼迫袁世凱放棄帝位；他不僅入讀貴州講武堂，更重要的是還順利畢業了；他曾在黔軍當過參謀，在重慶這個大都市居住過一段時間，還再次遊歷比重慶更大、更重要的上海和廣州等城市；他加入了中國國民黨，成為他所愛戴的領袖孫中山的正式信徒；他成了兩位省長，即貴州省長盧燾和廣西省長馬君武的朋友；他還兩次拒絕接受縣長的職位，而這種拒絕比接受縣長職位有時更能贏得大家的尊重。

　　他不僅同朋友分享自己的成就，還分享了在長途旅行中所接觸和接受的新思想，特別是那些關於社會革命的新思想。沒過多久他就說服了朋友們，讓他們認識到東蘭需要一場革命。雖然效忠孫中山的軍隊已經佔領了南寧及其周邊地區，但孫中山還沒能控制像東蘭這樣的邊遠地區，東蘭依然由百色的劉日福和河池的蒙仁潛統治着。這兩位將軍都曾在孫中山曾經的盟友、現在的敵人陸榮廷麾下效力。他們向百姓徵收重稅，卻並未能為他們提供保護。就在韋拔群回家的當天，一群土匪洗劫了東蘭縣城，還佔領縣城長達一個多月。

　　這時聚集在韋拔群周圍的年輕人中，有他的表弟陳伯民，還有1916 年跟隨他加入黔軍的黃榜巍、黃大權和廖源芳三人，另外還有

南寧嶺南法政學堂畢業的牙蘇民、曾在桂林的廣西第二師範學校就讀的覃孔賢和另外兩位讀過書的武篆青年黃書祥和韋命周。除廖源芳外，這些人都是東蘭人，都受過小學以上的教育，都可算是鄉村知識份子，而且他們都是韋拔群的老朋友。

在 1921 年 10 月或稍後，韋拔群請朋友們來東里聚會，並成立了「改造東蘭同志會」。這個名字顯然是韋拔群起的，在很多方面，這個組織是「改造廣西同志會」的翻版。它只有大約二十個創始成員，所以組織結構要比「改造廣西同志會」更簡單。與「改造廣西同志會」相同的是，「改造東蘭同志會」的大多數成員都受過教育，儘管平均來說，這些成員的教育水平比「改造廣西同志會」的會員們要低一些。這是一群信念堅定、渴望變化、勇於反抗、並具有團結戰鬥精神的年輕人，他們與在世界其他地方曾經或正在領導革命的反叛精英有諸多相似之處。[1] 在未來的歲月裏，他們中的大多數都將為自己一手促成的革命獻身，但也有幾個人將會被貼上叛徒的標籤，其中至少有三人將死於韋拔群之手。

「改造東蘭同志會」的政治綱領與「改造廣西同志會」的綱領相似，要求打倒軍閥、貪官污吏和土豪劣紳，並改革東蘭的舊政治、舊經濟、舊文化。顯然，韋拔群是想把從廣州和南寧的朋友們那裏學到的思想和方法移植到東蘭來。如果說韋拔群先前組織的「小護國軍」是他建立的第一支軍隊的話，那麼「改造東蘭同志會」則是他創立的第一個政治組織，而這個組織的誕生就標誌着東蘭地方革命的開端。

「改造東蘭同志會」與「改造廣西同志會」的區別在於從一開始韋拔群和他的朋友們就非常重視爭取當地群眾，包括農民的支持。相比之下，「改造廣西同志會」對於爭取友好軍閥比對於爭取群眾更加

1　James DeFronzo, *Revolutions and Revolutionary Movements*. Boulder, CO: Westview Press, 2011, pp. 15-17.

重視。由於東蘭和周邊地區並不存在值得爭取的友好軍閥，而身處小地方東蘭的韋拔群和他的朋友們也更接近老百姓，老百姓就成為他們的唯一支柱。在趕集的日子，韋拔群和朋友們會到東蘭縣的武篆等集鎮上向大眾演講，而韋拔群最喜歡講的題目就是「社會革命」和「廣西不得了」。[2]

地方軍閥徵收的各類苛捐雜稅，引起了當地人民的強烈不滿，這符合孔飛力的判斷，即當時中國人最痛恨的是那些「合法性受到質疑的軍閥政府」所徵收的新稅項。[3] 1921 年，右江地區的農民不得不繳納不下三十種捐稅。東蘭的農民必須同時向百色的劉日福和河池的蒙仁潛繳稅，而東蘭 1922 年的稅額比過去高出十倍還多。[4] 韋拔群和朋友們於是決定以稅收問題為他們第一次運動的焦點。1922 年初，他們呼籲在新成立的武篆育才高等小學召開討論稅收問題的國民大會。人們對劉日福為支付軍隊調動開銷而徵收的開拔費尤為不滿。

大會決定，由韋拔群、陳伯民二人前往百色，以東蘭人民代表的身份向劉日福求情。令人驚訝的是，他們到百色後，劉日福竟然願意見他們。他們向劉說明：東蘭百姓的生活已經因為自然災害和貪官污吏的剝削而痛苦不堪，所以開拔費對於東蘭百姓來說是一項沉重負擔。出乎韋拔群和陳伯民意料的是，劉日福立即同意取消這項特別稅，甚至否認徵收開拔費是他本人的主意。劉日福這麼做可能是懾於韋拔群的軍事經驗和強大人脈，尤其是他與馬君武省長的關係，但也有可能是因為劉日福並不是一個典型的殘暴貪婪的軍閥。曾經是劉日福的敵人、但在 1924 年成為劉日福上司的黃紹竑曾說：「劉為人頗誠

2　韋崎嶸、黃建平：《陳伯民》，《中共廣西黨史人物傳》，第 1 輯，第 141 頁。

3　Philip A. Kuhn, *Origins of the Modern Chinese State*. Stanford, CA: Stanford University Press, 2002, p. 101.

4　《左右江革命史料彙編》，第 1 輯，第 7 頁；廣西師範學院政治系：《東蘭農民運動》，桂林，1978，未刊本，第 20 頁。

實，無野心，頗得百色一帶商民愛戴。」[5] 為了確保劉日福將履行諾言，韋拔群和陳伯民要求他用白紙黑字寫下承諾，而劉日福也照辦了。韋拔群和陳伯民隨後便帶着劉日福廢止開拔費的手令匆匆趕回東蘭。對東蘭人而言，劉日福的這一紙手令，不僅取締了一項遭人痛恨的稅收，同時也彰顯了韋拔群的權威。現在連東蘭的權貴家族也不得不承認韋拔群地位的變化。他們可能難以理解為什麼有權有勢的劉日福會對既不帶一兵一卒、也沒有一官半職的鄉下人韋拔群那麼順從。[6]

首戰告勝之後不久，韋拔群就把攻擊的矛頭轉向武篆的地主——曾經擔任過官職的杜八。如果說韋拔群的家庭是有錢無勢的話，那麼杜家就是有錢有勢了。杜家的祖先來自南寧附近。儘管大多數資料都沒有提到杜八的族屬，但至少有一個人提到他家是漢人，[7] 只是這並不意味着他就不是壯人，因為許多壯人家庭都自稱是漢人後裔。杜八的父親曾任東蘭官辦民團的首領，他的兄長杜七曾任縣官，杜八本人也擔任過縣官。[8] 1919 年，杜八和東蘭一些顯要人士為籌建東蘭的第二所高等小學，即武篆育才高等小學而組織了一個委員會。這個委員會中沒有韋拔群家的一席之位，進一步佐證了韋家在當地確是有錢財而無名望。

育才高等小學籌辦委員會從武篆百姓手中徵集了八百銀元建校

5　黃紹竑，《黃紹竑回憶錄》，第 89 頁。

6　韋拔群去百色面見劉日福的具體時間尚難確定。大部分資料認定這場會面發生在 1922 年初，但有人認為劉日福在 1922 年 6 月之後而不是在 1921 年底才佔領百色，因此便無法在 1922 年初在百色與韋拔群、陳伯民見面。也有人認為這次會面發生在 1924 年冬。這更不可能，因為當時韋拔群還在廣東。黃紹竑：《黃紹竑回憶錄》，第 659 頁；李長壽：〈鵝城戰事史話〉，《百色史志》，第 4 輯（1988），第 38-40 頁：吳忠才、黃遠征、陳欣德：《百色起義史稿》，桂林：廣西師範大學出版社，2004，第 8 頁；《東蘭縣志》，1960，第 69－70 頁。

7　黃現璠、甘文傑、甘文豪：《韋拔群評傳》，第 40 頁。

8　黃漢鐘、陳霸先：〈育才高等小學沿革概況〉，《東蘭文史》，第 4 輯（2001），第 171 頁。

款。學校的校園於 1920 年底竣工，學校也於同年開始運作。[9] 育才高等小學就建在當時武篆鎮的標誌性建築魁星樓附近，而魁星樓是在 1905 年至 1907 年間建成的，上下共三層，是由一些本地的鄉紳用他們徵收的公款建造的。這些人覺得本地讀書人科考成績太差，希望把魁星請到武篆後將有助於提高當地學子在科舉考試中的表現。魁星樓頂層供奉着傳說中創造了中國文字的倉頡的塑像，二層懸掛着文曲星畫像，底層則是十八世紀廣西大儒陳宏謀的紀念碑。[10] 顯然，魁星樓已無法改進武篆考生們的科考表現，因為在它落成之前的 1905 年，科舉考試制度就已經被廢除了。杜八是參與籌建魁星樓的當地鄉紳之一，而韋拔群家則無人參與其事。

後來大家才知道，建育才高等小學並沒有花完八百銀元，但杜八卻不願交還餘款。1922 年初，韋拔群和「改造東蘭同志會」的朋友們召集了育才高等小學和各村代表與杜八對質，要求杜八給予解釋。有人回憶說一共有一百多人跟隨韋拔群與杜八在學校對質；另一種說法是共有四百多人跟隨韋拔群去質問杜八，而這場對峙就發生在杜八家中；[11] 第三種說法則認為有超過二百人參加這次事件。[12] 這些不同說法對於事件結果的描述卻是一致的，那就是：杜八感到十分尷尬，馬上把剩餘的款項還給眾人。韋拔群和他的追隨者還與另外兩名當地權貴對峙，迫使對方交出幾支用公款購買的槍支。在這場

9　同上，第 170 頁。

10　吳德林、黃漢鐘：〈魁星樓概況〉，《東蘭文史資料》，第 1 輯（1985），第 71－76 頁；范宏貴、顧有識編：《壯族歷史與文化》，第 293 頁；有關陳宏謀的生平，可參見 William Rowe, *Saving the World: Chen Hongmou and Elite Consciousness in Eighteenth-Century China*.

11　曾啟強編：《中國共產黨東蘭歷史》，北京：中共黨史出版社，2007，第 11 頁；曾啟強編：《中國早期農民運動領袖韋拔群》，第 57 頁。

12　黃漢鐘、陳霸先：〈育才高等小學沿革概況〉，《東蘭文史》，第 4 輯（2001），第 172 頁。

衝突中，陳伯民、廖源芳、黃大權、黃榜巍都是韋拔群的支持者。[13]
參加與杜八對峙的育才高等小學學生代表陳洪濤、白漢雲、黃昉日
三人，[14] 後來也都變成韋拔群的忠誠支持者，並都為農民革命犧牲了
生命。

　　這場衝突是當時在中國發生的許多類似事件之一，而這些事件
都表明現代化運動往往也能衍生腐敗。與杜八的衝突，加上之前與劉
日福的對峙，這兩個例子都支持畢仰高的一個論點，即與租金、債務
和其他因素相比，稅收和強者對弱者的壓迫是引發農民不滿和自發反
抗的更重要的原因。[15] 雖然與杜八的衝突與建造新學校有關，但這次
事件還是有別於大約十年前風行於中國各地的針對新學校和其他現代
化改革的抗議活動。[16] 韋拔群和他的追隨者們只反腐敗，但並不反對
新學校和現代化。

　　與杜八、劉日福的兩場衝突，有力地證明韋拔群善於把握民情
及運用道德和輿論力量與地方權貴鬥爭。在這兩場對峙中，韋拔群都
設法在對峙發生前積聚民眾支持。當他與劉日福和杜八對峙的時候，
他所代表的並不是他個人，也不是「改造東蘭同志會」這樣的小團
體，而是廣大民眾。權貴們之所以害怕他，是因為他們以為韋拔群既
有孫中山、馬君武、盧燾等國家和省級領導人做後盾，又有本地民眾
的支持。這是韋拔群農民運動的初始的和溫和的階段，在這一階段他

13　《左右江革命史料彙編》，第 1 輯，第 13 頁；班鋒、羅昭文：〈廖源芳〉，《中共廣西
　　黨史人物傳》，第 1 輯，第 203 頁；黃英俊：〈黃大權〉，《中共廣西黨史人物傳》，
　　第 1 輯（1992），第 316 頁；藍啟渲：〈黃榜巍〉，《中共廣西黨史人物傳》，第 4 輯
　　（2004），第 3 頁。

14　覃應物：〈陳洪濤小傳〉，《東蘭文史》，第 4 輯（2001），第 45 頁。

15　Lucien Bianco, *Wretched Rebels: Rural Disturbances on the Eve of the Chinese Revolution.*
　　Cambridge, MA: Harvard East Asian Monographs, 2009, pp. xii; 3; 85-86; 122; 213.

16　Jean Chesneaux, *Peasant Revolts in China, 1840-1949.* New York: W. W. Norton &
　　Company, Inc., 1973, p. 56; Lucien Bianco, *Wretched Rebels: Rural Disturbances on the Eve
　　of the Chinese Revolution*, pp. 130-143.

主要採用的還是改良主義的、和平的手段。

有關韋拔群從 1921 年底到 1923 年初的主要活動的各種記述，多有相互矛盾之處。例如，對於「改造東蘭同志會」是什麼時候成立的，以及韋拔群與劉日福的會面是什麼時候發生的，都有不同的說法。至於韋拔群與杜八的衝突，前文已提及有關參與人數的最少三種不同意見。此外，有人認為這場衝突發生在 1922 年 3 月，但也有人說是發生在 1922 年 8 月。大多數說法都認為杜八立刻歸還了剩餘的三百銀元，但也有人認為杜八最初非常不滿韋拔群的舉動，並拒絕交出賬本。直到韋拔群和他的追隨者們第二次與他對峙時，他才還清餘款，而有人認為，與杜八的第二次衝突是發生在 1923 年！[17] 與前面提到的有關韋拔群生命最後時刻的爭議一樣，在大多數情況下，這些不同記述在主要問題和主要方面基本一致，但在細節上時有分歧。

另一個爭議點是 1922 年底韋拔群入獄一事。有人認為，1922 年農曆九月初九重陽節那天，韋拔群邀請了至少一百八十位來自東蘭不同地區以及鄰縣的朋友到家中聚會。他們一起爬到銀海洲頂上，飲下摻有雞血的酒，穿過一道刀門，歃血為盟。有人還聲稱，韋拔群和他的這些新盟友誓言要加入反對帝國主義、軍閥、貪官污吏和惡紳的鬥爭。一些學者甚至認為，韋拔群和他的朋友們在聚會時還表示要支持俄國共產黨，並想組織農民協會和公民自衛武裝。[18] 然而，許多其他資料卻顯示，這場聚會不可能發生在 1922 年重陽節，因為韋拔群那時正在遭受牢獄之苦。

韋拔群所遭受的人身危險是當時困擾廣西的政治動亂的結果。1922 年，在孫中山和馬君武相繼離開廣西後，廣西冒起了許多自治

17　黃漢鐘、陳霸先：〈育才高等小學沿革概況〉，《東蘭文史》，第 4 輯（2001），第 171 頁。

18　曾啟強編：《中國共產黨東蘭歷史》，第 12 頁。

軍來填補政治真空狀態。這些人或是舊桂系軍閥的殘餘力量，或是土匪，其中一些人以前甚至曾隸屬於孫中山的國民黨。省會南寧被前省長陸榮廷曾經的下屬林俊廷接管。1921 年孫中山擊敗陸榮廷時，林俊廷帶着部隊逃往桂北，並得以生存下來。林是當時貴州省長盧燾的朋友，盧燾因此允許他從黔桂兩省之間的鴉片貿易中獲取生存所需的經濟收入。盧燾在那個時刻顯然是個兩面派。孫中山任命他擔任貴州省長，但他卻暗中保護和支持孫中山的敵人林俊廷。1922 年林俊廷佔領南寧後，就被公推為廣西各路自治軍的總司令，但他實際上只能控制南寧周邊地區。[19] 百色的劉日福也宣誓效忠林俊廷。

　　這些自治軍中以黃騤為首的一支在 1922 年臨時佔領了東蘭。1922 年 4 月，黃騤屬下的一小隊士兵在韋拔群家過夜，韋拔群便和士兵們閒聊起來。韋拔群聽到這些士兵抱怨他們在軍中受到的虐待後，便慫恿他們逃跑。士兵們聽了他的話，當晚就跑了。黃騤非常生氣，於是派兵抓捕韋拔群，但韋拔群在士兵到達他家之前不久也逃跑了。他先逃到柳州，因為他聽說有一部分黔軍已開到柳州，他想着黔軍裏的那些老朋友應該會保護他。到達柳州後，他失望地發現黔軍已經離開了。隨後，韋拔群前往南寧，躲在一個朋友家。黃騤後來也率兵來到南寧，並且擔任了聯合自治軍的副總司令。

　　有人認為韋拔群在南寧躲了八個月，但後來在街頭被認出並且被捕。[20] 另一個較為可信的說法是，韋拔群只在南寧藏匿了兩個月，便於 1922 年 6 月被捕，後於 1922 年 12 月獲釋。[21] 國民黨人黃旭初說，有一天，在黃騤的命令下，韋拔群正要被拉出去處死，黃騤的好

19　莫樹傑：〈林俊廷〉，廣西辛亥革命史研究會編：《民國廣西人物傳》（一），第 109－113 頁；李家詵：〈自治軍佔領南寧後廣西的局面〉，《廣西文史資料選輯》，第 3 輯（1963），第 135－142 頁。

20　謝扶民：《韋拔群》，第 15 頁；黃旭初：〈韋拔群亂東蘭禍廣西始末〉，《春秋》，第 187 期（1965）。

21　《左右江革命史料彙編》，第 1 輯，第 14 頁。

朋友、鳳山土司韋鴻卿正好出現在現場，並為韋拔群說情。黃騏於是決定讓韋拔群以六百銀元贖命。這在當時無疑是一筆鉅款，因為修建育才高等小學只花了五百銀元。然而，韋拔群的追隨者在日後卻殺了韋鴻卿全家。[22] 在黃旭初看來，這證明了韋拔群對自己的救命恩人是多麼忘恩負義。對韋拔群來說，不幸的是，這並不是他和黃騏之間的最後一次危險衝突。

　　韋拔群在 1922 年的這次入獄比先前在黔軍中的那次監禁更痛苦，因為這一次他面臨被處死的危險，而且最後韋家要花一大筆錢來救他的命。韋拔群在獄中寫了一本自傳，可惜已經失傳。[23] 人們一致認為，韋拔群確曾被捕入獄，而韋家也確曾為救他出獄支付六百銀元，但有關這件事的記述大多忽略了韋鴻卿這個人，同時對韋拔群被捕和獲釋的具體日期也是莫衷一是。如果韋鴻卿真的救了韋拔群一命，那麼他在韋拔群被處決的當天出現在南寧，很可能就不全是偶然。他或許是應韋拔群家人的請求去見黃騏的。至少從理論上講，韋拔群和韋鴻卿是親戚，因為兩人都與東蘭的土司家族有真實的或想像的血緣關係。另一種可能是，在黃騏看來，與其處決韋拔群，倒不如用他賺些外快，所以他邀請韋鴻卿到南寧，幫他向韋拔群家人要一筆錢。

　　有關這次事件的記述對於韋拔群是否煽動士兵逃走、他出現在南寧的原因，以及杜八在韋拔群被捕事件中所扮演的角色，也存有分歧。黃旭初等人認為逃兵事件確曾發生，韋拔群也確實在其中起到了強有力的煽動作用，韋拔群去南寧是為了躲避追捕，而杜八與韋拔群的入獄並無關連。不過，也有人認為，即使真的發生了逃兵事件，韋拔群也與此事無關，他去南寧是為了與一位老朋友討論如何救國救

22　黃旭初：〈韋拔群亂東蘭禍廣西始末〉，《春秋》，第 187 期（1965）。

23　《左右江革命史料彙編》，第 1 輯，第 14 頁。

民，而杜八的誣告才是他入獄的原因。有人說韋拔群本人認為他是因
為杜八才入獄的。[24] 雖然杜八確實很想把韋拔群關進監獄，或讓韋拔
群也感受一下損失幾百銀元的痛苦，甚至把他弄死，但假如黃騏與韋
拔群毫無私怨，那麼就很難判定杜八是否有能力說服黃騏替他去做這
些事。

　　至於韋拔群去南寧是為了與朋友討論革命和國家大事的說法也
沒有太強的說服力。他的國民黨朋友，包括省長馬君武，都已離開了
南寧，而在如今由一個舊軍閥控制的城市裏，他其實並沒有什麼事可
做。韋拔群 1922 年前往南寧可能是為了逃難而不是訪友的另一個原
因在於，就在那一年，已經鰥居了五年的韋拔群再婚了。第二任妻子
叫陳蘭芬，和元配黃鳳桃一樣，也是東里村人。韋拔群和黃鳳桃的結
合有可能是一場包辦婚姻，因為當時韋拔群那位強勢的祖父肯定還活
着，他的父親也可能尚在人世。然而，比起漢人，壯族男女在選擇配
偶時享有更多的自由。總體而言，壯人的父母即使會為子女安排婚
姻，也不像某些漢人地區的父母那麼專斷強制。黃鳳桃和韋拔群同
村，說明兩人婚前早已相識。據說韋拔群和第二任妻子陳蘭芬的婚姻
是純粹的愛情結合，而之所以會有這種說法，部分是因為到了 1922
年的時候，韋拔群已經當家好幾年了，因此對自己的婚姻享有完全的
決定權。新婚燕爾之時，韋拔群只會更不願意長途跋涉前往南寧，除
非有非去不可的理由。

　　儘管有人聲稱韋拔群等人在他第二次入獄前已經搜集了不少武
器，已經開始招募年輕農民參加軍事訓練，並在 1922 年建立了一支
公民自衛隊，[25] 但沒有跡象表明，韋拔群在第二次入獄前就已經正式

24　曾啟強編：《中國早期農民運動領袖韋拔群》，第 57 頁。

25　黃家仕：〈憶清算韋龍甫和三打東蘭城〉，陸秀祥編，《東蘭農民運動 1921－1927》，
　　第 165 頁；黃語錄編：《中國共產黨廣西壯族自治區東蘭縣組織史資料，1926－
　　1987》，南寧：廣西人民出版社，1994，第 4 頁。

建立了一支武裝力量。他與劉日福和杜八的對峙完全是非暴力的。毫無疑問，韋拔群在第二次入獄前，就已經意識到組建武裝的重要性，但他可能因為在入獄前的幾個月裏太忙了，無法集中關注這件事；又或許他還需要經歷更多一點磨難才能最終下決心走上武裝革命的道路。

韋拔群的第二次牢獄之災就提供了他所需要的那一點磨難。在走出監獄的那一刻，韋拔群對朋友們說：「這哪裏是軍隊，簡直是土匪呵！」並發誓要消滅這些土匪。[26] 第二次入獄前，他對付劉日福和杜八的經驗似乎讓韋拔群堅信，他與有權勢的省和國家領導人的密切關係和當地民眾對他的支持，已足以保護他，但到1922年底，他已意識到，由於省長馬君武和國民黨人已把政權交還給舊桂系軍閥，他已不再有任何強大的靠山。因此，要想制服這些腐敗的當權者，唯一的辦法就是使用集體暴力。第二次入獄使他徹底明白了這個道理。

1922年底出獄後，韋拔群立即返回東蘭去恢復並擴大他的運動。他的第一步是將「改造東蘭同志會」從一個小型精英團體轉變為一個群眾組織，並把這個組織命名為「公民會」。在第二次入獄之前，他依靠的主要是武篆等地的少數反對派精英。他最堅定的支持者是當地學校的教師、畢業生、學生和村民代表，而村民代表也是受過一定教育的人。出獄後，他開始動員農民，並試圖把他們編入永久性的組織。公民會不僅比改造東蘭同志會擁有更廣泛的社會基礎，還有自己的武裝力量，即公民自衛軍。改造東蘭同志會的成員理所當然地成為公民會和自衛隊的領導人，而韋拔群本人則成為自衛軍的總指揮。他派遣黃大權、黃榜巍去組織武篆和東蘭西部的西山一帶的農民，派牙蘇民、覃孔賢等追隨者前往東蘭北部、東南部和南部地區創

26　謝扶民：《韋拔群》，第15頁。

建公民自衛武裝。[27]

正是在這一時期，韋拔群開始認真關注東蘭的西山一帶。這個地區由一組高聳的石山構成，山中有大小不等的洞穴，而山間則有許多小塊平地。對外地人來說，這個地區不容易進入。韋拔群所具有的戰鬥經驗、他接受過的軍事訓練以及他發動武裝鬥爭的計劃，使他認識到西山地區的戰略意義。西山地區的居民是當地人口中最貧窮的，因此很容易被發動起來。佔當地人口大多數、生活條件惡劣的瑤民，尤其願意接受韋拔群帶來的關於經濟平等、政治平等和民族平等的革命思想。韋拔群親自走訪了當地一些村莊，並向村民們發表演講。為了贏得貧苦瑤民的信任，他穿草鞋、戴竹笠。[28] 韋拔群與瑤民的結盟就這樣開始了。他還親自到訪縣內其他重要村落去幫助其他同志動員和組織村民。韋拔群的語言能力——據信他會講壯語、瑤語、白話和北方話，以及他創作和演唱山歌的才藝使得他很容易與村民打成一片。他就這樣變成了村民們的「拔哥」。

農民自衛軍的武器是通過不同渠道獲得的。韋拔群和追隨者們強迫當地權貴交出他們用公款購買的武器；[29] 有些農民已經擁有武器，並帶着自己的武器加入自衛軍；韋拔群還請了一個鐵匠幫忙製造槍支，並組織一些人負責生產手榴彈和地雷。

韋拔群地方革命的暴力階段始於 1923 年 6 月 16 日。那一天，韋拔群帶着一群武裝農民去縣城襲擊韋龍甫。韋是擁有二百多畝田產的大地主和縣民團的頭目，也是東蘭土司的後裔。[30] 韋拔群之所以選他

27　牙美元、陳仕讀：〈韋拔群建立革命武裝的回憶〉，《東蘭文史資料》，1985 年，第 1
　　輯，第 54 — 55 頁。

28　陳欣德：〈韋拔群〉，胡華編：《中共黨史人物傳》，第 12 卷，第 188 頁。

29　牙美元、陳仕讀：〈韋拔群建立革命武裝的回憶〉，《東蘭文史資料》，1985 年，第 1
　　輯，第 55 — 56 頁。

30　陳欣德：〈韋拔群〉，胡華編：《中共黨史人物傳》，第 12 卷，第 188 頁。

作為暴力革命的第一個攻擊目標，是因為在所有當地權貴中，韋龍甫是民憤最大的一個。「東蘭公民會」創立不久後，就收到五百多封控告韋龍甫的信件，指控他犯有多項罪行，包括搶劫、強姦和殺害無辜百姓。[31] 他曾一次殺害一個七口之家的六口人，僅僅因為他們沒能繳納十銀元的額外稅款。韋龍甫身邊有八個家丁，這些人也是為他傳送消息的信差。這些家丁到訪的每個家庭，都必須支付一筆「草鞋錢」，具體金額要按這些家庭與韋龍甫住所的距離來計算。這些被造訪的家庭還要備好飯菜招待家丁們，而家丁們還喜歡告訴村民們，他們愛吃肉，因為，「我們是街上人，不吃青菜」。[32] 韋龍甫甚至在自己的住處設有私人監獄，或許正因如此，有人就把他家叫做「第二衙門」。[33]

韋拔群也許更願意把杜八作為武裝鬥爭的第一個靶子，但韋龍甫顯然是一個更好的選擇，因為他比杜八權勢更大，也更為殘暴不仁。如果韋拔群的自衛軍能夠向民眾表明他們不僅有意願、也有能力與最強大而且最招人恨的地方權貴較量，那麼就更能提升自衛軍的名望，並贏得更多民眾的支持。雖然公眾輿論是促使韋拔群襲擊韋龍甫的最重要原因，但個人感情對他的決策可能也有重要影響。早前一年，韋龍甫曾企圖阻止「改造東蘭同志會」的成員發表革命演說，因而與韋拔群結下冤仇。同時，韋拔群的忠實追隨者黃榜巍也對韋龍甫懷有深仇大恨，這肯定會進一步加深韋拔群對韋龍甫的憎惡。原來韋龍甫曾企圖納黃榜巍的妹妹為妾，榜巍的妹妹因不從而自盡。後來，韋龍甫還強迫黃榜巍的父親繳納人頭稅，最終把老人逼瘋。黃榜巍還

31　曾啟強編：《中國早期農民運動領袖韋拔群》，第 59 頁。

32　《東蘭縣志》，1960，第 30 頁。

33　文史組：〈三打東蘭城〉，《東蘭文史資料》，第 1 輯（1985），第 26 頁；《東蘭縣志》，1994，第 230 頁。

證實，韋龍甫也與杜八狼狽為奸。[34]

　　韋拔群的武裝在進入縣城後就兵分兩路。韋拔群自己前去拜訪縣參議院，並面見縣長蒙元良和劉日福麾下的營長羅文鑒，請求他們批准農民武裝攻打韋龍甫，或至少保證他們不會出手保護韋龍甫。與此同時，一群武裝農民秘密包圍了韋龍甫的住處，以確保他插翅難逃。韋拔群命令這些武裝農民等他與軍政界頭面人物談好後再發動攻擊。

　　有一種說法認為這次襲擊非常成功：韋拔群的人衝進了韋龍甫的屋內，發現他躲在床下嚇得發抖，於是便把他拖出來綁好，高高興興地把他抬回了東里村。[35] 然而，大多數其他資料顯示，這次襲擊進展並不順利：武裝農民急於處罰韋龍甫，於是在韋拔群還在談判時就開始了進攻。他們很容易就把韋龍甫控制住了，還奪得一些財寶。然而，韋龍甫的小老婆從後門逃出，直接跑去找縣長蒙元良和營長羅文鑒，告訴他們土匪正在偷襲她家，並請求援助。她還承諾，如果他們能夠迅速採取行動，就能得到豐厚的報償。縣長和營長立即做出反應，迅速派兵來到韋龍甫家中。於是，一場戰鬥爆發了，韋拔群的農軍被打敗。根據一些更為可信的說法，韋龍甫成功獲釋，被奪去的財寶也被奪回，而韋拔群的隊伍中則有七人被羅營長的手下俘獲。

　　韋拔群的天真是這次襲擊失敗的原因之一。要縣政府批准農軍去攻擊縣民團的團總，並且要與民團關係密切的駐軍在民團團總被攻擊時保持中立，都是不可能的。韋拔群曾以強大的人脈、民眾的支持和道德權威震懾過劉日福和杜八，他便認為也可以用同樣的方法來對付縣裏的當權者。他知道自己那一小群農軍並不是羅營長一營正規部

34　《左右江革命史料彙編》，第 1 輯，第 13－14 頁；藍啟渲：〈黃榜巍〉，《中共廣西黨史人物傳》，第 4 輯（2004），第 2 頁。

35　廣西少數民族社會歷史調查組：《廣西壯族自治區東蘭縣中和人民公社東里屯社會歷史調查報告》，第 30 頁。

隊的對手，但他以為或許可以用道德力量來阻止羅營的干涉。

關於這次襲擊事件的最後結局也有不同的記述。一種說法是，當韋拔群得知襲擊以流產告終，還有七名部下被捕時，他做出了相當戲劇化的反應。他把其餘的農軍帶出縣城，讓他們找個地方休息。他隨後回到縣城裏，直接去面見蒙元良縣長，要求他釋放被捕的七人。縣長拒絕了這個要求，辯稱那七人是土匪。韋拔群便掏出手槍指着縣長，威脅說若不放人就開槍殺了他。縣長害怕了，就讓警察釋放了被捕的七人。後來，在韋拔群的要求下，縣長護送這夥人出了城，並在確認所有人都到達安全地點後，才被允許返回縣城。[36]

然而，其他說法似乎更為可信。其中一種記述只是簡單地說，這七名被捕農軍在被關押三天後就獲釋了。[37] 至於他們獲釋的原因，則有兩種略微不同的解釋。一名參與襲擊的農軍士兵回憶道，偷襲失敗的第二天，韋拔群給縣城裏一位名流寫了一封信，要求他通知所有鎮上居民第二天都不要出門，因為如果政府不釋放這七個人，他就要帶着農軍攻打縣城。這一警告引起民眾的恐慌，他們聚集在縣政府前，要求釋放那七個農民。縣長最終表示妥協，並於第二天一早將這七人釋放。[38] 另一種說法認為，韋拔群首先威脅縣長，說要用炸彈炸毀整個縣城，但這個威脅並未湊效，韋拔群便動員縣城的居民向縣長施壓，那七人於是被釋放。[39] 雖然對韋龍甫的襲擊以失敗告終，但韋拔群至少把所有人都安全地撤出了。

襲擊韋龍甫失敗後，韋拔群意識到，縣長和駐軍營長也應該被

36　陸秀軒：〈打倒韋龍甫　趕走蒙元良〉，《回憶韋拔群》，第 62－64 頁；文史組：〈三打東蘭城〉，《東蘭文史資料》，第 1 輯（1985），第 28－29 頁。

37　《左右江革命史料彙編》，第 1 輯，第 16 頁。

38　黃家仕：〈憶清算韋龍甫和三打東蘭城〉，陸秀祥編：《東蘭農民運動 1921－1927》，第 167 頁。

39　覃紹寬：〈酒瓶和炸彈〉，廣西民間文學研究會編：《大膽有馬騎：左右江革命領導人故事傳說》，《廣西民間文學叢刊》，第 11 期（1984），144－146 頁。

當做革命的對象，因為他們都和韋龍甫這樣的地方權貴沆瀣一氣。從
縣城回到武篆僅僅兩週之後，韋拔群就又對縣城發動大規模進攻，目
的是驅逐縣長，打敗駐軍，捕捉韋龍甫。為了準備這次攻擊，韋拔群
賣了家中的九頭水牛，以籌集資金購買武器和彈藥。他還前往西山邀
請瑤民參加攻打縣城，獲得了瑤民的熱烈回應。攻城的農軍來自全縣
各地，包括西面的武篆和蘭泗、北面的長江和東南的都彝，農軍總數
達三百至一千人。他們共有兩百多支槍，另有許多刀和矛。作為農軍
總指揮，韋拔群將所有戰士分為四隊，分別由黃榜巍、黃大權、牙蘇
民和覃孔賢指揮。[40]

　　這次襲擊從 1923 年 7 月 1 日上午開始，四隊武裝分別從四個方
向發動進攻。不幸的是，敵人在戰略要道上築起三道路障，使韋拔群
的農軍難以通過通往縣城的狹窄道路。四個分隊也未能同時到達縣
城，並因此大大削弱了攻擊的力度，而最具破壞性的因素莫過於當天
的天氣，早晨的一場傾盆大雨，使他們的武器幾乎報廢，因為他們使
用的都是必須用導火線擊發的比較落後的火器，大雨還導致流經縣城
的九曲河水位暴漲。黃榜巍的隊伍未能按時到達進攻地點，最後在中
午時分到達鎮上後，就立即冒着敵人火力奮力渡河，結果，黃榜巍和
四個瑤民中槍身亡。[41] 為避免更多傷亡，韋拔群命令農軍撤退。黃榜
巍成為「改造東蘭同志會」中第一位為革命獻身的創始會員。

　　雖然進攻失敗，韋拔群的部隊並未遭受重創。韋拔群認識到需
要準備更多更好的武器，才有可能打敗縣城的敵軍。於是，他號召追
隨者們捐錢買槍，並自掏腰包買了六支槍。他們一共籌得夠買二十

40　陳欣德：〈韋拔群〉，胡華編：《中共黨史人物傳》，第 12 卷，第 189 頁；曾啟強編：
　　《中國早期農民運動領袖韋拔群》，第 62 頁。

41　黃家仕：〈憶清算韋龍甫和三打東蘭城〉，陸秀祥編：《東蘭農民運動 1921－1927》，
　　第 168 頁。

支槍的資金。[42] 大約一個月後，韋拔群第三次攻打縣城。這一次約有八百名農軍參加，但還是敵不過由縣警、韋龍甫的民團和羅文鑒的駐軍組成的敵對武裝。襲擊再次以失敗告終。

襲擊韋龍甫和隨後兩次進攻縣城均告失敗以後，韋拔群決定採取新的策略，以便打敗縣城的敵對勢力。他通過招募更多村民擴大了自衛軍；他下令對全縣六區的地主實行嚴密監控，使他們不能為身處縣城的盟友遞送情報；他還試圖切斷縣城的糧食供給；最後，他派人到鄰縣尋求支援。1923 年 9 月，敵方的主力部隊，即羅文鑒的一營駐軍被調回百色。韋拔群等人看準這個機會，決定對縣城發動第四次襲擊。那一年的 10 月 18 日是農曆九月初九重陽佳節，韋拔群在東里村附近組織了一個宣誓儀式。參加儀式的有來自東蘭不同地區的韋拔群的主要追隨者，以及來自鳳山的一百多名革命青年，包括廖源芳和他帶來的二三十人。[43] 對縣城的第四次襲擊在宣誓儀式之後不久就開始了，並且獲得了巨大勝利。當天大約有一千到一千五百名農民參與攻打縣城。羅營離開後，縣長蒙元良和團總韋龍甫無力抵抗韋拔群的進攻部隊，兩人都在農軍發現他們之前就逃之夭夭了。他們的部下隨後向韋拔群投降，韋龍甫的兒子被抓捕，農軍順利佔領了縣城。

這是東蘭縣城兩年來第二次被反叛武裝佔領。第一次發生在 1921 年底韋拔群從南寧回到東蘭那天，以陳六為首的土匪在那天攻佔縣城，並燒殺搶掠，引起巨大恐慌。在東蘭那些有錢有勢的人看來，韋拔群和他的追隨者與土匪並無太大差別。自此之後，他們一直把韋拔群叫做土匪，並不遺餘力地到處宣傳：韋拔群等人只不過是群土匪。但是，如果我們接受那種理論，即現代革命和前現代叛亂的唯

42 　陳欣德：〈韋拔群〉，胡華編：《中共黨史人物傳》，第 12 卷，第 189 頁。

43 　《左右江革命史料彙編》，第 1 輯，第 17 頁；班鋒、羅昭文：〈廖源芳〉，《中共廣西黨史人物傳》，第 1 輯，第 203－204 頁。

一區別就在於現代革命背後都有一個具備官僚架構的革命組織的話，那麼，土匪陳六對縣城的攻擊就是一場地道的前現代叛亂，而韋拔群的運動顯然是一場現代革命。[44]

　　第四次襲擊縣城的輕易取勝以及兩年內縣城兩次被叛亂武裝攻陷的事實，證明當時的政府極度脆弱。有關革命的研究常常把政府的衰弱和崩潰列為引發現代革命的一個重要因素，[45] 而在東蘭革命中，這個因素的影響確是顯而易見的。1923 年的廣西沒有一個統一而有效的省政府。在那年年初全廣西共有十七支互不統屬的武裝，每支都有一千多兵力。[46] 這種分裂狀態的結果就是沒有任何一支武裝有能力鎮壓韋拔群的運動，從而使得韋拔群可以在東蘭發展自己的小型武裝。韋拔群對縣城的前三次襲擊之所以失敗，主要是因為當時羅文鑒的那一營官兵還駐在東蘭，而沒有任何外來武裝駐在東蘭也正是韋拔群最後一次進攻得以取勝的主要原因。此後幾年發生的一切將一再證明，東蘭地方衝突的結果，往往取決於外來武裝的在或不在。雖然韋拔群那時已成為國民黨員，而他也極可能把自己的運動看作孫中山領導的國民革命的一部分，但在第一次暴動期間他並未得到國民黨的任何支持和指示。嚴格地說，韋拔群第一次暴動的參與者們的地位是介於畢仰高所描述和分析的「沒有黨領導的農民」[47] 和中共發動農村革命後出場的革命農民之間。

　　對於韋拔群及其追隨者而言，佔領東蘭縣城標誌着他們向前邁

44　Marcus J. Kurtz, "Understanding Peasant Revolution: From Concept to Theory and Case", *Theory and Society*, No. 29 (2000), p. 108.

45　Clifton B. Kroeber, "Theory and History of Revolution", *Journal of World History*, Vol. 7, No. 1 (1996), p. 22, p. 26; Theda Skocpol, *States and Social Revolutions: A Comparative Analysis of France, Russia, and China.* Cambridge: Cambridge University Press, 1979.

46　Diana Lary, *Region and Nation: The Kwangsi Clique in Chinese Politics, 1925-1937*, p. 43.

47　Lucien Bianco, *Peasants Without the Party: Grassroots Movements in Twentieth-Century China.* Armonk, NY: M. E. Sharpe, 2001.

出了一大步。他們原來的根據地武篆位於東蘭西南角，只是東蘭六個區之一。佔領縣城之後，他們就控制了整個東蘭縣。當韋拔群在1921年拒絕接受東蘭縣長職務時，他向馬君武省長解釋說，那是因為他沒有一支革命軍隊作後盾。他花了兩年時間為自己建立起一支革命隊伍。就連韋拔群自己也一定會對兩年來自己命運的變化感到驚訝。

韋拔群和他的同志們現在終於可以實行「改造東蘭同志會」提出的一些計劃了。他們打開縣城的監獄，釋放了所有罪犯；他們沒收了韋龍甫的家產用來救濟窮人，還把縣政府徵收的糧食和錢財分給窮人；他們廢除捐稅，提倡民族平等和男女平等。這次運動最重要的口號就是廢止地方官員和權貴所徵收的苛捐雜稅和他們的其他腐敗行為。在攻陷縣城的第二天，韋拔群主持了一次慶祝勝利、紀念陣亡農軍戰士的大型慶功晚會，他為摯友黃榜巍寫了一幅感人的挽聯，讚揚他對社會、對人民、對國家的忠誠。農民們載歌載舞，用連續幾晚的狂歡來慶祝這次勝利。[48]

革命者很快意識到，維持對縣城的控制比攻佔縣城要困難許多。鄰縣和全省都在敵對軍閥的控制之下，而這些敵對勢力會想方設法鎮壓韋拔群的運動。新任廣西省長張其鍠已在南寧就職，他是經過廣西地方軍閥首肯，並由北洋政府任命的一名廣西人。他對韋拔群的運動採取了綏靖政策，宣佈將縣長蒙元良撤職，並任命劉日福的下屬黃瓊瑤擔任新縣長。[49] 難以確定韋拔群是否希望由自己來當新縣長。黃瓊瑤到任後，試圖在所謂「新派」——即以韋拔群為首的一群年輕的反對派精英和由韋龍甫和杜八等當地權貴結成的「舊派」之間進行斡旋。隨後黃瓊瑤宣佈改組縣參議會，並邀請韋拔群擔任參議會會

48　陳欣德：〈韋拔群〉，胡華編：《中共黨史人物傳》，第 12 卷，第 190 頁。

49　文史組：〈三打東蘭城〉，《東蘭文史資料》，第 1 輯（1985），第 31 頁。

長。韋拔群拒絕就任會長，但派遣幾位下屬加入參議會。參議會的代表因而涵蓋了新舊兩派人士，讓人覺得黃縣長已成功調解兩派之間的矛盾。

然而，縣長與韋拔群之間以及新舊兩派之間的和平狀態並未能長久地維持下去。1923 年冬，韋拔群在東蘭公民會的一名追隨者因為指控黃縣長與舊派人士勾結起來剝削人民而慘遭黃瓊瑤手下縣警殺害。韋拔群一方不但向縣長提出抗議，還派人到南寧控訴，並開始準備在軍事上和黃瓊瑤攤牌。黃縣長於是向上司劉日福求救，劉日福於是決定把羅文鑒那一營官兵調回東蘭以護衛縣長。韋拔群的農軍與羅營打了幾仗，並遭受一些損失。一些農軍士兵在成功攻佔縣城後已被遣散，而韋拔群的一些結拜兄弟則在戰鬥正激烈時不知所蹤。羅文鑒於是得以奪回東蘭縣城，韋拔群只好撤退到武篆。省政府也站在黃縣長一邊，1924 年初，省長張其鍠將韋拔群和他的部分追隨者列為通緝犯，而他們的罪名是組織勞農黨，對抗政府，擾亂社會。[50]

韋拔群的失敗已是顯而易見，而造成這次失敗的並非韋拔群在東蘭本地的敵人，而是來自百色和南寧的外部勢力。韋拔群很清楚，外部支持對東蘭農民運動的生存和成功至關重要。因此，儘管知道劉日福和張其鍠都對自己懷有敵意，韋拔群依舊派出了四名代表赴南寧向省長求情，因為這是東蘭農民運動得以生存的唯一希望。

第一次暴動的驟然失敗令韋拔群深感失望，但他對未來仍懷有希望。在等待四位代表歸來時，他給東蘭縣教育局局長、東蘭高等小學教師、也是韋拔群結拜弟兄之一的覃瑞五寫了一封信。信中這樣寫道：

50　曾啟強編：《中國早期農民運動領袖韋拔群》，第 67 − 68 頁；陳欣德：〈韋拔群〉，胡華編：《中共黨史人物傳》，第 12 卷，第 190 頁；陳欣德：〈韋拔群〉，《中共廣西黨史人物傳》，第 1 輯（1992），第 247 頁。

手示奉悉，內中明教暗導，無微不至，誠不可任。此次我地方劣紳土霸，勾引盜閥走狗壓迫摧殘我農民、學生、黨員，意圖奪我民權，伸彼官權，以遂其世襲思想。誰知我人民之思想隨世潮而變遷，不能如專制時代之人民，任一般貪官污吏、劣紳土霸欺壓魚肉。科學所謂壓力愈大，反抗力更大。如此次戰爭，官黨以力服人，人民雖受重大損失，然其心不死，革命時日不斷。強權雖猛，公理尤剛。青天白日之國徽不存則已，倘能存在，蘭農必有仰頭之日，此群敢斷言也。信內所開五條，要群實行有何不可，惟須祥卿、煥庭、暢生、伯民諸代表回蘭後，方能出去。萬一各代表均不回頭，在四月內亦要出去，去之目的必在求學。學到用時方恨少！不然人生世間等於與雞犬爭食耳。[51]

覃瑞五曾建議韋拔群暫時離開東蘭，韋拔群也很贊成這個想法。寫完這封信後不久，韋拔群便離開家鄉，再次踏上旅途，前往他心中的夢想之地。正如他所期望的那樣，這將是另一次漫長的求學之旅。

51　《東蘭縣志》，1994，第 722、761 頁。

第 四 章

再出遠門

1924 —— 1925

　　儘管韋拔群已告知好友覃瑞五，自己打算在 4 月底之前開始第二次遠行，但直到 1924 年 8 月他才離開東蘭。有趣的是，從 1924 年 2 月韋拔群被省政府宣佈為通緝犯到 1924 年 8 月，省、縣政府都並沒有試圖逮捕他。這說明當地官員仍然沒有把他太放在心上。儘管韋拔群的身份已是一名通緝犯，但似乎只要他不再繼續製造麻煩，政府也願意對他放任自流。又或許，政府只是在等待韋拔群再次主動涉險離開「老巢」，然後再逮捕他。在韋拔群眾多追隨者並不在側的情況下，政府若要將他制伏也會更加容易。

　　同時，韋拔群在被迫撤出縣城之後，愈發渴望離開東蘭和廣西。部分原因是韋拔群覺得兵敗撤退後，他留在東蘭已經沒什麼事情可做了。他花費了三年時間試圖用自己在大都市學到的思想和方法去改造東蘭。在這期間，他在東蘭創建了幾個組織，並與政府當局進行過多次對峙，還曾一度控制了縣城。儘管韋拔群對革命的前途仍然充滿信心，但在經歷了挫敗和失望之後，他不確定下一步應該怎麼走。他相信一旦走出廣西，他就能夠擁有完全的行動自由；他還想建立新的人脈，學習新的思想和方法，然後回到東蘭重新開始。這一回，韋拔群打算去廣州。國共兩黨不久前在那裏建立了統一戰線，而關於這場新的革命運動的消息，很可能已經傳到了偏遠的東蘭。韋拔群可能也聽聞過或讀到過正在廣東興起的大規模農民運動，尤其是彭湃在距廣州不遠的海陸豐一帶發動的農民運動。

　　就在韋拔群給覃瑞五去信後不久，他先前派往省城的四位代表回到了武篆。韋拔群曾希望他們能夠說服省政府改變對東蘭農民運動的打壓政策，但這四位代表未能完成他們的使命。這一情況愈發堅定

了他遠行廣州的決心。據當時在南寧學習的東蘭學生黃鴻翼回憶，四位代表一回到東蘭，韋拔群就召集東蘭公民會的領導人開會，會議決定韋拔群、陳伯民、黃大權和黃樹林四位領導人將前往廣州遊學。表面上看這四人是經小組選定的，但實際上似乎更像是他們自願前往。因為只有少數領導人受到邀請，所以這次會議並不太正式，因此在這樣的會上也很難進行正式表決。由於每個旅行者都要承擔本人的旅行費用，所以必須由出行者本人做最後的決定。為了給黃大權和黃樹林足夠的時間籌措旅費，這次旅行只好推遲到 8 月。[1]

據黃鴻翼回憶，在 1924 年 8 月的一個晚上，韋拔群和另外三位同志喬裝成學生，開始了他們的旅程。當地村民、武師黃樹竹作為他們的腳夫和保鏢一路相伴。和這幾位假學生一道遠行的還有黃鴻翼和黃鴻富這兩名真學生。他倆是在南寧廣西第三師範學校就讀的武篆人。四人的計劃是從武篆步行到田州，然後從田州乘船到南寧。在南寧，他們會在這兩位學生的宿舍裏暫住幾天，然後再乘另一艘船前往廣州。

不幸的是，在抵達田州前不久，他們遇到了三名在百色劉日福的部隊中服役的東蘭籍士兵，而且他們三人都認識韋拔群。穿着學生制服的韋拔群，自然引起了他們的疑心。韋拔群心生一計，以好酒好菜招待了這三名士兵，三人自然也欣然應邀。晚飯時，韋拔群當着他們的面派人去買前往南寧的船票，並故意告訴三位士兵，自己一行人到達南寧後將住在第三師範學校的宿舍裏。晚飯後，韋拔群安排這三人一起住進他們七人下榻的旅館。為確保安全，在確認士兵們都熟睡後，韋拔群四人和黃樹竹一起趕回了武篆，只留下黃鴻翼和黃鴻富這兩名真學生繼續趕赴南寧。韋拔群一行五人在二十四小時之內步行了 110 公里的路程，然後在東里村附近的北帝岩躲了兩天方才回家。

1　黃現璠、甘文傑、甘文豪：《韋拔群評傳》，第 91 頁。

那三個士兵第二天醒來後發現韋拔群等七人都已離開，便確信他們一定是去了南寧。幾天後，一群士兵到南寧第三師範學校的宿舍尋找韋拔群，當然是遍尋不獲。顯然，士兵們儘管享用了美味佳餚並收受了韋拔群給的一小筆賄款，卻還是向劉日福彙報了韋拔群前往南寧的情報，而劉日福又將這個消息上報給了廣西省政府。[2]

上述主要根據黃鴻翼的回憶而重構的情節是有問題的，因為就在韋拔群於 1924 年 8 月偶遇這三名士兵的兩個月前，新桂系的首領李宗仁已佔領了南寧，上任僅一年的廣西省長張其鍠和他的支持者林俊廷都已垮台。[3] 事實上，這是廣西近代史上最為重要的轉折點之一。這個事件發生後，舊桂系軍閥的頭目陸榮廷就退出廣西的政治舞台，並且幾乎完全喪失了對廣西的控制權，而他的前部下李宗仁、黃紹竑和白崇禧作為新桂系的三巨頭，將開啟對廣西長達二十五年的統治，中間只有一次短暫的中斷。詹姆斯·謝里登認為，李宗仁是一個「改革派軍閥」，與舊桂系頭目陸榮廷不同，而陸榮廷可能屬於謝里登所說的「保守派軍閥」。[4] 戴安娜·拉里也指出，新桂系首領與舊桂系頭目的不同在於，他們受過現代軍事訓練，更多地接觸過新思想，具有更廣闊的視野和更高層次的認同感。不過，拉里很快就補充說，這兩個群體之間的區別其實十分模糊。拉里還令人信服地指出，儘管新桂系的領袖們也被孫中山的革命思想所吸引，但他們在融入國民黨建制之前，並沒有經歷任何真正的政治改造。[5] 舊桂系與新桂系軍閥之間缺乏根本性差異這一事實，對中國和廣西的政治，尤其是對韋拔

2　黎國軸、嚴永通：《韋拔群傳》，第 50—52 頁；黃現璠、甘文傑、甘文豪：《韋拔群評傳》，第 91—92 頁。

3　劉立道：〈張其鍠〉，廣西辛亥革命史研究會編：《民國廣西人物傳》（一），南寧：廣西人民出版社，1983，第 106 頁。

4　James E. Sheridan, *China in Disintegration: The Republican Era in Chinese History, 1912-1949*. New York: The Free Press, 1975, pp. 61-77.

5　Diana Lary, *Region and Nation: The Kwangsi Clique in Chinese Politics, 1925-1937*, pp. 15-17.

群在東蘭領導的農民運動，將產生巨大的影響。

　　宣佈韋拔群為通緝犯的是舊桂系集團的張其鍠省政府，作為其繼任者兼對手的新桂系政府並無理由急於執行前任政府頒佈的這一命令。此外，作為林俊廷和張其鍠的部下，劉日福也應該是新桂系的敵人。直到 1924 年 8 月或之後，劉日福才決定投靠李宗仁，並接受了新桂系的委任。即使劉日福在韋拔群及其友人出行時已經臣服於新桂系集團，他也應該很難說服新桂系政府去執行舊桂系政府所下達的緝拿韋拔群的命令。

　　前面提到的另一位第三師範學校的學生黃鴻富，則提供了另一種說法。據他回憶，1924 年的農曆一月，在家過完寒假後，他和黃鴻翼動身返回在南寧的學校。途中的一個晚上，他們在恩隆縣的一個地方遇見了韋拔群和陳伯民，於是四人決定在旅館共住一屋。韋拔群和陳伯民告訴黃鴻翼和黃鴻富，他們正要前往廣州。第二天，四人一起走到田州。他們在一家小旅館吃了頓晚飯，並打算在那裏過夜。晚飯後，他們撞上了兩名來自東蘭的警察。這兩名警察與他們住在同一家旅館，並打算第二天前往百色。他倆都認識韋拔群，韋拔群和陳伯民於是警覺起來，決定當晚立即返回東蘭。黃鴻翼和黃鴻富兩人在旅館留宿一夜後於次日一早乘船去了南寧。[6]

　　黃鴻富的說法可信度更高。韋拔群和陳伯民在 1924 年初比在 1924 年 8 月有更多令人信服的理由要提防警察並在途經南寧時謹慎從事，因為在 1924 年初張其鍠和林俊廷仍然在位。此時陳伯民可能並不在通緝名單上，因為這次前往廣州的嘗試失敗不久後，他就作為東蘭公民會的四名代表之一去了南寧。

　　黃鴻翼和黃鴻富都認同韋拔群前往廣州的首次嘗試以失敗告

6　黃潤生：〈去廣州第六屆農講所學習前後的回憶〉（1974 年 11 月 26 日），陸秀祥編：《東蘭農民運動 1921－1927》，第 232－233 頁。

終，而他的第二次嘗試則獲得了成功。黃鴻富承認，他並不清楚韋拔群是何時以及如何再次前往廣州的。[7] 黃鴻翼則回憶說，韋拔群和陳伯民是於 1924 年 8 月出發的。如果我們接受上面黃鴻富的說法，那麼這距離他們的第一次嘗試有幾個月的時間，但如果我們相信黃鴻翼所言，那這兩次嘗試之間便只相隔了幾天。據黃鴻翼回憶，儘管對於意外地撞上那三名士兵感到沮喪，但韋拔群及其友人並未打算放棄前往廣州的計劃。當意識到途經南寧可能會面臨危險後，他們決定改道而行。他們放棄了向南經過田州、南寧和梧州的路線，轉而向北進發，先到貴州，從那裏向西去往雲南，然後從雲南乘火車去越南，再從越南乘輪船前往香港。最後，他們將從香港乘輪船去廣州。[8]

這條路線雖然會更加遙遠，但它能使韋拔群他們盡快走出廣西。兩條路可能同樣危險重重，雖然可能是不一樣的險境。進入貴州和雲南之後，廣西省政府不大可能還能對韋拔群等人造成任何傷害，但黔滇兩省的偏遠地區土匪很猖獗。這或許就是韋拔群決定增加同行人員的原因。韋拔群等四人對其他朋友說，他們想帶上更多的人一同前往廣州。梁士書和另外三人很快就決定加入。[9] 這八名旅伴大多是改造東蘭同志會的創始會員。

然而，難以理解的是韋拔群為何在 1924 年 8 月還要如此謹慎地避開南寧。他應該知道，兩個月前南寧的政局已發生改變。儘管李宗仁及其部下後來將成為韋拔群最致命的敵人，但韋拔群並沒有理由在 1924 年 8 月就視李宗仁為敵。很有可能的是，韋拔群和他的朋友們之所以決定取道貴州、雲南和越南而非田州和南寧，並不是因為他們害怕被新桂系逮捕，而是因為他們想避開新桂系與各路對手在廣西多

7　同上，第 233 頁。

8　黎國軸、嚴永通：《韋拔群傳》，第 52 頁。

9　同上，第 52 頁。

地正在進行的鏖戰。省政府的權力更迭後，韋拔群仍然決定離開廣西前往廣州，並把南寧視為一處險地，這表明他或許已經意識到新桂系的首腦也會敵視農民運動。也許他派往南寧的四位代表已經與新桂系的省政府有所接觸，並試圖贏得新政府的支持，可惜失敗了。也有可能，韋拔群等人在 1924 年 6 月之前就開啟了廣州之行，而那時舊桂系軍閥仍然大權在握。

黃鴻翼回憶說，擴大後的韋拔群團隊先從東蘭走到貴州的省會貴陽，再從貴陽步行至昆明。到達昆明後，他們發現餘下的旅費難以支撐整個團隊接下來的行程。不清楚造成經費短缺的具體原因是什麼。或許他們一開始就低估了旅費，又或許他們在從武篆到昆明的途中花費太多。他們隨後決定，韋拔群和陳伯民兩人將繼續前往廣州，其他人則原路步行返回武篆。那些不得不打道回府的旅伴一定非常沮喪，因為他們此行唯一的成就就是把韋拔群和陳伯民護送到了一個安全的地方。

韋拔群在黔軍服役期間很可能已經到過雲南，因為黔軍當時只是滇軍的一個小兄弟，且黔、滇兩省山水相連。即使韋拔群從未去過雲南，他也不會在那裏感受到太多的文化衝擊，因為像廣西一樣，雲南有眾多民族、常綠的自然環境和多山的地貌，儘管因為海拔較高雲南要比廣西涼爽許多。當時，雲南和廣西都深受法國的影響。自 1910 年以來，一條由法國人設計和運營的窄軌鐵路就把昆明與越南的河內連接起來。韋拔群和陳伯民就在昆明搭上直達越南的火車。這肯定是一次激動人心的旅行，因為這是他倆第一次走出國門。然而到達越南後，他們可能有點失望。對於廣西人而言，越南看上去並沒有多少異國情調。這兩地的氣候和自然環境相似，越南人看上去和中國南方人很像，而越南語聽上去也跟廣東話和壯語類似。唯一的區別就是他們在越南能感受到更多的法國影響。這是因為廣西和雲南雖然也屬於法國的勢力範圍，但越南的三個地區已經淪為法國的保護國和殖民地。

火車本可以直接送他們到海防，而海防與香港之間的距離比西貢與香港之間的距離要短許多，但韋拔群和陳伯民卻一路下到西貢，而後從那裏搭船去香港。或許，他們是想在越南多走走看看。到達香港後，他們發現盤纏再次告罄。他們住進了一家旅店，韋拔群給妻子去了封信，讓她寄些錢來。收到信後，陳蘭芬把一些錢交給了黃鴻翼，再由黃鴻翼用韋拔群的原名把錢匯給了身在香港某旅店的韋拔群。[10]

對於韋拔群來說，錢似乎不像之前來得那麼容易了。自打從祖父手中接管家業之後，他的多次行動，包括初次出遠門到沿海和內陸省份旅行、組建討袁自衛軍、為獲釋出獄而付給黃騏巨額保釋贖金，以及購買攻打縣城所用的槍械等等，已經花費了很多錢。同時，他的家庭收入可能比以前更低，因為與他的祖父和父親相比，韋拔群對佃戶和長工要寬容許多。愈來愈少的收入和愈來愈多的花銷遲早會使韋家陷入財政困境。韋拔群在前往廣州途中至少遇到過三次財務危機：第一次是在武篆，第二次是在昆明，而最後一次是在香港。三次危機之後，韋拔群一定已經意識到，革命是一項耗資巨大的事業。當許多其他革命者的激進主義使自己家庭的財富開始受損時，他們都不得不面對嚴重的家庭衝突。例如，彭湃就因為把家裏的土地分給窮人而遭到母親的責罵，也被大多數親戚痛恨。[11] 然而，作為韋家的男主人，韋拔群幾乎從未因為自己花錢無度的習慣而遭到親人的抵制。他的新妻陳蘭芬似乎也支持他的行為，而韋拔群也為此對她深懷感激之情。大約是在 1924 年，就在韋拔群的第二次遠行即將開始之前，他為妻子蘭芬寫了一首山歌。這首後來在東蘭流行開來的山歌的歌詞是這樣的：

10　同上，第 53 頁。

11　彭湃：〈海豐農民運動〉，《彭湃文集》，北京：人民出版社，1981，第 111－113 頁。

　　家母力衰年已老，家務由你一人搞；

　　時刻思念莫忘記，交待事情要記牢。

　　述祖述宗年紀小，煩你耐心來教導；

　　我為人民畫夜走，請你在家多勤勞。[12]

　　1924 年 10 月或稍晚，韋拔群和陳伯民終於抵達廣州。到廣州後不久，他們便去拜會了國民黨左派的領袖廖仲愷。早在 1921 年，韋拔群就在廣州見過廖仲愷。作為統一戰線和農民運動的堅定支持者，廖建議韋拔群和陳伯民進入由共產黨人和國民黨人共同創辦的廣州農民運動講習所參加學習。廣州農講所是由共產黨人林伯渠和彭湃在 1924 年 7 月創辦的，彭湃擔任第一屆農講所的主任。第一屆共招收了 38 名學員，學習時間為兩個月左右。孫中山對廣州農講所十分支持，他甚至在 1924 年 8 月到農講所做了一次關於平均地權的演講。第二屆農講所從 1924 年 8 月下旬開始，到 10 月下旬結束，共有 225 名學員參加。第二屆的主任是另一位著名的共產黨農民運動領袖羅綺園。韋拔群和陳伯民來不及參加第二屆農講所，就成了第三屆的學員。第三屆從 1925 年 1 月 1 日開始，到同年 4 月 1 日結束，主任是阮嘯仙。阮嘯仙和之前的兩位主任一樣，也是廣東人和共產黨員，同時也是著名的農民運動的支持者和領導者。前兩屆農講所的學員都來自廣東。第三屆開學時共有 128 名學員，其中只有韋拔群、陳伯民和一名來自四川的學員不是廣東人。[13]

　　廣州農講所的一般課程包括農民運動、工人運動、社會主義、帝國主義、社會理論、蘇聯、中國革命史和世界革命等。除課堂教學

12　韋拔群：〈安慰親人歌〉，《韋拔群陳洪濤史料專輯》，第 221 頁。

13　汪路勇：〈廣州農民運動講習所的創辦及其歷史功績〉，《福建黨史月刊》，2005 年，第 2 期，第 39－41 頁；黃現璠、甘文傑、甘文豪：《韋拔群評傳》，第 95 頁。

外，學生還必須參加軍事訓練和進行與農民運動有關的實地考察。事
實上，軍訓時間約佔三分之一，第二屆的學員甚至直接參與了軍事行
動。孫中山在 1924 年 10 月鎮壓了廣州商團的叛亂，而第二屆學員在
這一事件中發揮了重要作用。

第三屆農講所的教師包括阮嘯仙、廖仲愷、彭湃、陳延年、鮑
羅廷、加倫將軍（V. K. Bluecher）等人。[14] 韋拔群和彭湃在農講所見
過面，這是可以基本確定的，因為彭湃為第三屆學員講過課，但有些
學者認為，兩人還建立了密切的關係，這似乎不太可能。作為各自省
份最有影響的農民運動領袖，彭湃和韋拔群可能已聽到過對方的大
名，本該有很多話可聊，可惜他們並沒有多少時間可以待在一起。
1924 年底和 1925 年初，彭湃正忙於組織海陸豐及廣東其他地方的農
民運動，並參與兩次對軍閥陳炯明的討伐。他大部分時間都在廣州以
外的地方度過，這也是他不得不讓同事接管農講所的原因之一。本來
韋拔群和陳伯民如果想去海陸豐考察彭湃創建的農民運動也並非不可
能，但沒有跡象表明他們曾經去過那裏。雖然他們沒有去過海陸豐，
但他們確曾花了一些時間在廣州周邊的農村調查當地的階級關係和農
民運動。[15]

曾經流行一時的韋拔群在廣州農講所曾做過毛澤東學生的說法
已被證明是誤傳。毛澤東曾任於 1926 年 5 月開學的第六屆農講所的
主任，而那時韋拔群已經回到廣西。毛澤東在 1924 年 1 月曾到訪廣
州，並於 1925 年 9 月重訪廣州，但在 1924 年底和 1925 年初卻不在
那裏。毛澤東和韋拔群兩人在有生之年從未有機會見面。據說毛澤東
曾在 1950 年代對人說過，韋拔群是廣州農講所最出色的學生，[16] 但不

14　汪路勇：〈廣州農民運動講習所的創辦及其歷史功績〉，《福建黨史月刊》，2005 年，
　　第 2 期，第 39–41 頁。

15　陳欣德：〈韋拔群〉，胡華編：《中共黨史人物傳》，第 12 卷，第 191 頁。

16　黃現璠、甘文傑、甘文豪：《韋拔群評傳》，第 94 頁。

能確定他是否在 1925 年就聽說過韋拔群這個人。同樣不能確定的是
韋拔群是否早在 1925 年就聽到過毛澤東的大名。

　　1924 年底和 1925 年初韋拔群在廣州逗留期間錯過的另一個人是
孫中山。1924 年底，孫中山正專心處理國家統一問題。雖然統一戰
線政府已在廣州建立，但中國大部分地區仍由各路軍閥控制着，而
每個軍閥都在等待時機擴充地盤，必要時甚至不惜動武。1922 年到
1924 年，北洋軍閥中最強的兩派——直系和奉系，為爭奪對於北方
的控制權，發動了兩場直奉戰爭。在第二次直奉戰爭中，直系將軍馮
玉祥背叛了他的上司，推翻了吳佩孚和曹錕領導的北京軍閥政府。馮
玉祥隨後與同為直系軍閥敵人的奉系軍閥張作霖和皖系軍閥段祺瑞結
盟，在北京建立了以段祺瑞為首的臨時政府。1924 年 10 月 25 日，
臨時政府發表聯合聲明，呼籲孫中山和其他政治領袖到北京商議國
事，最終目的是建立一個聯合政府。幾天後，他們正式對孫中山發出
邀請。1924 年 11 月 13 日，孫中山離開廣州前往北京。1925 年 3 月
12 日，孫中山在北京死於肝癌，而他在生前並未能與軍閥們達成任
何協議。韋拔群和陳伯民到達廣州時，孫中山可能尚未離開，但他倆
並未能見到孫中山。

　　雖然有人認為韋拔群和陳伯民直到 1925 年 4 月第三屆農講所結
業後才離開廣州，但已有可信證據證明他倆在 1925 年 3 月就已經回
到廣西。[17] 因此，農講所成為又一所韋拔群入學就讀但未能畢業的學
校。第三屆的 128 名學員中，只有 113 名順利畢業，韋拔群和陳伯民
都名列 15 名中途輟學的學員之中。[18] 他倆為什麼不多等幾個星期以便
完成他們在農講所的學業呢？有幾個可能的原因。其中之一就是韋拔

17　黃現璠、甘文傑、甘文豪：《韋拔群評傳》，第 94－95 頁。

18　汪路勇：〈廣州農民運動講習所的創辦及其歷史功績〉；林錦文編：《廣州農民運動講
　　習所資料選編》，北京：人民出版社，1987。

群和陳伯民都不太在乎證書和文憑。他們很清楚，做一個革命者並不需要什麼文憑。只有當他們發現學校的課程確實有趣、有用，或在他們沒有更有意義的工作可做時，才會繼續留在學校。

至少在韋拔群看來，農講所的課程可能並不十分新穎，也不甚有用。阮嘯仙對課程進行修改後，第三屆農講所與前兩屆相比更加重視對軍事和組織技能的培養。農講所規定學生必須身着軍服，編成連隊，模擬軍人的生活方式。學員們還要學習如何組織農民協會，並嘗試做實際的組織工作。[19] 這些培訓對於韋拔群來說，可能不是很有吸引力。他畢業於貴州講武堂，曾在黔軍服役多年，還作為地方領袖創立了改造東蘭同志會、東蘭公民會、東蘭自衛軍等組織，並組織和指揮了對東蘭縣城的四次襲擊。顯然，韋拔群已經不再需要上述那些比較基礎的訓練了。事實上，他有足夠的經驗和資質來擔任這類訓練項目的教官。

韋拔群的資質之一就是他的年齡。雖然根據農講所的規定，所有學員報考時的年齡必須在二十八歲以下，[20] 但已經三十歲的韋拔群還是被錄取了，這有可能是因為廖仲愷的推薦。韋拔群很可能是第三屆農講所年紀最大的學生，而且他比一些老師還要年長。他比阮嘯仙大三歲，比彭湃大兩歲。在中國這樣一個注重輩分和年齡的社會裏，韋拔群坐在同學中間可能會有些不自在。

韋拔群發現有關政治理論和農民運動策略的課程比軍事技能課程更有意思。阮嘯仙教了一門題為「廣東農民運動」的課程，彭湃講授了「如何組織農民協會和農民自衛隊」，廖仲愷講了三民主義，陳延年講的是帝國主義。一位知情人士認為韋拔群在上這些課的時候非

19　黃現璠、甘文傑、甘文豪：《韋拔群評傳》，第 95 − 96 頁。

20　黃現璠、甘文傑、甘文豪：《韋拔群評傳》，第 93 頁。

常專注，寫了厚厚的一本筆記。[21]

　　韋拔群和陳伯民提前離開廣州的另一個原因可能是他們沒能得到統一戰線政府具體的財政、軍事和政治支持。韋拔群歷盡艱險來到廣州，不僅是為了學習新思想、新方法，更是為了建立新的關係，並為自己的運動尋求支持。他希望在外界的支持下，能夠回到家鄉擊敗他的敵人。但是，儘管他在廣州確實學到了一些新的思想和方法，他爭取統一戰線政府直接支持的努力卻幾乎完全以失敗告終。當時廣西和華南的政治局勢相當混亂。雖然李宗仁接管了廣西省政府，但他並沒能統一全省，也沒能真正控制東蘭。雖然李宗仁已在 1924 年底宣誓效忠孫中山的統一戰線政府，但廣東和廣西兩省並未得到有效的統合，李宗仁基本上可以獨立處理廣西的內部事務。換言之，即使廣州的統一戰線政府命令李宗仁支持韋拔群和他領導的運動，李宗仁也可能會選擇不遵守這項命令；即使李宗仁真心支持韋拔群及其領導的運動，但對於韋拔群在東蘭的敵人，他也什麼都做不了，因為他當時對東蘭並沒有實際的控制權。韋拔群和陳伯民可能覺得，既然無望得到廣州政府真正的支持，那麼延長在廣州的逗留時間便沒有多大意義。

　　廣東省內如火如荼的農民運動，也可能是促使他們盡早回到廣西的一個動力。他們在廣州農民運動講習所的一些同學就是農民運動的積極份子，他們應該能夠告訴這兩位來自廣西的朋友廣東農村、尤其是海陸豐地區已經發生的和正在發生的一切。到 1925 年初，廣東已有二十二個縣成立了農民協會，約二十萬農民加入了這些農民協會。其後，廣東省農民協會也應運而生了。[22] 廣東農民運動的成功，以及韋拔群和陳伯民在廣州所學到的新思想、新方法，一方面使他們

21　同上，第 96 頁；陳欣德：〈韋拔群〉，胡華編：《中共黨史人物傳》，第 12 卷，第 191 頁。

22　阮嘯仙：〈全國農民運動的形勢及其在國民革命中的地位〉（1926 年 8 月 19 日），《阮嘯仙文集》，廣州：廣東人民出版社，1984，第 282 頁。

信心倍增，另一方面也可能使他倆產生一種慚愧感和緊迫感，而這都會促使他們盡快從廣州返回東蘭，以復興家鄉的農民運動。

然而，韋拔群和陳伯民提前離開廣州的直接原因，可能是新桂系和唐繼堯領導的滇軍之間在 1925 年初發生的一場新的戰爭。名義上這兩個派系都是當時廣州統一戰線政府的同盟，但實際上兩派都獨立於廣州政府，而且兩派之間也是彼此獨立的。唐繼堯相信他是唯一一個有能力統一華南的人。他有三個理由：孫中山已經病重；孫中山一直沒能建立一個強大的武裝；廣東和廣西的不同軍事勢力之間衝突不斷。唐繼堯當時已經完全控制了雲南，並把貴州變成了他的勢力範圍。他的下一個目標是廣西，然後再把廣西變成攫取廣東的踏腳石。在出兵廣西之前，唐繼堯曾派人向李宗仁解釋，他只是想借道廣西進入廣東，如果李宗仁能夠合作、放行，滇桂兩省之間就不會兵戎相見，但李宗仁認為這是唐的詭計，拒絕同他合作，於是滇軍就攻入廣西。到 1925 年 2 月下旬，南寧已落入滇軍將領龍雲之手。

為了確保能夠打敗新桂系，唐繼堯與廣州政府所屬部隊中的老朋友們取得聯繫，請求他們的支援。這些老朋友中有兩位對唐的請求反應積極。一位是曾在滇軍服役的楊希閔，另一位是廣西人劉震寰。劉是資深國民黨人，也是舊桂系的成員。這兩人當時都在統一戰線政府中擔任高級軍事職務。劉震寰派他的部下黎鼎鑒到廣西與滇軍合作。黎鼎鑒也是廣西人，1920 年代初曾短暫到訪過東蘭。[23] 韋拔群和陳伯民正是在黎鼎鑒邀約下提前離開廣州、返回廣西的。

不能確定韋拔群和陳伯民是如何與黎鼎鑒聯繫上的。也許是當時住在廣州的一些廣西人介紹他們認識的，但也有可能是廖仲愷把韋拔群和陳伯民推薦給了劉震寰和黎鼎鑒。1924 年 11 月，孫中山為首

23　牙美元：〈回憶大革命和土地革命時期東蘭社會治安概況〉，《東蘭文史資料》，1985 年，第 1 輯，第 44 頁。

的統一戰線政府曾任命劉震寰為廣西省省長，但由於新桂系的反對，劉震寰一直無法回廣西就職，而廖仲愷在孫中山政府中位高權重。李宗仁曾在 1922 年參與把劉震寰逐出廣西，因此自然不希望劉回廣西當省長。[24] 李宗仁的副手黃紹竑曾短暫做過劉震寰的下屬，但與劉震寰的關係並不融洽。李宗仁和黃紹竑邀請了陸榮廷前政府的一位高級文官擔任省長。[25] 這一切都表明新桂系相當獨立，他們對孫中山及其政府並不尊重。為了赴任廣西省省長，劉震寰不得不從身在廣州的廣西人中招募支持者。因此，作為雙方的朋友和上司，廖仲愷向劉、黎二人舉薦韋拔群和陳伯民也就順理成章了。韋拔群和陳伯民回到廣西後曾告訴朋友說，他們是受廖仲愷派遣，以孫中山政府特派員的身份回到廣西的。同時，他倆也不隱瞞他們是黎鼎鑒的朋友。韋拔群告訴一位朋友，他和陳伯民二人的所有的旅費和生活費都是黎鼎鑒支付的。[26]

　　韋拔群、陳伯民和黎鼎鑒一行三人在廣西的第一站是靠近中越邊境的龍州，[27] 這說明他們可能是取道越南回廣西的。他們在滇軍佔領南寧不久後回到這座城市。黎鼎鑒的任務是在南寧設立一個師指揮部，但他的最終目標是為劉震寰前往南寧就任省長鋪平道路。滇軍已經任命陸榮廷的前下屬林俊廷為廣西省長，林俊廷則任命黎鼎鑒為省政府政治部主任。[28] 廣西當時的政局相當混亂。新桂系想統一全省，並保持對廣西的控制。滇軍想控制整個華南，包括廣西。劉震寰則希望能回廣西做省長。新桂系把唐繼堯和劉震寰視為真實的或潛在的威

24　李宗仁、唐德剛：《李宗仁回憶錄》，第 113－114、122－123 頁。

25　黃紹竑：《黃紹竑回憶錄》，第 55、661 頁。

26　黃潤生：〈去廣州第六屆農講所學習前後的回憶〉（1974 年 11 月 26 日），陸秀祥編：《東蘭農民運動 1921－1927》，第 233 頁。

27　同上，第 233 頁。

28　莫樹傑：〈林俊廷〉，廣西辛亥革命史研究會編：《民國廣西人物傳》（一），第 113 頁。

脅，因此不希望他們染指廣西。劉震寰支持唐繼堯，一方面因為新桂系對他懷有敵意，另一方面因為他相信唐會幫他當上廣西省長。1925年5月，唐繼堯真的任命劉震寰為廣西省省長。[29] 這樣一來，劉震寰就同時被廣州統一戰線政府和其對手唐繼堯任命為廣西省省長。

這三股勢力，即新桂系、滇軍和劉震寰，在名義上都是廣州孫中山政府的盟友，因此，只要它們不把衝突擴大到廣東，廣州政府就試圖保持中立。例如，唐繼堯在1925年初就開始進攻廣西，但廣州政府並未試圖阻止他。1925年2月下旬滇軍攻佔南寧時，廣州政府依舊保持沉默。直到1925年3月，廣州政府才宣佈唐繼堯為敵人，因為他們發現唐繼堯已制定好攻佔廣州並重組廣州政府的秘密計劃。對於新桂系，雖然廣州政府已任命劉震寰為廣西省長，而新桂系卻自行任命省長並拒絕讓劉震寰回廣西履職，廣州政府也並未譴責新桂系的行為。總體來說，劉震寰應該比其他兩派勢力更接近孫中山政府，主要是因為劉部就駐紮在廣東，而他的軍隊也由孫中山直接指揮。

在滇軍、新桂系和劉震寰這三股勢力中，韋拔群和陳伯民支持劉震寰。他們認為劉才是廣西的合法省長，因為他是由孫中山的廣州政府任命的。他們還相信，劉很快就會上任，因為新桂系已經被滇軍打敗了，而一旦劉震寰出任省長，他就會支持他們的農民運動，並幫他們回家鄉擊敗他們的敵人。由於新桂系對農民運動的真實的或想像的敵視和漠視，韋拔群和陳伯民不支持新桂系。

可能韋拔群和陳伯民還不知道，劉震寰和唐繼堯早在1925年2月就已經計劃推翻或接管孫中山的廣州政府了。在唐繼堯被廣州政府宣佈為敵人之後，韋拔群和陳伯民也不認為繼續為劉震寰工作有什麼問題，因為廣州政府仍然把劉看做是忠誠的支持者。劉震寰直到1925年6月才公開反叛廣州政府，而那時韋拔群和陳伯民已經回到

29　李宗仁、唐德剛：《李宗仁回憶錄》，第179頁。

東蘭，不再與劉有任何聯繫。一年後，重新回到南寧掌權的新桂系首領聲稱，在 1925 年滇軍入侵廣西時，韋拔群和陳伯民二人曾為敵軍效力。[30] 這種指控，如果考慮到唐繼堯和劉震寰當時已是秘密盟友，那麼是可以成立的，但韋拔群和陳伯民也有理由反駁這一指控，他們可以說自己是直接為劉震寰工作，但最終還是在為廣州政府服務，因為劉震寰是由廣州政府任命的廣西省省長。韋拔群和陳伯民並未有意識地為新桂系的主要敵人滇軍工作過。其實，就連韋拔群和陳伯民究竟為劉震寰和黎鼎鑒做了哪些工作，也很難確定。在南寧，他們不可能為這兩位將軍提供多少幫助。

　　大多數學者都認為，1924 年底至 1925 年初在廣州逗留期間，韋拔群經歷了世界觀的轉變或政治覺悟的飛躍。這意味着，韋拔群或是完全接受了共產主義，或者至少受到了共產主義的強烈影響。[31] 雖然很難確定韋拔群這次在廣州停留期間是否已經開始把自己視為一個共產黨人，但毫無疑問的是，與上一次廣州之行相比，在第二次廣州之行期間他更多地接觸到共產主義思想。在廣州農講所學習期間，他的周圍都是共產黨員或是同情共產黨的人士。韋拔群並不抵觸共產主義思想，因為他後來曾在東蘭致力於傳播這些思想。實際上，他在東蘭已經做的和打算做的一切，與其說是基於國民黨的主張，倒不如說是更符合共產黨的主張。因此，他應該能把共產黨人看做是天然盟友，並且把共產主義當做新的指導思想。共產黨人也應該很容易就能把韋拔群看做是親密戰友，並邀請他入黨。有些農講所的學員就在學習期間加入了中國共產黨，但韋拔群這次在廣州逗留期間並未加入共產

30　廣西省政府：〈廣西省政府對東蘭農案之經過〉，《中國國民黨國民革命軍第七軍特別黨部半月刊》，第 11 期，1926 年 12 月 15 日。

31　藍漢東、藍啟渲：《韋拔群》，第 88 頁；黃現璠、甘文傑、甘文豪：《韋拔群評傳》，第 96 頁；陳欣德：〈韋拔群〉，胡華編：《中共黨史人物傳》，第 12 卷，第 191－192 頁；覃應機、黃松堅、黃榮：〈卓越的共產主義戰士韋拔群〉，《廣西日報》，1982 年 10 月 19 日。

黨。韋拔群本來有機會成為右江地區的第一名壯人共產黨員，但他最終沒有或未能抓住這個機會。

一種可能的解釋是韋拔群當時並沒有強烈的加入共產黨的動機。韋拔群已經加入了國民黨，而且國民黨和共產黨那時已經結成親密同盟，以至於許多人認為它們已統一成一個黨，因此，韋拔群就沒有必要再加入共產黨。當時兩黨的分歧和衝突還不明顯，而且支持農民運動也是兩黨共同締造的統一戰線政府的官方政策。廣州農講所的共產黨人同時也是國民黨人，而且他們是以國民黨的名義在開展工作。按當時官方的說法，廣州農講所是由國民黨而不是共產黨創建的。此外，作為一名資深的國民黨人，韋拔群很可能知道孫中山和其他國民黨領導人都願意接受共產黨人加入國民黨，並希望所有共產黨人最後都成為國民黨人，但他們不願意讓國民黨人加入共產黨。

另一方面，共產黨人可能也不急於發展韋拔群入黨。至少有兩個可能的原因使得共產黨方面覺得需要謹慎對待韋拔群入黨一事。一是韋拔群不僅已經是國民黨員，而且還是廖仲愷的朋友，共產黨人因此認為，吸收韋拔群入黨也許會得罪國民黨。二是共產黨方面可能已經知道韋拔群來自地主家庭，而農講所曾規定，地主家庭出身的人沒有資格成為農講所學員。[32] 韋拔群之所以被廣州農講所錄取，可能是因為他沒有披露他的地主身份，也有可能是因為農講所已經知道韋拔群出身地主家庭，但因為廖仲愷的介入而不得不錄取他。招生人員已對韋拔群超齡一事表示寬容，因此可能在家庭成分問題上也採取了同樣的包容態度。然而，共產黨的入黨標準比農講所的錄取標準更為嚴格。由於中共領導人陳獨秀執意要保持共產黨的純潔性，因此中共那時對於吸收背景可疑人士入黨非常小心謹慎。當後來成為紅軍之父的朱德在 1922 年夏親自向陳獨秀申請入黨時，就遭到了陳的拒絕。幾

32　黃現璠、甘文傑、甘文豪：《韋拔群評傳》，第 93 頁。

個月後，當陳獨秀最終批准朱德入黨時，他告訴朱德要對他的中共黨員身份保密。陳獨秀的猶豫，一方面是出於對朱德軍閥背景的擔憂，另一方面是擔心吸納已是國民黨員的朱德入黨會冒犯國民黨領導人。[33] 對於招收韋拔群入黨，廣州農講所的共產黨人可能也會有類似的憂慮和擔心。朱德最後之所以能夠加入中國共產黨，是因為他找到了周恩來和張申府這兩位強有力的推薦人，而農講所期間的韋拔群還沒能遇到一位對他足夠了解、並因此可以舉薦他入黨的資深共產黨人。

顯然，在 1924 年底和 1925 年初，共產黨人還沒有認識到韋拔群的重要性和影響力。從許多意義上講，韋拔群在東蘭所取得的成就與彭湃在海陸豐的成就非常相似，但在廣州，彭湃比韋拔群的名氣更大，因為海陸豐就在廣州附近，也因為彭湃在共產黨和國民黨內都有更高的地位。儘管韋拔群在東蘭廣受歡迎，但在 1924 年底和 1925 年初的廣州，他還算不上一個重要人物。韋拔群離開廣州一年多後，阮嘯仙曾說：「在東蘭縣有兩個農所學生從事組織農民協會，奮鬥了很久，才有點成績。」[34] 顯然，在 1924 年底和 1925 年初，廣州的共產黨領導人對韋拔群東蘭農民運動的評價，遠低於他們對彭湃領導的海陸豐農民運動的評價。否則，他們可能就會下更大功夫吸納韋拔群加入共產黨。

33　許述：〈朱德入黨的一波三折〉，《黨的文獻》，2010 年，第 3 期，第 118－119 頁。

34　阮嘯仙：〈全國農民運動的形勢及其在國民革命中的地位〉（1926 年 8 月 19 日），《阮嘯仙文集》，第 288 頁。

第 五 章

第二次暴動

1925 ——— 1929

1924 年下半年，韋拔群作為通緝犯離開了廣西，1925 年初返回時已重獲自由之身。由於黎鼎鑒將軍已在 1925 年 3 月當上滇軍扶持的廣西省政府的政治部主任，作為他朋友的韋拔群，不僅是自由的，而且地位頗高。韋拔群和陳伯民此時肯定對南寧混亂的新政局深感困惑。林俊廷將軍是北京軍政府的支持者，因此是廣州孫中山政府的敵人，但他現在卻與滇軍合作，而滇軍當時還被認為是廣州政府的盟友；滇軍和新桂系軍閥都是廣州政府的盟友，但雙方卻打得不可開交；孫中山革命軍的軍官黎鼎鑒將軍，現在卻正式成為孫中山對手林俊廷將軍的下屬。韋拔群一定很慶幸自己在廣西省政府裏有這麼一個有權勢的朋友，他應該也已經意識到，這樣一種混亂的政局，對於他這樣的革命者來說，可能是一個天賜良機。這將使他們能夠在不同派別的爭鬥中找到自己的生存空間，並擴展自己的勢力。

不幸的是，這一亂局和黎鼎鑒將軍的權勢都沒能持續太久。1925 年 7 月，佔領南寧近五個月的滇軍被新桂系軍閥擊敗，新桂系也幾乎消滅了廣西境內的所有主要敵對軍閥勢力。林俊廷和黎鼎鑒都隨滇軍部隊倉皇出逃，廣西終於又恢復了統一和秩序。1925 年 9 月，新桂系的黃紹竑將軍宣誓就任廣西省長。四年前，時任營長的黃紹竑曾在東蘭做過短暫停留，[1] 儘管韋拔群當時也在東蘭的家中，但這兩人似乎未曾謀面。

1　　黃紹竑：《黃紹竑回憶錄》，第 49－50 頁；覃應物：〈陳洪濤小傳〉，《東蘭文史》，第 4 輯（2001），第 44 頁。

復興革命

韋拔群和陳伯民都急於回到東蘭。他們在 1925 年 7 月南寧落入新桂系軍閥手中之前就已離開了南寧。儘管他們在為期一年左右的第二次遠行中並未獲得具體的經濟、政治或軍事支援，但他們帶着新的思想回到家鄉，並恢復了革命的信心。這次遠行也使他倆有機會強化舊人脈和建立新關係。他們已做好重新開始的準備。

回家途中，兩人在上林縣停留，看望了前一年夏天曾護送他們去昆明的黃大權。從昆明回來後，黃大權組建了一支武裝，命名為自治軍，並自任總指揮。他選擇把自己的小部隊帶到位於南寧東北方的上林縣，因為那裏山高林密，且緊鄰肥沃富庶的平原，為他的小型自治軍提供了理想的生存環境。在上林，黃大權結交了一些當地名流，這些人又把他介紹給曾是陸榮廷麾下軍官的蒙仁潛。蒙仁潛在馬君武離任後曾短暫擔任過廣西省長。隨後，黃大權將自己的小隊人馬併入蒙仁潛的部隊，而他本人也成為蒙仁潛手下的一名軍官。韋拔群和陳伯民沒費多大力氣就說服了黃大權隨他們回東蘭，協助復興農民運動。[2]

他們從上林前往恩隆，還順道看望了也是改造東蘭同志會創始人之一的黃榜呈。作為南寧第三師範學校的畢業生、東蘭高級小學的校長和曾去過北京、上海、廣州和香港等大城市以及雲南和貴州等鄰近省份的知識青年，黃榜呈是改造東蘭同志會內受教育程度最高、最有能力、也最具影響力的成員之一。也許正因如此，黃榜呈是韋拔群發動的第一次暴動的重要領導人，也是第一次暴動失敗後前往南寧尋求支持的四名代表之一。韋拔群、陳伯民去往廣州後，黃榜呈也離開東蘭，遊歷了好幾個縣，然後在恩隆縣的一個小鎮安頓下來，並在那

2　黃英俊：〈黃大權〉，《中共廣西黨史人物傳》，第 1 輯，第 317 頁。

裏組織了一支小型武裝。和黃大權一樣，黃榜呈也同意返回東蘭。[3]

探望過黃榜呈之後，韋拔群和陳伯民二人為了拜訪另一些友人而在奉議縣的侖圩稍作停留。他倆和這些友人在李正儒的家中見了面。李正儒是一名高中畢業生，他日後將成為右江地區最早的中共黨員之一。李正儒和其他幾位侖圩的朋友很快就成為韋拔群的堅定盟友，並一起將侖圩變成農民運動的可靠基地。李正儒本人將在 1927 年擔任韋拔群與中共組織之間的信使，後來還在韋拔群手下擔任紅軍將領。1931 年初，李正儒被國民黨軍隊從東蘭的一個山洞內帶走，後在武篆被殺害。[4]

可能是在回東蘭的途中，韋拔群和陳伯民開始散發他們在廣州或南寧起草並印刷的公告《敬告同胞書》。這份公告以中國國民黨廣西特別黨部的名義發佈，呼籲發動一場反對軍閥和帝國主義的國民革命，並組建學生、農民和工人各自的協會和自衛軍。[5] 後來在右江地區發現了一份公告的原件，但不幸的是上面沒有注明日期。有人聲稱這份公告早在 1916 年就已經寫好了，[6] 而另一些人則認為它是在 1922 年的 3 月 3 日、1924 年 5 月、1924 年夏秋、1924 年 9 月至 10 月或 1925 年 3 月寫成的。但公告內容表明，它不可能是在 1924 年第一次國共統一戰線形成之前寫成的。反帝國主義反軍閥的國民革命是第一次統一戰線的政治綱領；另外，農民協會、工農武裝等組織也是第一次統一戰線時期才出現的。這份唯一現存的公告文本表明，它是用一

---

3   韋強：〈黃榜呈〉，陸秀祥、黃建平、黃英俊編：《中共東蘭黨史人物傳》，第 64－75 頁；《東蘭縣志》，1994，第 618－619 頁；黃現璠、甘文傑、甘文豪：《韋拔群評傳》，第 98 頁。

4   黃大昆：〈李正儒〉，《中共廣西黨史人物傳》，第 4 輯，第 443－446 頁。

5   中共東蘭縣委黨史辦公室：〈關於「敬告同胞」書發表時間的看法〉，陸秀祥編：《東蘭農民運動 1921－1927》，南寧：廣西民族出版社，1986，第 281－284 頁；韋拔群等：〈敬告同胞書〉，《韋拔群陳洪濤史料專輯》，第 26－27 頁。

6   廣西師範學院政治系：《東蘭農民運動》，第 21 頁。

種相當先進的印刷技術製作的，這在二十世紀二十年代早期的東蘭和廣西是不可能做到的。[7] 最有可能的是，這份公告是在 1924 年底和 1925 年初韋拔群第二次前往廣州期間或在那之後製作的。公告的成文時間不可能比那更早，因為在第一次暴動期間，韋拔群太過專注於地方上的緊迫問題，並不太關注更大的外部世界，而外面的世界，正是《敬告同胞書》的首要關注點。韋拔群的親密戰友陳伯民、牙蘇民和覃孔賢在 1927 年間接證實了《敬告同胞書》是在第一次統一戰線期間成文的。三人在一份關於東蘭國民黨事務的報告中，肯定了國民黨的政治主張是首先由韋拔群和陳伯民從廣州農講所畢業後帶回到東蘭的。[8]

第一次暴動失敗後，韋拔群的許多追隨者都不得不離開東蘭，但他們並沒有浪費時間。黃大權和黃榜呈等人都在其他地方努力建立人脈關係並組織農民。從某種意義上說，他們在這一時期所做的事情，同韋拔群、陳伯民試圖要做的並沒有太大區別。他們都以失敗為契機，通過旅行、結識新朋友、學習新思想和新方法來充實和提高自己。黃大權和黃榜呈分別與上林和恩隆建立了新的聯繫，他們願意離開這兩個避風港，回到危險的東蘭，表明他們對領袖韋拔群的信任和對他們共同事業的信心。對黃大權來說，這至少是他第三次追隨韋拔群了。第一次發生在 1915 年底，他放棄了教師的工作，加入了韋拔群組織的小型討袁護國軍；第二次發生在 1921 年，他再次辭去教職，成為改造東蘭同志會的創會成員和第一次暴動的領導者之一。和韋拔群一樣，第一次暴動時，黃大權也為了給農軍買槍而賣掉了家裏的

7　《左右江革命史料彙編》，第 1 輯，第 21 頁；牙遠波：〈韋拔群等《敬告同胞》成文、發佈時間考〉，《河池師專學報》，第 21 卷，第 3 期（2001），第 30－32 頁。有關「國民革命」這一概念的演化，可參見李翔：〈1897－1927 年「國民革命」概念演變考釋〉，《雲南社會科學》，2008 年，第 2 期，第 140－144 頁。

8　汪路勇：〈廣州農民運動講習所的創辦及其歷史功績〉，《福建黨史月刊》，2005 年，第 2 期。

一些水田。[9] 黃榜呈為參加革命所遭受的損失比其他大多數同志都更多。他本來有一個待遇優厚、受人敬重的教師職位，當他開始和韋拔群一起幹革命時，他就立刻失去了這份工作。韋拔群的第一次暴動失敗後，黃榜呈被趕出了家門。而現在，他又準備再次追隨韋拔群幹革命了！

有許多像黃大權、黃榜呈這樣的鄉村知識份子正等待着被激發和被組織。政治上的失意、軍事上的失敗，甚至死亡威脅，都無法阻止他們。他們似乎認為韋拔群正是他們一直在等待的領袖。韋拔群在回東蘭前對黃大權、黃榜呈的探訪，表明韋拔群對這些革命同志的才幹、意志和工作非常讚賞。韋拔群清楚地知道，如果沒有黃大權、黃榜呈這樣的鄉村知識份子的支持，他的革命永遠不會成功。就像他通過組織鄉村精英為第一次暴動打下基礎那樣，他現在要通過招募黃大權、黃榜呈這樣的農村知識份子來為第二次暴動做準備。韋拔群一回到武篆，他以前的革命同伴們大都立即重新聚攏到他的身邊。

除了召回老同志以外，韋拔群還開始從年輕學子中招募新的追隨者。韋拔群和陳伯民在 1924 年那次失敗的廣州之行中結識了兩名學生，其中一位名叫黃鴻富，而他在 1925 年初韋拔群從廣州回到南寧後就成為韋拔群的追隨者。黃鴻富回憶說，1925 年 3 月，他和也來自武篆的同班同學陳鼓濤在南寧的街上巧遇陳伯民。陳伯民隨即帶他們去見韋拔群，隨後韋拔群又把他們介紹給了黎鼎鑒。幾天後，韋拔群邀請黃鴻富和陳鼓濤返回東蘭「幹革命」，兩人一致表示同意，部分原因是滇軍和新桂系的戰爭使他們的學校遭到關閉。黃鴻富和陳鼓濤二人花了整個夏天幫韋拔群組織農民協會，後經韋拔群的允許，他們在秋天回到學校。一年後，黃鴻富和陳鼓濤二人被派去參加由毛

9 　《東蘭縣志》，1994，第 624–625 頁；黃英俊：〈黃大權〉，《中共廣西黨史人物傳》，第 1 輯，第 315–323 頁。

澤東主持的廣州農講所第六期。在廣州期間，陳鼓濤訪問了彭湃在海陸豐的根據地，並在農講所加入中國共產黨。黃、陳二人於 1926 年底回到東蘭為韋拔群工作。[10]

　　來自位於百色的廣西省立第五中學的兩名學生也加入了韋拔群的革命隊伍。一位是和陳鼓濤同村的陳洪濤，一位是來自鳳山縣的黃松堅。兩人還在上小學時，就開始崇拜韋拔群。在百色期間，他倆擔任一個支持韋拔群農民運動的學生組織的領袖。當韋拔群和他的同志們在東蘭與當地的當權者鬥爭時，陳洪濤和黃松堅則與這些當權者們在省立第五中學就讀的孩子們發生了衝突。陳洪濤積極動員大家支持韋拔群，以至於校方開始刁難他。1925 年，陳洪濤退學回到東蘭跟着韋拔群幹革命。1925 年底，韋拔群派陳洪濤到桂東的梧州去參加一個培訓班，陳洪濤就在那裏加入了中國共產黨。他是右江地區壯人中的第一位共產黨員，也是東蘭的第一位共產黨員。後來，他成為東蘭和右江地區共產黨組織的領導人，以及韋拔群的得力助手。[11]

　　陳洪濤離開後，黃松堅留在了省立五中堅持鬥爭。1926 年底，在韋拔群的鼓勵下，他以國民黨特派員的身份回到鳳山縣。三年後，韋拔群介紹他加入了中國共產黨。他在東蘭農民運動向鳳山擴展的過程中發揮了重要作用。到 1932 年，他已成為右江地區共產主義運動的第三號領袖，地位僅次於韋拔群和陳洪濤。[12]

10　黃潤生：〈去廣州第六屆農講所學習前後的回憶〉（1974 年 11 月 26 日），陸秀祥編：《東蘭農民運動 1921－1927》，第 232－233 頁；黃志平編：《紅土之魂：東蘭英雄譜》，廣西中共黨史學會，2003，第 64 頁；梁耀東：〈陳鼓濤〉，《中共廣西黨史人物傳》，第 4 輯，第 531－535 頁。

11　牙美元、覃應物：〈憶陳洪濤同志〉，《東蘭文史》，第 4 輯（2001），第 40－43 頁；覃應物：〈陳洪濤小傳〉，《東蘭文史》，第 4 輯（2001），第 44 頁；藍天：〈陳洪濤〉，《中共廣西黨史人物傳》，第 1 輯，第 273－285 頁；王林濤，程宗善、林為才：〈陳洪濤〉，胡華編：《中共黨史人物傳》，第 7 卷，第 206－208 頁。

12　韋信音、黃邕生：〈黃松堅傳略〉，韋信音編：《青松高潔：黃松堅史料專輯》，南寧：廣西人民出版社，1999，第 399－427 頁。

　　韋拔群從離家更近的東蘭高等小學也吸納了一批新的追隨者。黃舉平在 1924 年，也就是在他二十歲時入讀東蘭高等小學，並於 1925 年底加入到韋拔群的革命隊伍中。在韋拔群於 1925 年返回東蘭後開始追隨他的年輕學生還有：陳洪濤和黃松堅在廣西省立五中的同學白漢雲；來自三石、畢業於南寧中央軍事政治學校第一分校的黃昉日；同樣來自三石、1926 年從東蘭高等小學畢業後便加入韋拔群農民運動的陸皓仁，以及來自鳳山、1925 年底還在省立第五中學讀書時就加入了韋拔群農民運動的黃文通。[13] 這些人都將成長為農民運動的重要領袖，其中大多數最終都為革命運動獻出了生命。這群新人都比韋拔群年輕十來歲。總的來說，與老一輩相比，他們受教育的程度更高，也更加激進。之所以更激進，一部分原因是他們比較年輕，另一部分原因是他們更熟悉激進的意識形態。這些人是聽着韋拔群的事蹟長大的，他們從小就相信韋拔群是東蘭的大英雄，這些都有助於激發和強化他們對韋拔群的忠誠。

　　韋拔群與新舊知識份子友人們建立聯繫後，就開始致力於振興和改革東蘭公民會，目的是把公民會變成他在廣東見到的那種農民協會。韋拔群親自到各地去動員農民。後來成為韋拔群追隨者的韋杰，在他十一歲時初次見到在三石發動農民的韋拔群。韋杰的村子在武篆東邊的三石附近，1925 年的一天，他在三石的集市上看到一大群人。他走到跟前後，看到有十幾個圍成一圈的年輕人，他們胳膊上都戴着紅袖章，手裏拿着刀槍等武器。圈子裏有五六張紅色方桌，桌上放着銀元和銅板，桌子四周擺放着衣服、被子、穀物和農具，還有幾

13　黃英俊：〈白漢雲〉，陸秀祥、黃建平、黃英俊編：《中共東蘭黨史人物傳》，第 76–91 頁；韋崎嶸：〈黃昉日〉，白先經編：《紅七軍紅八軍英列傳》，南寧：解放軍出版社，1991，第 585–591 頁；陸秀祥：〈陸皓仁〉，陸秀祥、黃建平、黃英俊編：《中共東蘭黨史人物傳》，第 138–160 頁；羅秀龍：〈黃文通〉，《中共廣西黨史人物傳》，第 4 輯，第 536–539 頁。

個男人用繩子牽着十幾頭水牛。很快，一個健壯的男人走到圈子裏，他腳穿草鞋，頭戴灰色舊帽，還戴着一個紅袖章，而跟他一起走過來的是一群窮苦村民。那人給每個窮人遞上一些銀元和銅板，有些人甚至還得到了水牛。接着，這個男人告訴圍觀的人，一旦農民協會成立，他們的生活將得到極大的改善。韋杰後來得知，這個人正是韋拔群。這一場景說明，韋拔群了解貧困村民需要什麼，也明白如何贏得他們的信任。韋拔群還很擅長為這種演示選擇恰當的時間和地點，他在三石集市的這場宣傳活動就非常成功。據韋杰證實，這場活動過後不久，農民協會就在這一帶成立了。[14]

　　韋拔群一個人無法走遍每一個鄉鎮去與民眾交談，也無法在每個地方舉辦這樣的演示。因此，他不得不依靠那些受過教育的朋友，去各個鄉鎮組織農民協會。為了發揮身邊幾十名學生的作用，他把他們組織成一支學生軍，派他們到各地去做教育和組織農民的工作。黃鴻富、陳鼓濤和陳洪濤等人在東蘭東南部的波豪工作了一個月，協助動員當地的農民。[15] 據估計，到 1925 年 9 月和 10 月，東蘭已成立了七十多個農民協會，參加農會的總人數超過兩萬。1925 年 9 月，東蘭縣農民協會成立，陳伯民任會長，韋拔群任協會的軍事部長，黃大權為協會委員，[16] 而農民協會的其他大多數委員也都是改造東蘭同志會的創會成員。

　　在村民心中，韋拔群威望頗高，是一位勇敢睿智的領袖，他一方面敢於挑戰殘暴和腐敗的當權者，另一方面又總是願意保護窮人和

14　韋杰：〈三次見拔哥〉，《回憶韋拔群》，第 41－44 頁。

15　《左右江革命史料彙編》，第 1 輯，第 25 頁；黃潤生：〈去廣州第六屆農講所學習前後的回憶〉（1974 年 11 月 26 日），陸秀祥編：《東蘭農民運動 1921－1927》，第 233 頁；王林濤、程宗善、林為才：〈陳洪濤〉，胡華編：《中共黨史人物傳》，第 7 卷，第 207 頁。

16　《左右江革命史料彙編》，第 1 輯，第 25 頁；陸秀祥編：《東蘭農民運動 1921－1927》，第 12 頁。

弱者，這些都有助於吸引村民成立或加入農民協會。儘管第一次暴動以失敗告終，但有關韋拔群如何偉大的民間傳說仍在繼續流傳。回到武篆後不久，韋拔群就幫助趕走了一批流寇，而這件事給當地民眾留下了深刻印象。這些散兵游勇是被新桂系軍閥擊潰的滇軍的一部分。在返回雲南的路上，他們經常劫掠途經的村鎮，而且還綁架村民。當這樣一群滇軍散兵快進入武篆地界時，當地人驚慌失措地向韋拔群求救。韋拔群便讓村民們製作了一面紅旗，掛在附近的一座山頂上。散兵們看到紅旗就立即決定不進武篆，而改走另一條路。村民們不明白為什麼這面紅旗有那麼大的魔力，韋拔群向他們解釋說，那些滇軍士兵之所以一看到紅旗就被嚇跑了，是因為他們以為有新桂系的部隊駐紮在附近。[17]

　　這些 1925 年在東蘭興起的農民協會，同韋拔群第一次暴動時創建的東蘭公民會有一些不同之處。最明顯的區別就在於它們的名稱。儘管有人說「農民協會」這個名字在第一次暴動時就已經使用過，但並沒有確鑿的證據能證實這一點。這個新名稱，凸顯了這次暴動的一個嶄新的重心。如果說公民會是強調全體中國人與外國侵略者之間衝突的舊式國民革命的產物，那麼農民協會就是為一種更加重視階級差別的新型國民革命而創立的組織。韋拔群這時雖然還沒有加入中國共產黨，但他顯然已經接受了他在第一次暴動時就已經實踐過的共產主義階級鬥爭理論。農民協會這個名稱，正是韋拔群在第二次遠行中獲得的新理念中的一個。

　　農民協會在組織方面也比公民會更加完善。東蘭發展出了三個層級的農民協會。最低的是鄉一級的農民協會，每個鄉農民協會都由幾個村莊的農民組成，而幾個鄉級農民協會，就組成一個區級農民協會，東蘭縣境內所有的區級農民協會再共同組成統一的縣級農民協

17　曾啟強編：《中國早期農民運動領袖韋拔群》，第 80－81 頁。

會。農民協會的會員也比公民會的會員更加穩定。1926 年底，東蘭
有 11 個區農民協會，134 個鄉農民協會，農會會員總數接近 8 萬。
東蘭的區級、鄉級農民協會的數量以及農會會員的總人數都遠遠超過
當時廣西省內的其他各縣。事實上，東蘭縣農會會員總數佔據了當時
全省農民協會會員總數的將近一半。到 1926 年底，廣西全省共有農
會會員 150,822 名。[18]

　　此外，農民協會比公民會更具合法性。公民會是自發性的組
織，沒有法律依據和政府支持。農民協會的創建則是統一戰線政府政
治綱領的一部分，廣州政府甚至還明確規定了農民協會的地位和權
力。韋拔群在 1921 年創建改造東蘭同志會和在第一次暴動期間成立
東蘭公民會時，還只是一介平民，但在 1925 年組建農民協會時，他
和陳伯民都是國民黨農民部的特派員。

　　最後，農民協會比公民會的規模更大。雖然沒有確切的統計數
字，但東蘭公民會的會員人數似乎從來沒有超過兩萬，而農民協會的
會員總數則是這個數字的幾倍。顯然，總體上東蘭農民協會仿照的主
要是廣東農民協會，而不是第一次暴動時創立的公民會，但東蘭公民
會仍然可以被看做是東蘭農民協會的前身，因為公民會幫助培養了農
民協會的領導階層，並為農民協會搭建了有用的社會網絡。

　　農民協會要求會員們遵守一套規章制度，例如每月交納會費，
打破地域、宗族之間的隔閡，停止尋仇鬥毆，禁止腐敗行為，團結起
來反抗帝國主義和軍閥等等。所有成員都被要求牢記並遵守這些規
則。[19] 這些行為準則清晰地體現了一種改造農民的強烈意願，這是當

18　陳勉恕：〈廣西東蘭農民運動之實際狀況〉（1927 年 4 月），《韋拔群陳洪濤史料專
　　輯》，第 53 頁；廣西省農民部：〈廣西省農民部工作報告〉（1927），《左右江革命史
　　料彙編》，第 2 輯，第 56－57 頁。

19　《左右江革命史料彙編》，第 2 輯，第 4 頁；黃正秀：〈在縣農民協會工作的回憶〉，《韋
　　拔群陳洪濤史料專輯》，第 353 頁。

時許多革命知識份子共同關心的問題。這些革命知識份子的最終目的，是把農民轉變為一支反抗帝國主義和軍閥等國家敵人的政治力量。為了達到這個目的，他們認為首先必須改造和組織農民。

農民協會的創建和發展，離不開大量的領導人才。為了培養農民協會的領袖，韋拔群決定採用他在廣州學到的另一種方法，即建立農講所，但問題是他沒有廣州的國民黨人和共產黨人所擁有的資源，而最難以攻克的障礙是他連教室都沒有，也並沒有時間和金錢來修建教室。幸運的是，韋拔群很快便想到他可以把整個學校安置在離東里村不遠的北帝岩。北帝岩位於武篆盆地邊緣的拉甲山的山坡上，岩洞高 40 米，寬 64 米，深 137 米，可供近 2000 人在內生活。當時，這個山洞裏供奉着一些佛教和道教的塑像，還住着一位看護它們的老人。韋拔群很容易便說服老人騰出空間給他的同仁和學生們使用，他們不僅要在洞裏上課，還要在洞裏居住。韋拔群和他的追隨者們把岩洞裏的空間分隔成教室、圖書室、會議室、師生宿舍、教師辦公室和廚房。他們用在岩洞附近找到的竹子和樹木製作椅子、桌子和床鋪，還從山上搜集了一些石頭，在洞口建了一個拱門。[20] 韋拔群決定把他的洞中學校命名為廣西農民運動講習所。為了把這所學校與後來在南寧出現的另一個廣西農民運動講習所區別開來，我將稱之為「東蘭農民運動講習所（東蘭農講所）」。

為了確保能夠不斷提醒學生和訪客這是一所革命學校，洞中的每個角落都展示着鮮明的革命信息。岩洞拱門上貼着韋拔群題寫的對聯：「要革命的站攏來，不革命的走開去」，這顯然是韋拔群在廣州黃埔軍校看到並記下的一幅對聯。教室前面的牆上掛着他從廣州或南寧帶回來的列寧和孫中山的畫像，畫像旁邊是韋拔群書寫的另一幅對聯：「土豪劣紳把人民當盤中餐，勞苦大眾將豪紳作槍口靶」。佈告

20　黃舉平：〈列寧岩〉，《回憶韋拔群》，第 70－71 頁。

照片二　北帝岩（列寧岩）（作者拍攝）

板邊上寫着「快樂事業，莫如革命」的標語，這據說是卡爾·馬克思的教誨。牆上還寫着一首描寫農民疾苦的著名古詩，以及「打倒土豪劣紳」、「打倒封建軍閥」等口號。學校的校訓「勞動、互助、奮鬥、犧牲」，也寫在牆上。山洞前是一塊空地，學員們決定將其命名為「革命園地」，山洞周圍的一條小溪被學員們命名為「革命河」。夜裏，韋拔群和學員們不得不蓋着用稻稈做成的「革命被」。[21]

　　東蘭農講所的第一期於 1925 年 11 月開課。這一期共有學員 276 名，比韋拔群和陳伯民在廣州農講所就讀的班級還要大得多。雖然大部分學員都是東蘭本地人，但也有來自鄰縣的學員。學員多為壯人，但也有少數漢人。韋拔群為瑤民預留了一些名額，但並沒有瑤民來參加第一期的學習。[22] 有些學員是當地學校的老師或學生，其他的則是農民，但大都識字。最大的學員約有三十歲，最小的只有十一二歲，他們大多數是農民協會派來的。學員們被按家庭住址分成不同的小隊。學員人數之多，以及他們所代表縣域的數量之多，證實了韋拔群和他的朋友們在組織農民和建立網絡方面所取得的巨大成功。韋拔群自任東蘭農講所所長，陳伯民任管理員，韋命周任總務。改造東蘭同志會的其他創始人員，包括黃大權、黃榜呈和黃書祥，都是農講所的教員。[23]

　　東蘭農講所借鑒和模仿了廣州農講所的課程設置。所裏開設的課程包括世界革命史、蘇聯、經濟學基礎、農民協會的組織和原則

21　同上，第 71 頁；黃雨山：〈回憶東蘭農民運動講習所〉，陸秀祥編：《東蘭農民運動 1921－1927》，第 170－171 頁；陳欣德：〈韋拔群〉，胡華編：《中共黨史人物傳》，第 12 卷，第 193 頁；《左右江革命史料彙編》，第 1 輯，第 27 頁；謝扶民：《韋拔群》，第 24－25 頁。

22　《左右江革命史料彙編》，第 1 卷，第 26 頁。

23　陸秀祥編：《東蘭農民運動 1921－1927》，第 40－46 頁；黃雨山：〈回憶東蘭農民運動講習所〉，陸秀祥編：《東蘭農民運動 1921－1927》，第 171－172 頁；《左右江革命史料彙編》，第 1 輯，第 26 頁。

等。[24] 韋拔群和陳伯民帶回了兩台油印機。起初，他們在東里村附近的一個山洞裏開設了一個秘密印刷點。農講所成立後，他們就把油印機搬到了北帝岩。他們只是把從廣州帶回的一些書籍重新印製，作為課本發放給農講所的學員。軍事訓練也是農講所課程的重要組成部分，第一期至少配備了兩名軍事教官，其中一名是 1925 年韋拔群在廣州逗留期間結交的一名年輕軍官。學員們上午要上三節課，下午則有兩節軍訓課和一節勞動課。晚上，學員們或舉行討論，或到村子裏同農民交談。遇上趕集的日子，學員們會去鎮上做演講和表演節目。[25]

與廣州農講所一樣，東蘭農講所主要是一個政治組織，而不是一個學術單位。農講所的師生們不僅限於教授或學習革命思想，他們還積極地將課堂所學付諸實踐，因此很快就導致了農講所與地方當局的直接對立。與地方當局的衝突是不可避免的，因為農講所的一些規章，直接觸犯了政府的法律。例如，農講所教學員們不交租、不還債、反對抓丁、賭博、鴉片和苛捐雜稅。[26] 此外，韋拔群在創建農講所和農民協會之前，並沒有徵得任何地方政府機構的許可。他也不希望農民協會和農講所成為地方政府的一部分，或是被政府控制。韋拔群希望它們能成為第二個政府，並最好能取代現政府。

東蘭農講所和農民協會成立後不久，就開始扮演替代政府的角色。它們所履行的政府職能之一就是調解農民之間的糾紛。1926 年10 月派到東蘭縣任縣長的陳勉恕後來感歎道，他在到任的頭一個月裏一樁案子也沒審，因為農民協會可以解決農民之間的一切小糾

24　陸秀祥編：《東蘭農民運動 1921－1927》，第 9－10 頁。

25　黃舉平：〈列寧岩〉，《回憶韋拔群》，第 71－72 頁；黃雨山：〈回憶東蘭農民運動講習所〉，陸秀祥編：《東蘭農民運動 1921－1927》，第 171－172 頁，第 175－177 頁。

26　〈馬列主義傳入東蘭和影響〉，百色市檔案館（083-02-100-002）。

紛。[27] 農民協會和農講所還可以幫助裁決地主和佃戶之間的糾紛。有一天，一位瑤民和他的兒子們拉着他們的兩個地主一起來到農講所。這家瑤民幾代人都在向這兩個地主還債，甚至被迫把自己的土地抵押給地主，但地主還是不停地告訴他們還有更多的債要還，他希望由農講所來審理這個案子。農講所接手後立即就作出了裁決：瑤民一家的債務已償清，土地應歸還給這戶瑤民。兩個地主曾試圖阻止農民把這個案子提交給農講所，但沒能成功。地主們知道，雖然縣政府往往偏袒富人、打壓窮人，但農講所卻恰恰相反。判決後的第二天，瑤民和他的兒子們帶着許多捆劈柴來到北帝岩，他表示要讓自己的五個兒子都為韋拔群和他的革命運動工作。[28] 行使替代政府的權力並肩負起保護和支持弱者和窮人的職責成為韋拔群吸引農民加入農民協會和農民革命的一個最為重要的方法。

農民協會承擔的另一項政府職能是保證公共安全，幫助消除犯罪和不良習俗。陳勉恕在 1926 年底報告說，自從農民協會禁止民眾賭博和吸食鴉片以來，這些陋習在由農民協會治理的東蘭縣五個區中已經完全消失。兒童團團員們，也就是那些十來歲的小革命者們，在禁煙方面發揮了重要作用。他們被賦予了沒收煙具的權力，而他們也熱衷於行使自己的這項權力。[29] 當地的匪患也被消滅了，人們可以安全地出行，還可以「夜不閉戶」。[30] 1926 年底陳勉恕在東蘭觀察到的許多積極變化，與毛澤東等人同一時期在湖南農村觀察到的變化非常

27　陳勉恕：〈廣西東蘭農民運動之實際狀況〉，《農民運動》（武漢，1927 年 4 月），《韋拔群陳洪濤史料專輯》，第 54 頁。

28　黃舉平：〈列寧岩〉，《回憶韋拔群》，第 73－74 頁。

29　覃應機：《硝煙歲月》，第 5 頁。

30　陳勉恕：〈廣西東蘭農民運動之實際狀況〉（1927 年 4 月），《韋拔群陳洪濤史料專輯》，第 53 頁。

相似。[31]

　　雖然農講所的教室和用具都是免費的，但開辦和維持這個學校還是會產生一些開支。即使有當地農民協會提供的糧食、蔬菜和學員捐款，以及學員在野外採集的野菜、山果和從河裏捕捉的魚和蟹等食物，學員們一天還是只能吃兩頓飯，還是會挨餓。為了支付農講所的伙食費和其他雜費，韋拔群設法從縣參議會會長黃紹文和縣教育局局長覃瑞五那裏弄到一些錢。這兩位官員都是他的朋友。此外，韋拔群還賣掉了家中七八畝良田以及妻子的嫁妝，其他教員和領導人也紛紛為農講所捐款。[32] 儘管如此，兩個月後，農講所的錢還是花光了。為了解決這個問題，韋拔群和他的朋友們決定承擔起政府的另一項職能：收稅，雖然這曾是他們痛恨並試圖廢除的一項政府職能，不過他們並不準備徵收所有的稅項，而是只接管武篆集市的商業稅。這直接導致了韋拔群和杜八之間的衝突，因為杜八一直負責徵收這項稅款。杜八是育才高等小學的董事會主席，他的兒子是學校校長，而從武篆收取的商業稅，就是用來支持這所學校的。韋拔群和他的支持者認為，這筆稅收應該用於支持農講所而不是育才高等小學。由於韋拔群的支持者比杜八的多，他輕而易舉地贏下了這場談判。韋拔群和他的追隨者還在離武篆舊集市約 1.5 公里的地方建立了一個新集市。為了吸引村民，新集市的稅率比武篆更低。[33]

　　韋拔群與杜八的對峙以和平方式得到解決，而他和龍顯雲之間

31　毛澤東：〈湖南農民運動考察報告〉（1927），《毛澤東選集》，第 1 卷，北京：人民出版社，1951；Harold R. Isaacs, *The Tragedy of the Chinese Revolution*. Standord, CA: Stanford University Press, 1961, pp. 223-224.

32　黃雨山：〈回憶東蘭農民運動講習所〉，陸秀祥編，《東蘭農民運動 1921－1927》，第 173 頁；陳勉恕：〈廣西東蘭農民運動之實際狀況〉（1927 年 4 月），《韋拔群陳洪濤史料專輯》，第 51 頁；《東蘭縣志》，1994，第 723 頁；韓建猛：〈牙蘇民〉，《中共廣西黨史人物傳》，第 4 輯（2004），第 343－350 頁。

33　謝扶民：《韋拔群》，第 25 頁。

的對立就不那麼和平了。龍顯雲是一個地主，住在北帝岩以南四公里和武篆以南八公里的江平村。龍顯雲之所以成為目標，一方面是因為他就住在附近，因此對他發起攻擊相對容易；另一方面是因為他家境富裕，因此如能成功地打擊他將有助於解決農講所的財務問題。此外，龍顯雲還對農民相當殘暴，因此在革命者眼中，他就是個土豪劣紳。最後，龍顯雲不僅和杜八等地主親近，而且還和東蘭縣政府關係密切，而他對農民協會和農講所的態度則並不友善。此前不久，韋拔群和他的朋友們就一些公款的管理問題曾與龍顯雲發生過爭執。為了表達對韋拔群的憤怒，龍顯雲搶劫了一些鹽商，然後嫁禍於農講所；他還試圖阻止村民前往農講所新建的集市做買賣。[34] 因此，農民運動的領袖們認為，龍顯雲是農民運動的一個嚴重威脅，消滅他是必要的和正當的。一種說法認為，陳伯民派農講所的兩名軍事教官去刺殺龍顯雲，而領導人們並沒有直接參與襲擊；但另一種說法認為韋拔群本人在一個晚上領導了對龍顯雲的襲擊。兩種說法都一致認為，韋拔群等人計劃殺死龍顯雲，但被龍設法逃脫了，韋拔群等革命者於是奪取了他的財產。他們把龍顯雲家的衣服和糧食分給了村民，然後燒毀了龍顯雲的豪宅。[35]

　　這些地方性衝突最終引起了縣政府的關注。在 1923 年韋拔群第四次攻打縣城後就任東蘭縣長的黃瓊瑤在 1924 年成功地鎮壓了韋拔群的第一次暴動。黃瓊瑤於 1924 年 10 月離開東蘭，因為他的上司張其鍠省長已被新桂系軍閥推翻。黃瓊瑤離開後，新桂系任命黃守先接任縣長職務，而有人認為新縣長黃守先是省長黃紹竑的叔叔。[36] 與黃

34　《左右江革命史料彙編》，第 1 輯，第 28－29 頁；陸秀祥編：《東蘭農民運動 1921－1927》，第 18 頁；謝扶民：《韋拔群》，第 25 頁。

35　黃乃文：〈陳伯民傳略〉，《東蘭文史》，第 4 輯（2001），第 61 頁；黃雨山：〈回憶東蘭農民運動講習所〉，陸秀祥編：《東蘭農民運動 1921－1927》，第 177 頁。

36　藍啟渲、蘇醒：〈韋拔群同志入黨時間考證〉，《革命人物》，1987 年，第 1 期，第 30 頁。

瓊瑤一樣，黃守先對韋拔群和他的運動也懷有敵意。他把杜八、龍顯雲等有權有勢的地主視為自己的堅定盟友，這些人企圖聯合起來打垮農民協會和農講所。1925 年 12 月下旬，黃縣長和縣民團首領去百色見了劉日福將軍。在得到劉日福將軍的認可後，黃守先一回到東蘭便對農講所發動了攻擊。他指控韋拔群及其追隨者的罪名之一，就是他們將黃縣長和劉日福列為必須被打到的貪官和軍閥。[37]

　　劉日福雖然批准了黃縣長攻打農講所的計劃，但並沒有為黃守先提供部隊，於是，縣長不得不依賴縣警、民團和一個私交不錯的土匪提供兵力支援，杜八和龍顯雲也表示願意提供幫助。縣長一共設法召集了二百多名武裝人員，而對韋拔群的攻擊計劃於 1925 年 12 月 21 日執行。韋拔群和他的追隨者已經做好了充分準備，因為他們已提前得知了這次襲擊計劃。他們的第一項應對措施是關閉洞中學校，這樣原本計劃持續六個月的農講所第一期，還不到三個月就結束了。有些學員回了家，另一些則被組織成一支武裝。由於農軍武器不多，韋拔群決定留下幾個人在北帝岩做象徵性的抵抗，同時將大部分士兵撤到附近的一個村子裏。黃縣長的人輕而易舉地佔領了山洞，並摧毀了那裏的一切。然後，他們去了陳伯民和黃大權的村子，將他們兩家的房屋付之一炬。他們還摧毀了農講所軍事教官黃漢英的房子。那天晚上，縣長和他的部下在一個村子裏舉行了盛大的慶功宴。待他們喝醉入睡後，韋拔群的士兵發動了攻擊，縣長只好和部下一起逃回了縣城。農兵一共打傷了二十多名敵人，還繳獲了五支步槍。[38]

　　縣長對農講所的襲擊以及農講所第一期課程的戛然而止，標誌

37　陳仕讀：〈反擊黃守先對農所的破壞〉，陸秀祥編：《東蘭農民運動 1921－1927》，第 179 頁；《左右江革命史料彙編》，第 1 輯，第 29 頁。

38　陳仕讀：〈反擊黃守先對農所的破壞〉，陸秀祥編：《東蘭農民運動 1921－1927》，第 179－182 頁；黃舉平：〈列寧岩〉，《回憶韋拔群》，第 79－80 頁；《左右江革命史料彙編》，第 1 輯，第 29 頁。

着韋拔群第二次暴動的第一階段的終結。在大約六個月內，韋拔群、陳伯民和他們的朋友們就得以運用兩人從廣州帶回的思想和方法，在東蘭成功地復興了農民運動。黃縣長對農講所的攻擊，雖然迫使農講所提前關閉，卻未能徹底消滅農民協會和農民武裝。現在，敵我界線已經劃分清楚，但雙方都明白，如果沒有外部支持，任何一方都不可能輕易擊敗對方。外部力量將決定東蘭本地政治鬥爭的結果。

屠殺與爭鬥

在黃守先攻打農講所的三週之前，韋拔群和陳伯民召開了國民黨東蘭代表大會，並創建了國民黨東蘭支部。大會決定，黃榜呈將作為東蘭代表參加定於 1926 年 1 月在南寧舉行的廣西國民黨第一次全省代表大會。這次大會是促使黃縣長攻擊農講所的另一個原因，因為為了表示對大會的支持，育才高等小學和農講所的學生在縣政府前舉行了聯合示威。他們高呼「打倒帝國主義、軍閥、貪官」等口號，而黃縣長認為學生們把他看做是應該被打倒的貪官之一。[39]

在縣長黃守先襲擊韋拔群的洞中學校大約一週後，他派身為縣警察局長的弟弟黃智淵去一個村子向一位農會會員徵糧，韋拔群便帶着一夥人到那個村子抓住了黃智淵，縣長隨後派出一些民團團丁攻打韋拔群，試圖營救他的弟弟，但被韋拔群打敗並被一路追擊到縣城附近的一個村子。由於無法擊潰韋拔群的勢力，縣長便向省政府報告說韋拔群正領着一群土匪攻打縣城，並要求省長派軍隊到東蘭協助剿匪。省長黃紹竑認為韋拔群的運動沒有得到省政府的批准，因

39　陳協五：〈廣西東蘭農民之慘案〉（1926 年 9 月 7/14 日），《韋拔群陳洪濤史料專輯》，第 39－46 頁。

此是非法的，[40] 便同意了黃縣長的請求，並命令劉日福派兵去東蘭協助剿匪，劉日福便指派他的部下龔壽儀率領整整一個團的兵力去往東蘭。[41]

　　新桂系頭目雖已承諾效忠於廣州革命政府，但他們並不真正支持廣州政府一直試圖推動的農民運動。省長黃紹竑後來解釋說，儘管從韋拔群的馬克思主義觀點來看，他的行動和政策都是合理的，但省政府還是不得不阻止他，因為他在東蘭發動的運動與新桂系試圖建立的制度背道而馳。黃紹竑的立場得到了他的同僚和上司李宗仁的支持，而李宗仁對於農民運動和統一戰線向來就不那麼熱心。[42]

　　黃守先縣長還給國民黨廣西省第一次代表大會發去一封電報，聲稱由於韋拔群是一名土匪，因此不該允許他的代表黃榜呈參加這次大會。這個要求被與會的共產黨人和國民黨左派人士否決了。[43] 不過，韋拔群在南寧的這些支持者卻未能阻止省長向東蘭派兵。韋拔群與其敵人在東蘭的衝突，已發展為省政府中共產黨人和國民黨左派人士一方與國民黨右派一方的對立。

　　韋拔群並非省長黃紹竑出兵東蘭的唯一原因。前省長蒙仁潛在南寧被新桂系打敗後，於近期來到了東蘭。他曾是陸榮廷的下屬，在滇軍入侵廣西時曾與雲南軍閥合作。因此，從多重意義上講，蒙仁潛都是新桂系的敵人。蒙仁潛這時正途經東蘭前往雲南。他認為自己仍

40　黃紹竑:〈四一二事變前後我親身經歷的回憶〉,《廣西文史資料》,第 7 輯（1978）,
　　第 1－42 頁。

41　陳勉恕:〈廣西東蘭農民運動之實際狀況〉（1927 年 4 月）,《韋拔群陳洪濤史料專
　　輯》,第 51 頁。

42　黃旭初:〈韋拔群亂東蘭禍廣西始末〉,《春秋》,第 187 期（1965）;黃紹竑:《黃
　　紹竑回憶錄》,第 189 頁;李宗仁、唐德剛:《李宗仁回憶錄》,第 227、305 頁、
　　319－321 頁。

43　趙秉壯:〈陸磯彰〉,《中共廣西黨史人物傳》,第 1 輯（1992）,第 8－9 頁;陳欣德:
　　〈韋拔群〉,胡華編:《中共黨史人物傳》,第 12 卷,第 193－194 頁。.

是合法的廣西省長，所以一到東蘭就任命杜八為新縣長，[44] 但黃守先拒絕將自己的職位交給杜八，並向省長黃紹竑求助。

儘管韋拔群和蒙仁潛都被黃縣長和黃省長視為敵人，但這並不能使韋拔群和蒙仁潛自動成為盟友。韋拔群可能不太在意蒙仁潛之前與滇軍的合作，但他絕對不會認可蒙仁潛任命杜八為東蘭新縣長的決定。韋拔群的好友黃大權曾於 1925 年初在蒙仁潛手下短暫任職，但韋拔群和黃大權都決定不去理會這段私交。韋拔群和他的朋友們意識到蒙仁潛的部隊剛打過敗仗，並沒有那麼強大，於是決定襲擊蒙仁潛，希望能從他手中奪取一些武器。他們在一個村子裏與蒙仁潛激戰，並打敗了他的隊伍。蒙仁潛逃往鳳山，但在那裏被韋拔群的農軍抓獲，農軍同時繳獲了一百二十多支步槍。不幸的是，龔壽儀率領的那個團在韋拔群戰勝蒙仁潛後不久就到達鳳山和東蘭。龔團輕而易舉地擊敗了農軍，他們抓住蒙仁潛，並從韋拔群的農軍手中收繳了不下七十支步槍。[45] 不久後，蒙仁潛就被處決了。

對於韋拔群在東蘭的追隨者來說，這是一場後來被稱為東蘭慘案或蘭農慘案的浩劫的開端。蒙仁潛前省長被捕後，韋拔群和他的農民運動成為龔團攻擊的唯一目標。在韋拔群的當地仇敵黃守先縣長、杜八、龍顯雲等人的帶領下，龔團摧毀了許多家庭和村莊。武篆的村民們後來每當回憶起 1926 年 2 月 5 日時，都是驚恐萬分。僅這一天，龔團就對武篆一帶包括東里在內的十一個村莊實施燒殺搶掠，共有 255 戶人家財物被搶、房屋被毀。士兵們搶走了銀錢、糧食、衣服、豬、羊，還有 335 頭水牛和馬匹。他們綁架了一些農民，還燒死

44　陳勉恕認為蒙仁潛任命的新縣長（知事）並不是杜八，而是杜八的哥哥杜七。參見陳勉恕：〈廣西東蘭農民運動之實際狀況〉（1927 年 4 月），《韋拔群陳洪濤史料專輯》，第 51 頁。

45　陳勉恕：〈廣西東蘭農民運動之實際狀況〉（1927 年 4 月），《韋拔群陳洪濤史料專輯》，第 51 頁。

了其中一人，並把其他人帶到武篆去處決。[46]

　　在接下來的幾個月裏，襲團還襲擊了東蘭許多其他村莊。一份報告顯示，在這期間，有七千多戶人家遭到搶劫，其中六百戶人家的房屋被燒毀；士兵們沒收了大量的錢財和近 2500 匹馬和水牛；更重要的是，他們濫殺了一百四十名村民。韋拔群和他的支持者們聲稱，一共有超過五百名農民在這次慘案中被殺害；另一說法認為，被殺人數超過七百。[47] 有時候士兵會先殺死村民，然後強迫他們的親人為用掉的子彈「買單」。許多村民被迫搬到山洞裏去住。韋拔群家的房子也被燒了，他的妻子陳蘭芬被關進監獄，而他出生僅三天的兒子也一同入獄。韋拔群給兒子取名叫「革命」，而這個兒子的確一出生就參加了革命。監房很冷，蘭芬不得不索要一些稻草遮蓋嬰兒，但遭到了獄卒的拒絕。政府和軍隊告訴村民們韋拔群是他們所有麻煩的根源，暗示如果他們殺了韋拔群或者把他供出來，一切就都會好起來，但是並沒有人對這種暗示做出回應。[48]

　　在為期兩個月的燒殺搶掠之後，政府和軍隊開始將當地居民區分為「良民」（那些不支持農民運動的人）和「拔黨」，即韋拔群的支持者。為了成為「良民」，村民們不得不向龍顯雲、杜八等當地權貴購買良民證。對於那些參加過農民運動的人來說，這些證書可能會比其他人貴很多。那些買不起良民證的人，將仍然被視為「拔黨」，也仍然是政府和軍隊進一步迫害的目標。[49]

46　陳協五：〈廣西東蘭農民之慘案〉（1926 年 9 月），《韋拔群陳洪濤史料專輯》，第 39 頁；陸秀祥編：《東蘭農民運動 1921－1927》，第 19 頁；《左右江革命史料彙編》，第 1 輯，第 43 頁。

47　陳協五：〈廣西東蘭農民之慘案〉（1926 年 9 月），《韋拔群陳洪濤史料專輯》，第 43 頁；東蘭縣農民協會：〈快郵代電〉（1926 年 5 月），《韋拔群陳洪濤史料專輯》，第 30 頁；《東蘭縣志》，1994，第 88 頁。

48　陳勉恕：〈廣西東蘭農民運動之實際狀況〉（1927 年 4 月），《韋拔群陳洪濤史料專輯》，第 51－52 頁。

49　同上，第 52 頁。

蘭農慘案只不過是當時在國內不同地區發生的由革命派領導或支持的被發動起來的農民與本地及外地敵人之間的一系列暴力衝突中的一場而已，而這些本地或外地的敵人都更願意維持現狀。在第一次統一戰線期間，類似的衝突在華南和華中各地，包括廣東的海豐、花縣、五華等地，湖南和湖北的一些縣城，以及其他一些地方都發生過。[50] 在許多情況下，雙方都聲稱自己是統一戰線政府的支持者，而這種衝突的結果在很大程度上是要通過統一戰線政府內左派和右派的談判來決定。

襲團的到來，徹底改變了東蘭的力量平衡。為了應對政府和軍隊的殘酷鎮壓，韋拔群和他的朋友們撤退到西山，並在那裏組建了東蘭縣革命委員會以指揮對敵作戰。這個委員會相當於是東蘭的第二個縣政府。他們開始把自己的小股武裝整編成更正規的農民自衛隊，並與襲團打了幾仗，但大部分時候他們都被打敗了。他們還以暗殺作為對付強大敵人的武器，而暗殺的目標大多是支持政府和軍隊的地方權貴。從 1924 年底到 1925 年初，革命份子共進行了二十一次暗殺行動，並成功殺死八人。他們曾兩次嘗試殺死龍顯雲，但他兩次都倖免於難。[51] 他們也試着殺過杜八的哥哥杜七，但他也得以倖存。然而，這些暴力舉措並沒能制止黃縣長和襲團的鎮壓行動。

到了 1926 年 5 月，韋拔群和他的朋友們已認識到光靠東蘭農民

50　彭湃：〈海豐農民運動〉（1926），《彭湃文集》，北京：人民出版社，1981，第 101-186 頁；彭湃：〈花縣團匪慘殺農民的經過〉（1926 年 9 月），《彭湃文集》，第 207－257 頁；彭湃：〈為五華農友哭一聲〉（1926 年 10 月），《彭湃文集》，第 263－270 頁；毛澤東：〈湖南農民運動考察報告〉（1927），《毛澤東選集》，第 1 卷；Harold R. Issacs, *The Tragedy of the Chinese Revolution*, pp. 225-227; William Rowe, *Crimson Rain: Seven Centuries of Violence in a Chinese County*, pp. 262-268. Stanford, CA: Stanford University Press, 2007.

51　陳協五：〈廣西東蘭農民之慘案〉（1926 年 9 月），《韋拔群陳洪濤史料專輯》，第 44－45 頁；陳勉恕：〈廣西東蘭農民運動之實際狀況〉（1927 年 4 月），《韋拔群陳洪濤史料專輯》，第 52－53 頁。

不可能打敗本地和外來的敵人，便開始尋求外界支持。他們的第一步是起草一份致廣州政府、國民黨中央委員會、新桂系頭目、國民黨廣西省委、廣西各縣國民黨支部以及社會組織和媒體的公告。在這份公告中，他們報告了 1925 年韋拔群、陳伯民二人從廣州歸來後東蘭及周邊地區農民運動的發展情況，其中包括國民黨地方支部、農民協會和農講所的創立。他們強調東蘭農講所的學員是按照國民黨中央制定的政策招收和註冊的，學員們曾努力向農民傳佈有關國民革命的知識。他們接着敘述了黃縣長及其當地支持者、龔司令及其部隊在東蘭實施的暴行。他們要求將黃縣長革職，懲罰杜八、龍顯雲等土豪劣紳，強迫他們賠償農民的損失，命令龔團長歸還他的部下從農民手中奪走的武器，並要求新縣長協助重開農講所。這個公告是以東蘭農民協會的名義發佈的。[52]

同月，韋拔群派東蘭農會會長陳伯民和農會委員陳守和去南寧尋求省領導的支持。兩位代表都受過良好教育，口才極佳。他們分發了印製出來的「東蘭農會公告」，並在南寧的會議和集會上發表講話。他們尋求外界支持的呼聲來得正是時候。1926 年中期，農民運動在中國南方，特別是在統一戰線政府的所在地廣東如火如荼地興起。在廣州，共產黨人和國民黨左派是農民運動的最有力支持者，他們正享有對廣州國民政府和國民黨的短暫控制，並把支持農民運動作為廣州政府的官方政策。「國民革命就是農民革命」一語已成為當時廣州政府領導層的老生常談。

在南寧，新桂系的兩位最有權勢的首領李宗仁和黃紹竑雖不是農民的朋友，但至少也要容忍農民運動，因為他們是統一戰線政府的一部分，必須支持統一戰線政府的官方政策。此外，統一戰線政策還

52　東蘭縣農民協會：〈快郵代電〉（1926 年 5 月），《韋拔群陳洪濤史料專輯》，第 30－31 頁。

允許一些共產黨人和國民黨左派在廣西省政府中佔據要職。省長黃紹竑後來回憶說，國民黨廣西分部執行委員會的九名委員中，有七位是左派份子。由於廣州政府支持農民運動，李、黃有時不得不屈從於省政府內兩人下屬中的共產黨和國民黨左派。黃紹竑後來承認，他認為當時要徹底鎮壓韋拔群的運動其實很容易，而他之所以沒有鎮壓，主要是因為他在南寧的一些同事和在廣州的一些上司都反對這麼做。[53]在東蘭縣城和百色，韋拔群和他的朋友們在政府官員中幾乎找不到支持者，但南寧和廣州的情況卻大不相同，這兩地的政治氛圍和潮流將對東蘭的農民運動產生直接影響。

陳伯民和陳守和在南寧立即贏得了左派官員和組織的支援。工會、婦聯、學生會都由左派控制着，它們通過舉行示威集會、發放海報等形式，共同支持東蘭農民。南寧的左派領袖都支持韋拔群和他的農民運動。[54]在左派人士中，陳協五和陳勉恕對於支持東蘭農民運動特別熱心。陳協五是國民黨廣西省黨部農民部部長。他是一位博學大儒，曾考中舉人，後來又到日本早稻田大學留學，並在日本逗留期間成為孫中山的追隨者。回到廣西後，他為省長陸榮廷工作了一段時間。在 1920 年和 1921 年間，他參與了改造廣西同志會，韋拔群也是這個組織的成員，但還不能確定這兩個人是否在那時就曾相識。自1926 年初成為國民黨廣西省黨部農民部部長以來，陳協五一直積極推行減租政策，並因此開罪了省長黃紹竑。他還參與創建廣西各縣的農民協會。最重要的是，他在南寧創辦了與韋拔群的東蘭農講所類似

53 黃紹竑：〈四一二事變前後我親身經歷的回憶〉，《廣西文史資料》，第 7 輯（1978），第 3－4、18 頁。

54 黃成授：〈何建南〉，《中共廣西黨史人物傳》，第 1 輯，第 124 頁；隆安縣政協文史委：〈梁砥〉，《中共廣西黨史人物傳》，第 4 輯，第 50 頁；李府華：〈雷佩濤〉，《中共廣西黨史人物傳》，第 1 輯，第 14－16 頁；庾新順：〈梁六度〉，《中共廣西黨史人物傳》，第 4 輯，第 53－62 頁；韋顯知：〈陳立亞〉，《中共廣西黨史人物傳》，第 4 輯，第 63－68 頁；陳欣德：〈雷天壯〉，《中共廣西黨史人物傳》，第 4 輯，第 74－78 頁。

的廣西農講所。因此，陳協五很自然地就把韋拔群看做是盟友。在他
看來，韋拔群的所作所為完全符合國民黨推行的政策。韋拔群與東蘭
縣長和軍隊的對立，可能會讓陳協五想起自己與黃紹竑省長的矛盾。
在聽取陳伯民和陳守和在一次集會上發表的報告後，陳協五邀請其中
一人出席了國民黨廣西分部執行委員會的會議，並向委員會彙報了東
蘭的情況。[55]

　　國民黨廣西分部青年部部長陳勉恕是韋拔群及其運動的又一有
力支持者。陳勉恕是太平天國起義軍的後人，他和陳協五一樣也來自
桂南，很早就加入了國民黨，並也曾參與改造廣西同志會的工作。他
早年畢業於北京高等師範學校，即後來的北京師範大學，曾協助陳獨
秀出版《新青年》，並積極參加了五四運動。1921年底，韋拔群和陳
勉恕都在南寧，並成為親密朋友。1921年兩人分別後，陳勉恕加入
了中國共產黨並曾在廣州革命政府工作過一段時間。1926年初，陳
勉恕支持陳協五創建了廣西農講所。除了領導青年部外，他還是中共
南寧支部的領導和南寧市主要報紙《南寧民國日報》的社長。[56] 陳勉
恕後來回憶說，他在聽取陳伯民和陳守和的彙報後，便開始關注有關
東蘭農民運動的爭議。他也出席了國民黨廣西分部執行委員會的那次
會議，並聽取了陳伯民關於東蘭農民運動的彙報。

　　在聽取和討論了陳伯民的報告後，由共產黨人和國民黨左派共
同主導的國民黨廣西省黨部執行委員會作出了兩項決定：一是立即將

55　韋瑞霖：〈陸榮廷〉，廣西辛亥革命史研究會編：《民國廣西人物傳》（一），第 53 頁；
　　梁烈亞：〈改造廣西同志會的成立及其鬥爭〉，《廣西文史資料選輯》，第 6 輯（1963）；
　　《韋拔群陳洪濤史料專輯》，第 289 頁；黃超英、關立雄：〈陳協五〉，《中共廣西黨
　　史人物傳》，第 2 輯，第 156－157 頁；陳勉恕：〈廣西東蘭農民運動之實際狀況〉（1927
　　年 4 月），《韋拔群陳洪濤史料專輯》，第 47 頁。

56　王錦俠、陳幼明：〈陳勉恕〉，《中共廣西黨史人物傳》，第 1 輯，第 376－388 頁。

龔團撤出東蘭，二是派陳協五到東蘭調查兩派的紛爭。[57] 在會議期間或之後，他們還作出了第三項決定，即要求省長黃紹竑任命一名新縣長以取代黃守先。顯然，這三項決定都對韋拔群及其支持者有利，儘管這些並未能滿足東蘭農會公告中所提出的所有要求。以廣西省長黃紹竑為代表的國民黨右派，在執委會會議上被左派份子擊敗，而這將帶來一個必然的結果，就是黃紹竑一派在東蘭的代表也將被擊敗。

1926 年 6 月，龔團在接到省政府的命令後撤出東蘭前往百色，縣長黃守先也隨龔團一起離開。韋拔群派農軍去伏擊龔團和縣長，但沒能發現他們的蹤影。黃縣長和龔團在本地的支持者們有的前往百色，有的搬進了縣城，但韋拔群在當地的兩個最重要的敵人——龍顯雲和杜八，則決定留在家中或家鄉附近。杜八把自己在武篆的房子改建成了一座碉堡，而龍顯雲則躲進山裏。韋拔群立即派人去攻擊二人，迫使杜八搬到縣城居住，而龍顯雲則逃往百色，並在不久後死在那裏。[58] 韋拔群很快就重新掌控了縣城，杜八於是不得不搬到鄉下，躲到自己一個學生的家裏。

韋拔群掌控東蘭縣城後，驚訝地發現自己的妻子陳蘭芬和兒子竟然還活着。1926 年 2 月，陳蘭芬和小兒子被抓走後不久，韋拔群以為他們兩人都已遇害，便迎娶了王菊秋。王來自武篆的一個村子，當時是韋拔群的追隨者之一。[59] 陳蘭芬回家後，韋拔群並不想和兩個妻子中的任何一個離婚，於是便開始過一夫多妻的生活。這並未在他的追隨者中引起軒然大波，因為一夫多妻制當時仍在富人當中廣為實行。然而，對於韋拔群這樣一位曾高調地批判舊傳統、並承諾支持男女平等的革命者來說，這不能不說是一種尷尬的局面。

57　陳勉恕：〈廣西東蘭農民運動之實際狀況〉（1927 年 4 月），《韋拔群陳洪濤史料專輯》，第 47 頁。

58　陸秀祥編：《東蘭農民運動 1921－1927》，第 12 頁。

59　曾啟強編：《中國早期農民運動領袖韋拔群》，第 318－319 頁。

　　龔團和黃守先離開後不久，陳協五就來到東蘭調查韋拔群一方
與其敵對方之間的衝突，和他一起來的還有黃紹竑省長任命的東蘭縣
新縣長黃祖諭。韋拔群集合了五千多人到武篆歡迎這兩人，並提出了
自己一方的要求。[60] 1926 年 6 月 14 日至 7 月 18 日，陳協五先後走訪
了東蘭縣四個區的四十六個村子中的一百零三個自然村。陳協五在東
蘭停留期間，韋拔群派陳伯民、陳守和全程陪同他。在每個小村莊，
陳協五都會詳細記錄受害者和襲擊者的姓名、清點被搶的錢財數目以
及被毀房屋的數量。[61] 陳協五毫不掩飾他對農民運動的同情和支持，
以至於農民送給他一個「蘭農保姆」的雅號。[62] 當陳協五決定離開東
蘭時，韋拔群又指派陳伯民和陳守和二人陪他返回南寧。回到南寧
後，陳協五告訴省長黃紹竑，韋拔群在東蘭的聲望很高，而且是孫中
山三民主義的忠實信徒。陳協五建議省長不要理會地主和「惡霸」們
散佈的關於韋拔群的那些謠言，而應該到東蘭親眼看看正在那裏發生
的一切。然而，黃紹竑並未接受陳協五的任何建議，這些建議實際上
促使兩人進一步分道揚鑣。[63]

　　回南寧後不久陳協五就完成了一篇題為〈廣西東蘭農民之慘案〉
的報告，譴責東蘭縣長黃守先和龔團對農民的暴行，並為韋拔群及其
追隨者們的暴力行為辯護。他還發出通電，對東蘭農民運動表示同情
和支持。[64] 當陳協五把他的報告交給《南寧民國日報》發表時，就引
發了社長與總編之間的衝突。總編黃華表是廣西國民黨右派的一個頭

60　陸秀祥編：《東蘭農民運動 1921−1927》，第 20 頁。

61　黃超英、關立雄：〈陳協五〉，《中共廣西黨史人物傳》，第 2 輯，第 158 頁；陸秀祥編：
　　《東蘭農民運動 1921−1927》，第 20 頁。

62　牙美元：〈第一次革命戰爭時期國內各人民團體及各界人士支持東蘭農民運動的回
　　憶〉，《東蘭文史資料》，第 1 輯（1985），第 20 頁。

63　黃紹竑：〈四一二事變關於廣西方面材料的補充〉，《廣西文史資料》，第 7 輯（1978），
　　第 47 頁。

64　陳協五：〈廣西東蘭農民之慘案〉（1926 年 9 月），《韋拔群陳洪濤史料專輯》，第
　　39−46 頁；黃超英、關立雄：〈陳協五〉，《中共廣西黨史人物傳》，第 2 輯，第 158 頁。

目，是省長黃紹竑的支持者，他當然不想發表陳協五的報告，但報社社長、共產黨員陳勉恕則強烈支持發表這篇報告。他去和總編理論，但無濟於事。陳協五隨後把報告寄到廣州，結果立刻就在《農民運動》上發表了。這是一份由國民黨農民部創辦、卻由共產黨人編輯的週刊。[65] 現在連廣州政府也開始介入到有關東蘭農民運動的爭議之中了。

在陳協五的報告發表之前，許多身在廣州的人士就已經通過韋拔群及其支持者發出的通電對東蘭發生的衝突有所了解。其中一份通電稱，僅在武篆，縣長黃守先和龔團就殺死了二百多人，並造成至少六千人流離失所。遇害者下至三歲幼童，上至七旬老人。電報中還說到，「良民證」的價格，對於不支持農民運動的人，可以低至二十銀元，而對於參與農民運動的人，則可能高達兩千銀元。[66] 中共機關刊物《嚮導》也報道了東蘭的衝突。身在廣州的一些人士，在讀到陳協五的報告之前，就已經表達了對東蘭農民的支持。

一群來自廣西、正在廣州等待着被送往蘇聯學習的學生非常積極地幫助披露這一事件，並動員對韋拔群和他的運動的支持。其中一個學生認為，東蘭的衝突是廣東農村類似衝突的一個例子，全國各地的革命力量應當團結起來，把對東蘭農民的攻擊看做是對國民革命運動的攻擊。[67] 另一個學生廖夢樵是東蘭縣長黃守先的表弟。他給黃守先寫了一封公開信，指責他違背了自己支持革命、為人民服務的諾言。他在信的末尾寫道：「我的良心譴責我，不許我同你們站在一起。我要參加到農民隊伍裏去，團結勢力向你們進攻，為已死的農民報

65　王錦俠、陳幼明：〈陳勉恕〉，《中共廣西黨史人物傳》，第 1 輯，第 381－382 頁；黃超英、關立雄：〈陳協五〉，《中共廣西黨史人物傳》，第 2 輯，第 158 頁。

66　胡炳瓊：〈援助東蘭的農友〉（1926 年 6 月 6 日），《韋拔群陳洪濤史料專輯》，第 34 頁。

67　同上，第 34－35 頁。

仇。我以前和你是親愛的兄弟，現在變成敵人了！」[68]

　　阮嘯仙是韋拔群當初在廣州農講所的老師，現在是廣東省農民協會執行委員會的成員，也是國民黨農民運動委員會的成員。他在1926年8月的一次會議上表達了對東蘭「慘極的屠殺」的關注。[69] 韋拔群與廣州農講所的關係，使人們能夠把他的地方革命與國民革命運動聯繫起來。因為他是農講所的學員，也因為他是作為國民黨農民運動特派員回到東蘭的，還因為他在東蘭的所作所為與他在農講所學習的內容相符，東蘭農民運動就順理成章地被視為國民革命的組成部分。儘管縣長黃守先和當地權貴都認為韋拔群和他的支持者與匪盜無異，應該被剷除消滅，但廣州和南寧的革命者卻認為韋拔群是一個革命者，他的運動理應得到支持。

　　爭論的焦點之一在於究竟誰握有使用暴力的合法權利。廣西省長黃紹竑及其右派支持者們認為，只有政府有權使用暴力，農民未經官方批准使用暴力就屬違法。然而，彭湃、毛澤東、韋拔群等激進革命者認為，革命的農民擁有對「土豪劣紳」使用暴力的合法權利。據張國燾說，毛澤東在1926年底評論家鄉湖南的農民運動時甚至斷言：「有土必豪，無紳不劣」、「矯枉必須過正」。[70] 革命者的論調讓人想起兩千多年前孟子的教導：人民有權用暴力推翻暴君。

　　陳協五的第一手報告讓更多人了解了發生在東蘭的衝突。全國各地愈來愈多的農會對東蘭農民表示道義上的支持。在蘇聯學習或正在前往蘇聯的廣西學生也對東蘭農民繼續表示同情。其中有一人還稱

68　廖夢樵：〈給東蘭縣長黃守先一封公開的信〉（1926年6月8日），《韋拔群陳洪濤資料專輯》，第36—37頁；黃龍星、高萬章：〈廖夢樵〉，《中共廣西黨史人物傳》，第1輯，第47—49頁。

69　阮嘯仙：〈全國農民運動的形勢及其在國民革命中的地位〉（1926年8月19日），《阮嘯仙文集》，第288頁。

70　Chang Kuo-tao, *The Rise of the Chinese Communist Party: the Autobiography of Chang Kuo-tao.* Lawrence: University Press of Kansas, 1971, Vol. 1, p. 604.

讚東蘭農民是廣西農民解放的先鋒。[71]

　　外部的道義和政治支持，雖然有助於去除韋拔群最大的兩個敵人——縣長黃守先和龔團，但並未能完全解決東蘭地方上的衝突。與陳協五一同來到東蘭的新縣長黃祖諭，與前任縣長黃守先一樣，對農民運動持敵對態度。如果說陳協五是共產黨人和國民黨左派的代表，那麼黃祖諭就是黃紹竑領導的右翼集團的一份子。陳協五在東蘭逗留期間，大部分時間都在村裏同韋拔群的支持者打成一片，而黃祖諭則留在縣城與韋拔群的敵人們形影不離。新縣長上任不久，韋拔群就派農軍圍攻縣城，並宣佈農民協會將與住在縣城的「土豪劣紳」斷絕經濟聯繫，導致米價暴漲。[72] 韋拔群和他的農民們希望縣長回應他們的訴求，包括懲罰製造慘案的兇手、補償農民的損失、重新開放農講所等，但從 1926 年 6 月到同年 9 月，縣長沒有對上述要求作出任何回應。韋拔群或是他的一個支持者當時就寫了一首山歌嘲諷新任縣長是個假革命，說他在南寧時說要支持農民，但到了東蘭後卻鎮壓農民。隨後，黃祖諭向省長黃紹竑報告說，農民們正在計劃再次攻城，黃紹竑則准許他動用民團和縣裏的警察守衛縣城。[73]

　　黃祖諭意料之中的攻城發生在 1926 年 9 月。韋拔群的手下輕而易舉地攻佔了縣城，縣長黃祖諭逃往東邊的河池，在那裏向省長黃紹竑彙報，請求他出兵東蘭，以擊潰韋拔群率領的「土匪」。同時，韋拔群直接向廣州政府和國民黨領導人彙報說，縣長黃祖諭和他的前任

71　謝生樺：〈對於廣西東蘭農民被難的我感〉（1926），《韋拔群陳洪濤史料專輯》，第 60–63 頁；雙才：〈值得注意的東蘭農民運動〉（1926），《韋拔群陳洪濤史料專輯》，第 32–33 頁。

72　陳協五：〈廣西東蘭農民之慘案〉（1926 年 9 月），《韋拔群陳洪濤史料專輯》，第 46 頁；黎國軸、嚴永通：《韋拔群傳》，第 106 頁。

73　曾啟強編：《中國早期農民運動領袖韋拔群》，第 315 頁；黎國軸、嚴永通：《韋拔群傳》，第 106 頁。

是一丘之貉，並要求任命一位革命的東蘭縣長。同時，他還推舉牙蘇民為臨時縣長，並派陳伯民和黃大權的弟弟黃大業前往南寧尋求支持。[74]

　　事態的變化在南寧引起了左右兩派之間的第二輪交鋒和談判。黃紹竑省長堅稱群眾組織不應訴諸暴力，他譴責韋拔群使用暴力，也譴責陳協五對東蘭農民運動的支持。陳協五被迫辭職，但左派成功地任命了另一位左派份子俞作柏來接替陳協五。儘管李宗仁、白崇禧、黃旭初等同僚都喜歡把俞作柏描述為一個常常為了自身利益而改變立場的自私的機會主義者，[75] 但俞與左派人士的友誼似乎是經久不變的。為了回應黃紹竑對東蘭農民運動的批評，共產黨人在南寧組織了一場群眾集會以表示對東蘭農民的支援。數千農民參加了集會，並要求省政府派遣官員到東蘭調查那裏的情況。[76]

　　廣西的中共領導人認為，這是把韋拔群及其運動置於中共控制之下的絕佳機會。他們在向中共中央遞交的一份報告中寫道：

　　　　政府方面議派縣知事去辦善後時，我們就利用機會圖打入東蘭農運去（那時該處沒有一個同志），於是做了三件事：一、派陳勉恕去做縣知事（因為各方面也屬意於他）。二、組織後援會以為蘭案聲援。三、組織調查委員會（政府、軍部、省黨部、政治部各一人）插入三分之二的同志一方面在擴大宣傳，另一方面乘機考察和幫助農會及農軍改善、加強他們的組織。

74　陳勉恕：〈廣西東蘭農民運動之實際狀況〉（1927 年 4 月），《韋拔群陳洪濤史料專　　輯》，第 53 頁；陸秀祥編：《東蘭農民運動 1921－1927》，第 21 頁。

75　白崇禧：《白崇禧回憶錄》，第 24 頁。

76　陸秀祥編：《東蘭農民運動 1921－1927》，第 21 頁。

　　報告中還說，他們計劃吸收韋拔群加入中共，並派更多共產黨人前往東蘭工作。[77] 韋拔群在廣州農講所學習期間，共產黨人對他並沒有多大興趣，但現在共產黨人已意識到，韋拔群已經變得非常重要、非常有影響力，所以他們現在很想吸收他入黨。廣西的中共領導人所採取的行動顯然符合當時中共中央的政策，因為中共中央在北伐時期就表現出對發動農民運動的強烈興趣。[78] 在 1926 年 11 月起草的一份關於農民運動的文件中，中共中央將廣西列為值得特別關注的省份之一，這份文件特別要求把東蘭的農民運動和右江地區其他縣份的類似運動聯合起來。[79] 一位國民黨人認為，下令把韋拔群的運動納入中共領導之下的是俞作柏的好朋友、當時正在南寧的共產國際顧問達爾哈諾夫。據這位觀察者說，達爾哈諾夫建議俞作柏派一隊共產黨人到東蘭去招募韋拔群及其他領導人，組建一個中共黨支部，並擴大和加強農民協會。他希望這個團隊能在三個月內完成這些任務。[80]

　　國民黨左派和中共方面成功地讓省長黃紹竑批准派調查委員會前往東蘭。調查委員會由七名成員組成，陳勉恕是委員會的領導人。這七人中至少有三名共產黨員和一名共青團員，而只有一到兩名國民黨右派人士。那名共青團員也是委員會中唯一的女士。毫無疑問，委員會最重要的成員是共產黨員陳勉恕，他不只是調查委員會的領導人，也獲委任為東蘭縣長。陳勉恕認為，這個縣長職位主要是俞作柏

77　李其實等：〈關於廣西的組織情況、工農革命運動及對今後工作意見〉（1928 年 2 月 7 日），《韋拔群陳洪濤史料專輯》，第 83－84 頁。

78　有關北伐時期中共在華南地區推動農民運動的情況，參見 Hans J. Van De Ven, *From Friends to Comrades: The Founding of the Chinese Communist Party, 1920-1927.* Berkeley, CA: University of California Press, 1991, pp. 181-198.

79　中共中央：〈目前農運計劃〉（1926 年 11 月 15 日），《韋拔群陳洪濤史料專輯》，第 67 頁。

80　時花：〈廣西共產黨的過去及現在〉，《現代史料》，1（11），1932；《韋拔群陳洪濤史料專輯》，第 622 頁。

為他爭取到的。[81] 黃紹竑之所以願意支持對陳勉恕的任命，原因之一是國民黨右派人士都不願意接受這個職位，因為他們知道，一旦到了東蘭，即使是同為右派的省長黃紹竑也無力保護他們 —— 黃省長就未能保護他此前任命的兩任東蘭縣長黃守先和黃祖諭！

韋拔群的代表陳伯民、黃大業隨調查委員會一同返回家鄉，他們於 1926 年 10 月下旬抵達東蘭。韋拔群組織了很多人去歡迎他們，農民們站在路邊，每人舉着一面紅旗，一起唱着韋拔群從廣州帶回的一首反帝反軍閥的革命歌曲。韋拔群主持了這場歡迎會，並在會上致辭。會議結束時，杜八的哥哥杜七和一個侄子被處決，而杜八還藏身在外。同時被處決的還有韋拔群的舊友、改造東蘭同志會的創始會員之一陳毓藻。陳來自西山的一個富裕家庭，家中有長工和出租的田地，還放高利貸牟利。當韋拔群要求取消租佃和高利貸時，他就開始疏遠韋拔群。1923 年，陳毓藻決定不參加攻打縣城，因而第二次暴動時西山的農民就開始攻擊他。為了報復，陳毓藻在東蘭慘案期間曾為龔團效力。[82] 陳毓藻是第一個被韋拔群清除的改造東蘭同志會的創始會員。

自 1921 年底陳勉恕和韋拔群在南寧分別以來，已經過去了五年。兩位老朋友能在東蘭重逢，心情應該十分興奮。和陳協五一樣，陳勉恕和調查委員會的其他左派成員也站在韋拔群和他的追隨者一邊。調查組在東蘭的所見所聞自然證實了陳協五在報告中所描述的情形。1926 年 11 月，陳勉恕派調查委員會的幾名成員回南寧向省領導

81　陳勉恕：〈廣西東蘭農民運動之實際狀況〉（1927 年 4 月），《韋拔群陳洪濤史料專輯》，第 48 頁。

82　中共東蘭縣委黨史辦公室：〈關於「敬告同胞」書發表時間的看法〉，陸秀祥編：《東蘭農民運動 1921－1927》，第 282－283 頁；吳德林：〈對東蘭農運的幾點回憶〉，陸秀祥編：《東蘭農民運動 1921－1927》，第 241 頁。

彙報調查委員會的工作。為了向省政府施壓，共產黨人又在南寧組織了一次群眾集會，並邀請陳勉恕團隊的一位左派成員來報告東蘭的情況。1926 年 11 月 28 日，廣西省政府發出通電，承諾支持東蘭的農民運動，並宣佈將前縣長黃守先交由法院調查，把他的繼任者黃祖諭撤職，要求軍隊審查龔壽儀團長的行為，將杜八、龍顯雲等五名土豪劣紳列為通緝犯，把他們的財產上繳給東蘭農會，並免除了東蘭農民1926 年的糧賦。通電也指責韋拔群在一年前協助過滇軍，並且在發動農民運動前沒有得到官方批准，但未對他作出任何處罰。[83] 這樣，省政府中的左派終於在南寧贏得了與右派的鬥爭，同時也幫助他們的盟友韋拔群擊敗了他在東蘭的敵人。

高潮

共產黨員陳勉恕的到來，標誌着韋拔群一方對敵人的勝利，也開啟了韋拔群第二次暴動的高潮。這場勝利的取得，主要是因為南寧和廣州的共產黨人和國民黨左派人士所提供的強有力的外部支援。在省政府和軍隊中佔據着最重要職位的南寧國民黨右派領導人之所以不得不向左派同僚讓步，主要是因為左派人士不僅在廣州政府和南寧省政府中擔任重要職務，而且能夠有效地發動民眾並贏得民眾對他們的支持。李宗仁、黃紹竑等右派領導人對農民運動的態度並沒有改變，但他們認為向左派做一些妥協是明智的選擇。左派之所以決定支持韋拔群及其追隨者，是因為他們意識到韋拔群是他們的革命同志，而且

83　廣西省政府：〈廣西省政府對東蘭農案之經過〉，《中國國民黨國民革命軍第七軍特別黨部半月刊》，第 11 期（1926 年 12 月 15 日）；《左右江革命史料彙編》，第 3 輯，第 2－3 頁；王錦俠、陳幼明：〈陳勉恕〉，《中共廣西黨史人物傳》，第 1 輯，第 382－383 頁。

他正在領導他們所提倡的那種運動。韋拔群此前建立的與廖仲愷、陳勉恕、阮嘯仙等革命家以及與國民黨、改造廣西同志會、廣州農講所等組織的種種關係，無疑有助於鞏固他與外部左翼勢力的聯盟。東蘭農民運動的勝利是廣西共產黨人的勝利，也標誌着東蘭農民運動開始融入更宏大的中國共產主義運動。1926 年 10 月之前，東蘭連一個共產黨員都不曾有過。在此之後，當地共產黨員的人數逐漸增加，而他們最終將把東蘭農民運動變成共產主義革命的一個重要組成部分。

共產黨人陳勉恕在 1926 年 10 月成為東蘭最有權勢的官員。除了擔任縣長外，他還是國民黨東蘭支部的領導人。他得到了省政府的支持，而因為有韋拔群這位強大的盟友，他現在也得到了東蘭農民協會的支持。甚至有人認為，陳勉恕在東蘭任縣長期間，也同時擔任過東蘭農民協會的會長。[84] 農會及其前身東蘭公民會自誕生以來，一直與縣政府對立，韋拔群和他的支持者們曾與多位縣長發生衝突，其中包括蒙元良（1923 年 2 月至 9 月）、黃瓊瑤（1923 年 9 月至 1924 年 6 月）、黃守先（1924 年 6 月至 1926 年 6 月）和黃祖諭（1926 年 6 月至 10 月）。陳勉恕是東蘭第一位得到農民協會全力支持的縣長，他與韋拔群之間形成一種共生關係。陳勉恕對國民黨東蘭支部也建立起嚴密管控。他通過重新登記的程序，把右派人士全部驅逐出黨。到 1927 年 3 月，改組後的東蘭國民黨支部吸納了三千多名黨員，其中大部分是農民。[85] 至此，陳勉恕成為東蘭第一位由官方正式任命的「革命縣長」。

1926 年 9 月重新控制縣城後不久，韋拔群就開始着手恢復農講

84　《左右江革命史料彙編》，第 1 輯，第 49 頁；黎國軸、嚴永通：《韋拔群傳》，第 108 頁；王錦俠、陳幼明：〈陳勉恕〉，《中共廣西黨史人物傳》，第 1 輯，第 382 頁；陳欣德：〈韋拔群〉，胡華編：《中共黨史人物傳》，第 12 卷，第 197 頁。

85　陳伯民、牙蘇民、覃孔賢：〈東蘭縣黨務報告〉，《中國國民黨廣西省第二次代表大會日刊》（1927 年 3 月 13 日），《韋拔群陳洪濤史料專輯》，第 76 頁。

所。陳勉恕到來後，新的縣政府當然會支持這一舉措。1926 年 11 月，東蘭農講所第二期正式開啟。第二期和第一期相比在幾個方面有所不同。首先，第一期的學員們不得不在岩洞裏上課，而第二期的校址就是此前由杜八和他的家族控制着的武篆育才高等小學；其次，第一期招收了東蘭及周邊十餘個縣的學員，第二期的學員中，東蘭本地學員的比例更高了，而外縣學員的比例相應地降低了；最後，第一期只招男生，而第二期既招男生也招女生。第二期共有 120 名學員，其中男學員 81 名，女學員 48 名。女學員的年齡大多在十八歲左右，其中有些已經結婚。韋拔群的兩位妻子陳蘭芬和王菊秋，他最小的妹妹韋正倫，黃書祥的妹妹、後來成為韋拔群弟媳的黃美倫，以及韋拔群的兩個弟弟韋菁和韋莖都是第二期的學員。男女學員分班上課，而女生班也叫婦女運動講習所。[86]

男學員的課程設置與第一期相似，一些在第二次暴動開始時加入韋拔群隊伍的年輕追隨者成為第二期的教員。陳鼓濤和黃鴻富剛從廣州農講所第六期畢業，他倆都在東蘭農講所的第二期任教。陳洪濤不久前在梧州參加了一個培訓班，他也在第二期教授有關俄國革命和三民主義的課程，並負責農講所的政治教育。[87]

第二期中女學員的課程設置與男學員的有所不同，部分原因是她們的平均受教育水平遠低於男學員。在四十幾名女學員中，只有四人上過小學，其他都是文盲。因此，女學員的課程必須以識字教育為重點。老師教她們如何讀寫自己的名字和老師及親屬的名字。她們還學會了讀寫通俗的政治訊息和口號，特別是關於婦女解放的思想

86　陸秀祥編：《東蘭農民運動 1921－1927》，第 10、46－48 頁；黃金球：〈回憶第二屆農講所婦女班〉，陸秀祥編：《東蘭農民運動 1921－1927》，第 199－202 頁；黃美倫：〈拔哥引我走上革命路〉，陸秀祥編：《東蘭農民運動 1921－1927》，第 183－185 頁。

87　王林濤，程宗善、林為才：〈陳洪濤〉，胡華編：《中共黨史人物傳》，第 7 卷，第 208 頁；陸秀祥編：《東蘭農民運動 1921－1927》，第 40－41 頁。

和口號。韋拔群有一天來授課時就教女學員們讀寫「實行解放婦女」和「婚姻自由、自由戀愛、讀書明理、繼承產業、得參政權、擺脫壓迫、團體互助、獨立生活、男女平等」等題目。由於女學員們畢業後要去做宣傳員，因此她們還要學習演講和唱山歌。為了讓這些婦女能夠保護自己，韋拔群還從鄰縣請來一位武師每天晚上教她們武術。[88]

婦女不僅可以參加農民運動講習所，而且還成立了自己的組織，並成為東蘭權力結構的一部分。東蘭的第一個婦女組織是 1925 年在西山創立的婦女同盟會。婦女同盟會的會員最初只有九人，但到 1926 年初，已增加到近 2,700 人。1926 年 11 月，在陳勉恕的支持下，東蘭第二次農民代表大會在縣城召開。在出席大會的 268 名代表中有 21 名婦女。[89] 1926 年底，在黃若珊的協助下，東蘭第一屆婦女代表大會在縣城召開，並成立了東蘭縣婦女解放協會，而黃若珊就是以陳勉恕為首的調查委員會中那位唯一的女委員。東蘭縣婦女解放協會成立不久就發展了近 3,700 名會員。[90] 到 1926 年底，有 2,600 多名婦女參加了東蘭的農民協會，有些婦女還在農民協會中擔任了職務。每個農民協會都有一個婦女部。革命者白漢雲的妻子黃正秀是東蘭農會婦女部主任，黃美倫是副主任。婦女也積極參與國民黨事務。到 1927 年 3 月，已有不少於 200 名東蘭婦女加入了國民黨，使婦女在全縣 3,117 名國民黨黨員中成為一個不可忽視的小群體。還有一些女性，比如陳洪濤未來的妻子潘小梅，甚至成為中共想要吸收的

88　黃金球：〈回憶第二屆農講所婦女班〉，陸秀祥編：《東蘭農民運動 1921－1927》，第 199－202 頁；黃美倫：〈拔哥引我走上革命路〉，陸秀祥編：《東蘭農民運動 1921－1927》，第 183－185 頁。

89　《東蘭縣志》，1994，第 104 頁；黃正秀：〈在縣農民協會工作的回憶〉，《韋拔群陳洪濤史料專輯》，第 352 頁。

90　楊紹娟：〈左右江革命根據地的婦女運動〉，《左右江革命根據地》，下冊，第 1111－1112 頁。

人士。[91]

由於受到各種關於解放與平等的觀念的鼓勵，婦女們在社會和個人事務中變得愈來愈自信。陳勉恕興奮地報告說，東蘭有一千多名婦女剪短了頭髮，採用了沿海地區流行的新髮型。[92] 1927 年初，東蘭農民協會批准了第一椿離婚案，一個叫黃玉梅的婦女希望離開有虐待傾向的丈夫。農會大力宣傳這椿離婚案以教育其他婦女，結果愈來愈多的婦女提出與丈夫離婚，使得農會不得不頒佈一項新規定，即只有當離婚理由符合十項條件中的一項時，政府才會批准離婚。這十項條件包括：經常被丈夫虐待毒打；被丈夫阻攔參加革命；丈夫搞反革命活動，破壞農協會；丈夫搞賭博偷盜；丈夫是懶漢，流浪不搞生產；丈夫生理上有缺陷。[93]

在政治上，婦女在革命宣傳方面起着尤為重要的作用，她們善於用民歌向農民傳播革命思想。在這方面，東蘭的婦女與廣東海豐和湖北麻城等地的女革命者很相似，海豐和麻城的婦女也用民歌等大眾文化形式聯絡農民。韋拔群和彭湃都親自創作了不少在追隨者中廣受歡迎的革命歌謠，至少有一首來自海豐的革命歌謠曾經流傳到東蘭，

---

91 陳勉恕：〈廣西東蘭農民運動之實際狀況〉（1927 年 4 月），《韋拔群陳洪濤史料專輯》，第 53 頁；文史組：〈東蘭農運中的婦運概況〉，《東蘭文史》，第 4 輯（2001），第 94–96 頁；陳伯民、牙蘇民、覃孔賢：〈東蘭縣黨務報告〉（1927 年 3 月 13 日），《韋拔群陳洪濤史料專輯》，第 76 頁；牙美元：〈革命縣長陳勉恕〉，《東蘭文史》，第 4 輯（2001），第 75 頁。

92 陳勉恕：〈廣西東蘭農民運動之實際狀況〉（1927 年 4 月），《韋拔群陳洪濤史料專輯》，第 53 頁。

93 黃玉美：〈衝破牢籠幹革命〉，《廣西革命鬥爭回憶錄》，第 2 輯（1984），第 100–103 頁；黃正秀：〈在縣農民協會工作的回憶〉，《韋拔群陳洪濤史料專輯》，第 353 頁。

並被廣為傳唱。[94] 還有些婦女為領導人傳遞情報。[95]

　　除了東蘭農民協會開辦的農講所，每個鄉鎮都為成年農民和貧困兒童各設立一所免費學校，每個集市都建有一個講台，農會的領導或農講所的學生會在趕集的日子來演講，識字教育和政治教育成為東蘭新教育體系的顯著特徵。[96] 教育於是成為東蘭農民協會所接管的又一項政府職能。

　　陳勉恕任縣長後，東蘭縣政府就開始做廣東、湖南等地其他革命政府都在做的事情，陳勉恕明確表示：「我不是為做官而來，我是為革命而來。」他減免稅收，並允許農會收取和使用部分賦稅；他處決了一些臭名昭彰的土匪；他把那些已被判定為土豪劣紳的前當權派送交群眾審判，其中有些人被判死刑。[97] 杜八就是在群眾大會上被批判和審判的土豪劣紳之一。在被省政府列為通緝犯之後，他藏到了一位學生的家裏，這名學生後來決定與新的縣政府合作，把老師杜八交了出來。在批鬥會上，杜八被穿戴上紙做的帽子和長袍以及一副木頭眼鏡，會後還被帶去遊街。[98] 這些都是當時中國南方憤怒的農民們用

94　黃美倫：〈東蘭革命初期的婦女運動片斷〉，《廣西革命鬥爭回憶錄》，第 2 輯（1984），第 94–99 頁；黃玉美：〈衝破牢籠幹革命〉，《廣西革命鬥爭回憶錄》，第 2 輯（1984），第 100–105 頁；William Rowe, *Crimson Rain: Seven Centuries of Violence in a Chinese County*, pp. 255-256；韋拔群：〈詩歌十首〉；〈山歌十五首〉，《韋拔群陳洪濤遺作和講話選輯》，東蘭：1984，第 70–87 頁；彭湃：〈詩歌十一首〉，《彭湃文集》，第 330–337 頁；陸秀祥編，《東蘭革命根據地》，第 405 頁。

95　譚慶榮：〈我當「農軍」交通的回憶〉，陸秀祥編：《東蘭農民運動 1921–1927》，第 212–215 頁；黃玉美：〈衝破牢籠幹革命〉，《廣西革命鬥爭回憶錄》，第 2 輯（1984），第 105–108 頁。

96　陳勉恕：〈廣西東蘭農民運動之實際狀況〉（1927 年 4 月），《韋拔群陳洪濤史料專輯》，第 53 頁；王錦俠、陳幼明：〈陳勉恕〉，《中共廣西黨史人物傳》，第 1 輯，第 383 頁。

97　牙美元：〈第一次革命戰爭時期國內各人民團體及各界人士支持東蘭農民運動的回憶〉，《東蘭文史資料》，第 1 輯（1985），第 21–22 頁；王錦俠、陳幼明：〈陳勉恕〉，《中共廣西黨史人物傳》，第 1 輯，第 383 頁；高瑤光：〈陳勉恕二三事〉，陸秀祥編：《東蘭農民運動 1921–1927》，第 190–195 頁。

98　《左右江革命史料彙編》，第 1 輯，第 51 頁。

來羞辱他們曾經的主子的方法，而四十年後，紅衛兵也會用同樣的方法羞辱許多發明了這些方法的老革命。東蘭縣政府想處死杜八，但省政府沒有批准，杜八不久後死在獄中。革命人士說他自殺了，但杜八的兒子後來向政府報告說，他們的父親是死於酷刑和飢餓。[99]

中共廣西地方組織給陳勉恕的任務之一就是擴大中共在東蘭的影響。在陳勉恕到東蘭上任的當月，另外三位共產黨人也來到東蘭，他們是陳洪濤、陳鼓濤和嚴敏。陳洪濤和陳鼓濤是最早加入中國共產黨的東蘭人，他們都是先參加了韋拔群領導的農民運動，然後才加入共產黨的。嚴敏是廣東人，畢業於國民黨創辦的廣東大學，於 1925 年加入中國共產黨。中共領導人曾計劃派他去蘇聯學習，在這一計劃失敗後，他就被派到廣西去傳播共產主義，並在 1926 年初來到南寧，後於 1926 年 7 月到達右江地區。1926 年底，四位共產黨人在東蘭成立了第一個以陳洪濤為首的中共黨小組。[100] 有一份資料顯示，這個小組還有第五個成員黃鴻翼，他是在南寧讀書時由嚴敏介紹入黨的，[101] 但大多數其他資料都沒有提及黃鴻翼，這可能是因為他後來脫黨了。

如前所述，陳勉恕在前往東蘭之前，從中共上級那裏領到的另一項任務是把韋拔群變成共產黨員，但陳勉恕未能立即完成這個任務。有一種說法認為，東蘭的中共黨小組成立後不久，韋拔群就向小組遞交了一封信，信中寫道：「吾拔群，願把五尺之軀交給黨，跟黨

99　廣西省政府：〈廣西省政府訓令第三七號〉，《廣西省政府公報》，第 59 號（1928 年 1 月 21 日），《左右江革命史料彙編》，第 3 輯，第 14－15 頁。

100　牙美元、覃應物：〈憶陳洪濤同志〉，《東蘭文史》，第 4 輯（2001），第 40－41 頁；覃應物：〈陳洪濤小傳〉，《東蘭文史》，第 4 輯（2001），第 44－46 頁；藍天：〈陳洪濤〉，《中共廣西黨史人物傳》，第 1 輯，第 273－275 頁；梁耀東：〈陳鼓濤〉，《中共廣西黨史人物傳》，第 4 輯，第 531－532 頁；王錦俠、陳幼明：〈陳勉恕〉，《中共廣西黨史人物傳》，第 1 輯，第 383 頁；唐松球：〈嚴敏〉，《中共廣西黨史人物傳》，第 1 輯，第 130－135 頁。

101　黃鴻翼 (?)：〈韋師長拔群領導東蘭革命〉，下冊，第 66 節。手稿。

剷除天下不平，建立一個平等的新社會，熱烈而生，熱烈而死。」[102]
雖然有人主張韋拔群在 1926 年底或 1928 年底就已加入中國共產黨，
但有確鑿的證據表明韋拔群可能是在 1926 年底或 1927 年初由陳勉恕
推薦而成為預備黨員，但他的黨員資格直到 1929 年 8 月才獲得正式
批准。1929 年初，中共廣西特委書記朱錫昂仍把韋拔群描述為「國
民黨左派」，說明韋拔群在那個時候還不是中共正式黨員，張雲逸也
證實韋拔群是在 1929 年入黨。[103] 有幾個因素造成了他的入黨或轉正
程序被延誤：1927 年 4 月，國民黨與共產黨決裂，導致各地各級統
一戰線的崩潰。在廣西，中共組織在清黨運動中遭到嚴重破壞，到
1928 年初才部分恢復，直到 1929 年 7 月才完全恢復。在 1927 年 4 月
至 1928 年初的幾個月裏，在右江一帶仍有共產黨組織，但這些組織
可能並沒有批准韋拔群入黨或轉正的權力。

　　清黨和隨之而來的中共組織的崩潰，只可能在 1927 年 4 月之後
使韋拔群入黨或轉正程序被延遲，而韋拔群的入黨或轉正程序之所以
未能在 1927 年 4 月之前完成，則可能是由於中共在 1925 年初制定的
一項政策，即新黨員必須經過一段預備期才能成為正式黨員，預備期
的時間是：工人三個月，非工人六個月，但中共給與地方組織縮短或
延長申請者預備期的權力：對於來自富裕家庭的入黨申請人，預備

102 藍漢東、藍啟渲：《韋拔群》，第 120 頁。

103 朱錫昂：〈朱錫昂給中央巡視員和廣東省委的報告〉（1929 年 1 月 27 日），藍應波，
鄧李能編：《廣西革命歷史文件彙集 1926，12 − 1929，3》，第 229 頁；〈請張老漫談
回憶廣西革命鬥爭材料及廣西黨與蘇維埃紅軍運動簡史〉，1962，油印件。有關韋拔
群入黨時間的問題，還可參見黃茂田：〈韋拔群入黨時間的考證〉（1981），《韋拔群
陳洪濤史料專輯》，483 − 486；牙遠波：〈韋拔群同志入黨時間再考證〉，《河池師
專學報》，第 23 卷，第 1 期（2003），第 76 − 78 頁；藍啟渲、蘇醒：〈韋拔群同志
入黨時間考證〉，《革命人物》，1987 年，第 1 期，第 30 − 34 頁；陳欣德：〈韋拔群〉，
胡華編：《中共黨史人物傳》，第 12 卷，第 200 頁；《左右江革命史料彙編》，第 1 輯，
第 89 − 90 頁；莫文驊：《回憶紅七軍》，第 4 頁；高瑤光：〈陳勉恕二三事〉，陸秀祥編：
《東蘭農民運動 1921 − 1927》，第 190 頁。

期可以長達一至兩年。[104] 陳洪濤和陳鼓濤似乎都沒有經歷太長的預備期，但韋拔群很可能要經歷六個月甚至更長時間的預備期，一是因為他是地主，但更重要的是共產黨人認為他有一些嚴重的缺點。這一時期共產黨領導人的報告顯示，共產黨人並不認為韋拔群領導的運動是真正的共產主義土地革命。他們認為，作為一位農民領袖，韋拔群有一些嚴重缺陷，其中之一就是他「被安納基派所包圍」，[105] 儘管還無法確定這些安納基派究竟是誰。另一個與無政府主義有關的缺陷是「農民領袖受黨影響甚少，韋拔群雖已入黨，但始終對群眾是英雄式的領導」。[106]

　　共產黨人不僅希望韋拔群能加入中共，而且還希望能改變韋拔群這個人和他領導的運動。陳勉恕一方面稱讚韋拔群的勇敢無畏和為保護農民利益所做出的奉獻，另一方面又認為東蘭慘案的發生是因為韋拔群的運動主要是基於同情和義氣，韋拔群沒能運用正確的理論和策略來領導農民，也沒能在其他工農組織中找到盟友，因此犯了關門主義的毛病。[107] 陳勉恕的印象是，韋拔群過於重視打造軍事力量，而相對忽略了政治工作。他建議韋拔群和其他領導人在軍事上採取守勢，但在推動政治工作方面要更加積極進取。[108] 韋拔群的秘書稱陳勉恕也覺得韋拔群過於我行我素和殘酷無情。[109] 另一位廣西共產黨領導

104　牙遠波：〈韋拔群同志入黨時間再考證〉，《河池師專學報》，第 23 卷，第 1 期（2003），第 77 頁；藍啟渲、蘇醒：〈韋拔群同志入黨時間考證〉，《革命人物》，1987 年，第 1 期，第 32 頁。

105　中共廣西特委：〈中共廣西特委給廣東省委的信〉（1929 年 10 月 20 日），《韋拔群陳洪濤史料專輯》，第 94 頁。

106　惲代英：〈給中共中央的報告〉（1927 年 10 月 24 日），《韋拔群陳洪濤史料專輯》，第 82 頁。惲代英顯然認為韋拔群已在 1927 年 10 月之前入黨。

107　陳勉恕：〈廣西東蘭農民運動之實際狀況〉（1927 年 4 月），《韋拔群陳洪濤史料專輯》，第 57 頁。

108　牙美元：〈第一次革命戰爭時期國內各人民團體及各界人士支持東蘭農民運動的回憶〉，《東蘭文史資料》，第 1 輯（1985），第 21－22 頁。

109　〈韋禮伯致劉聘卿〉（1927），百色市檔案館。

人陳豪人評價道，在 1929 年中國共產黨在東蘭站穩腳跟之前，對於
東蘭農民來說韋拔群是唯一的權威。他想表達的也許是，那時東蘭農
民所追隨的是一個個人，而不是一個組織或一條道路。陳豪人也贊同
陳勉恕對韋拔群忽視政治工作的批評，認為當時東蘭農民雖對統治階
級懷有深仇大恨，但政治意識相對淡薄。[110] 共產黨人想把東蘭農民運
動納入共產主義革命，但韋拔群和他的支持者可能並不願意立即完全
服從中共。韋拔群與共產黨在這一時期雖然結成同盟，但尚未實現完
全的融合。

在韋拔群入黨問題上，1928 年初成立的中國共產黨廣西特委仍
然秉持 1927 年 4 月之前的那種審慎態度。1928 年 5 月，廣西特委派
嚴敏到東蘭向韋拔群通報黨的新政策並幫助他重組革命政府，[111] 但嚴
敏並沒有把韋拔群轉為正式黨員。1928 年 10 月，嚴敏就任右江地區
黨組織領導人後，立即就吸收奉義縣農民運動領袖黃治峰入黨，[112] 這
表明他有權批准符合條件的申請人入黨。嚴敏雖然與韋拔群保持聯
繫，但沒有幫他轉正，可能是因為他仍認為韋拔群尚未達到共產黨員
的標準。後來，右江地區的中共特委曾為此做了自我批評，認為特委
對於東蘭鬥爭的性質認識不清，在韋拔群入黨問題上犯了機械主義的
錯誤，[113] 這些都表明韋拔群沒能早點成為正式黨員是中共方面對他有
疑慮，而儘管一直遭遇懷疑和拖延，韋拔群從未失去對加入中國共產
黨的興趣。

陳勉恕在 1927 年初離開了東蘭。有一種說法稱陳勉恕是被省政

110　陳豪人：〈七軍前委報告〉（1930 年 1 月），《左右江革命根據地》，上冊，第 164 頁。

111　唐松球：〈嚴敏〉，《中共廣西黨史人物傳》，第 1 輯，第 135－136 頁。

112　藍啟渲、藍寶石：〈黃治峰〉，白先經編，《紅七軍紅八軍英列傳》，第 270－271 頁。

113　中共廣西特委：〈中共廣西特委給廣東省委的信〉（1929 年 10 月 20 日），《韋拔群陳
　　洪濤史料專輯》，第 95 頁。

府召回的，因為省政府的右派領導人不希望他在東蘭「火上澆油」，[114]
但中共一些文件則含糊其辭地提到，共產黨人因為與以韋拔群為首的
當地農民運動的領袖們發生了衝突，因此不得不離開東蘭。其中一份
文件顯示，由於中共黨員在東蘭的秘密活動引起了一些誤會，他們
不得不中止活動並離開東蘭。[115] 一位國民黨人士聲稱陳勉恕對韋拔群
的不服管束感到不滿，並開始策劃以陳鼓濤等年輕領袖取代韋拔群，
但這項計劃被韋拔群發現了，陳勉恕便只好離開東蘭。這一觀點得到
了韋拔群當時的秘書韋禮伯的確認。[116] 這一說法可能至少是部分屬實
的，因為陳勉恕離開東蘭後不久，陳鼓濤和陳洪濤也離開了東蘭，而
且陳鼓濤這個東蘭人從此再也沒回東蘭與韋拔群一起共事。陳洪濤在
右江各縣待了兩年，並於 1929 年再次成為韋拔群的親密戰友，而另
一位外地來的共產黨員嚴敏也在陳勉恕辭任後離開了東蘭。[117] 韋禮伯
還提到了陳勉恕和陳協五之間的衝突，並認為這是陳勉恕離開東蘭的
原因，[118] 這種說法可信度不高，因為陳協五早在陳勉恕離開南寧前往
東蘭就任縣長之前就已失去權力。

　　陳勉恕當時的助手高瑤光證實是陳勉恕自己決定要離開東蘭
的，而他的離去與傳說中的他與韋拔群之間的衝突並無多少關係。陳
勉恕對高瑤光說，共產國際顧問鮑羅廷和廣西中共組織的領導人曾要
求他在東蘭工作四個月後返回南寧。離開東蘭前，陳勉恕曾告訴高瑤
光他有可能會回來，但陳勉恕抵達南寧後就通知高瑤光說，省政府已

---

114 藍啟渲、蘇醒：〈韋拔群同志入黨時間考證〉，《革命人物》，1987 年，第 1 期，第
　　32 頁。

115 《左右江革命史料彙編》，第 1 輯，第 52 頁；中共廣西特委：〈中共廣西特委給廣東
　　省委的信〉（1929 年 10 月 20 日），《韋拔群陳洪濤史料專輯》，第 94 頁。

116 〈韋禮伯致劉聘卿〉（1927），百色市檔案館。

117 唐松球：〈嚴敏〉，《中共廣西黨史人物傳》，第 1 輯，第 135－136 頁。

118 〈韋禮伯致劉聘卿〉（1927），百色市檔案館，（084）。

經任命了東蘭的新縣長，所以他不會再回東蘭了。高瑤光還回憶說，離開東蘭前，陳勉恕曾與韋拔群、陳伯民等人開了幾天會。在去南寧的途中，陳勉恕為了與韋拔群道別還特意在武篆稍作停留。正是當兩人在武篆見面時，韋拔群告訴陳勉恕，國民黨右派已經開始清除共產黨人和國民黨左派，並告誡陳勉恕小心防範。韋拔群可能是從無政府主義者葉一矛處得知了有關清黨的消息，那時葉一矛為了逃避國民黨右派的追捕剛從南寧來到東蘭。1926 年下半年陳勉恕離開南寧前往東蘭之前，俞作柏曾送他一把左輪手槍做禮物，而在離開東蘭之前，陳勉恕把這支手槍留給了韋拔群。高瑤光的印象是這兩位老友之間並不存在任何芥蒂和嫌隙。[119]

　　第二次暴動期間，韋拔群與三股不同的政治力量建立了密切聯繫，即以陳勉恕、嚴敏、陳洪濤、陳鼓濤為代表的共產黨人；陳協五、俞作柏等國民黨左派人士；葉一矛等無政府主義者。這三個團體既是盟友，又是競爭對手，他們都試圖贏得韋拔群的效忠。共產黨人雷經天後來回憶說，國民黨人陳協五和無政府主義者葉一矛都想掌控東蘭、鳳山和右江地區的農民運動。中共廣西特委書記朱錫昂在 1929 年初評論說：「韋（拔群）稍涉獵過無政府主義的書報，好談無政府主義，實際上是國民黨左派，極信仰俞作柏。」[120] 韋拔群似乎願意與所有三個團體合作，並試圖在它們之間保持一種平衡，而這也有助於他保持自己的獨立性。

　　即使陳勉恕與韋拔群之間真的存在一些矛盾，那麼這些矛盾的嚴重性也遠遠不及陳勉恕與國民黨右派之間的衝突。1926 年 12 月，

119　高瑤光：〈陳勉恕二三事〉，陸秀祥編：《東蘭農民運動 1921－1927》，第 194－195 頁。

120　雷經天：〈嚴敏在廣西革命鬥爭事略〉（1959），《左右江革命根據地》，下冊，第 826 頁；朱錫昂：〈朱錫昂給中央巡視員和廣東省委的報告〉（1929 年 1 月 27 日），藍應波、鄧李能編：《廣西革命歷史文件彙集 1926，12－1929，3》，第 229 頁。

陳勉恕寫了一篇關於東蘭農民運動的報告，並在報告中證實韋拔群及其追隨者不是土匪，而是為農民利益而戰的革命者，當地的土豪劣紳、民團、冀團才是壓迫者和剝削者。他與陳協五一樣，都認為農民的暴力行為是正當的，並敦促省政府支持韋拔群和東蘭農民。[121] 陳勉恕的報告得到調查委員會左派成員的支持，但委員會右派成員不同意陳勉恕的意見，並起草了另一份譴責韋拔群及其追隨者的報告。這一事件引起了省黨部內國民黨左派與右派的進一步衝突，省黨部於是決定在《南寧民國日報》上同時刊發這兩篇報告，但報社印刷廠的工人是東蘭農民的支持者，他們用一篇支持東蘭農民的通電取代了右派的報告，有兩名工人為此遭到逮捕。[122]

在各主要方面，陳勉恕與陳協五並無分歧，如果國民黨右派連陳協五都不能容忍，那他們一定會更加仇視陳勉恕了。陳協五只是提交了一份報告，但並不曾試圖改變東蘭的現狀，而陳勉恕則不僅提交了一份報告，還直接參與改造東蘭，而且這種改造是對韋拔群和他的追隨者有利的。幸運的是，在國民黨右派開始在廣西清黨之前，陳勉恕已設法逃出了廣西，否則他肯定會像他在廣西共產黨內的許多同志一樣，成為白色恐怖的受害者。

衰落

陳勉恕離開東蘭後就再沒有回去過，而他和韋拔群也再沒有見過面。儘管他是一位多產的作家，而且比韋拔群多活了六年，但除了 1926 年提交的那份報告外，他沒有寫下任何其他關於韋拔群及其

---

121 陳勉恕：〈廣西東蘭農民運動之實際狀況〉（1927 年 4 月），《韋拔群陳洪濤史料專輯》，第 47－57 頁。

122 黎國軸、嚴永通：《韋拔群傳》，第 108－109 頁。

運動的文字。陳勉恕一離開東蘭，韋拔群的第二次暴動就開始衰落了。陳勉恕離任兩個月後，蔣介石就啟動全面清除共產黨的運動。長期以來與國民黨左派衝突不斷的新桂系頭目，積極地參加了針對共產黨的白色恐怖行動。新桂系的三巨頭李宗仁、黃紹竑和白崇禧，都出席了蔣介石主持的那次做出清黨決定的會議，而且都對這一決定表示支持。戴安娜・拉里認為，如果沒有新桂系的支持，蔣介石幾乎不可能實施清黨行動。廣西的壯族歷史學家黃現璠也贊同這一觀點。[123] 白崇禧直接策劃和發動了在上海的血腥清黨，很多年後，他曾自豪地承認，當時的人們認為「白色恐怖」的「白」來自白崇禧的「白」。[124]黃紹竑後來回憶說，他和左派在儒家思想的地位、工人運動、農民運動等幾個問題上都有衝突，但他支持清黨的主要原因是他對農民運動、特別是以韋拔群為首的東蘭農民運動的恐懼。他的朋友、廣東省長李濟深對彭湃領導的海陸豐農民運動也有類似的恐懼。黃紹竑承認，他之所以不支援農民運動，部分地是因為他自己就出身於一個每年收租五百多石的地主之家。[125]

就在蔣介石和白崇禧開始在上海屠殺共產黨人的同一天，國民黨右派開始在南寧抓捕左翼份子。僅 1927 年 4 月，就有 390 多名左派「嫌犯」被捕，其中 27 人被處死。遇害者不僅包括共產黨人，還包括國民黨左派人士。所有批評右派政策的人都被追捕，不論是共產黨人還是國民黨人，只有廣西容縣籍的嫌犯被放過，因為省長黃紹竑和他在省政府的許多下屬都來自容縣。黃省長後來解釋說，韋拔群的盟友陳協五得以倖免的唯一原因，就是他也來自容縣。這些右翼份子

123 Diana Lary, *Region and Nation: The Kwangsi Clique in Chinese Politics, 1925-1937*, p. 76；黃現璠、甘文傑、甘文豪：《韋拔群評傳》，第 230 頁。

124 白崇禧：《白崇禧回憶錄》，第 46 頁。

125 黃紹竑：〈四一二事變前後我親身經歷的回憶〉，《廣西文史資料》，第 7 輯（1978），第 5－10、13 頁。

甚至沒有放過李宗仁將軍的堂弟李征鳳，也沒有放過省政府另一位高官的弟弟雷沛濤，[126] 李、雷二人都是廣西共產黨的領袖。在清黨行動中遇害的大部分是韋拔群及東蘭農民運動的堅定支持者。

在左江和右江地區，幾位重要的農民運動領袖在清黨行動中被捕後遭殺害。由於東蘭離南寧、南京、武漢等政治中心太遠，反共運動的浪潮並沒有立即波及那裏。諷刺的是，儘管廣西的共產黨領導人對批准韋拔群入黨持保留態度，但這並不妨礙國民黨右派認定韋拔群是一名真正的共產黨人。對他們來說，搞農民運動、工人運動的人，必須是共產黨，即使不是共產黨，至少也是左傾份子。省長黃紹竑認為，韋拔群 1925 年在廣州農講所學習期間就加入了中國共產黨，而這並非實情。黃紹竑的繼任者黃旭初認為，在 1927 年清黨時，「共黨在廣西最猖獗的要算東蘭韋拔群了」。[127] 在 1927 年底和 1928 年初，省政府決定為前縣長黃守先和五名曾因參與製造了東蘭慘案而受到懲罰的東蘭權貴平反，這五戶人家被沒收的財產也都被歸還。前縣長黃守先也以政府軍軍官的身份回到東蘭與韋拔群作戰，而五名獲平反的地方權貴中至少有兩人成為當地反共民團的指揮官，同時，政府將韋拔群和他的一些追隨者都列入了通緝名單，並下令沒收部分人的家庭

126 黃紹竑：〈四一二事變前後我親身經歷的回憶〉，《廣西文史資料》，第 7 輯（1978），第 26 頁；李宗仁、唐德剛：《李宗仁回憶錄》，第 324 頁；雷榮甲、陳業強、金開山：〈雷沛鴻〉，廣西辛亥革命史研究會編：《民國廣西人物傳》（一），第 35 頁。

127 黃紹竑：〈四一二事變前後我親身經歷的回憶〉，《廣西文史資料》，第 7 輯（1978），第 9 頁；黃旭初：〈廣西李白黃與清黨之役〉，《春秋》，第 108 期（1962）。

財產。[128]

　　省長黃紹竑早在 1927 年 4 月就下令進攻東蘭縣城，但他的手下並未立即對韋拔群採取鎮壓行動，他們可能知道，自己還沒有做好對付韋拔群的準備。韋拔群的居住地很偏遠，他又善於藏匿，並且有眾多當地支持者。雖然東蘭還沒有大股的敵方正規部隊，但韋拔群仍然小心翼翼，害怕遇上刺客。在那段時間，他從不會在同一個地方住一晚以上，有時甚至會在一個晚上轉移兩到三回。[129]

　　1927 年 7 月初，在國民黨的清黨行動開始近三個月後，韋拔群在他的東蘭避風港成功地開辦了東蘭農講所的第三期。和第二期一樣，第三期的教學地點也在武篆育才高等小學，學員共有 127 人，來自東蘭、鳳山、百色、河池、都安等縣，所有的學員都是男性，他們都是由各地方的農民協會選派的。學員們都在學校裏吃飯，但需要自付伙食費，來自富裕家庭的學員自掏腰包，而來自貧困家庭的學員則從農民協會領取補貼。課程和課外活動的設置與前兩期學習班相似。[130]

　　和前兩期一樣，韋拔群仍然擔任農講所的主任，葉一矛、閉雪平、趙世俊這三位第三期最重要的教師都不是東蘭本地的革命者，要

128　廣西省政府：〈廣西省政府訓令民政司法兩廳將黃守先前在東蘭縣知事任內因蘭案所受之處分撤銷文〉，《廣西省政府公報》，第 49 冊（1927 年 10 月 11 日），《左右江革命史料彙編》，第 3 輯，第 8–9 頁；廣西省政府：〈廣西省政府訓令第三七號〉，《廣西省政府公報》，第 59 冊（1928 年 1 月 21 日），前引書，第 14–15 頁；廣西省政府：〈廣西省政府指令第四三九號〉，《廣西省政府公報》，第 66 冊（1928 年 4 月 1 日），前引書，第 20–22 頁；廣西民政月刊：〈東蘭縣第一次全屬團務會議錄〉，《廣西民政月刊》，第 1 卷，第 1 號（1928），前引書，第 15–17 頁；廣西省政府：〈廣西省政府訓令各縣長各警廳局案據田南清鄉總辦劉日福呈議定賞格購緝首要匪黨韋拔群等仰即一體協緝務獲歸案訓辦文［附賞格］〉，《廣西省政府公報》，第 56 冊（1927 年 12 月 21 日），前引書，第 12–13 頁；廣西省政府：〈廣西省政府魚電〉，《廣西省政府公報》，第 66 冊（1928 年 4 月 1 日），前引書，第 22–23 頁。

129　黃紹竑：《黃紹竑回憶錄》，第 665 頁；黎國軸、嚴永通：《韋拔群傳》，第 124 頁。

130　黃喚民：〈第三屆農講所生活片段〉，《韋拔群陳洪濤史料專輯》，第 359–363 頁；陸秀祥編：《東蘭農民運動 1921–1927》，第 10–11、48–50 頁。

不是白色恐怖，他們也不會聚集在東蘭。教師中最有爭議的是第三期的教務主任兼教員葉一矛。有資料顯示，葉曾於 1926 年初陪同陳協五來過東蘭，因此是韋拔群的故交。[131] 他曾是廣西最知名的無政府主義者之一，也是著名無政府主義作家巴金的親密朋友。對於一些共產黨人來說，他在農講所的出現，進一步證實了韋拔群與無政府主義者的關係。然而，到了 1927 年，共產黨人已經完全勝過無政府主義者，兩者之間的區別已經弱化，像省長黃紹竑這樣的國民黨人並不認為兩者之間有任何實質性的區別。[132] 在南寧，葉一矛和一些共產黨人一起工作，在農講所，他繼續同一些共產黨人密切合作，而國民黨右派則把他視為同共產黨一樣危險的敵人。

有趣的是，韋拔群從始至終都試圖為農講所聘請熟悉最新革命思想的人擔任教員。第一期的教員大多是他在改造東蘭同志會的老同志；第二期最重要的老師是陳洪濤、陳鼓濤和黃鴻富，他們都是剛剛在梧州和廣州學習過的青年革命者；而第三期的教師，則主要是剛從南寧逃出來的難民革命者。

農講所第三期結束後，韋拔群請葉一矛陪同弟弟韋菁去武漢搜集有關政治局勢的情報。[133] 韋拔群明白，隨着新桂系的上台，百色和南寧在可預見的未來都將對他的運動持敵視態度，於是他想更多地了解蔣介石南京政府與汪精衛武漢政府之間的關係，看看能不能在武漢找到一些有能力和有意向幫助他戰勝敵人的支持者。不幸的是，這次出行並不成功。在 1927 年 9 月韋菁、葉一矛二人離開東蘭前往武漢前的一個多月，共產黨人與國民黨左翼的聯盟就已經瓦解了。武漢政

---

131 《東蘭縣志》，1960，歷史部分，第 20 頁。

132 黃現璠、甘文傑、甘文豪：《韋拔群評傳》，第 204－205 頁；陸秀祥編：《東蘭農民運動 1921－1927》，第 10－11、40－41 頁。

133 閉夢平：〈我在東蘭第三屆講習所任教前後〉，《韋拔群陳洪濤史料專輯》，第 364－365 頁；黃英俊：〈韋菁〉，《中共廣西黨史人物傳》，第 4 輯，第 515－516 頁。

府現在與南京政府一樣，對共產黨和真正的國民黨左派都懷有敵意。
韋拔群顯然對這一新的事態發展一無所知，他知道蔣介石反共，但不
知道汪精衛也變成了共產黨的敵人。葉一矛再也沒有回到東蘭，也沒
有再見過他的好友韋拔群。

　　1927 年 7 月和 8 月，就在白色恐怖蔓延至東蘭之前，韋拔群又
對東蘭的富豪家庭發動了新一輪的紅色恐怖襲擊。武篆鎮的梁家成為
主要的攻擊對象。梁家是來自廣東的客家人，擁有大量土地（據估計
他們擁有二百到四百畝甚至一千多畝土地），外加一間當舖，而且還
對外發放高利貸。梁家過去出過一些地方官，因此是一個不僅有錢、
而且有勢的家族，他們甚至有自己的私家衛隊。梁家在此之前一直倖
免於難，可能是因為梁家的一位兄弟梁士書是韋拔群的親密戰友。梁
士書曾在育才學校任教，也是改造東蘭同志會的創始會員，並曾參與
過東蘭農講所的管理。有不確切的消息稱，梁士書後來背叛了革命，
但沒有具體說明他的背叛行為是什麼，也沒有說明他的背叛究竟是不
是梁家垮台的導火索，抑或是梁家垮台的結果。

　　韋拔群之所以決定攻擊梁家，主要是因為梁家違反了不交租、
不納稅、不還債的政策，而繼續向貧苦農民收取租金和債款；據信梁
家還與其他「土豪」和敵軍暗中勾結。家主梁士訓成為首要的攻擊目
標，他被指控的罪行多達十六項。革命者處死了梁家的主要成員，並
把財產分發給窮人，把糧食留給農民協會和農軍，把房屋用作武篆農
民協會的辦公室。農講所第三期的學員參與了摧毀梁家的行動，梁士
書曾在農講所第三期工作，但也在這次行動中與他的哥哥和其他親屬
一起被處死。[134]

---

134 《左右江革命史料彙編》，第 1 輯，第 54 頁；曾啟強編：《中國早期農民運動領袖韋
　　拔群》，第 12 頁；謝扶民：《韋拔群》，第 40－41 頁；黎國軸、嚴永通：《韋拔群傳》，
　　第 123 頁；陸秀祥編：《東蘭農民運動 1921－1927》，第 14 頁；黃現璠、甘文傑、
　　甘文豪：《韋拔群評傳》，第 187－188 頁。

　　韋拔群與梁家的矛盾和他與杜八家的矛盾在形式上有所不同。他與杜家的矛盾是曠日持久的，而他與梁家的矛盾卻像是疾風暴雨，因為襲擊梁家是一個十分突然的決定。梁士書是韋拔群處決的第二位改造東蘭同志會的創始會員。在第一次暴動中，許多地方權貴受到威脅，但沒有被處死；然而，在第二次暴動中，韋拔群和他的支持者幾乎消滅了東蘭所有的權貴家族，包括杜家和梁家。杜、梁兩家都是武篆的新移民，從某種意義上說，他們的消亡可以被看作是源於本地強人與非本地權貴之間的衝突，或者是鄉村精英與富裕的城鎮居民之間衝突的結果。

　　在對韋拔群展開新的清剿行動之前，省長黃紹竑派武篆籍的國民黨軍隊高參黃雲去與韋拔群談判，想招安韋拔群，黃紹竑想把韋拔群的農軍收編成國民黨軍的一個旅，並由韋拔群擔任旅長。[135] 從黃紹竑的角度來看，這是一個聰明的計劃，因為這樣不僅有助於消除潛在的威脅，同時還能加強自己的軍事實力。然而，韋拔群拒絕了這個提議，這使他迅速淪為政府軍隊攻擊的目標。

　　國民黨對韋拔群和他的農民運動的攻擊開始於 1927 年 8 月，這時距蔣介石發起反共運動已將近四個月，這使原本應該持續六個月的農講所第三期不得不戛然而止。就是在這個月，劉日福派遣黃明遠率領一個營攻打鳳山，而當地民團和廖源芳領導的農軍從 4 月起就已在鳳山展開了激烈的戰鬥。韋拔群帶着大部分兵力前去鳳山增援，農軍未能阻止裝備精良的黃營佔領鳳山縣城，但黃營也未能給農軍造成多大損失。韋拔群的部隊緊密地包圍了縣城，使黃營不敢冒然出城。[136] 這是韋拔群早前在攻打東蘭縣城時用過的策略。

---

135 《東蘭縣志》，1994，第 722 頁。

136 班鋒、羅昭文：〈廖源芳〉，《中共廣西黨史人物傳》，第 1 輯，第 205－206 頁；黎國軸、嚴永通：《韋拔群傳》，第 124－126 頁。

到了 1927 年 10 月，省長黃紹竑意識到，單憑一個營的兵力不足以完成打敗韋拔群及其農軍的任務，於是他決定增派兩個團的兵力到右江地區，其中一個就是 1926 年初製造東蘭慘案的劉日福手下的龔壽儀團。他們的策略是讓龔團進攻韋拔群根據地的西翼，而林華亭指揮的第二個團則從河池進攻韋拔群根據地的東翼。這兩個團都是新桂系的戰爭機器第七軍的一部分，也是蔣介石領導的國民黨軍隊的一部分。韋拔群的部隊在兩個強大對手的夾擊下，遭受了最初的失敗。1927 年 10 月 12 日對韋拔群來說是一個黑暗的日子，因為他的兩個親密追隨者都在那一天被殺害了，其中一個是他同父異母的弟弟韋莖。韋莖畢業於育才高等小學和農講所第二期，於 1925 年參加農民運動，是農軍中的一名下級軍官，他在那一天被叛徒殺害，年僅十八歲。當天遇害的另一名追隨者是黃樹林，他曾是改造東蘭同志會的創始成員，也是農講所第一期的教員。黃樹林和陳伯民二人當天正從東蘭縣城向武篆轉移，途中遭遇敵人，陳伯民死裏逃生，但黃樹林卻沒能倖免於難。[137]

國民黨軍隊輕而易舉地佔領了縣城和其他城鎮。韋拔群和他的部隊撤退到西山、中山和東山，國民黨軍很快也跟隨他們進入了山區。國民黨軍可以佔領任何他們想要佔領的村莊或城鎮，但他們卻無法摧毀韋拔群的軍隊，或是俘虜韋拔群和其他領袖。韋拔群分散了自己的兵力，組建了暗殺隊和爆炸隊，與敵人展開了游擊戰。

到了 1927 年底，國民黨方面認為韋拔群已被擊敗，因此在東蘭及周邊地區已經沒什麼事可做了。與此同時，廣西其他地區爆發的衝突迫使他們不得不把軍隊緊急調往別處作戰，因為右江地區其他各縣的農軍對國民黨軍發動了兇猛的反攻。1927 年底，省政府不得不將

137　曾啟強編：《中國早期農民運動領袖韋拔群》，第 317 頁；黎國軸、嚴永通：《韋拔群傳》，第 127 頁。

黃明遠營調出東蘭，並將林華亭團調回河池，[138] 龔團則留駐在東蘭和鳳山。

然而，韋拔群和大多數的農民運動領袖仍然「逍遙法外」，這對省政府來說是一件極大的憾事。1927 年 12 月，省政府公佈了一份二十三名通緝要犯的名單，並注明捉拿或殺死每名要犯的獎賞金額。在這二十三位右江地區農民運動領袖中，東蘭有十一人，鳳山有五人，奉議有四人，恩隆、柳州、廣東各有一人。韋拔群以最高的懸賞金名列榜首：五千銀元，要求是「活要見人，死要見屍」；陳守和的賞格是三千銀元，而陳伯民、黃大權和黃書祥的賞格都是一千銀元；韋拔群的結拜兄弟、鳳山人廖源芳也價值一千銀元；韋拔群的另外三個年輕的追隨者每人只值五百銀元，這是最低一等的賞格了。韋拔群的無政府主義朋友葉一矛也在名單上，儘管他幾個月前就已離開東蘭前往武漢，而他的賞格是三千銀元。[139] 頗具諷刺意味的是，儘管國民黨認定這二十三個人都是共產黨人，但當時這些人中卻沒有一位是正式的中共黨員，而當時活躍在右江地區的真正的共產黨人，包括余少傑、嚴敏、陳洪濤和陳鼓濤，都不在這份懸賞名單上，這說明國民黨對右江地區的共產黨與農民運動的關係知之甚少。

在這份通緝要犯名單上，陳守和的名字緊隨韋拔群的名字之後，說明國民黨方面認為他是僅次於韋拔群的二號危險人物，但國民黨有所不知的是陳守和在名單公佈前不久就已死在自己同志的手中。陳守和是武篆的一位鄉村知識份子，自 1922 年以來一直是韋拔群最忠誠能幹的追隨者之一，他和陳伯民在為東蘭農民運動贏取外部支持

---

138 黎國軸、嚴永通：《韋拔群傳》，第 128 頁。

139 廣西省政府：〈廣西省政府訓令各縣長各警廳局案據田南清鄉總辦劉日福呈議定賞格購緝首要匪黨韋拔群等仰即一體協緝務獲歸案訓辦文〔附賞格〕〉（1927 年 12 月 21 日），《左右江革命史料彙編》，第 3 輯，第 12－13 頁。

方面發揮了重要作用。他是 1924 年初韋拔群派往南寧向省政府做彙報的四名代表之一；1926 年初，陳守和再次陪同陳伯民到南寧做關於東蘭慘案的彙報。當年晚些時候，在韋拔群的大力舉薦下，省政府派陳守和前往恩隆和奉議，協助領導那裏的農民運動。1927 年底，在農軍與國民黨的激烈對抗中，陳守和因變節而被處決。當時為韋拔群工作、後來叛變的黃羽成認為，陳守和與韋拔群的決裂有幾個原因：一是陳守和想和韋拔群爭當田南道農會主任，但主導此事的共產黨人余少傑不信任陳守和，認為陳反覆無常，所以支持韋拔群做主任；二是陳守和與陳洪濤、陳鼓濤結成小宗派，試圖分裂、奪權，被韋拔群發覺。三陳之間有親戚關係，陳守和是陳洪濤的侄子和陳鼓濤的堂兄弟；三是韋拔群懷疑陳守和在擔任縣參事會議長期間曾與縣長黃瓊瑤合作捕殺韋拔群的追隨者韋運和。[140]

陳守和在 1927 年被正式冠以「叛徒」之名，然後在 1984 年被中共廣西壯族自治區黨委平反。[141] 陳守和是繼陳毓藻、梁士書之後，第三位因變節而被處決的改造東蘭同志會的創始成員。東蘭農民運動的激進化導致了韋拔群的追隨者中出現分裂，有些追隨者擁護反對土豪劣紳、苛捐雜稅和其他腐敗行為，但並不願意支持全面的階級戰爭。

在 1927 年和 1928 年的艱難歲月裏，韋拔群的兩位妻子各為他生了一個兒子。韋拔群給王菊秋在 1927 年為他生的第四個兒子取名「堅持」，給陳蘭芬在 1928 年為他生的第五個兒子取名「到底」。[142] 看來，「堅持」確實幫助韋拔群及其追隨者在第二次暴動中生存「到底」了。通緝名單公佈六個月後，國民黨方面仍未能抓獲或殺死二十三名

---

140 〈提問黃羽成〉（黃羽成回憶），1972 年 9 月 9 日。

141 覃文良編：《東蘭縣革命英名錄》，《東蘭文史資料》，1988 年，第 3 期，第 25－26 頁；韋天富編：《東蘭縣民政志》，東蘭：2001，第 190 頁。

142 曾啟強編：《中國早期農民運動領袖韋拔群》，第 320 頁。

通緝要犯中的任何人。1928 年 6 月，龔團撤回百色，此後東蘭境內及周邊就不再有正規的政府軍，因此，韋拔群和國民黨雙方都有理由認為自己取得了勝利。國民黨打敗並驅散了韋拔群的軍隊，還給韋拔群及其追隨者造成了巨大的經濟損失，但與此同時，大多數農民運動的領袖、戰士和參與者都得以倖存，一旦國民黨軍隊撤退，革命就很容易死灰復燃。

國民黨的進攻促使韋拔群和共產黨人走到了一起，在龔團撤出東蘭後，韋拔群立即着手重建與中共的關係，並復興自己的運動。1928 年 7 月，他派遣兩名年輕的追隨者黃松堅和梁福臻前往江西向由毛澤東和朱德指揮的紅軍學習游擊戰術。兩人在梧州與警方發生衝突，梁福臻慘遭殺害，黃松堅抵達江西，與紅軍共處了幾個月，並於 1929 年 2 月返回東蘭。[143] 黃松堅似乎並沒有從江西的毛澤東或其他共產黨領導人那裏帶回任何重要指示，他此次出行也沒有使韋拔群和江西的共產黨人建立正式聯繫。

在龔團撤離六個月後，韋拔群已經恢復與廣西共產黨領導人的聯繫，並在西山重建了革命委員會，而且還為他的追隨者舉辦了一個政治軍事培訓班。此後他又遷回到武篆，開始派人到鄰縣動員農民。到 1929 年春天，韋拔群的軍隊重新佔領了東蘭的大部分村莊，只剩下縣城和幾個主要城鎮還掌握在敵人手中，同時他還恢復了對鳳山、凌雲、恩隆等鄰縣的控制。1929 年 8 月，他召集東蘭和鳳山的農軍大會，與會者多達一千到兩千人。到 1929 年 12 月，在百色起義前夕，韋拔群所指揮的農軍人數已增加到三千多人。[144]

---

143 黃松堅：〈關於紅七軍軍紀問題的回憶〉（1985），韋信音編：《青松高潔：黃松堅史料專輯》，第 144−146 頁。

144 庚新順：〈左右江地區的農民武裝鬥爭〉，《左右江革命根據地》，下冊，第 1060−1061 頁；韋志虹、吳忠才、高雄編：《百色起義人物志》，南寧：廣西人民出版社，1999，第 50 頁；《東蘭縣志》，1994，第 89 頁；黃超：〈跟隨拔哥鬧革命〉（1981），《韋拔群陳洪濤史料專輯》，第 348 頁。

　　韋拔群的第一次暴動和第二次暴動有一些重要的相似之處。在
這兩次暴動中，韋拔群都試圖採用他在遠行期間所學到的新思想和新
方法，並試圖尋求外部政治團體的支持。在這兩次暴動中，韋拔群及
其追隨者都與當地的敵人展開了激烈的鬥爭，並迫使他們尋求外界的
支持。這兩次暴動的結果基本上都取決於哪一方贏得了更強大的外部
支持。

　　這兩次暴動也有一些明顯的區別。第一次暴動主要是反對軍閥
的苛捐雜稅和土豪劣紳的各種壓迫；第二次暴動期間，革命者則不僅
要求反對重稅，而且反對放租和放債；統一戰線政府支持減租減息，
而韋拔群及其追隨者則更進一步，主張免租和免債。湖南等地也發生
過類似的激進行動。[145] 在第一次暴動中，地方統治階層受到了挑戰和
威脅，但沒有被徹底消滅，而在第二次暴動中，許多前統治階層的成
員都被從肉體上消滅了。儘管這兩次暴動都是激進的和暴力的，但第
二次比第一次更激進、更暴力。

　　第二次暴動比第一次暴動組織得更好，社會基礎也更廣泛。原
因之一是在第二次暴動中，韋拔群及其追隨者非常重視對組織者的培
訓。韋拔群以廣州農講所為榜樣，在東蘭創建了東蘭農講所，培養了
三期學員，其中許多學員成為當地農民運動的重要領導者或積極參與
者。婦女解放也成為第二次暴動的一個重要方面，愈來愈多的婦女開
始參與到農民運動當中。

　　在第一次暴動期間，韋拔群的外部盟友如省長馬君武只為他提
供了名義上的、道義上的和短暫的支持，而第二次暴動時，韋拔群及
其追隨者獲得了國民黨左派和共產黨人在政治、組織、宣傳和軍事上
的大力支持。國民黨左派之所以願意支持韋拔群，是因為他們認為韋

145　Chang Kuo-tao, *The Rise of the Chinese Communist Party: the Autobiography of Chang Kuo-tao*, Vol. 1, p. 607.

拔群的運動符合他們的革命原則，而把韋拔群的革命運動納入國民革命的範疇對國民革命是有利的，共產黨人對於整合韋拔群的革命運動也表現出特殊興趣。隨着地方基地和與外部聯繫的擴大，韋拔群在第二次暴動中的影響力和威望遠遠超過第一次暴動時期。

第二次暴動所涵蓋的地理範圍，要比第一次大得多。第一次暴動主要發生在東蘭和鳳山一帶，而第二次暴動則波及右江地區更多的縣；第二次暴動持續的時間也比第一次要長許多。

最後，第二次暴動時韋拔群帶領的農軍比他第一次暴動時建立的武裝力量要更加強大。1923 年底和 1924 年初，劉日福用一營的兵力就鎮壓了韋拔群的第一次暴動；1926 年初，劉日福不得不派整整一個團的兵力來鎮壓第二次暴動的第一階段；1927 年底和 1928 年初，省長黃紹竑則動用了近三個團的兵力才打敗了韋拔群的農軍。在第一次暴動中，韋拔群的敵人是舊桂系的軍閥，包括林俊亭、黃騏和劉日福。在第二次暴動中，他的敵人則是以李宗仁、白崇禧和黃紹竑為首的新桂系軍閥。在對待激進農民運動的態度上，新桂系與舊桂系其實並無太大區別，部分原因是桂系的新舊兩派關係密切，像李宗仁、白崇禧、黃紹竑、黃騏、劉日福等人在不同時期分別是新舊兩個派系的成員，他們在離開舊派系成為新派系之時，並未經歷任何思想轉變。

有人認為第一次暴動是由韋拔群和黃大權領導的一個無政府主義組織策劃和實施的。許多參與者後來回憶說，無政府主義在當時的東蘭影響很大，[146] 然而，並沒有證據可以證實這一時期的東蘭存在着一個無政府主義組織。即使韋拔群當時確信自己是一名無政府主義者，他的第一次暴動也不是一場純粹的無政府主義運動。他不僅受到

---

146 〈有關東蘭革命的參考資料〉，百色市檔案館（083-002-099-002）；〈馬列主義傳入東蘭和影響〉，百色市檔案館（083-02-100-002）。

了無政府主義的影響，還受到了共產主義和孫中山在國共合作之前所
確立的國民革命理論的影響，而韋拔群的第二次暴動，切實地遵循
了第一次統一戰線時期國民黨左派和共產黨所宣導的新國民革命的
原則。

第 六 章

第三次暴動：
地方革命融入全國革命
1929 —— 1930

　　自 1921 年以來，韋拔群及其支持者已多次證明，如果沒有外部干涉，他們很容易就能打敗東蘭境內的敵人。1923 年後，他們多次成功奪取縣城就證明了這一點。東蘭的貧困農民遠遠多過富裕的地主和官員，韋拔群及其支持者動員和組織了這些貧苦農民並在他們與敵方之間劃清了界限，而敵方就包括「土豪劣紳」、民團和縣警。如果能把東蘭與外界隔絕開來，那麼韋拔群很容易就能當上東蘭的「紅王」。

　　不幸的是，對於韋拔群來說，即使是偏遠的東蘭也沒有隔絕到足以躲避外部敵對勢力對他所領導運動的關注。每當韋拔群與當地敵人發生衝突時，就會有百色、河池、南寧等地的外部勢力介入。當支持韋拔群的外部力量壓倒支持其敵人的外部勢力時，韋拔群就能取勝，這種情況發生在 1926 年底和 1927 年初，否則他就會遭受失敗。在 1924 年、1926 年初、1927 年底及 1928 年初，韋拔群都曾被敵對的外部勢力打敗。東蘭地方衝突的結果，往往是由相互對立的外部敵對勢力決定的。在 1924 年首次暴動失敗後，韋拔群開始認識到獲取外部盟友的重要性。為了與外部支持者建立聯繫，韋拔群於 1924 年底前往廣州，1926 年派陳伯民、陳守和到南寧報告東蘭慘案的情況，1927 年又派弟弟韋菁隨葉一矛到武漢探查政治局勢。韋拔群及其追隨者還學會了發佈公告以影響輿論，動員在城市裏學習的東蘭學生的支持，爭取省政府派往東蘭的調查人員，從外部盟友那裏獲取武器，並從鄰縣的朋友們那裏贏得支持。

　　龔團 1928 年 6 月撤出東蘭時，韋拔群及其革命運動似乎又一次被外敵打敗了。然而，儘管龔團讓東蘭經歷了一番燒殺搶掠，但他們

未能抓獲或殺死韋拔群及其運動的大多數領袖。敵人撤退後，這些領袖們立即走出他們的藏身之地，並迅速復活了他們的運動。

迄今為止，韋拔群的外部盟友從未能向東蘭派遣正規軍隊來幫助他與敵人作戰。鄰縣的農民武裝雖曾多次在東蘭與韋拔群並肩作戰，但這些裝備簡陋、訓練不足的戰士完全難以抵擋來自百色、河池等地整營整團的敵方正規軍。但到了 1929 年，情況就發生了改變。

百色起義

1920 年代初以來，新桂系軍閥在廣西內外取得了卓越的政治和軍事成就。新桂系的三巨頭李宗仁、白崇禧和黃紹竑都是受過現代軍校訓練的廣西本地人。他們年輕有為、精力充沛，而他們的思想觀念體現了傳統和現代的交融。他們三人共同組成了一架融合了各方特長的「三套車」：一個勇敢的士兵和指揮官（李宗仁），一個聰明的軍事戰略家（白崇禧）和一個精明的政治家（黃紹竑）。到 1925 年時，他們已消滅廣西境內所有的敵對軍閥勢力，趕走了進入廣西的外省軍隊，重新統一了廣西。此後，新桂系開始積極地參與全國的政治和軍事事務。北伐期間，他們的第七軍在蔣介石的領導下進行了勇猛的戰鬥。1927 年 4 月以後，新桂系又成為蔣介石同共產黨作戰的堅強同盟。新桂系三巨頭中，黃紹竑留在廣西維持局面，而李宗仁和白崇禧同新桂系大部分的官兵們則在廣西之外參與更大規模的內戰。

到 1928 年，新桂系軍閥已同蔣介石的南京政府、奉系軍閥、晉系軍閥和馮玉祥的西北軍一起成為中國除中共武裝之外的五大軍事力量之一。新桂系的第七軍迅速成長為第四集團軍，而新桂系控制的官兵人數也從四萬人增加到二十萬人以上。在 1926 年北伐之初，這個集團只統治着廣西，但到了 1928 年，除了廣西，新桂系還建立了對

廣東、湖南、湖北、北京、天津和河北的控制。[1] 由於蔣介石推動的統一中國的宏偉計劃最終將不允許強大的地區軍閥集團的存在，蔣介石的中央政府與新桂系之間發生了不可避免的衝突。1929 年 3 月，雙方之間爆發了一場戰爭。事實證明，新桂系軍閥並不像先前看上去那麼強大，因為蔣介石只用了兩個月就打敗了新桂系。到 1929 年 5 月，新桂系的三巨頭已失去了大部分軍隊和地盤，包括他們的家鄉廣西。三人都不得不逃往香港。

俞作柏將軍在 1929 年新桂系軍閥的失敗中起了關鍵作用。俞一直是新桂系三巨頭的下屬，而在新桂系的重要領導人中，俞作柏是少數幾個真心支持統一戰線政策和群眾運動（包括農民運動）的國民黨左派成員之一。在 1926 年和 1927 年擔任國民黨廣西省黨部農民部負責人期間，俞作柏支持上級任命陳勉恕為東蘭縣長，還向陳伯民秘密提供了超過三十支手槍。[2] 總的來說，他是韋拔群第二次暴動期間最強有力的支持者之一。1927 年 4 月，新桂系開始整肅共產黨人和國民黨左派時，俞作柏逃往香港，與共產黨人陳勉恕同住，並與其他重要共產黨人保持着聯繫，他還擔任了由流亡的廣西國民黨左派和共產黨人共同組成的一個委員會的領導人，而這個委員會公開譴責了省長黃紹竑對廣西農民和工人運動的鎮壓。俞作柏的弟弟俞作豫也是新桂系的一名軍官，他於 1928 年經陳勉恕介紹加入了中國共產黨，並於 1929 年出任家鄉北流縣中共支部的領導。俞作豫曾說，廣西「要學彭湃、韋拔群，中國應該學蘇聯」。[3] 俞氏兄弟的表兄弟李明瑞是新桂系軍中一名實力派將軍，而他的部隊就駐紮在位置非常重要的湖北省。李明瑞曾是俞作柏的下屬，因在北伐戰爭中英勇作戰而英名遠

1　吳忠才、黃遠征、陳欣德：《百色起義史稿》，第 29－30 頁。

2　韋崎嶸、黃建平：〈陳伯民〉，《中共廣西黨史人物傳》，第 1 輯，第 143 頁。

3　庾新順：〈俞作豫〉，白先經編：《紅七軍紅八軍英列傳》，第 158 頁。

揚，與他的兩位表兄弟一樣，李明瑞也同情共產黨人，曾公開抱怨清黨影響了自己部隊的士氣。1929 年，李明瑞對新桂系的三巨頭心懷不滿，原因是他認為三巨頭由於考慮到他與俞作柏的密切關係而剝奪了他本來應該得到的一次晉升機會。

　　蔣介石知道俞作柏與新桂系三巨頭之間的矛盾，於是決定暫時忘掉俞作柏是一位同情共產黨的國民黨左派這一事實，並試圖有效利用俞作柏與新桂系三巨頭之間的衝突。1929 年初，蔣介石派代表去香港見俞作柏，要求他勸說李明瑞不要再為新桂系打仗，而是把他的軍隊撤回廣西。作為回報，蔣介石承諾一旦新桂系被擊敗，就會任命俞作柏和李明瑞二人為廣西的新領導人。表兄弟倆都認為蔣介石是一個政治敵人而非盟友，但同時他們也認為他們的首要敵人是新桂系三巨頭而非蔣介石。因此，在徵得共產黨朋友的同意後，俞作柏決定幫助蔣介石，並向共產黨人承諾在剷除新桂系軍閥後會再轉而反對蔣介石。他於是派人勸說李明瑞不要與蔣介石開戰。1929 年 3 月，蔣介石和新桂系軍閥之間的戰爭爆發後，李明瑞宣佈他的兩個師將保持中立，而這成為導致新桂系即刻崩潰的一個重要原因。在蔣介石的幫助下，李明瑞將他的兩個師撤回廣西。蔣介石也遵守了他的承諾，於1929 年 6 月任命俞作柏為廣西省長，李明瑞為廣西軍隊的總司令。1929 年 7 月初，俞、李二人到達南寧履職。

　　俞作柏和李明瑞接管廣西後就決定與共產黨合作。如前文所述，從 1920 年代初起，他倆就一直同情共產黨人。此外，他們當時缺乏同盟者。蔣介石只為他們提供了高級官職，但僅此而已。大批忠實於新桂系的官員和軍官依然留在廣西，他們保持着自己的職位，隨時都可能起來造反。俞、李二人急需一批軍政方面的領導人以幫助他們控制住軍隊和政府，並爭取農民和工人的支持。他倆向中共求助，中共的回應就是派遣四十多名中共幹部前往廣西，這些幹部大多具有豐富的軍事經驗，其中至少有二十五人畢業於黃埔軍校，或曾在國外深造，也有不少人參加過 1927 年的南昌起義和廣州起義。他們當中

有些人是作為中共派遣幹部進入廣西，另一些人則以秘密黨員的身份通過私人關係進入廣西。這些共產黨人大多是南方人，而軍事幹部在這些共產黨人中佔有很大比例這一事實表明中共方面強烈希望影響和改革俞作柏、李明瑞兩人掌控的廣西軍隊。

這個共產黨團體的領導人是雖然只有二十五歲，卻已在法國和蘇聯做過工人和學生並在中共擔任過重要職務的鄧小平。[4] 在南寧，鄧小平使用化名鄧斌，他的公開職務是省政府秘書長，而他的秘密身份則是廣西中共組織的軍委負責人。鄧小平的副手是二十二歲的陳豪人，他在被調到廣西之前一直是中共福建地方組織的領導人。陳豪人與鄧小平在省政府中的職位相同。這個團體中的另一位重要成員是海南人張雲逸，一位資深軍官。張在 1926 年加入中國共產黨之前，曾為孫中山效力多年，還擔任過統一戰線政府創建的國民革命軍的高級軍官。張雲逸時年三十七歲，是當時在廣西的共產黨員中經驗最豐富的軍事指揮員，也是中共團體中最年長的成員之一。張雲逸並未公開自己的中共黨員身份，他由一位共同好友推薦給俞作柏，並受俞作柏和李明瑞委任在廣西軍隊中擔任要職。[5] 龔楚是另一位在南寧的重要共產黨人。他於 1925 年加入中共，曾是廣東重要的農民運動領袖，而且還參加過南昌起義，並在毛澤東和朱德領導下在井岡山戰鬥過。[6]他曾是李明瑞在軍校裏的同窗，或許正因如此，龔楚被任命為南寧市

4　有關鄧小平的早年經歷，可參見 Marilyn Levine, *The Found Generation: Chinese Communists in Europe during the Twenties*. Seattle: The University of Washington Press, 1993, pp. 4-6, 85-86, 206-209; David Goodman, *Deng Xiaoping and the Chinese Revolution: A Political Biography*. London & New York: Routeledge, 1994, pp. 22-29; Benjamin Yang, "The Making of a Pragmatic Communist: The Early Life of Deng Xiaoping, 1904-1949," *China Quarterly*, 135 (1993), pp. 444-448; 毛毛：《我的父親鄧小平》，上卷，北京：中央文獻出版社，1993，第 55－195 頁；Ezra Vogel, *Deng Xiaoping and the Transformation of China*. Cambridge, MA: Belknap Press of Harvard University Press, 2011, pp. 15-28.

5　韋志虹、吳忠才、高雄編：《百色起義人物志》，第 22－23、58－59 頁。

6　龔楚：《我與紅軍》，香港：南風出版社，1954，第 167－169 頁。

警察局長。這一時期在廣西政府中最有權勢的共產黨人可能是俞作豫，他是中國共產黨與俞作柏、李明瑞二人之間的聯絡人。他幫助共產黨人取得重要職位，並確立了共產黨對重要軍事單位的控制。[7] 廣西政局的演變引得李宗仁發出痛苦的慨歎：俞作柏、李明瑞「南歸後，為虎附翼，共禍始熾，桂省幾成為共黨之西南根據地」。[8]

在俞作柏和李明瑞的領導下，廣西成為中國唯一一個試圖恢復國共統一戰線的省份。俞、李下令釋放所有政治犯，因此，自 1927 年 4 月清黨開始以來被囚禁的共產黨人和國民黨左派人士都重獲自由。與此同時，一些新桂系的支持者被逮捕，廣西的國民黨組織被解散，俞、李二人還鼓勵發展農民和工人運動，省政府成立了農民慰問所，俞作柏任命他的老朋友陳協五為慰問所主任。在第一次統一戰線崩潰後，新桂系便宣佈陳協五為通緝犯。1928 年初，他十六歲的兒子共青團員陳孟武因在桂南發動農民暴動而被殺害。[9]

1929 年 8 月，經俞作柏批准，廣西省第一次農民代表大會在南寧舉行。大會由共產黨人組織，會議決定成立廣西省農民協會籌備委員會，以共產黨員雷經天為主任，韋拔群為副主任。為出席這次大會，韋拔群化名農友三前往南寧。正是在這次開會期間，中共最終批准了韋拔群的正式黨員身份；此後不久，韋拔群的親密追隨者陳伯民、黃大權等人都紛紛加入了中國共產黨。韋拔群的這些親密戰友沒有在 1929 年之前入黨也間接地證明韋拔群是在 1929 年南寧之行期間才正式入黨。

韋拔群在南寧期間有機會與俞作柏在他的省長辦公室見面，而

7　韋志虹、吳忠才、高雄編：《百色起義人物志》，第 71－72 頁。

8　李宗仁：〈第四集團軍軍事經過概略〉，《李總司令最近演講集》，第四集團軍總司令部政訓處，香港重印本，年份不詳，第 49－50 頁。

9　農其振：〈左江革命運動片段回憶〉，《左右江革命根據地》，下冊，第 890 頁；黃超英、關立雄：〈陳協五〉，《中共廣西黨史人物傳》，第 2 輯，第 160 頁；韋慶蘭、黃超蔭：〈陳孟武〉，《中共廣西黨史人物傳》，第 4 輯，第 169－172 頁。

俞作柏的辦公室應該離鄧小平的辦公室不遠。儘管鄧小平和韋拔群在1929 年 8 月至 9 月中旬都在南寧，但兩人很可能從未謀面。鄧小平那時極少拋頭露面，在南寧的共產黨人都知道鄧斌是他們的領導人，但很少有人能夠見到他，就連張雲逸也沒能在南寧見到鄧小平。對於韋拔群而言，俞作柏在當時似乎是比鄧小平更加重要的一個靠山。二人見面後，俞作柏就向韋拔群贈送了三百多支步槍和兩萬發子彈，韋拔群立即就安排三百名戰士前來南寧領取武器。這些來自東蘭的戰士們在南寧停留了一段時間，目的是參加軍事訓練，他們直到 1929 年9 月中旬才回到武篆。[10]

除了任命左派人士在南寧擔任要職外，俞作柏和李明瑞還安排左派人士接管了一些縣政府。韋拔群的追隨者中有三人當了縣長：陳伯民被任命為河池縣縣長，黃大權當上了恩隆縣縣長，而黃書祥則成為果德縣縣長。後來，俞作柏的敵人指控他在擔任省長期間犯下罄竹難書的罪行，而其中一項就是任命像韋拔群這樣的「共匪」們擔任重要職務。[11]

名義上俞、李的南寧政權是蔣介石南京政府的下屬，因此他們必須謹慎處理與共產黨人的合作。他們允許共產黨人加入政府，但不允許他們保留共產黨組織，這也是第一次統一戰線時期國民黨方面的

10　黃榮、黃語揚：〈鄧小平與韋拔群〉（2004），牙祖坤、韋加波編：《鄧小平與東蘭》，南寧：2005，第 1–8 頁；袁任遠：〈從百色到湘贛〉（1961），《左右江革命根據地》，下冊，第 624 頁；毛毛：《我的父親鄧小平》，上卷，第 209 頁；張雲逸：〈百色起義與紅七軍的建立〉（1958），《星火燎原》，第 1 集，北京：解放軍出版社，1991，第415–416 頁；陳欣德：〈黃昉日〉，《中共廣西黨史人物傳》，第 1 輯，第 327 頁；吳忠才、黃遠征、陳欣德：《百色起義史稿》，第 4 頁；韋志虹、吳忠才、高雄編：《百色起義人物志》，第 50 頁。

11　韋志虹、吳忠才、高雄編：《百色起義人物志》，第 71–72 頁；吳忠才、黃遠征、陳欣德：《百色起義史稿》，第 44–45 頁；〈桂人數俞作柏十大罪〉，《公評報》，1929年 10 月 8 日，《左右江革命史料彙編》，第 3 輯，第 34–35 頁；〈桂省委聲討俞逆作柏揭發俞逆禍桂罪狀〉，《中央日報》，1929 年 10 月 15 日，《左右江革命史料彙編》，第 3 輯，第 40–42 頁。

政策，然而，共產黨人也像第一次統一戰線時期那樣，並沒有真正接受這項規定，而是秘密地保留着中共組織。總的說來，中共並非誠心與俞、李合作。中共中央在 1929 年 10 月初發給中共廣西特委的一封信中，把俞、李二人描述為軍閥、改良派和汪精衛的追隨者，認為他們與新桂系的頭目並無區別；中共中央命令廣西的共產黨人致力於消滅俞、李政權，並公開宣導中共路線，以與俞、李政權對抗。[12] 在向中共廣東省委提交的一份報告中，廣西共產黨人對上述指示作出回應，確認俞作柏確實是一個改良派而不是革命者，他的政策也是剝削性的和缺乏效率的；他們還報告說，廣西人民對俞、李政權的憎惡更甚於他們對新桂系的憎惡。[13] 考慮到共產黨人與蔣介石、汪精衛等其他國民黨人的不愉快合作經歷，這些不恭言辭是可以理解的。中共領導人意識到，俞作柏和李明瑞也在尋求汪精衛改組派的支持，而汪精衛已是共產黨的敵人。當時，汪精衛和蔣介石也是政敵，俞作柏也曾向改組派的友人們承諾，在推翻新桂系軍閥後他就會反蔣。

然而，在共產黨人還沒來得及對他們造成任何傷害之前，俞作柏和李明瑞就自我毀滅了。1929 年 10 月初，在改組派朋友的鼓動下，俞、李二人倉促向蔣介石宣戰，並向由陳濟棠控制着的廣東省進軍。兩人認為佔領富庶的廣東不僅可以使他們在與蔣介石作對時地位更加穩固，而且有助於解決他們面臨的財政問題。蔣介石用他擊潰新桂系的方法摧毀了俞、李政權。他為俞、李手下的一些將領提供了賞錢和升遷機會，有些將領就叛變了，結果反蔣攻勢開始後還不到十天，俞、李政權就垮台了。

共產黨人曾試圖阻止俞、李對蔣介石發動魯莽的戰爭，勸阻失

12　吳忠才、黃遠征、陳欣德：《百色起義史稿》，第 41－42 頁。

13　中共廣西特委：〈中共廣西特委給廣東省委的信〉（1929 年 10 月 20 日），《韋拔群陳洪濤史料專輯》，第 76 頁。

敗後，他們設法說服了俞、李兩人讓共產黨人控制的四千多官兵留在南寧，而不是向廣東進發。他們的理由是留下這些部隊將有助於保護省會和後方基地。俞、李政權垮台後，共產黨人於 1929 年 10 月中旬將這些部隊轉移到了左右江地區，他們帶走了五千多支步槍和原先存放在南寧兵工廠的大量彈藥。在從南寧去往百色途中，共產黨人把一些武器分發給右江地區的農軍，韋拔群得到了一千多支步槍、十二挺機關槍和其他武器，這使得東蘭農軍的軍械裝備總體上大大升級。有了這些武器，韋拔群和他的農軍於 1929 年 10 月重新佔領了武篆鎮和東蘭縣城。在與東蘭縣城的敵軍作戰時，韋拔群的部隊使用了這些新到手的機關槍和迫擊炮，在短短數小時內就將敵軍徹底擊潰。[14]

俞作柏和李明瑞的部隊大部分敗給了蔣介石的軍隊，其餘的則被共產黨帶走，於是他們就成了自己客人的客人 —— 他們兩個月前邀請到廣西來的共產黨人現在成了他們的東道主。在俞作豫的指揮下，由共產黨控制的一支部隊轉移到了左江地區最大的城鎮龍州，俞作柏和李明瑞與這支部隊同行。俞作柏隨後從龍州出發，經過越南到達香港，在他移居香港後，共產黨人繼續向他尋求經濟資助，但當他提議返回廣西領導革命時，中共方面卻立即表示拒絕。李明瑞想和表哥俞作柏一起前往香港，但法國人不允許他進入越南，因為他們認為他和共產黨有聯繫；另一種說法是，李明瑞捨不得放棄舊部，所以自己選擇留下和以前的部屬在一起，以圖東山再起。[15] 在李明瑞發動反蔣運動前，蔣介石曾給他發過一封長電，試圖說服李明瑞繼續效忠南

14　陳欣德：〈綜述〉，《左右江革命根據地》，上冊，第 9 頁；黃榮、黃語揚：〈鄧小平與韋拔群〉（2004），牙祖坤、韋加波編：《鄧小平與東蘭》，第 1－8 頁；黃舉平：〈東蘭革命根據地的建立〉（1976），陸秀祥編：《東蘭革命根據地》，第 138 頁；黃舉平、謝扶民：〈憶東蘭暴動〉，區濟文、吳忠才、庾新順編：《廣西紅軍》，南寧：廣西新四軍歷史研究會，2007，第 135－136 頁。

15　何家榮：〈回憶紅八軍〉（1985），《左右江革命根據地》，下冊，第 869 頁；龔楚：《我與紅軍》，第 204－205 頁；莫文驊：《回憶紅七軍》，第 14－15 頁；《左右江革命史料彙編》，第 1 輯，第 129 頁；韋寶昌：〈重訪袁任遠同志記〉，1974 年 5 月 22 日。

京政府。俞、李政權垮台後，蔣介石擔心新桂系會在廣西捲土重來，便想任命李明瑞為廣西省長和高級將領，因為蔣介石認為李明瑞在桂軍中仍有一定影響，可是李明瑞對蔣介石的任命沒有興趣，而是決定和共產黨人在一起，但當他試圖把他以前的部隊轉移到更富庶的桂南一帶時，共產黨人並不同意。直到這時，他才意識到他的軍隊已不再是他的了；後來，李明瑞加入了中國共產黨，成為一名預備黨員。另外兩支由共產黨控制的部隊則由張雲逸和鄧小平指揮轉移到右江地區，並把指揮機關設在百色。

共產黨決定向左右江地區轉移，一方面是因為這裏地處偏遠，國民黨軍隊不多；另一方面是因為右江沿岸鴉片貿易興旺，經濟上有保障；還有部分原因是這些地方有相當活躍的農民運動。在左右江地區所有的農民運動中，韋拔群所領導的東蘭農民運動發起最早、最有影響，也最強大。也就是說，韋拔群的東蘭農民運動是促使共產黨人從南寧向左右江地區轉移的因素之一。鄧小平在 1968 年曾這樣回憶道：

> 廣西右江地區，是一個比較有群眾基礎的地區，這裏有韋拔群同志那樣的優秀的、很有威信的農民群眾的領袖，東蘭、鳳山地區是韋拔群同志長期工作的地區，是很好的革命根據地，這給紅七軍的建立與活動以極大的便利。[16]

另一位共產黨領導人後來評價說，紅軍如果不與地方革命結合起來，不依靠已有的根據地，就不可能在右江地區存在和發展。[17] 鄧

16　鄧小平：〈我的自述〉（1968）https://www.chinese.is/wenzhai/deng1.htm。

17　葉季壯：〈對韋拔群同志的幾點回憶〉，《回憶韋拔群》，第 3 頁。

小平和其他領導人顯然熟悉南昌起義的領袖們所採取的策略，他們在1927 年 8 月初佔領南昌後，決定轉移到粵東的潮汕一帶，其中一個原因就是潮汕毗鄰海陸豐，而彭湃已在海陸豐發展了一個強勁的農民運動。1927 年 12 月，廣州起義中倖存的共產黨人在起義失敗後也轉移到粵東，因為他們認為到粵東後就能得到海陸豐農民的支持。

共產黨人在進入廣西之初就已確定，他們的最終目標是在廣西創立一支紅軍和一個革命根據地。佔領左右江地區是邁向這一目標的實質性一步。在右江地區，共產黨人花了近兩個月時間消滅了當地的敵人並重組了部隊。1929 年 12 月 11 日，即廣州起義兩周年之際，中共方面正式宣佈成立「中國工農紅軍第七軍」，由張雲逸任總司令，鄧小平任政委。當天每位官兵都領到了一套新軍裝，其中包括一頂綴着紅色五角星的軍帽；每人還都繫着一個紅袖章。共產黨人沒收了各地的鴉片，並對鴉片貿易徵稅，因此他們能在紅七軍成立當天首次向每位官兵發放二十個銀元的豐厚月俸。[18]

紅七軍誕生時由三個縱隊組成。第一縱隊主要為俞作柏和李明瑞的舊部；第二縱隊是由俞李舊部和右江下游的農軍混編而成，其中至少有二百名來自東蘭的農軍；第三縱隊則主要是由東蘭及周邊縣份的農軍構成。每個縱隊有一千多名官兵，三個縱隊共有大約四千名官兵，其中一半左右是壯族，而三分之二以上的戰士來自右江地區。韋拔群任第三縱隊司令員，曾在蘇聯學習過的四川籍共產黨員李樸任第三縱隊政治部主任，縱隊中還有其他一些擔任指揮員的外地人，其中包括機槍連、迫擊炮連、山炮連和衛生隊的指揮員。[19] 第一縱隊駐紮

18　張雲逸：〈百色起義與紅七軍的建立〉（1958），《星火燎原》，第 1 集，第 419 頁；李天佑：〈回憶百色起義〉，《左右江革命根據地》，下冊，第 599 頁；雷經天：〈廣西的蘇維埃運動〉（1945），《左右江革命根據地》，下冊，第 607 頁。

19　覃應機：《硝煙歲月》，第 8 頁；陳欣德：〈綜述〉，《左右江革命根據地》，上冊，第14－15 頁；吳德林：〈回憶韋師長與紅軍右江獨立師〉，陸秀祥編：《東蘭革命根據地》，第 202 頁。

在百色東南七十五公里的平馬，第二縱隊部署在百色，而韋拔群的第三縱隊則被安置在東蘭。

除了這支正規軍外，共產黨人還建立了一個由赤衛隊組成的民兵體系。每個縣都有一支赤衛隊，在右江地區總共有大約一萬名赤衛隊員。1930 年初，東蘭大約有四百名赤衛隊員，但到了 1930 年 7 月，那裏的赤衛隊員人數已增至一千四百人到兩千人之間。外地共產黨人的到來，使得整個東蘭社會更加軍事化。例如，西山的一個涵蓋五十九個村莊的區域，共有三千八百名居民，其中有近七百人參加了紅軍和赤衛隊，佔當地人口的 20%。全縣未參加紅軍和赤衛隊的村民也被組織成不同的小組，履行各種準軍事或後勤職能：一些人專門製造炸藥、地雷和草鞋，其他人則負責運送物資和傷患，另外還有縫紉隊、救護隊和破壞隊，而破壞隊的職責就是摧毀敵人的防禦設施。[20]

更好的武器裝備以及其他兩個縱隊和赤衛隊的支援使得韋拔群可以向東蘭的敵對民團發起進攻。在東蘭境內，紅水河東岸各區在大部分時間裏都不受韋拔群控制，現在他把那裏的敵人也消滅了。韋拔群還率領他的第三縱隊到恩隆、那地、百色、都安等地去摧毀當地敵對的民團組織，並建立蘇維埃政府。[21]

就在紅七軍誕生的同一天，右江蘇維埃政府在平馬宣佈成立，新政府當晚舉行了有五萬人參加的盛大慶祝宴會。韋拔群那一天是個大忙人，他先是在百色參加了紅七軍的成立儀式，然後乘汽船趕往平馬，慶祝蘇維埃政府的誕生。蘇維埃政府主席是資深共產黨員雷經天，而韋拔群和陳洪濤都是政府委員；在蘇維埃政府的十一位最高領

20　吳忠才、黃遠征、陳欣德：《百色起義史稿》，第 84－89 頁；《東蘭縣志》，1994，第 101 頁；陸秀祥編：《東蘭革命根據地》，第 14 頁；陳禎偉：〈西山行〉，河池日報社編：《追尋紅七軍足跡》，第 43 頁；謝扶民：《韋拔群》，第 54 頁；黃漢鐘：〈亭泗戰役後的傷患救護〉，《東蘭文史》，第 4 輯（2001），第 104－105 頁。

21　吳忠才、黃遠征、陳欣德：《百色起義史稿》，第 92 頁。

導人中，有六位是右江地區的壯人和瑤人。[22] 韋拔群因此成為紅軍和蘇維埃政府的重要領導人。右江地區約有十個縣成立了蘇維埃政府，而東蘭是其中之一。

1929 年 12 月 11 日在平馬和百色發生的事件後來被稱為百色起義，並且被看做是 1927 年第一次統一戰線失敗後中共發動的重要起義之一。中共中央曾命令廣西共產黨人在 1929 年 11 月 7 日即俄國十月革命十二周年紀念日發動起義，但當時廣西的共產黨人還沒有完全準備好。12 月 11 日即廣州起義紀念日對百色起義的領導人來說可能比 11 月 7 日的意義更加重大，因為他們當中的好幾位都曾參加過當年的廣州起義；此外，百色起義發生時，廣西中共組織是由中共廣東省委直接領導的。與血腥而短暫的廣州起義不同，百色起義開始得相當平和，而且持續時間也更長。在南寧時，共產黨人都要對自己的黨員身份和黨組織保密，現在一切都公開了，他們開始公開宣傳共產主義。

1930 年 2 月，龍州也發生了類似的起義，而紅八軍、左江蘇維埃政府以及左江地區八個縣的蘇維埃政府都應運而生了。俞作豫任紅八軍司令員，而鄧小平後來被任命為紅八軍政委，李明瑞是紅七軍和紅八軍的總指揮，鄧小平則任紅七軍和紅八軍的總政委。在全盛時期，左右江革命根據地囊括了二十多個縣，面積達五萬平方公里，擁有約一百五十萬人口。這塊根據地佔了廣西總土地面積的近四分之一，是 1920 年代末和 1930 年代初中國最大的革命根據地之一。[23]

百色起義爆發後，中共廣東省委就立即鼓動紅七軍和紅八軍去

22　張雲逸：〈百色起義與紅七軍的建立〉（1958），《星火燎原》，第 1 集，第 419 頁；莫文驊：《回憶紅七軍》，第 10 頁；吳德林：〈回憶韋師長與紅軍右江獨立師〉，陸秀祥編：《東蘭革命根據地》，第 201 頁；陳欣德：〈綜述〉，《左右江革命根據地》，上冊，第 16 頁。

23　陳欣德：〈綜述〉，《左右江革命根據地》，上冊，第 1 頁；雷經天：〈廣西的蘇維埃運動〉（1945），《左右江革命根據地》，下冊，第 612 頁。

攻打大城市，目的在於造成「偉大的政治影響」、「促進革命的巨潮」。[24] 俞、李政權倒台後，新桂系軍閥得以在廣西捲土重來。1929年末，重回廣西執政僅幾週後，新桂系就與蔣介石在廣東的支持者陳濟棠重新開戰，廣西的共產黨人因此便認為南寧兵力不足，不堪一擊，於是便開始把軍隊調往南寧，李明瑞和俞作豫尤其渴望回南寧去報仇，共產黨人於是決定分兩路沿右江和左江河谷向南寧進軍，並於1930年2月在南寧附近會合。[25]

　　然而，新桂系與廣東之間的戰爭很快就結束了。在中共武裝抵達南寧之前，李宗仁的軍隊已經開到右江流域攻擊紅軍。1930年2月，紅七軍在右江沿岸三個地方與新桂系的部隊開戰並遭遇失敗，結果中共武裝失去對右江沿岸所有城鎮的控制，而不得不撤到位於東蘭和鳳山交界處並且是西山一部分的盤陽。韋拔群的第三縱隊參加了所有三場戰鬥，他的農軍雖不如來自南寧的士兵那般訓練有素，但驍勇善戰，給外來共產黨人留下了深刻印象。來自南寧的共產黨人莫文驊曾親眼目睹韋拔群農軍在一場戰鬥中「像猛虎下山般向敵陣衝殺」。[26]

　　盤陽雖然易於防守，但沒有足夠的糧食。在這個貧瘠地區，農民連自己都養活不了，更不用說供養幾千人的軍隊了。1930年3月初，領導們決定部隊必須離開西山去獲取補給，但對於轉移的方向，他們卻無法達成一致。有人提議進入國民黨控制區，也有人主張在右江地區打游擊。[27] 4月初，領導們決定第一縱隊和第二縱隊將離開西山往東向河池進發，而韋拔群的第三縱隊則留在東蘭和鳳山守衛後方根據地，同時等待奉命前來東蘭與紅七軍會合的紅八軍，中共右江特

24　廣東省委：〈粵省對七軍前委的指示信〉（1929 年 12 月 25 日），《左右江革命根據地》，上冊，第 142 頁。

25　陳欣德：〈綜述〉，《左右江革命根據地》，上冊，第 14、17 頁。

26　莫文驊：《莫文驊回憶錄》，北京：解放軍出版社，1996，第 60 頁。

27　雷經天：〈廣西的蘇維埃運動〉（1945），《左右江革命根據地》，下冊，第 613 頁。

委和右江蘇維埃政府也將留在東蘭。來自南寧的大多數共產黨領導人都隨第一縱隊和第二縱隊行動，但右江蘇維埃政府主席雷經天則留在東蘭；還有三四百名傷病人員也留在武篆附近的紅軍醫院裏。[28]

第一縱隊和第二縱隊到達河池後，輕鬆擊敗了當地的民團，並獲得大量的補給，但他們已來不及營救韋拔群的戰友陳伯民。第二次暴動期間，陳伯民多次前往南寧，並與俞作柏建立了親密關係。1929年底，俞作柏任命陳伯民擔任河池縣長，俞、李政權倒台後，陳伯民不得不離開河池前往他以前的根據地都安，但很快就被當地民團擊敗，在從都安返回東蘭的路上，他被反共民團抓獲。韋拔群派了一個連的兵力去攻打關押陳伯民和他十七名同志的地方，但失敗了，民團隨後將陳伯民等十八人全部轉移到都安縣城，並在那裏將他們全部殺害。[29] 幾乎同時，韋拔群失去了另外兩位親密戰友：一位是來自西山的年輕人陳恩深。1930年初，陳恩深在第三縱隊擔任營長，第一縱隊和第二縱隊出發後，韋拔群派陳恩深守衛根據地的西部邊界，陳恩深最終在平馬遇害；另一位是從1921年起就一直和韋拔群在一起的牙蘇民。1930年初，時任東蘭赤衛軍總指揮的牙蘇民在保衛根據地東部邊界時陣亡。為悼念牙蘇民，韋拔群寫下一幅挽聯：「在紅軍，任赤軍，一體救人民而奮鬥；你先死，我後死，大家為革命而犧牲。」[30]

紅七軍的第一和第二兩個縱隊攻佔河池後，向北進入貴州，並

28　黃明政：〈鄧政委關心傷病員〉（1994），牙祖坤、韋加波編：《鄧小平與東蘭》，第11－13頁；黃漢鐘：〈亭泗戰役後的傷患救護〉，《東蘭文史》，第4輯（2001），第104－105頁。

29　韋天富：〈俞作柏與東蘭革命二三事〉，《東蘭文史》，第4輯（2001），第70－72頁；韋崎嶸、黃建平：〈陳伯民〉，《中共廣西黨史人物傳》，第1輯，第146－147頁。

30　覃應機、黃松堅、黃榮：〈卓越的共產主義戰士韋拔群〉，《廣西日報》，1982年10月19日；韓建猛：〈牙蘇民〉，《中共廣西黨史人物傳》，第4輯（2004），第343－350頁。

打敗了當地的軍隊，獲得了更多武器和各類物資，最後於 1930 年 5 月返回東蘭。由於這時新桂系已加入另一場反蔣戰爭，並將大部分軍隊調往湖南，共產黨人決定從東蘭向西移動，重新攻佔百色和右江沿岸的其他城鎮。到 1930 年 6 月，紅七軍已在右江一帶擊潰留在那裏的大約一千名敵軍，奪回了百色和其他城鎮。[31] 不久之後，百色被滇軍佔領，但紅七軍設法保住了其他城鎮。韋拔群率領第三縱隊的兩個營參加了右江一帶的戰鬥，但他在紅七軍到達右江岸邊不久後就回到東蘭。

土地革命

共產黨對土地革命的支持是導致 1927 年第一次統一戰線破裂的一個重要因素。土地革命就意味着對富有家庭土地財產的沒收和再分配，而這又伴隨着對「土豪劣紳」的鎮壓或處決。[32] 國共兩黨分裂後，土地革命成為中國共產黨的官方政策，並得以在幾乎所有革命根

31　陳豪人：〈七軍工作總報告〉（1931 年 3 月 9 日），《左右江革命根據地》，上冊，第 372 頁。

32　有關激進農民運動的興起如何改變國民黨政軍兩屆人士對中共和統一戰線的看法，可參見下列親歷者的記述：龔楚：《我與紅軍》，第 47 頁；Zheng Chaolin, *An Oppositionist for Life, Memoirs of the Chinese Revolutionary Zheng Chaolin.* Atlantic Highlands, N.J.: Humanities Press, 1997, pp. 130-131, 185; 勃拉戈達托夫（Aleksei Vasilevich Blagodatov）：《中國革命箚記：1925 − 1927》，北京：新華出版社，1985，第 177 頁；周恩來：〈關於 1924 至 1926 年黨對國民黨的關係〉，《周恩來選集》，第 1 卷，北京：人民出版社，1980，第 117 頁；華崗：《中國大革命史》，1931 年出版，1982 年北京文史資料出版社重印，第 276 頁；陳公博：《苦笑錄：陳公博回憶，1925−1936》，第 1 卷，1939 年初版，香港大學亞洲中心，1979，第 122−123 頁。相關研究性作品可參見：蔣永敬：《鮑羅廷與武漢政權》，台北：中國學術著作獎助委員會，1963，第 311 頁；雷嘯岑：《三十年動亂中國》，香港：亞洲出版社，1955，第 76 頁；Wu Tien-wei, "A Review of the Wuhan Debacle", *Journal of Asian Studies*, 29(1), 1969, p. 132; Harold Isaacs, *The Tragedy of the Chinese Revolution*, p. 214; Robert North and Xenia Eudin, *M. N. Roy's Mission to China.* Berkeley, CA: University of California Press, 1963, pp. 97-98, 118.

據地展開。1927 年 8 月 7 日在武漢召開的中共「八七」會議通過了「最近農民鬥爭決議案」，支持沒收大、中地主土地財產和農民起義；1928 年初在莫斯科召開的中國共產黨第六次全國代表大會通過的「農民運動決議案」，重申了對農民土地需求的支持，這個決議案還具體指出，在貧農佔人口大多數的地方，共產黨人應當支持平均分配土地的政策，而在自耕農佔主導地位的地方，共產黨人對於推行這種激進的政策則應該更加謹慎。中共領導人認為土地革命是保持農民士氣的有效手段，當得知東蘭農民在 1929 年底打倒土豪劣紳後因無事可做而對革命不再像以前那樣熱心之後，中共中央指出，地方領導人應該發動土地革命以鼓舞士氣。[33]

　　廣西的共產黨人一致認為，貧農佔廣西人口的大多數，而佃農承擔的地租高達收成的百分之五十，並且還要為地主提供無償勞動。因此，共產黨人在進入廣西後不久就把土地革命作為主要目標之一。在南寧附近雷經天的故鄉秘密召開的中共廣西第一次代表大會就把土地革命列為廣西共產黨人的任務之一。[34]

　　韋拔群可能是廣西全省第一個實行土地再分配的革命者，他甚至在成為中共正式黨員之前就已經沒收了他的某些敵人的財產。中共 1927 年後所宣導的土地革命包括劃分階級、創建農民組織、批鬥甚至消滅地主、銷毀地契以及沒收和重新分配地主和富農的土地及其他財產等幾個步驟，韋拔群實行了其中一些步驟，但不是全部。雷經天認為東蘭最晚在 1929 年 3 月已開始沒收和重新分配土地；韋拔群

33　中共中央：〈最近農民鬥爭的決議案〉（1927 年 8 月），中央檔案館編：《中共中央文件選集》，第 4 卷，北京：中共中央黨校出版社，1989，第 294－297 頁；中共中央：〈農民運動決議案〉（1928 年 7 月 9 日），中央檔案館編：《中共中央文件選集》，第 4 卷，第 357 頁；中共中央：〈中共中央給廣東省委轉七軍前委的指示〉（1930 年 3 月 2 日），《左右江革命根據地》，上冊，第 228 頁。

34　廣西特委：〈廣西黨政治任務決議案〉（1929 年 9 月 13 日），《左右江革命根據地》，上冊，第 58、61－62 頁。

把沒收來的土地分給願意耕種的農民，而分到土地的農民必須把收成的一部分交給農民協會，[35] 但是韋拔群從來不曾制定一套統一的土地革命政策，他在 1929 年的土地革命實踐是選擇性的和不連貫的。有些共產黨人認為韋拔群所推行的並非真正的土地革命，但中共廣西特委在 1929 年底正式確認韋拔群的做法實際上符合土地革命的政策，廣西特委認為在東蘭發生的一切至少可以被看作是一種自發的土地革命。[36]

直到百色起義之後，東蘭和右江地區才開始實施中共所倡導的那種系統性的土地革命。右江蘇維埃政府成立一週後，共產黨人的《右江日報》所發表的一篇社論就把土地革命列為紅軍和蘇維埃政府的四大任務之一，另外三大任務是發展革命根據地、擴大赤衛隊和發展群眾組織。紅七軍成立十天後，紅七軍政治部發行的一本名為《土地革命》的小冊子把農民的一切苦難都歸因於缺乏土地，並敦促右江地區的農民仿效其他省份的農民，起來奪取地主的土地，建立蘇維埃政權。這本小冊子還列出了有關沒收和重新分配土地的具體政策。[37] 大約在同一時間，蘇維埃政府發佈了十五條口號，其中至少有五條與土地革命直接相關，包括「打倒土豪劣紳」、「打倒地主資本家」、「實行土地革命」、「實行燒契約」、「實行不交租不還債」等；[38] 紅七軍還在各地留下了號召實行土地革命的宣傳畫，就連共產黨人編寫的識

35　雷經天：〈廣西的蘇維埃運動〉（1945），《左右江革命根據地》，下冊，第 605 頁。

36　中共廣西特委：〈中共廣西特委給廣東省委的信〉（1929 年 10 月 20 日），《韋拔群陳洪濤史料專輯》，第 83 頁。

37　真：〈目前主要的任務〉（1929 年 12 月 18 日），《左右江革命根據地》，上冊，第 121 頁；紅七軍：〈土地革命〉（1929 年 12 月 21 日），《左右江革命根據地》，上冊，第 129 － 135 頁。

38　右江蘇維埃政府：〈右江蘇維埃政府口號〉（1929 年 12 月），《左右江革命根據地》，上冊，第 146 頁。

字課本中也含有與土地革命有關的內容。[39]

鄧小平對於右江蘇維埃政府土地革命政策的制定發揮了重要作用。一些歷史學家強調鄧小平在為廣西共產黨人制定總體戰略、爭取俞作柏和李明瑞支持、為廣西共產黨人獲取重要職位以及確定百色起義的地點和時間等方面都發揮了重要作用。雖然鄧小平本人在 1984 年確認：我「二十五歲領導了廣西百色起義，建立了紅七軍」，[40] 但並非所有這些說法都能得到證實。

鄧小平是當時廣西共產黨的最高領導人，但他的政治和軍事人脈及經驗卻不如張雲逸、俞作豫等其他共產黨人，他對廣西的了解也遠不如雷經天和俞作豫等本地人。鄧小平是決策者之一，但不是唯一的決策者，也可能不是最有影響力的那一位。楊炳章有關 1930 年 9 月之前「鄧小平的作用主要是負責傳達黨中央的路線和方針，因此不涉及過多的實際工作」的評價是公允的。[41] 鄧小平在 1960 年代曾回憶說，中央派他去廣西，主要是去做統戰工作，「我同俞作柏見過幾次面，按照中央指示的方針進行統戰工作，同時協助把中央派到廣西的幹部任命到合適的崗位」。[42] 在寫於 1968 年的「我的自述」中，他也坦承自己在廣西時對軍事事務知之甚少。事實上，雖然他在紅七軍和紅八軍中都擔任着重要職務，但在百色起義和龍州起義發生時，鄧小平並不在左右江地區。1929 年 11 月，在百色起義前不久，鄧小平離開百色前往上海去向中共中央彙報，直到 1930 年 2 月才回到廣西，

39　紅七軍：〈紅七軍在百色寫的標語〉，《左右江革命根據地》，下冊，第 91 頁；紅七軍：〈紅七軍在河池寫的標語〉，《左右江革命史料彙編》，第 2 輯，第 172－175 頁；右江蘇維埃政府：〈工農兵識字課本〉，《左右江革命史料彙編》，第 2 輯，第 136－150 頁。

40　鄧小平：〈發展中日關係要看得遠些〉（1984 年 3 月 15 日），《鄧小平文選》，第 3 卷，人民出版社，1993，第 31－32 頁。

41　Benjamin Yang, "The Making of a Pragmatic Communist: The Early Life of Deng Xiaoping, 1904-1949," *China Quarterly*, No. 135 (1993), p. 449.

42　毛毛：《我的父親鄧小平》，上卷，第 206 頁。

而那時龍州起義已經發生。鄧小平的上海之行也有個人原因，因為他的妻子住在上海，並將於 1930 年初分娩；不幸的是，他的妻子和孩子都死於難產。鄧小平大部分時間都與紅七軍和紅八軍分離，而且未參與兩軍在廣西和貴州的大部分戰鬥。後來投降國民黨的龔楚曾妄稱，在百色起義之前，他是廣西所有共產黨人的領袖；在起義期間和之後，則由陳豪人負責右江地區的政治事務，由張雲逸和龔楚負責軍事事務。[43]

如果說鄧小平對右江地區革命某些其他方面的貢獻難以確定的話，那麼他在制定土地革命政策方面發揮了極為重要作用這一點卻是毋庸置疑的。1930 年 2 月初，鄧小平從上海經香港和越南返回龍州，在左江地區停留一段時間後，便出發去往右江一帶。從 3 月中旬到 4 月上旬，他探訪了右江沿岸的幾個縣，並與那裏的領導幹部交談。他於 4 月 1 日離開恩隆前往東蘭，並在幾天後到達武篆，到武篆後，他就直接去找韋拔群，並在黃書祥家裏找到了他。[44] 這應該不是兩人的初次會面，因為前一年秋天他倆在百色或百色附近應該已有機會見面。鄧小平急於找到紅七軍的主力部隊，所以第二天一早就動身去了河池，韋拔群派了兩個連的士兵隨行保護。[45] 到達河池後，鄧得知紅七軍並不在那裏，於是決定返回武篆。在接下來的兩個月裏，鄧小平留在東蘭工作，主要是培訓黨員和領導土地革命。在武篆期間，他和韋拔群一同住在魁星樓的二層，兩人成為親密朋友。

鄧小平為地方革命者辦了一個培訓班，並為培訓班學員做了有關蘇維埃的組織和任務、共產黨以及土地革命的政策和口號等題目的

43　龔楚：《我與紅軍》，第 177 頁、200 頁。

44　陳遵誠：〈鄧政委在恩隆〉，《田東文史資料》，第 1 輯（1987），第 22－31 頁；黃美倫：〈鄧政委來到武篆〉（1981），《左右江革命根據地》，下冊，第 682－686 頁。

45　韋仕拔：〈護送鄧政委及我北上的回憶〉，陸秀祥編：《東蘭革命根據地》，第 249－251 頁。

照片三　武篆魁星樓（作者拍攝）

演講，講課的內容還印發給了學員。此外，鄧小平與雷經天、韋拔群、陳洪濤共同起草了「土地法暫行條例」，並於 1930 年 5 月 1 日頒佈。條例規定了如何劃分農村階級，如何沒收土地和其他財產以及如何徵稅。根據這些規定，所有農村人口應該分為七大階級：地主、豪紳、富農、中農、貧農、僱農和鄉村手工人；地主、豪紳和反革命份子的土地應被全部沒收，祠堂和寺廟的土地，以及公有地和荒地也應該被沒收；沒收來的土地將按家庭人口規模分給貧農和僱農；富農可以保有並繼續耕種自己的土地，但土地所有權將被移交給蘇維埃政府。條例確定蘇維埃政府為革命根據地所有土地的主人，並禁止土地買賣。蘇維埃政府實行累進稅制度，農民必須向蘇維埃政府交付百分之五的收成作為稅收，而那些剩餘較多的農民，則需要按更高的稅率為剩餘部分納稅。[46]

這些規定總結和肯定了中共中央、紅七軍、右江蘇維埃和其他中共機構在以往的文件中所確定的一些原則。由於鄧小平在黨內的地位高於雷經天、韋拔群和陳洪濤，並且也比其他人對毛澤東在井岡山實施的土地政策和中共關於土地革命的基本政策更為熟悉，因此可以認為他對於「土地法暫行條例」的制定比其他人貢獻更大。鄧小平後來證實，他在上海時就了解到井岡山的土地革命，並試圖在 1930 年將井岡山的經驗移植到右江地區。[47]

右江蘇維埃政府的「土地法暫行條例」與毛澤東 1928 年在井岡山制定的《井岡山土地法》有幾個重要的相似之處：一是禁止土地買賣，二是確定蘇維埃政府是所有土地的主人，而這兩項政策後來都因

46　右江蘇維埃政府：〈土地法暫行條例〉（1930 年 5 月 1 日），《左右江革命根據地》，上冊，第 265－269 頁。

47　毛毛：《我的父親鄧小平》，上卷，第 238 頁；有關西方學者對毛澤東在江西時期土地政策的早期研究，可參見 John E. Rue, *Mao Tse-tung in Opposition, 1927-1935*. Berkeley, CA: Stanford University Press, 1966, pp. 196-203.

為不受農民歡迎而被放棄了。這兩份土地法的一個主要區別是，毛澤東的《井岡山土地法》主張所有的土地財產，包括富農、中農和貧農的土地財產都應該被沒收，而右江蘇維埃的《土地法暫行條例》則規定，只沒收地主、豪紳和反革命份子的土地財產。毛澤東後來很快意識到「沒收一切土地」政策的負面影響，便在 1929 年頒佈的《興國土地法》中以選擇性沒收取代全部沒收。

在實踐中，右江蘇維埃政府為農民提供了三種選擇：一是沒收所有土地，然後在所有農民中平均分配；二是沒收所有土地，然後集體耕種；三是只沒收地主、豪紳和反革命份子的土地，然後分給貧農和僱農。[48] 顯然，第一種選擇與《井岡山土地法》規定的激進做法相同，而《土地法暫行條例》只確定了第三種選擇。在東蘭的六個區中，只有東院和泗孟採用了第一種選擇，其餘各區都實行了第三種選擇。[49]

然而，共產黨人最希望實行的是集體耕作即第二種選擇。《土地法暫行條例》頒佈兩週後，右江蘇維埃政府發佈了一系列關於集體耕作的規定：如果農民選擇集體耕作，那麼所有的土地、森林、池塘和墓地都將成為集體財產，只要有可能，以前的邊界或所有私有土地的標誌都將被廢除；農具和牲畜將由村莊集體管理；蘇維埃政府對土地的數量和品質進行評估，並禁止土地買賣；所有十六到六十歲的成年人都必須從事農業勞動，少年兒童也將被組織起來，邊上學邊幫助放牛，成年農民將由村蘇維埃編入生產小組，每組十人，而村蘇維埃將為所有小組佈置生產任務並確定工作時間；村民可以在自己家裏吃飯，但在可能的情況下，村蘇維埃也可以建公共食堂以便所有村民可以一起用餐；每年的收成將平均分配給村中所有一歲或一歲以上的

48　鄧小平：〈七軍工作報告〉，《左右江革命根據地》，上冊，第 405 頁；吳忠才、黃遠征、陳欣德：《百色起義史稿》，第 154－155 頁；陸秀祥：〈鄧小平在東蘭〉，牙祖坤、韋加波編：《鄧小平與東蘭》，第 33－34 頁。

49　《東蘭縣志》，1960，第 89 頁。

照片四　武篆魁星樓邊的鄧小平和韋拔群雕像（作者拍攝）

村民。[50]

然而，大多數農民都不喜歡集體耕作，這可能有些讓共產黨人感到沮喪。東里是東蘭唯一一個選擇集體耕作的村莊，而韋拔群的影響顯然是東里做出這個選擇的主要原因。東里集體農場創建於 1930 年 3 月 29 日，當時鄧小平還沒到東蘭，而有關集體耕作的條例也還沒有頒佈。集體農場誕生時，東里有 120 戶人家，大約 570 人，共有耕地近千畝。集體農場成立後，東里的所有居民都成為農場成員，另有一些來自西山的瑤民也加入了農場。所有村民都被編入七個生產隊，每個生產隊負責耕種一塊土地，而農場和生產隊的領導由所有村民選舉產生。韋拔群燒了家中所有的地契，他家因此不再是村裏最大的地主，而與村中其他家庭完全平等了。為此，鄧小平稱讚韋拔群為其他共產黨人樹立了好榜樣。[51] 對韋拔群來說，非常幸運的是他的祖父和父親都已不在人世，否則一場嚴重的家庭衝突將不可避免。

集體農場成立後的第一年裏便大獲豐收——1930 年的收成比上一年提高了三成；十三歲以上的村民每人能分到四百公斤糧食，年幼者則每人分到一百至二百五十公斤糧食，分配之後還剩下的五千公斤餘糧則被送給紅軍。韋拔群和鄧小平希望東里能成為其他村莊效仿的榜樣，因此對東里給予大力支持。當聽說東里村缺乏耕畜時，他們立即就送來十二頭水牛。除了提高農產量外，集體農場還有助於提升村民的紀律和教育水準——所有成年村民早晨都要參加體育鍛煉，晚

50　右江蘇維埃政府：〈共耕條例〉（1930 年 5 月 15 日），《左右江革命根據地》，上冊，第 271－274 頁。

51　《左右江革命史料彙編》，第 1 輯，第 188－189 頁；黃美倫：〈鄧政委來到武篆〉（1981），《左右江革命根據地》，下冊，第 685 頁。

上則必須學習文化。[52]

　　儘管大多數共產黨人都認為東里集體農場是一個巨大成功，但右江蘇維埃政府主席雷經天卻指出，東里集體農場失敗了，而失敗的部分原因就是有些村民並不支持集體耕作。一位變節投敵的共產黨人也認為東里集體農場是個失敗，並認為「懶惰」是導致失敗的主要原因。[53] 後來，鳳山、奉議、思林等縣也成立了幾個集體農場，而且都位於共產黨重要領導人的家鄉。在許多方面，這些集體農場都是 1950 年代末在中國農村興起的人民公社的前身。1958 年，當在武篆成立人民公社時，一位依然健在的韋拔群的追隨者說，人民公社是 1930 年東里集體農場的復活，而公社制度符合韋拔群對共產主義的理解。[54]

　　土地革命不僅削弱了階級差別，也促進了性別和民族平等。在土地分配中，婦女獲得的土地份額與男人相等。東蘭革命委員會於 1929 年底頒佈的《政治綱領》，除了制定土地革命的相關規定以外，還宣佈了若干解放婦女的政策，其中包括取締賣淫、一夫多妻制、農奴制和童養媳，以及促進婦女在教育、政治、經濟等方面的機會均等和婚姻自由。在第三次暴動期間，愈來愈多的婦女加入了共產黨、紅軍和蘇維埃政府。在東蘭，有三百多名婦女加入了赤衛隊。從 1929 年到 1932 年，東蘭的四十二名婦女以及鳳山、百色的約二十名婦女

52　吳忠才、黃遠征、陳欣德：《百色起義史稿》，第 154－155 頁；陸秀祥：〈鄧小平在東蘭〉，牙祖坤、韋加波編：《鄧小平與東蘭》，第 33－34 頁；楊冬權，〈鄧小平和韋拔群〉（2004），牙祖坤、韋加波編：《鄧小平與東蘭》，第 17－19 頁；陳欣德：〈韋拔群〉，胡華編：《中共黨史人物傳》，第 12 卷，第 206 頁；《東蘭縣志》，1960，第 92 頁。

53　雷經天：〈廣西的蘇維埃運動〉（1945），《左右江革命根據地》，下冊，第 605 頁；黃羽成：〈共產黨行政組織內幕情況〉（1934），《左右江革命根據地》，下冊，第 1017 頁。

54　廣西少數民族社會歷史調查組編：《廣西壯族自治區東蘭縣中和人民公社東里屯社會歷史調查報告》，第 17 頁，第 73－75 頁。

加入了中國共產黨。有些婦女還成為政府或軍隊的領導，赤衛隊長李順妹就是其中一位，她在落入反共民團之手後英勇犧牲。共產黨關於婦女解放的宣傳和政策甚至導致一些婦女提出「以女治男」、「以女娶男」等口號。[55]

《政治綱領》也同樣要求對少數民族給予平等待遇。被迫生活在山區的瑤民現在可以搬到平原上，並參與土地的重新分配；有些瑤民不只分到了土地，還分到了房屋。[56] 蘇維埃政府方面的解釋是，由於許多瑤民一直在為山下的地主家庭做僱工並被這些家庭剝削，因此他們理應得到補償。

右江地區最早實施土地革命各項政策的是東蘭。在 1930 年 3 月，即政府的土地革命政策頒佈前近兩個月，東蘭就已經開始了土地革命。到 1930 年 6 月底，東蘭、鳳山、凌雲三縣已完成土地革命，在這三個縣，平均每人分得一到兩畝土地。土地革命對於為紅軍和共產黨贏得當地民眾的擁護大有幫助。中共南方局代表鄧剛在巡視過右江地區後，在一份有關廣西政局的報告中證實，東蘭和鳳山是土地革命實施得最徹底的兩個縣，也是中共最受民眾擁護和愛戴的地方。據他推定，到 1930 年 8 月，兩縣已有六千多人參加了紅軍。[57] 1930 年 6 月紅七軍重新奪回百色及右江沿岸各縣後，共產黨人也在這些地方發動了土地革命，但在大多數地方，他們都只有足夠的時間去做土地調

55　楊紹娟：〈左右江革命根據地的婦女運動〉，《左右江革命根據地》，下冊，第 1115－1117 頁；《東蘭縣志》，1994，第 105 頁；雷經天：〈廣西的蘇維埃運動〉（1945），《左右江革命根據地》，下冊，第 610－612 頁。

56　東蘭縣革命委員會：〈廣西東蘭縣革命委員會最低政綱草案〉（1929 年 10 月），《左右江革命根據地》，上冊，第 93－94 頁；黃一平：〈紅七軍初創時期的若干政策〉，《左右江革命根據地》，下冊，第 690 頁。

57　鄧拔奇：〈目前廣西的政治形勢〉（1931 年 8 月 1 日），《左右江革命根據地》，上冊，第 424 頁。

查，卻沒有足夠的時間沒收和重新分配土地。[58] 一些共產黨領導人後來指責一些富農家庭出身的本地同志對土地革命沒有表現出足夠的熱情，或有過一些腐敗行為，並認為這些是造成右江地區土地革命進展緩慢的理由，但實際上這些地方未能完成土地革命的真正原因就是時間不夠。

革命與現代化

　　二十世紀初以後，現代化以一種緩慢而零碎的方式來到東蘭。東蘭現代化的第一個成就就是西式學校的創辦，但直到 1924 年，教育體系的現代化並未能走太遠，當年全縣只有六所小學和兩所高等小學，而大部分鄉下的學生還在傳統私塾裏上學。[59] 包括韋拔群的死敵杜八在內的地方精英在東蘭早期的現代化進程中發揮了重要作用，但在韋拔群及其追隨者看來，杜八等舊社會的精英無疑是現代化的障礙，因為維持現狀更能維護他們的既得利益。在革命話語中，這些地方精英被叫做「土豪劣紳」，他們被認為是封建主義和帝國主義的支持者，而封建主義和帝國主義正是中國真正現代化的最危險的敵人。

　　韋拔群和他的追隨者們認為革命者才是現代化的先驅。在他們看來，革命者通過向東蘭引進最新的革命思想並摧毀當權者而縮小了東蘭與中國較先進地區之間的差距，從而為新社會的興起鋪平了道路。與同時代的許多激進知識份子一樣，他們認為革命是實現現代化的捷徑。儘管更年長、更溫和的精英們相信教育和對現有制度的逐步改革是現代化的最佳途徑，但韋拔群等年輕的激進派卻認為社會結構

58　陳欣德：〈綜述〉，《左右江革命根據地》，上冊，第 20－21 頁；吳忠才、黃遠征、陳欣德：《百色起義史稿》，第 164－165 頁。

59　《東蘭縣志》，1994，第 491 頁。

的改革是推行現代化的一個先決條件。

對於一個正統馬克思主義者來說，要證明在尚未進入發達資本主義階段的中國能發生共產主義革命已經非常困難，要證明在連一個現代化工廠都沒有的東蘭能發生無產階級革命就更加不可思議了。東蘭根本沒有那種可以做資本主義掘墓人的真正的無產階級，也不存在作為共產主義革命對象的資產階級和資本主義。儘管中共方面會考慮把農村的僱農算作是農村無產階級，而在落後的中國農村無產階級有時可以充當城市無產階級的角色，但這些人只佔當地人口的一小部分，而且文化程度低、組織渙散，因此沒有能力領導革命。韋拔群的敵人廖磊認為，共產主義不適用於中國和東蘭，因為在東蘭沒有工人和資本家，[60] 廖磊和新桂系的其他頭目把韋拔群和共產黨人視為現代化的障礙物和破壞者。新桂系有自己的一套實現廣西現代化的藍圖，而他們的規劃強調的是軍事化、秩序、道路建設，以及發展教育和工業。

韋拔群和他的敵人都認同的是生產和建設是現代化的重要方面。他們的不同之處在於，新桂系領袖們認為可以在現有體制下發展生產和建設，而韋拔群及其追隨者則堅信建立新的社會政治制度是促進生產和建設的必由之路。第三次暴動開始時，革命者發佈的政治綱領中實際上包含了一些新桂系集團也許可以接受的計劃，包括修路、發展農業、發展教育，特別是發展瑤民、婦女和青年的教育，[61] 只是「政治綱領」並未提及發展工業。此外，韋拔群和他的同志們因為過於忙於革命而無暇切實執行他們在綱領中提出的這些計劃。

儘管持續不斷的戰鬥使雙方都難以集中精力從事生產和建設，

60　廖磊：〈徹底肅清共匪韋拔群辦法〉（1932），《韋拔群陳洪濤史料專輯》，第 597–598 頁。

61　東蘭縣革命委員會：〈廣西東蘭縣革命委員會最低政綱草案〉（1929 年 10 月），《左右江革命根據地》，上冊，第 93–94 頁。

但在暴動期間經濟和技術現代化還是在某些領域有所進步。例如，在第三次暴動期間，共產黨人把南寧的一個軍工廠搬到了東蘭，成為東蘭的第一個現代化工廠。韋拔群在第一次暴動時就已經建立了一個小型兵工廠，生產手榴彈、地雷和土槍，[62] 但這個廠比南寧的兵工廠規模要小得多，技術也更加落後。1929 年共產黨人離開南寧去右江時，便帶着兵工廠的機器、技術員和工人一起離開，並決定把工廠設在東蘭，因為他們一直把東蘭視為一個安全可靠的後方根據地。兵工廠於 1929 年底在武篆附近的一個村莊開始生產，廠裏僱了六十多名工人，其中包括四十名來自南寧的熟練工人，還有一些當地人。兵工廠共有十四間廠房，面積共三百平方米，還有許多機器和工具，包括十三台車床。工人被分成三組，分別負責修理武器、製造槍支以及生產子彈、炸彈、手榴彈和地雷。從 1929 年底到 1931 年底的兩年間，兵工廠共生產二十萬發子彈和六十多支槍械，並修理了大量武器。兵工廠的原材料來自不同渠道：原南寧兵工廠的工人從原來的工廠帶來了一些炸藥，他們也用傳統方法製造土炸藥；戰士們會從戰場上收集用過的彈殼，送到工廠加工再利用；蘇維埃政府從右江沿岸各縣沒收了一些金屬，並把它們送到工廠；最後，韋拔群的一位本地朋友曾贈給兵工廠一百條錫錠用於製造彈頭。鄧小平和張雲逸都在 1930 年春天參觀了這家工廠。為了使來自南寧的技術員和工人能安心留在東蘭，韋拔群鼓勵當地婦女嫁給這些外地人，並讓村民為工人提供肉食和其他生活必需品。但這個工廠並沒能存在太久，1931 年 4 月，兵工廠不得不被一分為二，一部分搬去西山，另一部分遷往東山；1931年底，兵工廠不得不徹底停工，那些身強體健的工人們都加入了赤衛隊，而那些身體不夠強健的則被遣送回家，工廠的機器也被藏匿

62　牙美元、陳仕讀：〈韋拔群建立革命武裝的回憶〉，《東蘭文史資料》，1985 年，第 1
　　輯，第 55－56 頁。

起來。[63]

　　在第三次暴動期間，韋拔群創建了幾個訓練班，目的是提高軍隊的現代化水平。1930 年初，他在武篆為他所領導的第三縱隊開辦了兩個訓練班：第一個是軍官班，共錄取了六十名學員；教員都是來自南寧的經驗豐富的指揮員，他們既教授政治，又傳授作戰技能，學員們學會了如何操作他們最近獲得的新武器，包括山炮、迫擊炮和機關槍；第二個班主要教戰士們製造地雷的技術，這個班培訓出一百多名製雷能手，他們生產的地雷將在此後幾年裏給反共軍隊和民團造成重大傷亡。為了把農軍改造成正規軍，1930 年 5 月，韋拔群又在鳳山為第三縱隊的一百多名軍官開辦了一個訓練班。[64]

　　韋拔群很可能是第一個把油印機帶進東蘭的人。如前所述，他在 1925 年初帶回了兩台油印機，用來印刷東蘭農講所第一期使用的教材。1931 年，東蘭革命政府又恢復了傳統的石版印刷術，說明由於某種原因這兩台油印機已經停止工作。電報在 1883 年就已傳入廣西，但到 1920 年代還沒有傳到東蘭。最早把電報傳入東蘭的很可能是外來的共產黨人，紅七軍給韋拔群及其追隨者們提供了兩個密碼本。在第三次暴動期間，儘管韋拔群和部屬從未真正使用過電報，但

63　黃明政：〈鄧政委關心傷病員〉（1994），牙祖坤、韋加波編：《鄧小平與東蘭》，第 11−13 頁；黃美倫：〈鄧政委來到武篆〉（1981），《左右江革命根據地》，下冊，第 682−686 頁；《左右江革命史料彙編》，第 1 輯，第 111−196 頁；黎灼仁、葉學明、盧淵：〈左右江革命根據地的財政經濟建設〉，《左右江革命根據地》，下冊，第 1096 頁；陸秀祥編：《東蘭革命根據地》，第 13 頁；《東蘭縣志》，1994，第 362−363 頁；陳仕讀：〈回憶免俄兵工廠〉，《東蘭文史資料》，第 1 輯（1985），第 24−25 頁。

64　黃雨山：〈紅七軍生活回憶〉（1984），《左右江革命根據地》，下冊，第 744−745 頁；覃健：〈赴平馬領槍前後〉（1959），陸秀祥編：《東蘭革命根據地》，第 172 頁；吳德林：〈回憶韋師長與紅軍右江獨立師〉，陸秀祥編：《東蘭革命根據地》，第 204 頁；陸秀祥編：《東蘭革命根據地》，第 12 頁；磨力：〈一次難忘的報告會〉，《回憶韋拔群》，第 102−106 頁；李彥福、韋衛、黃啟輝：〈左右江革命根據地的教育事業〉，《左右江革命根據地》，下冊，第 1150 頁。

還是學會用這些電碼編寫密信進行聯絡。[65]

　　1930 年初，紅七軍把一所醫院帶來東蘭，這也是東蘭的第一座現代化醫院。這家醫院既有西醫，也有中醫，但主要是用草藥治病，醫生們也可以做簡單的手術。主持醫院的吳清培醫師是福建人，畢業於廈門醫學院，是中共 1929 年派往南寧的四十多名共產黨員之一。當時任紅七軍第一縱隊第一營第一連指導員的陳漫遠在恩隆亭泗的戰鬥中負傷後，就在東蘭的紅軍後方醫院住院一個多月才歸隊。這所醫院於 1930 年隨紅七軍主力離開東蘭。[66]

　　道路建設是韋拔群現代化計劃的重要組成部分。1927 年，他曾號召農民協會幫助修建地方道路，並親自指揮了武篆四條道路的改建擴建工程，這四條道路加起來有四十五公里，這些新修的道路適合馬車行走，但不適合汽車行駛。甚至連韋拔群的敵人廖磊也對他修路方面的業績表示贊許。[67]

　　國民黨人也為把現代技術引進東蘭做出了貢獻。在 1931 年和 1932 年的三次清剿期間，廖磊的第七軍分別在東院和武篆建立了兩個電話交換台。他們帶來了六部電話，並且架設了連接東蘭與河池、田州和鳳山的電話線，[68] 這是東蘭最早的電話服務。1932 年，國民黨人在東院開辦了一家現代診所，兩年後又在武篆開設了第二家

65　鍾文典編：《二十世紀三十年代的廣西》，第 440 頁；《東蘭縣志》，1994，第 373、398 頁。

66　唐士書、申耕智：〈紅七軍的醫藥衛生工作〉，《左右江革命根據地》，下冊，第 1158 頁；庾新順編：《左右江革命根據地人物志》，南寧：廣西人民出版社，1998，第 228 頁；《東蘭縣志》，1994，第 534 頁；李華清：〈憶紅七軍軍醫處長吳清培同志〉，區濟文、吳忠才、庾新順編：《廣西紅軍》，第 260 - 263 頁；熊樹和、田炳坤、韋寶昌：〈陳漫遠同志談紅七軍〉，1974 年 3 月 1 日。

67　《東蘭縣志》，1994，第 380 頁；廖磊：〈今後東鳳善後辦法及民眾應努力要點〉（1932），《韋拔群陳洪濤史料專輯》，第 602 頁。

68　《東蘭縣志》，1994，第 396 頁。

診所。[69]

可以理解的是，這股現代化浪潮的重點是引進軍事或與軍事有關的知識和設備，因為它主要是由戰爭帶來的，也會隨着戰爭的結束而結束。新一輪的現代化浪潮將在韋拔群領導的革命運動失敗後開始，其主要成就是在河池與田州之間修建了第一條公路，這條穿過東蘭的公路於二十世紀三十年代末完工。這一股現代化浪潮很快就因為日本侵略和國共最後一次內戰而中斷，而真正的現代化工廠必須等到1949 年共產黨執政之後才能出現在東蘭的土地上。

融合

外來共產黨人來到右江地區後，韋拔群的東蘭農民運動便完全融入了更加宏大的中國共產主義運動。韋拔群在第二次暴動期間開始加入共產主義運動，但並未實現雙方的完全融合。那時韋拔群可能與一些共產黨人發生了矛盾，共產黨人對他的某些做法和思想有所批評，他的正式黨員身份也未能獲得批准；在國共統一戰線破裂後，韋拔群與中共曾在一段時期內失去了聯繫。

韋拔群的第三次暴動始於 1929 年 8 月韋拔群抵達南寧參加廣西第一屆農民代表大會、並被確認為中共正式黨員的時候。在此之後，他和他的運動便逐漸融入全國性的共產主義革命，以至於在他的農民革命與共產主義運動之間不再有任何界限；對於韋拔群和其他人來說，他的共產黨人身份已經毋庸置疑，而東蘭也明確無誤地成為由共產黨人控制的一片土地。在第二次暴動期間，共產黨人在東蘭建立了一個黨小組，但未能堅持下來；第三次暴動期間，主要因為韋拔群已正式入黨，中共組織在東蘭迅速擴展。韋拔群在 1929 年入黨後，就

69　蔣晃：《東蘭縣政紀要》，第 28 頁。

介紹許多追隨者加入共產黨，到 1930 年中，東蘭已有四百多名中共黨員，到當年年底，黨員人數進一步增加到至少一千人，而當時整個右江地區只有大約兩千名中共黨員。到 1931 年底，由於紅七軍主力部隊的離開，右江地區的共產黨員總數銳減到七百人左右，其中東蘭和鳳山的黨員就有四百多人。儘管這些新黨員的素質引起了一些共產黨領導人的關注，東蘭的一些共產黨人也因對韋拔群的崇拜而受到批評，但龐大的共產黨員數量仍然顯示出中共在東蘭的強勢存在。中共東蘭縣委於 1929 年 10 月成立，韋拔群主持了成立會議，共有十三名代表出席。嚴敏是縣委書記，而韋拔群則負責軍務。縣委誕生之後，東蘭各鄉都成立了黨支部。[70]

到 1930 年初，東蘭已成為構成左右江革命根據地的二十多個縣之一；韋拔群的農軍已經成為中共紅七軍的一部分，韋拔群也被正式任命為紅軍軍官。左右江地區的中共最高軍事機關就是紅七軍前委，而在組成前委的七人中，韋拔群是唯一一名土生土長的右江人。在完全融入左右江革命根據地之後，韋拔群的地位就由地方領導人上升為全國性領導人。在經濟上，東蘭也成為右江地區共產主義體系的一部分，共產黨人從右江沿岸的富裕城鎮沒收了大量現金和鴉片，使得他們能夠向東蘭蘇維埃政府提供急需的財政支持。[71]

對於韋拔群而言，第三次暴動在某種意義上也是他的第三次遠行，因為這次暴動為他提供了學習新思想、新方法及建立新關係的大

70　鄧拔奇：〈拔奇關於廣西工作報告〉（1931 年 9 月 1 日），《左右江革命根據地》，上冊，第 430 頁；王玉樹：〈王玉樹關於七、八軍情形報告〉（1930 年 8 月 22 日），《左右江革命根據地》，上冊，第 330 頁；中共東鳳縣委：〈中共東鳳縣委通告〉（1930），《左右江革命根據地》，上冊，第 351 頁；《左右江革命史料彙編》，第 1 輯，第 180 頁；陳欣德：〈綜述〉，《左右江革命根據地》，上冊，第 23 頁；桂林師範學院政治系：《東蘭農民運動》，第 31 頁。

71　中共中央：〈中共中央給廣東省委轉七軍前委的指示〉（1930 年 3 月 2 日），《左右江革命根據地》，上冊，第 248 頁；牙美元：〈東蘭縣蘇府財經概況〉，陸秀祥編：《東蘭革命根據地》，第 228 頁。

好機會。前兩次遠行和暴動都是由韋拔群積極而堅定地發起的，但在第三次暴動中，他更像是一位被動的受眾；前兩次暴動都是韋拔群及其當地支持者策劃和發動的，但第三次暴動則主要是由外來共產黨人策劃和執行的；韋拔群的前兩次艱險遠行都是為了前往本省和國家的中心城市去面見本省和全國的領導人，而在那些城市裏，他是一位遠方來的客人；第三次暴動期間，他先去了一趟南寧，然後外來共產黨人就來到了右江地區和東蘭。這一回，他成了這些外來共產黨人的東道主。

第三次暴動使韋拔群與一些新舊上司和同志建立了密切接觸。他加強了同俞作柏的關係，俞是韋拔群第二次暴動以來的堅定支持者，也是他在國民黨左派中的最後一位保護人。在 1929 年 10 月俞李政權垮台、俞作柏離開廣西之後，韋拔群與國民黨左派的關係也就結束了。在韋拔群新的共產黨保護人中，最重要的三位是張雲逸、雷經天和鄧小平，他們分別是韋拔群在紅七軍、蘇維埃政府和中共組織內的上級。韋拔群在張雲逸的指揮下參加了多次戰鬥，並與鄧小平和雷經天在數月時間內一起處理政府事務。這三位上級都已是全國性共產主義運動的重要領導人，在未來還將變得更加重要。對於韋拔群來說，這些都是具有巨大潛在意義的關係。

外來的共產黨人極大地加強了右江地區的革命力量。他們創建的紅軍在裝備和訓練方面都比本地農軍更加精良。與韋拔群的農軍相比，這些外來的紅軍更加現代化，因為他們擁有組成一支正規軍所必需的所有要素，這也使得他們能夠挑戰敵方的正規部隊。由於擁有高效的戰爭機器，外來共產黨人得以暫時佔領一些重要城鎮和許多縣份。因為有了外部支持，韋拔群及其追隨者得以走出西山，相繼重新佔領了武篆和東蘭縣城，並消滅了他們在東蘭、鳳山等地的敵人。外來的共產黨人把左右江和廣西的共產主義運動推向高潮，韋拔群顯然歡迎這種發展。與第二次暴動期間的陳勉恕一樣，1929 年底到來的外來共產黨人成為韋拔群及其運動的保護人，但作為保護人，他們遠

比陳勉恕更加強大，因為陳勉恕並沒有一支可以賴以為後盾的軍隊。

　　除了一支強大的軍隊，外來共產黨人也帶來了新思想和新方法。他們帶給韋拔群的新思想之一就是黨要指揮軍隊，而不是軍隊指揮黨。在紅七軍中，每個連都有一個黨支部，每個縱隊都有一個政治部，而整個紅七軍則由總司令和政委共同領導。這一套系統對韋拔群來說有些陌生。在此前的幾年裏，韋拔群有時會從追隨者中挑選一人擔任農民政府或農民協會的負責人，但自己始終擔任農軍最高指揮官的職位，這可能暗示着他認為軍隊應該指揮政府或任何其他組織，而不是反過來被其他組織指揮。蘇維埃政府的體制對韋拔群而言也是一個新鮮事物，雖然它類似於韋拔群所成立的革命委員會和農民協會，但其形式更為正式。土地革命的許多政策和程序對韋拔群來說都是新奇的，韋拔群之前確實一直在與地主鬥爭、沒收地主的財產、幫助窮人，但他沒有將他的政策標準化或法制化，部分原因是他從來沒能長期佔領和維持一個範圍較大的永久根據地，因此不具備實行正式的土地革命的條件；另一個重要原因是，他對中共的新政策和其他革命根據地的做法並不了解。例如，中共於 1927 年在武漢召開的「八七」會議就通過了土地革命政策，但韋拔群直到 1929 年才了解到這一政策變化。

　　與外來革命者的融合給韋拔群領導的運動帶來了巨大的正面影響，但也是有代價的。在外來者所創建的新體系中，韋拔群被公認為領袖之一，但卻不再是運動的最高領袖，他失去了一部分獨立性，但韋拔群似乎非常願意放棄自己的獨立以換取共產主義運動在東蘭和右江地區的勝利。第二次暴動期間來到東蘭的外來共產黨人曾留下他們可能與韋拔群有過衝突的含糊記述，相比之下，第三次暴動期間曾與韋拔群共事的外來共產黨人並沒有報告過類似衝突，鄧小平、張雲逸、雷經天這三位最有權勢的外來共產黨人都對韋拔群評價很高，並與他建立了非常密切的關係。

　　在許多其他革命根據地，地方共產主義革命與更宏大的全國性

共產主義運動的融合曾引起當地革命者與外來革命者之間的嚴重衝突。例如，在井岡山革命根據地，毛澤東、朱德領導的外來共產黨勢力到來後，以王佐、袁文才為首的小型本地農民武裝就被收編了，而收編的過程以外來共產黨人將王、袁二人雙雙處死而宣告完成。後來，中央革命根據地在贛西南的發展導致毛澤東率領的外來共產黨人與以李文林為首的地方共產黨人之間的衝突，最終只能通過以組織「AB 團」的罪名對李文林及其眾多支持者進行血腥清洗來結束這場衝突。在鄂豫皖革命根據地，1931 年到來的中共中央代表張國燾以殺害多名創建了這個根據地的本地革命者的手段，確立了他在根據地的權威。在陝甘寧革命根據地，中共中央代表與地方共產黨領導人之間的衝突，導致許多著名的本地共產黨人在 1935 年被捕，若不是毛澤東和他的長征部隊及時到來，這些地方共產黨人中的許多人就會被自己的同志殺害。[72] 1930 年代，在湘鄂西革命根據地以及其他一些根據地也發生了對地方共產黨領導人的血腥清洗。中華人民共和國時期，廣東（包括海南）、福建、浙江等地也以反地方主義的名義清洗了一些地方共產黨領導人，其中包括浙江的沙文漢以及廣東的方方、古大

---

72 Stephen Averill, *Revolution in the Highlands: China's Jinggangshan Base Area.* Rowman & Littlefield Publishers, 2006, pp. 379-388; 戴向青：〈論 AB 團和富田事變〉，《中共黨史研究》，1989（1），第 24－29 頁；Chen Yung-fa, "The Futian Incident and the Anti-Bolshevik League: The 'Terror' and CCP Rovolution," *Republican China*, Vol. XIX, No. 2 (1994), pp. 1-51; 高華：〈肅 AB 團事件的歷史考察〉，《二十一世紀》，第 54 期（1999），第 60-71 頁；Ross Terrill, *Mao: A Biography*, pp. 139-140; Maurice Meisner, *Mao Zedong: A Political and Intellectual Portrait*, pp. 63-69; 陳永發：〈政治控制與群眾動員：鄂豫皖肅反〉，《大陸雜誌》，86（1），第 20－38 頁；86（2），第 19－30 頁；86（3），第 24－33 頁，1993；William Rowe, *Crimson Rain: Seven Centuries of Violence in a Chinese County*, pp. 309-316; Chang Kuo-tao, *The Rise of the Chinese Communist Party: the Autobiography of Chang Kuo-tao*, Vol. 2, pp. 257-276; 張秀山：《我的八十五年》，北京：中共黨史出版社，2007，第 83－88 頁；郭洪濤：《郭洪濤回憶錄》，北京：中共黨史出版社，2004，第 72-90 頁。

存和馮白駒。[73] 在大多數情況下，地方革命與全國性運動的融合是以犧牲地方領導人為代價的，許多人失去了自己的地位，還有些人甚至丟掉了性命。

在右江地區，東蘭農民革命與全國性共產主義運動的融合並沒有引起本地革命者與外來革命者的嚴重衝突，一個原因是，在1929年的右江地區，在韋拔群和他的當地支持者們看來，外來共產黨人並不是只想接管地方運動的征服者，而是來幫助加強和保護地方革命的救星。外來共產黨人到達右江的時候，地方運動正處於低谷，韋拔群等地方領袖正在極力尋求外部支持，外來革命者則通過提供武器、政治和軍事訓練及新的思想和政策，以及幫助擊敗或至少削弱他們的共同敵人，擔當起供給者和保護者的角色，因此，地方領袖對外來革命者的態度是感激而非怨恨；另一方面，這些外來革命者也對韋拔群為他們提供了可靠的兵力和穩固的根據地而心懷感激，他們知道韋拔群在他的追隨者中聲望很高，並覺得可以用他來號召群眾，在這方面，他們可能從第二次暴動期間韋拔群和另一群共產黨人之間可能發生過的衝突中吸取了一些教訓。

另一個有助於防止在右江地區發生本地革命者和外來共產黨人之間嚴重衝突的重要因素在於從一開始外來共產黨人就對長期留在右江地區不感興趣。紅七軍的領導人和他們在黨內的上級都認為右江地區不適合建立一個永久的革命根據地。紅七軍誕生僅四天後，中共廣東省委就指示紅七軍向湘粵方向移動以便接近湘粵地區的革命根據地。一個月後，中共南方局和廣東省委又命令紅七軍最終要與毛

73　Keith Forster, "Localism, Central Policy, and the Provincial Purges of 1957-1958: The Case of Zhejiang," In Timothy Cheek and Tony Saich, eds., *New Perspectives on State Socialism in China.* Armonk, NY: M. E. Sharpe, 1997; Xiaorong Han, "Localism in Chinese Communist Politics Before and After 1949—The Case of Feng Baiju," *Chinese Historical Review*, 11(1), 2004, pp. 23-56.

澤東、朱德領導的紅軍合併，[74] 這些指示可能曾促使紅七軍領導人在 1930 年初作出攻打南寧的計劃。1930 年 3 月，中共中央再次要求紅七軍向湘粵邊界進發，與毛澤東、朱德的部隊會師，並指示紅七軍在離開廣西時把大部分本地農軍都帶走，因為這些戰士有可能成為紅軍隊伍的核心力量。

　　1930 年 6 月紅七軍重新奪回右江沿岸幾縣之後，紅七軍領導人決定在右江地區再停留三個月以重整軍隊、進行土地革命和保護秋收，然後就向湘粵方向進發。[75] 雷經天因保護富農和反對紅七軍離開右江而被降職；陳洪濤接替他擔任右江蘇維埃政府主席和中共右江特委書記；韋拔群則被任命為特委和政府委員。在當地農民的心目中，韋拔群比陳洪濤更受歡迎，也更有權威；在反共方面看來，韋拔群是比陳洪濤更危險的敵人；但共產黨領導人似乎對陳洪濤更加信任，也許他們還沒有完全忘記韋拔群過去的那些關係和某些缺點。不過，陳洪濤也有可能是在韋拔群的推薦下才被任命為右江地區黨和政府最高領導人的。對於韋拔群而言，能夠保留軍事指揮官的職位可能已經十分滿足了。

作為革命中心的邊緣

　　東蘭革命的歷史清楚地表明，像韋拔群這類土生土長的地方革命者在邊疆地區的革命中起到了至關重要的作用，他們往往決定着革命運動的方向和特徵，而廣大農民群眾則主要是他們的追隨者。共產黨人陳勉恕認為，地方的剝削和壓迫決定了東蘭的農民運動是不可避

74　廣東省委：〈粵省對七軍前委的指示信〉（1929 年 12 月 25 日），《左右江革命根據地》，上冊，第 142 頁；〈對廣西紅軍工作佈置的討論〉，《軍事通訊》（1930 年 1 月），《左右江革命根據地》，上冊，第 198 頁。

75　吳忠才、黃遠征、陳欣德：《百色起義史稿》，第 227－228 頁。

免的，即使沒有韋拔群，東蘭的農民運動仍會發生，但他也認同，如果沒有韋拔群，東蘭農民運動的時間和形式就都會有很大變化。[76] 龔楚評論說，農民雖然對自己遭受的剝削很是憤慨，但如果沒有鼓動份子，就不會發生革命運動，[77] 而龔楚自己就是一個鼓動者，韋拔群和他在東蘭的同志，以及中國其他地方的共產黨人也都是鼓動者。韋拔群清楚地知道鼓動者對革命成功的重要性，因此，在三次暴動中，他大力招募和培養革命知識份子，並指派他們去動員和組織農民。

　　新桂系的頭目們也意識到韋拔群等鼓動者是東蘭和右江地區農民運動的真正締造者，因此特別重視對這些人的捕殺。白崇禧和廖磊甚至聲稱，韋拔群是發動東蘭和右江地區革命運動的唯一罪魁禍首。在清剿韋拔群時，新桂系頭目宣稱，韋拔群的那些普通追隨者們只要選擇投降，就會獲得一條生路，理由是這些人都是因為被革命者欺騙或脅迫才參加革命的，但這一寬大政策並不適用於韋拔群、陳洪濤或其他主要領導人，因為新桂系的首領們認為只有消滅了這群煽動者，才能防止將來的革命。

　　韋拔群等地方革命者在東蘭發動的革命使偏遠的東蘭成為一個重要的政治中心。東蘭農民革命的影響如此之大，以至於在十多年時間裏這個從前鮮為外人所知的邊疆小縣儼然變成了中國最有名的革命中心之一。來自邊疆地區的韋拔群先是遠行到大都市，再從大都市把新思想和新方法帶回邊疆地區，並以這些新思想和新方法為基礎發起了一場革命。他和他的革命運動一經成名，他所在的邊疆社區就開始對周邊地區和東蘭其他地方發生影響，並發揮革命中心的作用。在第一次暴動期間，韋拔群對縣城的四次襲擊吸引了鄰縣革命者的關注和

76　陳勉恕：〈廣西東蘭農民運動之實際狀況〉（1927 年 4 月），《韋拔群陳洪濤史料專輯》，第 50 頁。

77　龔楚：《我與紅軍》，第 27 頁。

支持，並使整個右江地區和廣西省受到震動，但在廣西以外，人們對他的運動仍然知之甚少。因此，當他在 1924 年底和 1925 年初在廣州停留時，國民黨或共產黨的領導人中都很少有人認識到韋拔群可以與彭湃相提並論。地處偏遠的東蘭很難像沿海的海豐那樣引起全國上下的關注。

但韋拔群從廣州回來後僅一年，他的第二次暴動就使東蘭成為全國關注的焦點。中共方面在 1926 年發佈的一份官方文件中，首次將韋拔群與彭湃相提並論。[78] 同時，東蘭和海陸豐開始被認為是中國激進農民運動的兩大中心地區。在第三次暴動期間，東蘭和右江地區成為中共十幾個革命根據地之一，因此也是共產黨中國的一個中心。

如果說一群革命者的聚集是東蘭革命得以發生的先決條件，那麼這些革命者的分散則有助於東蘭革命向其他地區的傳播。革命者的旅行對於東蘭革命的興起和東蘭革命影響的擴大都發揮着十分重要的作用。鄰縣的革命者紛紛到東蘭去參觀、學習並參加農民運動，然後再回到故鄉去組織自己的運動；同時，東蘭的革命者也會旅行到其他地方幫助組建當地的農民協會和農軍。東蘭與各地的人員往來促成了一個革命網絡的形成。這個網絡由東蘭、右江地區及其他地區的革命者組成，而作為這個網絡的中心，韋拔群不僅成為東蘭革命運動的領袖，而且也是更廣大區域內革命運動的領袖。

韋拔群的影響範圍可以表述為一系列同心圓。最裏面也最小的圓無疑是東蘭，但即使在東蘭縣內，韋拔群在全縣各地的影響力也不均衡。縣城、武篆和平原地區是韋拔群與敵人爭奪的地盤。每當他的權力達到頂峰時，他就會把縣城變成運動的中心。他於 1923 年攻佔了縣城，並佔領了幾個月。1926 年他又一次拿下縣城，佔領了六個多月。1929 年底，他再次佔領縣城，並得以在一年多時間裏保持對

78　中共中央：〈中央局報告〉（1926 年 12 月 5 日），《韋拔群陳洪濤史料專輯》，第 69 頁。

縣城的控制。對東蘭縣城的佔領標誌着韋拔群三次暴動的高潮。

　　當韋拔群無力保住縣城時，他就會撤退到武篆鎮，而在武篆他擁有非常大的影響力。他的許多早期支持者或是來自武篆，或者是鎮上學校的畢業生。在三期東蘭農講所的學員中，來自武篆的學員多過東蘭其他五區中的任何一區和任何鄰縣。1927 年底廣西省政府公佈的二十三名通緝要犯中，來自武篆的就佔九人。[79]

　　當韋拔群無力保住武篆時，他就會撤到附近的西山。他於 1926 年開始在西山建立根據地，直到 1932 年西山一直是他的據點。中山和東山也是韋拔群的重要根據地。作為西山的周邊地帶，這些地區在城鎮和平原都被敵軍掌控時顯得尤為重要。在東蘭當時的六個區中，武篆和西山在韋拔群的革命中佔有最重要的地位。比起西山，武篆更加繁榮，鎮上有許多受過教育的知識份子，其中一些人後來成為韋拔群領導的農民運動的領袖，而西山則為農民運動提供了最堅實的兵源。武篆與西山的聯盟，在一定程度上代表了壯人地區與瑤人聚居區的統一，以及平原地區的革命知識份子與山區貧苦農民的合作。生長在武篆與西山交界處的韋拔群，正是聯結這兩個地區的理想紐帶。

　　在長達十餘年的革命生涯中，韋拔群頻繁往返於武篆、東院（縣城）和西山之間，這是他在東蘭的三大根據地。韋拔群在某一時刻的權勢，可以用他住在這三處地方中的哪一處來衡量。當他可以壓服敵人時，他就會把縣城作為他的革命中心。當他與敵軍勢均力敵時，他就會以武篆為根據地，從那裏他可以向東挺進到縣城，也可以往西撤退到西山。而當敵對勢力佔據上風時，韋拔群便會把西山、中山和東山變成他的革命中心。東蘭還有其他一些革命運動的亞中心，包括三

79　陸秀祥編：《東蘭農民運動 1921－1927》，第 42－50 頁；廣西省政府：〈廣西省政府訓令各縣長各警廳局案據田南清鄉總辦劉日福呈議定賞格購緝首要匪黨韋拔群等仰即一體協緝務獲歸案訓辦文［附賞格］〉（1927 年 12 月 12 日），《左右江革命史料彙編》，第 3 輯，第 12－13 頁。

石（太平）、都彝（大同）、長江和那地。在這些地區，韋拔群都有
一群忠實的支持者，其中包括三石的陸皓仁、白漢雲和黃昉日，都彝
的韋漢超，長江的牙蘇民，以及那地的韋國英和藍志仁等人。在東蘭
各區中，縣城和紅水河以東一帶是韋拔群影響力最弱的地方，這主要
是因為紅水河是縣內最難逾越的屏障，東部地區於是就成為韋拔群敵
人們的避風港。當韋拔群的武裝在西岸的城鎮和平原上將他們擊敗
時，他的敵人們往往會轉移到東岸，因為他們覺得那裏比較安全。

　　在東蘭這個最小的圓之外是由東蘭和鳳山兩縣構成的第二個
圓。鳳山位於東蘭西北部，兩縣之間存在着傳統的聯繫。1730 年以
前，這兩個縣組成一個統一的行政單位，由世襲的韋姓家族統治着，
但在那一年清廷將鳳山和東蘭分開，東蘭成為一個由流官治理的正常
縣份，鳳山則繼續由韋家治理。東蘭和鳳山分開後，鳳山的土司被置
於東蘭縣長管制之下，這樣一來，鳳山仍然是從屬於東蘭的一個特殊
地區，被認為是東蘭的邊緣。在政治上和經濟上，鳳山都被看做是一
個比東蘭更落後的地區，而鳳山也比東蘭更偏遠。直到 1919 年，鳳
山才成為一個常規縣。

　　在三次暴動中，鳳山都是韋拔群領導的革命運動的重要組成部
分。東蘭與鳳山兩地革命黨人的密切同盟關係是由韋拔群與鳳山革命
者之間的友誼維繫着的。韋拔群在鳳山最堅定的盟友便是他的結拜
兄弟廖源芳。從 1916 年到 1931 年，廖源芳一直是韋拔群的忠實支持
者。黃松堅則是韋拔群在鳳山的第二親密的盟友，他在第二次暴動時
加入韋拔群的隊伍，後來逐漸成長為右江地區共產主義運動排名第三
的領導人。除了廖源芳和黃松堅之外，韋拔群在鳳山的盟友還有黃文
通，他在百色廣西省立第五中學讀書時就是韋拔群的支持者，在東蘭
農講所第一期學習後，黃文通逐步成長為鳳山農民運動的重要領袖，
1927 年底，韋拔群派他去海豐彭湃處學習，直到 1929 年中黃文通才

回到廣西。[80] 這三人之所以成為鳳山農民運動的領袖，在很大程度上是由於韋拔群的支持和指引，而他們與韋拔群的密切關係確保鳳山農民運動能夠順利地融入到韋拔群的革命運動之中。一方面，韋拔群來自鳳山的支持者們積極參加了他在東蘭的運動；另一方面，韋拔群及其東蘭的追隨者也經常向他們在鳳山的同志提供幫助。例如，1926年底，黃大權曾到鳳山協助廖源芳組建農民協會和農軍；1929年底，東蘭農軍的一支部隊曾前往鳳山，幫助鳳山的同志進攻佔領鳳山縣城的敵軍；[81] 1930年代初，韋拔群還親自在鳳山指揮了幾次戰鬥。

　　韋拔群的敵人也知曉東蘭和鳳山之間的特殊關係。他們在1927年底發動的對東蘭的清剿就是以攻打鳳山開始的；第三次暴動期間，他們把東蘭和鳳山視為共產革命的中心，並經常把共產黨根據地稱為東－鳳。他們認為，「匪首」韋拔群在鳳山和東蘭兩地的影響具有同等破壞力，[82] 並因此把東蘭和鳳山當做他們無數次清剿行動的主要目標地區。為了消滅這兩個縣的共產黨人，新桂系成立了東鳳剿匪總部，直接指揮與韋拔群及其支持者的戰鬥。在某種程度上，共產黨人和他們的敵人都一直把東蘭和鳳山這兩個縣看作一個統一的行政單位。

　　比東鳳更大的一個圓是所謂東－鳳－凌－色地區，包括東蘭、鳳山、凌雲、百色四縣。凌雲、百色位於東蘭和鳳山的西南方，四縣之間的邊界地區是一片面積廣大而不可分割的山區，四縣縣政府對這片山區僅能行使鬆散的管制，而東蘭的西山、中山、東山就是這片山區的一部分。這四縣之間有着密切的文化、經濟和政治聯繫。當韋拔群發動第一次暴動時，來自凌雲和百色的革命者參加了第四次襲擊東

80　羅秀龍：〈黃文通〉，《中共廣西黨史人物傳》，第4輯，第536－539頁。

81　同上，第537頁。

82　〈鳳山赤禍調查〉，《梧州民國日報》（1932年11月21日），《左右江革命史料彙編》，
　　第3輯，第156頁。

蘭縣城的戰鬥；在第二次暴動期間，韋拔群在凌雲和百色的盟友也在各自所在的地區組建了農民協會和農軍，並且繼續與東蘭的朋友並肩戰鬥。在三期東蘭農講所中，都有多名來自凌雲、百色兩地山區的學員，僅第三期就有至少十三名來自百色山區的學員。[83]

在凌雲，韋拔群最堅定的盟友是黃伯堯。初次見到韋拔群時，黃伯堯還是一名小學教師。1925年底，黃伯堯成為東蘭農講所第一期的學員，從農講所畢業後，他回到凌雲組建了當地的農民協會和農軍，自任農軍總指揮。1926年底，他與東蘭農軍合作，攻打凌雲當地一些有權勢的家族。1930年初凌雲的蘇維埃政府成立時，黃伯堯成為第一任主席。由韋拔群推薦加入中國共產黨後，黃伯堯又兼任中共凌雲縣特支書記。在第三次暴動期間，黃伯堯在紅七軍第三縱隊中擔任營長職務。[84]

1927年，東－鳳－凌－色四縣的農軍實施了反對地方政府的聯合行動。這一年的晚些時候，在韋拔群的指揮下，東蘭、凌雲、鳳山等地的農軍向駐紮在鳳山縣城的一營敵軍發起攻擊。1929年，韋拔群在凌雲的支持者們發動了一次暴動，以支持百色起義。當時四縣之間的邊緣地帶已經變成一個統一的游擊區。東蘭共產黨人於1929年底在鳳山、凌雲和百色創建了中共黨組織，而這些縣的中共組織都由東蘭縣委直接控制，東蘭的一些女性革命者還被派往鳳山、凌雲、百色等地協助宣傳工作。[85]

83　陸秀祥編：《東蘭農民運動1921－1927》，第42－50頁。

84　黃志珍：〈黃伯堯〉，《中共廣西黨史人物傳》，第2輯（1995），第144－148頁。

85　黃松堅：〈三路農軍圍攻鳳山縣城〉，韋信音編：《青松高潔：黃松堅史料專輯》，第136－139頁；羅秀龍：〈黃文通〉，《中共廣西黨史人物傳》，第4輯，第537頁；梁漢明、何光、黃文彩：〈李植華〉，《中國廣西黨史人物傳》，第1輯，第117頁；〈凌雲人民反對統治者的鬥爭〉，《凌雲文史資料》，第4輯（1989），第4－5頁；庾新順：〈左右江革命根據地的黨組織〉，《左右江革命根據地》，下冊，第1169－1170頁；《東蘭縣志》，1994，第105頁。

　　在百色，百色城與周邊農村之間有着明顯區別。鄉下的農民，特別是居住在山區的農民，易於接受國民黨左派和共產黨的影響，但百色城在大部分時間裏都是反革命勢力的據點。從 1921 年至 1928 年，韋拔群主要敵人之一的劉日福就一直把總部設在百色。1928 年，省長黃紹竑以朱為珍取代了劉日福，而朱曾在 1927 年和 1928 年參與指揮對韋拔群的攻擊。[86] 在百色，成立於 1906 年的廣西省立第五中學一直是 1920 年代至 1930 年代右江地區的最高學府和激進主義的中心，也是韋拔群同情者的聚集地。韋拔群的一些親密追隨者，包括陳伯民、陳洪濤、黃松堅、黃文通、韋菁等，都曾在這裏學習過，右江地區其他不少著名的農民運動領袖也是省立第五中學的畢業生。[87] 學校裏的這些韋拔群的年輕追隨者們致力於擴大韋拔群在城市裏的影響，並幫助動員群眾支持他的運動，而他們在學校裏結成的人際紐帶對韋拔群的農民運動具有重要意義。

　　比東－鳳－凌－色更大的一個圓是包括東－鳳－凌－色在內的大右江地區，而這個地區涵蓋了右江和紅水河之間所有的縣份以及紅水河以東和右江以南的幾個縣。1923 年，來自右江地區好幾個縣的革命者參加了韋拔群對東蘭縣城的第四次攻擊。三期東蘭農講所的學員都來自整個右江地區，第一期農講所的學員就代表了右江地區的十二個縣，有些學員後來成為各自家鄉的著名農民運動領袖，並一直是韋拔群的堅定盟友。

　　韋拔群不僅幫助這些鄰近縣份培養農民運動領袖，有時也會從東蘭、鳳山等地派遣經驗豐富的同志到外縣協助開展當地的農民運動。第二次和第三次暴動期間，韋拔群還親自到右江地區的幾個縣去幫助那裏的同志。1926 年 8 月，韋拔群把他的三位追隨者——陳伯

86　《左右江革命史料彙編》，第 1 輯，第 88 頁。

87　陸錦侖：〈百色中學烈士知多少〉，《百色史志》，第 3 輯（1988），第 19－22 頁。

民、陳守和、黃書祥推薦給省政府，他們三人被分別任命為派駐奉議、恩隆和果德三縣的農民運動特派員。陳伯民並未履職，但陳守和和黃書祥在恩隆和果德兩地努力工作，後來成為這兩個縣的重要領導人，黃書祥還將他的影響力從果德逐步擴展到附近的那馬縣。[88]

1927 年底，為了分散敵人的注意力和進一步擴大農民運動，韋拔群派陳伯民到都安縣組建農民協會和農軍。來自東蘭的其他幾位經驗豐富的領導人，包括黃昉日、陳鼓濤、陳銘玖、鄧無畏，與陳伯民一同在都安工作。1929 年和 1930 年，韋拔群分別兩次派廖源芳到南丹和那地組織農民協會和農軍。[89] 俞作柏於 1929 年任命陳伯民、黃大權、黃書祥為縣長，進一步擴大了東蘭在右江地區的影響。到 1929 年，來自東蘭的革命者牢牢地控制了右江地區的至少五個縣：果德和那馬有黃書祥、向都有陳鼓濤、恩隆有黃大權、都安有陳伯民，他們都遵循着韋拔群模式，成為各自所在縣的英雄和強人。1929 年初，一位來自廣西的共產黨領導人證實：韋拔群對右江地區的農民運動領袖們有非常大的影響。[90]

1926 年和 1927 年，在右江東岸的平馬一帶出現了右江地區的第二個農民運動中心，而創建這個中心的是國民革命軍的青年軍官余少傑。余少傑於 1907 年出生在廣州，1925 年進入黃埔軍校，並在那裏

---

88 《左右江革命史料彙編》，第 1 輯，第 41、56、60 頁；韋成珠、李鼎中、覃茂才：〈黃書祥在那馬革命活動片斷〉，《馬山文史資料》，第 1 輯（1986），第 21－26 頁；黃澤農：〈回憶果德農民協會的鬥爭歷程〉，庾新順編：《黨的創建和大革命時期的廣西農民運動》，南寧：廣西人民出版社，2003，第 566－570 頁；李修琅：《黃書祥革命生涯》，南寧：廣西民族出版社，2009。

89 韋崎嵘、黃建平：〈陳伯民〉，《中共廣西黨史人物傳》，第 1 輯，第 144 頁；韋仕林：〈都安農民運動的興起〉，庾新順編：《黨的創建和大革命時期的廣西農民運動》，第 560－561 頁；覃國翰：〈紅河激浪〉，庾新順編：《黨的創建和大革命時期的廣西農民運動》，第 562－565 頁；班鋒、羅昭文：〈廖源芳〉，《中共廣西黨史人物傳》，第 1 輯（1992），第 207－209 頁。

90 朱錫昂：〈朱錫昂給中央巡視員和廣東省委的報告〉（1929 年 1 月 27 日），藍應波、鄧李能編：《廣西革命歷史文件彙集 1926，12－1929，3》。

加入了中國共產黨。1926 年初從黃埔軍校畢業後，余少傑成為駐紮
在平馬的一支部隊的軍官。在那裏，他接觸到一些進步的本地知識份
子，並使其中一些人轉變成共產主義者，還在右江地區建立了第一個
中共黨支部。雖說余少傑並不是第一個在右江地區發起農民運動的
人，但他給現有的農民運動帶來了團結、協作以及巨大的動力，並確
保右江地區的農民運動沿着共產主義路線發展。為了更好地與當地
的追隨者交流，余少傑甚至學會了說壯話。[91] 創建黨支部後，余少傑
派遣積極份子到恩隆、奉議等縣組織農民協會和農軍，到 1927 年 3
月，共產黨人在恩隆和奉議的 130 多個鄉鎮成立了農民協會，兩縣共
有近萬名村民參加了農民協會。余少傑領導的運動變得如此強大，以
致於省長黃紹竑認為在 1927 年和 1928 年韋拔群和余少傑是廣西最危
險的兩大叛亂份子。[92] 余少傑視韋拔群為可靠的盟友，儘管余少傑很
可能從未見過韋拔群本人，但他與韋拔群的一些親密朋友，包括陳守
和、黃書祥和奉議縣的三位農民運動領袖黃治峰、李正儒和陸炳堂都
有過密切合作，因此，余少傑對於韋拔群的運動相當熟悉。[93]

　　如果說韋拔群是在右江地區領導農民進行武裝反抗的第一人，
那麼余少傑就是試圖將右江各縣農軍整合成一支統一武裝力量、並將
其置於中共直接控制之下的第一人。1927 年初，當新桂系開始在廣
西清洗共產黨人時，余少傑與中共上級失去了聯繫。他於是離開國民
黨軍隊，在右江地區創建了一支游擊隊。1927 年 7 月，他又組建了

91　黃現璠、黃增慶、張一民：《壯族通史》，第 828 頁。

92　黃紹竑：〈全省政治概況〉，《新廣西》，第 3 卷，第 10 期（1929 年 2 月 21 日），《左
　　右江革命史料彙編》，第 3 輯，第 29－30 頁。

93　趙秉壯：〈第一個來恩隆縣建立共產黨組織的余少傑〉，《田東文史資料》，第 1 輯
　　（1987），第 36 頁；《左右江革命史料彙編》，第 1 輯，第 56、60 頁；黃國光：〈黃
　　治峰〉，《中共廣西黨史人物傳》，第 1 輯，第 286－289 頁；黃大昆：〈喋血流千古
　　——李正儒烈士傳略〉，《百色地區黨史資料：人物》，第 2 輯（1992），第 26－27 頁；
　　趙秉壯：〈陸磯彰〉，《中共廣西黨史人物傳》，第 1 輯，第 8－9 頁。

廣西臨時軍政委員會以領導廣西的革命，委員會共有包括韋拔群和黃書祥在內的五個成員。余少傑還將右江地區所有的農軍整編為三路軍：第一路由來自東－鳳－凌－色的農軍組成，由韋拔群擔任總指揮；黃治峰成為第二路軍的總指揮；余少傑本人則擔任第三路軍總指揮。[94] 這樣一來，余少傑和第二個革命中心的崛起，實際上幫助擴大了韋拔群在右江地區的影響。通過任命韋拔群為廣西臨時軍政委員會委員和右江地區農民自衛軍第一路軍總指揮，當時在廣西代表中共的余少傑正式承認韋拔群為大右江地區共產主義運動的領袖之一。年輕且富有活力的余少傑具有成為右江地區農民運動第二支柱的潛力，由於他既有中共的全力支持，又贏得了許多本地知識份子的信任，余少傑在右江地區的勢頭甚至有可能蓋過韋拔群，但不幸的是，年方二十一歲的余少傑在 1928 年死於新桂系軍閥之手。

　　中共領導人意識到農民運動和共產主義革命不可能先在一個縣裏取得成功，因此多次告誡革命者不要奉行關門主義，並鼓勵東蘭農民運動向外擴展。[95] 總的來說，中共在韋拔群的第二次和第三次暴動中，通過多種方式幫助擴大了他的影響。首先，中共鼓勵右江地區其他地方的共產黨人和同情共產黨的人士支持韋拔群，並與他建立或加強聯繫；此外，共產黨還幫助把韋拔群在東蘭的一些追隨者安置到右江地區的其他一些地方；最後，中共為韋拔群、陳洪濤等人提供了頗具權勢的職位，使他們能夠監察整個右江地區的農民運動和共產主義運動。一位國民黨人在 1932 年曾尖銳地指出，若沒有共產黨的支持，韋拔群應該依然能夠在東蘭和鳳山發動革命，但不可能將他的影

94　陸炬烈：〈余少傑〉，《中共廣西黨史人物傳》，第 1 輯，第 82－88 頁。

95　廣西省農會籌備處：〈農民運動的策略〉（1929 年 8 月），《韋拔群陳洪濤史料專輯》，第 86－87 頁；中共廣東省委：〈中共廣東省委給廣西特委指示信〉（1929 年 11 月 19 日），《韋拔群陳洪濤史料專輯》，第 102 頁。

響擴大到整個右江地區。[96]

　　大右江地區在 1929 年成為包括左江和右江地區在內的更廣大的中共革命根據地的一部分，儘管左江地區和右江地區實際上並沒有被很好地整合到一起。在三次暴動期間，韋拔群對左江地區的直接影響遠遠比不上他在右江地區的影響。在 1931 年和 1932 年韋拔群失敗之後，他的一些追隨者轉移到左江地區繼續組織革命。正是由於他們，死後的韋拔群對左江地區的影響可能反而比他在世時更大。

　　韋拔群的影響也傳播到了南寧和廣西其他地區。不論是作為偉大的革命者還是作為臭名昭著的「匪首」，韋拔群在廣西全省都非常有名。雖然新桂系頭目將韋拔群視為廣西境內最危險的敵人之一，但韋拔群的國民黨左派和共產黨朋友們則稱他和他的追隨者為廣西農民解放的先驅，並認為韋拔群的運動是廣西和中國群眾運動的重要組成部分。在 1926 年舉行的第一期廣西農講所中，共產黨人以東蘭為例教育革命積極份子，並鼓勵他們以韋拔群為榜樣。[97] 韋拔群最直接的敵人是當地的「土豪劣紳」，但站在土豪劣紳背後的是新桂系軍閥，因此，韋拔群與地方上敵人之間的任何衝突，最終都會升級為他與新桂系的矛盾，或是廣西共產黨人與所有反共勢力之間的對抗。

　　韋拔群的革命最終被新桂系而不是被地方上的土豪劣紳所擊敗。新桂系頭目決定不僅在東蘭而且在廣西所有其他主要城市展示韋拔群的首級就暗示他們認為韋拔群不僅是東蘭當地的「共匪」，而且是一個在廣西全省都頗具影響的敵人。從 1921 年到 1932 年，如果說

96　〈鳳山赤禍調查〉，《梧州民國日報》（1932 年 11 月 21 日），《左右江革命史料彙編》，第 3 輯，第 157 頁。

97　雙才：〈值得注意的東蘭農民運動〉（1926），《韋拔群陳洪濤史料專輯》，第 32 頁；胡炳瓊：〈援助東蘭的農友〉（1926 年 6 月 6 日），《韋拔群陳洪濤史料專輯》，第 34－35 頁；陳勉恕：〈廣西東蘭農民運動之實際狀況〉（1927 年 4 月），《韋拔群陳洪濤史料專輯》，第 56 頁；何炳芬：〈寧培瑛〉，《中共廣西黨史人物傳》，第 1 輯，第 77－78 頁。

南寧在大部分時間內是廣西反革命力量的中心的話，那麼東蘭就是廣西革命力量的大本營。南寧與東蘭的關係堪比南京與瑞金或重慶與延安的關係。從某種意義上說，南寧與東蘭的關係也可與南京國民政府執政前十年間南京與南寧的關係相比較。正如新桂系希望保持廣西自治而不受南京政府管轄那樣，韋拔群和他的追隨者也決心保持東蘭和周邊地區的自治，不讓南寧省政府插手。新桂系於是對東蘭愈發畏懼和痛恨，甚至揚言要把東蘭全縣從廣西驅逐出去。[98] 革命把東蘭和其他一些貧窮和落後的邊緣地區轉變為全國的政治中心。

在廣西之外，韋拔群在整個華南地區都有很大影響。在中國的大城市中，廣州與韋拔群的運動有着最為密切的聯繫。韋拔群生前至少到過廣州三次，而每次以廣州為目的地的旅行都對他產生了改變命運的影響。回到家鄉後，他會嘗試運用從廣州帶回來的思想和方法來改變東蘭。他在家鄉的革命實驗在變得廣為人知之後，有時又會被用來肯定廣州的政治領導人們所推行的激進政策。廣州的左派人士認為，韋拔群在東蘭的運動是他們所倡導的華南廣大農民運動的一個組成部分，因而他們支持和推廣韋拔群的革命模式。第三次暴動期間，韋拔群接受中共廣東省委和中共兩廣省委的直接領導，這使他的運動成為廣東、廣西以及華南其他地區共產主義運動的重要組成部分。下一章將會說明，韋拔群的影響在他生命的最後幾個月已傳播到貴州和雲南，而在死後他對貴州和雲南的影響將穩步增強。

在第一次暴動期間，韋拔群的影響僅限於廣西省內；第二次暴動時，他的影響也未能延伸到華南之外的地區；但在第三次暴動中，韋拔群的運動成為國家層面國共兩黨之間衝突的一個重要部分。東蘭農民運動與中國共產主義革命的融合使得韋拔群成為一個具有國家級地位的革命家。這一地位在韋拔群於 1931 年當選為中華蘇維埃共和

98　黃國光：〈黃治峰〉，《中共廣西黨史人物傳》，第 1 輯，第 292 頁。

國執行委員會委員時得到了象徵性的確認。這個委員會共有六十二名成員，其中包括毛澤東、周恩來、朱德、方志敏、阮嘯仙和張雲逸。張雲逸和韋拔群是僅有的代表右江蘇維埃政府和紅七軍的兩名委員，而韋拔群是委員中唯一一位土生土長的廣西人。[99] 1934 年，在中華蘇維埃共和國第二次代表大會上，毛澤東提議全體代表為十五位已犧牲的中共領袖默哀三分鐘，韋拔群正是這十五人中的一員，而惲代英、鄧中夏、黃公略、趙博生等著名中共革命家也在這份名單上，這相當於再次確認了韋拔群國家級革命領袖的地位。

在中國境外，韋拔群的影響也傳播到越南。法屬越南是他生前到過的唯一外國，他的短暫停留並沒有對這個殖民地產生任何影響。然而，在他死後，他的一些追隨者轉移到了中越邊境地區。上世紀三十年代末，當越南共產黨人開始把中越邊境地區變成革命根據地時，那裏的中國共產黨人便設法與越南同志建立了聯繫，有時雙方還會採取聯合行動。早在 1923 年就參加了韋拔群領導的農民運動的東蘭人譚統南，於 1931 年被派往中越邊境地區，成為那一帶地方最重要的中共領導人之一。他在 1947 年去世前一直在那裏工作。[100]

在發起東蘭農民運動之初，韋拔群的口號之一是「救東蘭，救廣西，救中國」。雖然他的注意力主要集中在東蘭，但他清楚地知道，為了改變和拯救東蘭，他需要來自廣西和國內其他地區的支援；他也意識到，如果廣西這個省和中國這個國家保持不變，他就不可能拯救和改變東蘭。他強烈地盼望能贏得其他地區的支援，並且同時也對其他地區施加影響。雖然他的革命是一場地方性運動，但他希望這是一場覆蓋了全省乃至全國的更大運動的一個重要部分，或至少是一場更

99　中華蘇維埃共和國：〈中華蘇維埃共和國臨時中央政府佈告〉（1931 年 11 月），《韋拔群陳洪濤史料專輯》，第 205 頁。

100　黃漢紀、黃語錄：〈譚統南〉，《中共廣西黨史人物傳》，第 3 輯，第 42−47 頁。

大的省級或全國性運動的第一階段。他所設計的這場地方性運動是開放的而不是孤立的。

諷刺的是，敵人對韋拔群運動的多次進攻雖然最終導致了東蘭革命運動的崩潰，但同時卻有助於將東蘭革命的影響傳佈到其他地區。正是來自敵人的壓力促使韋拔群向外部勢力尋求支持，並派遣他的追隨者去其他縣區組織農民運動。就擴散韋拔群的影響而言，失敗和勝利所帶來的後果幾乎一致。

總的來說，東蘭在 1920 年代的地位與抗日戰爭時期延安的地位相當類似。東蘭和延安雖然在經濟技術方面很貧窮落後，但在政治上卻很重要，也很有影響力。鄰縣的學生和革命積極份子紛紛到東蘭去面見韋拔群，在東蘭農講所學習，並考察和參加東蘭農民運動，就好似中國其他地方的學生和其他人士到延安去參加毛澤東和其他共產黨人所領導的運動，並在中國抗日軍政大學等學校學習，然後投身於抗日戰爭。韋拔群派他的追隨者到鄰縣和鄰省去為革命工作和戰鬥，就如同毛澤東派遣部下到全國各地建設抗日根據地。當然，東蘭在 1920 年代的影響力，絕不能與 1930 年代和 1940 年代的延安相提並論。從 1935 年到 1947 年，延安是中國共產主義革命最重要的中心，而東蘭從 1921 年到 1932 年一直是中國農民運動和共產主義革命的中心之一。中國的共產主義在 1920 年代初以城市運動的形式出現，北京、上海和廣州是當時共產主義運動的中心。1920 年代末，中國的偏遠地區出現了一批農村革命根據地。從 1927 年到 1937 年，共產主義中國就是一個由一個一級中心和若干個二級中心組成的網絡。上海、瑞金、延安相繼成為共產主義革命的一級中心，而東蘭、右江地區則在一段時間內成為最重要的二級中心之一。一些外來的共產黨人曾認為，右江地區偏遠落後，並不是建設主要革命根據地的理想場所，但這種偏頗的觀點並沒有妨礙右江地區崛起為一個革命中心。

分離

　　1930 年 9 月下旬，中共南方局代表鄧崗到達紅七軍總部所在地平馬。他偽裝成商人，經由上海、香港、南寧和龍州遠道而來。[101] 鄧崗帶來了中共中央最新指示，即李立三控制下的中央所採取的立三路線。立三路線主張，新的革命高潮正在形成，共產主義革命有可能首先在幾個省取得成功，然後才能取得全國勝利。李立三號召紅軍進攻大城市，南方局根據立三路線，命令紅七軍攻打桂北的柳州和桂林，然後在粵北建立一個根據地，最終奪取廣州，其目的是把廣東變成一個由中共控制的省份，阻止廣東的國民黨向北調動軍隊，以便其他紅軍部隊能夠打敗華中地區的國民黨，並在武漢周圍建立一個根據地。中共中央發文嚴厲批評紅七軍領導人，而中共南方局則始終視李明瑞將軍為軍閥，認為紅七軍領導人允許李明瑞留在軍隊、接受他入黨、並任命他為紅七軍和紅八軍總司令等種種決定都是嚴重錯誤。中共南方局主張開除李明瑞的黨籍和軍籍，但紅七軍選擇漠視這道命令。中共中央來信還要求紅七軍迅速擴編。[102]

　　中共中央的指示引起了右江革命根據地高層領導們的激烈爭執。鄧小平和張雲逸認為，紅七軍並沒有足夠的實力去攻佔大城市，但支持撤出廣西的建議，雷經天則主張紅七軍應該留在右江地區，而鄧崗、陳豪人、龔楚則完全贊成南方局的命令。據當時任紅七軍參謀長的龔楚回憶，他和李明瑞曾提議北上進攻貴州，並把貴州變成革命根據地。韋拔群似乎並沒有參加討論。最後，大家一致同意紅七軍應

101　吳西：〈曲折的歷程〉（1981），《左右江革命根據地》，下冊，第 839 － 841 頁。

102　韋志虹、吳忠才、高雄編：《百色起義人物志》，第 83 頁；中共中央：〈中共中央給軍委南方辦事處並轉七軍前委指示信〉（1930 年 6 月 16 日），《左右江革命根據地》，上冊，第 315 － 317 頁；陳豪人：〈七軍工作總報告〉（1931 年 3 月 9 日），《左右江革命根據地》，上冊，第 377 頁。

該東進，以執行南方局的命令。紅七軍領導們決定將這一行動計劃保密，因為他們認為如果立即公佈這一決議，難免會引起幹部和戰士們的焦慮，因為他們大多數是右江本地人，可能並不願意離開家鄉。[103]

1930 年 10 月初，紅七軍開始從右江流域向東邊的河池轉移。為了防止本地戰士開小差，領導們決定主力部隊將不經過東蘭。[104] 兩位高級領導人鄧崗和鄧小平前往東蘭與韋拔群和他的第三縱隊會合，然後再一起趕往河池。到 11 月初，紅七軍的四個縱隊和紅八軍的一部全部到達河池。紅八軍已在左江地區被敵軍擊敗，總指揮俞作豫逃往香港，後來被國民黨特務在深圳俘獲，並在廣州被殺害。在河池，紅八軍的餘部都被編入了紅七軍。

1930 年 11 月初，紅七軍第一次黨代表大會在河池召開，而當時軍中約有五百名中共黨員。會議支持攻打大城市的戰略，並選出了一個新的前敵委員會。鄧小平仍然擔任前敵委員會主席，雖然他曾經考慮過辭職。[105] 韋拔群不再是前敵委員會委員，可能是因為那時已經確定他將留在右江地區。

第一次黨代會之後不久，紅七軍就被改組。新的紅七軍由三個師組成：原第一和第三縱隊組成第十九師，原第二和第四縱隊組成第二十師，這兩個師總共有七千多兵力，他們將從廣西進軍廣州，並在途中攻打一些大城市。韋拔群被任命為留守右江地區的第二十一師的師長，陳洪濤被任命為二十一師政委。不幸的是，二十一師的兵力嚴重不足。由於韋拔群的第三縱隊已被併入十九師，他身邊便只剩下大約八十名老兵和傷病人員。上級命令他和陳洪濤通過改組地方農軍和

103　龔楚：《我與紅軍》，第 197－198 頁；陳欣德：〈綜述〉，《左右江革命根據地》，上冊，第 33 頁；韋志虹、吳忠才、高雄編：《百色起義人物志》，第 65 頁；《左右江革命史料編》，第 1 輯，第 198 頁。

104　鄧小平：〈七軍工作報告〉，《左右江革命根據地》，上冊，第 398 頁。

105　毛毛：《我的父親鄧小平》，上卷，第 258 頁。

招募新兵來組建二十一師，並希望他倆能逐步把二十一師擴充為一個軍。[106]

　　這次改組是根據中共上級領導的命令進行的。如前所述，中共中央曾明確無誤地命令紅七軍在撤出廣西時帶走絕大多數當地農軍；紅七軍的領導人可能會認為，把大部分兵力帶走是合理而正當的，因為他們沿途要與大城市裏實力強大的敵人激戰。在他們看來，韋拔群和陳洪濤即使沒有一支龐大的軍隊也能在山裏存活下來，而且憑藉他們在當地農民中的影響，想要重建軍隊應當並不難。

　　雷經天這個中共領導人中的異見份子再次主張把紅七軍留在右江地區。在他看來，廣西、雲南和貴州三省交界地區是建設革命根據地的理想地方。他認為，如果紅七軍必須前往廣東或江西，那麼大多數赤衛隊員和本地幹部，包括他本人，都應該被允許留在右江流域。後來在 1945 年於延安召開的原紅七軍幹部會議上，雷經天認為，如果當年能讓更多的本地幹部戰士留在右江，他們就能夠保住那裏的革命根據地。由於持有不同意見，雷經天在到達河池之前就被撤銷了一切職務，並在紅七軍第一次黨代會上被開除黨籍。他後來作為一名普通戰士隨部隊長途跋涉到了江西。雷經天當時正懷孕的妻子楊金梅隨韋拔群留在右江，但她在紅七軍主力離開右江不久後便被敵人殺害。[107]

106　鄧小平：〈七軍工作報告〉，《左右江革命根據地》，上冊，第 398 頁。

107　雷經天：〈廣西的蘇維埃運動〉（1945），《左右江革命根據地》，下冊，第 608－614 頁；王林濤：〈雷經天〉，胡華編：《中共黨史人物傳》，第 20 卷，第 350－352 頁；陳遵誠：〈楊金梅〉，《中共廣西黨史人物傳》，第 4 輯，第 455－457 頁。楊金梅是在百色起義期間參加革命的年輕女性知識份子之一。少數來自右江地區的女性革命者隨紅七軍主力去往江西，而其中一位就是來自西林縣、在部隊醫院擔任護士的韋榮。她於 1931 年到達江西，在 1934 年被自己人殺害。有人聲稱至少有一位來自右江的女性革命者參加了長征，但大多數有關參加中央紅軍長征的女性革命者的記述都不曾提及任何來自右江的女性。庾新順編：《左右江革命根據地人物志》，第 132 頁；韋秀康：〈韋榮〉，白先經編：《紅七軍紅八軍英列傳》，第 659－667 頁；陸錦侖：〈關崇和〉，《中共廣西黨史人物傳》，第 4 輯，第 383 頁。

　　難以確定的是韋拔群對於把紅七軍主力調出右江地區去攻打大城市以及把大部分本地幹部戰士併入主力部隊帶離右江地區的做法有什麼看法。他很可能站在雷經天一邊，但他似乎從來沒有表達過自己的觀點。當然，即使他表達了自己的意見，也沒什麼實質意義，因為所有重要的決策都是由外來革命者做出的，而政策辯論也是在外來革命者之間進行的。古德曼（David Goodman）認為韋拔群的確反對調紅七軍出廣西去攻打大城市的政策，[108] 但即使古德曼的判斷是對的，韋拔群也沒有機會表達自己的觀點，更不用說成為持不同意見者的領袖了。大部分決策早就由前敵委員會在平馬做出，而且韋拔群當時很可能並不在場。很難判定的是，鄧小平和鄧崗在前往河池途中在東蘭見到韋拔群時，是否已經告訴韋拔群他的第三縱隊將被改組並帶離右江。如果兩人直到抵達河池後才告訴韋拔群這一計劃，那麼韋拔群可能會有被欺騙的感覺。雷經天認為，紅七軍領導只給韋拔群留下一個連對韋拔群是很不公平的，他覺得加入紅七軍主力的本地幹部也沒有得到公平對待，因為很多本地幹部的職位都比應得的要低。[109]

　　在將紅七軍主力調離右江地區的決定作出之後，韋拔群本可以有三種意見：一是保留第三縱隊，並與第三縱隊一起留在右江；二是帶着第三縱隊隨主力離開右江；三是把第三縱隊交給主力帶走，自己留在右江地區。所有中共方面的資料都認為，外來革命者傾向於第三種選擇。雖然對韋拔群來說這可能是最危險的選擇，但他完全不曾嘗試改變這一決定。後來向國民黨投降的韋拔群下屬黃羽成則提供了另一種說法。他認為上級原本想帶着韋拔群一起離開，但韋拔群到河池後開始裝病，希望能被允許留在家鄉。黃羽成的解釋是，韋拔群之所以這樣做，是因為他知道一旦加入紅七軍主力就必須始終服從外來的

108　David Goodman, *Deng Xiaoping and the Chinese Revolution: A Political Biography*, p. 32.

109　雷經天：〈廣西的蘇維埃運動〉（1945），《左右江革命根據地》，下冊，第610－611頁。

共產黨人，而如果留在家鄉，他將是右江地區共產主義運動的最高領導人。[110] 換言之，促使韋拔群留在右江的是韋拔群的領袖慾。黃羽成說法中所反映的韋拔群對家鄉的不捨和對獨立的渴望或許有可信的成分，但這種說法有兩個漏洞：一是當時在河池曾和韋拔群在一起的人都沒有提到過韋拔群生病這件事，相反，這些人都記得，韋拔群當時很活躍地和幹部戰士開會、談話；另一個漏洞是，上級如果真的決定要帶他一起離開右江，就不太可能因為韋拔群突發的小病小痛而改變主意。1930 年在紅七軍中任中層軍官的莫文驊於 1944 年在延安寫了一本關於紅七軍歷史的極具爭議的小書，他在書中聲稱，韋拔群當時被命令隨紅七軍主力撤離，但隨後帶着大約四百名追隨者從河池逃回了東蘭。幾個月後，莫文驊就放棄了這一說法，並確認韋拔群是奉命留在右江地區的。[111] 紅七軍的其他領導人也都認為，讓韋拔群留下是黨組織的決定，而隨他留下的戰士遠遠少於四百名。

　　第三縱隊的一些幹部戰士不願離開家鄉，韋拔群不得不勸說他們服從黨的命令。他對戰士們說，作為共產黨軍隊的一員，他們有責任服從黨的命令；由於他們的使命是解放全人類，所以無論身在何處，都應該感覺是在家鄉。他還向他們保證，一旦革命成功，他們就能回家。歌手韋拔群甚至為他的部下即興創作了一首山歌：「外出幹革命，莫要戀家庭。跟着共產黨，做個好紅軍。為民為自己，事業真

110　黃羽成：〈共產黨行政組織內幕情況〉（1934），《左右江革命根據地》，下冊，第 1006－1007 頁。

111　黃超：〈對紅七軍建立一書的幾點意見〉，覃文良編：《東蘭縣革命英名錄》，《東蘭文史資料》，第 3 輯（1988），第 228 頁；袁任遠、莫文驊：〈關於廣西蘇維埃運動與紅軍第七軍總結的意見書〉，區濟文、吳忠才、庾新順編：《廣西紅軍》，第 77－79 頁；莫文驊：《回憶紅七軍》，第 47 頁；韋寶昌：〈莫文驊同志談紅七軍〉，1974 年 3 月 15 日。

光榮。革命成功了，共享幸福年。」[112]

　　然而，並非所有來自東蘭的戰士都聽從了韋拔群的說和唱。1930年只有十五歲的東蘭籍士兵覃應機回憶說，廣西的士兵們都覺得離開廣西就如同要去外國，因此在離開廣西之前很多人都當了逃兵。覃應機來自東蘭最大的村莊，和他同村的一百多名要隨紅七軍主力離開廣西的幹部戰士中，超過一半在走出廣西之前就逃回了老家，而在這群逃兵中竟還有一名副營長。[113] 覃應機和其他許多來自東蘭的幹部戰士則留在主力部隊，去遠離家鄉的地方征戰。他們中有些人可以再看到家鄉，但大多數人再也回不來了。廣西壯族自治區民政廳在 1982 年證實，在 1930 年跟隨紅七軍離開的東蘭籍幹部戰士中，至少有 550人在共產黨人與敵對武裝的大小戰爭中犧牲：有些人在離開河池不久後就犧牲了；在前往江西的途中，有不少人犧牲在湖南和廣東；許多人戰死在江西的中央革命根據地；至少有兩人在長征途中喪生；一人在抗日戰爭期間在華北被日軍殺害，一人於 1949 年在國共內戰的最後時刻犧牲在長江附近。有些東蘭籍士兵因為在行軍途中迷路或是因為在戰鬥中負傷而在隨紅七軍離開後不久就回到東蘭。[114] 東蘭最終成為全國著名的「紅軍縣」之一，與其他許多縣份相比，東蘭為共產主義革命獻出了更多的生命。

　　在這群來自東蘭的青年農民戰士中，有幾人在 1930 年底離開家

112　謝扶民：〈拔群同志戰鬥的一生〉，《回憶韋拔群》，第 26－27 頁；韋國清：〈英範永存〉，《民族團結》，1982（10），《左右江革命根據地》，下冊，第 652 頁；覃應機、黃松堅、黃榮：〈卓越的共產主義戰士韋拔群〉，《廣西日報》，1982 年 10 月 19 日；曾啟強編：《中國早期農民運動領袖韋拔群》，第 314 頁。

113　覃應機：《硝煙歲月》，第 13 頁。

114　李德漢：〈黃世新〉，《中共廣西黨史人物傳》，第 2 輯，第 95－100 頁；韋鼎新、陸秀祥：〈北上江西後的親身經歷〉，陸秀祥編：《東蘭革命根據地》，第 324－331 頁；黎先賢、陸秀祥：〈北上江西後的片斷回憶〉，陸秀祥編：《東蘭革命根據地》，第 332－335 頁；陳國培、陸秀祥：〈北上江西和參加反「圍剿」鬥爭的回憶〉，陸秀祥編：《東蘭革命根據地》，第 336－338 頁。

鄉後得以在殘酷的戰爭中倖存下來，並在 1929 年後成為中國人民解放軍和中華人民共和國政府的將領或官員。中國人民解放軍在 1955年第一次授銜時，有五位東蘭人分別被授予上將、中將和少將軍銜，這使得東蘭成為中國為數不多的「將軍縣」之一，另有幾位東蘭籍戰士 1949 年後在新中國政府中擔任要職。在東蘭籍政要中，最突出的一位就是韋國清將軍，他在很長一段時間內擔任廣西的領導人，而且是中華人民共和國時代一位頗具影響的國家領導人，他甚至因為曾在第一次印支戰爭期間擔任胡志明的首席中國軍事顧問而成為一位國際政治中的重要人物。所有這些後來身居高位的東蘭人，都或是由韋拔群領上革命之路，或是在韋拔群影響下才投身革命的。

許多鄰縣農軍也因為受韋拔群影響而加入了紅七軍，他們中有些人也在 1930 年隨紅七軍離開右江地區，其中一些人在 1949 年後成為重要的將領和官員。凌雲縣的貧窮農民姜茂生在只有十幾歲時就參加了農民運動，他在 1930 年離開右江到江西，並於 1955 年被授予少將軍銜。在河池與韋拔群分手五十多年後，姜茂生仍能清晰地憶起河池整編時韋拔群受旗的情景：「我印象最深的，是韋拔群同志受旗的情景。他身材魁梧，大頭方臉，全副武裝，十分威武。雖然他當時是『光杆司令』，職務和番號有名無實，但他非常嚴肅認真。只見他步履矯健地走上主席台，立正、敬禮，接過旗子後，走到台前，雙手把紅旗高高舉起，然後向全場鞠躬致意。台下頓時歡聲雷動，群情沸騰，長時間地熱烈鼓掌。」[115]

隨紅七軍主力部隊離開的韋拔群部屬多是青年戰士或中低級軍官，而韋拔群集聚起來的領導班子成員則大多留在右江地區。與韋拔群一起留在右江的有廖源芳、黃書祥、陳洪濤、陳鼓濤、黃松堅、黃大權和陸皓仁等。本地的資深革命者幾乎全部留下，部分原因是這些

115　姜茂生：《千里來龍》，第 51 頁。

領導人當時大多在為地方蘇維埃政府工作，因此並不屬於韋拔群的第三縱隊。他們是優秀的政治領導人，但不一定是傑出的軍事指揮員。此外，紅七軍也沒有足夠的職位可用來安置韋拔群手下的本地幹部。曾任第三縱隊營長的黃昉日，改組後不得不被降為連長，因為紅七軍沒有足夠多的營級職位。[116] 在韋拔群聚攏的知識份子革命者圈子中，黃昉日是少數幾位於 1930 年底隨紅七軍永遠離開東蘭的成員之一，而唯一留在韋拔群身邊的外來幹部是桂林人黃暉，他是 1930 年 9 月隨鄧崗來到右江地區的中共南方局代表。[117] 黃暉在紅七軍主力離開河池僅僅數月之後，也離開了右江地區。

把韋拔群和其他本地幹部留在右江地區，符合當時共產黨人的一個常用做法。每當中共軍隊的主力必須從一個地區撤離時，他們總會留下一些能力出眾的領導人在那個地方「堅持鬥爭」。大多數時候，他們會留下一些有影響的本地人來領導當地的革命，因為這些人熟悉當地的情況，能講當地方言，並有當地的人脈關係。外來的共產黨人可能會認為，只帶走士兵，而不帶走地方幹部，就可以把給地方革命帶來的損失降到最小，因為這些幹部可以在很短時間內重建一支武裝力量。

東蘭地處偏遠，因此很難即時地感受到外界事件的影響。這種延時有時對革命有利，例如，1927 年反共清黨的姍姍來遲，使韋拔群和他的同志們有多出四個月的時間來發展革命勢力。有時這種延時又對地方革命有害，例如，1927 年中共中央「八七」會議的決議直到 1929 年才傳到東蘭，使得韋拔群很難迅速理解和執行中共的土

---

116 韋崎嶸：〈黃昉日〉，陸秀祥、黃建平、黃英俊編：《中共東蘭黨史人物傳》，第 589 頁。
117 黃羽成：〈共產黨行政組織內幕情況〉（1934），《左右江革命根據地》，下冊，第 1007 頁。

地革命政策；[118] 立三路線在 1930 年 6 月成為中共的主導政策，但在 1930 年 9 月就被廢棄，可是在右江地區，鄧崗卻於 1930 年 9 月下旬才到這裏來執行立三路線，1930 年 10 月紅七軍在河池整編時，紅七軍領導人仍然不知道立三路線已被放棄。即使他們知道了立三路線已不再是官方政策，他們仍然可能會決定把紅七軍主力撤出右江地區，因為這個決定在鄧崗到達之前就已做出，但他們可能會給韋拔群留下更多兵力，因為如果他們知道在前往江西的途中不必去攻打大城市，他們可能就不會那麼重視擴大紅七軍主力。

紅七軍整編後不久，韋拔群和他的一小隊人馬就與主力部隊分手，踏上了回家的路。紅七軍總指揮張雲逸陪同韋拔群一起走了十里路，並與他長談。張雲逸在稱讚韋拔群作為革命領袖所具備的諸多優良品質的同時，也告誡他不要過分依賴人際關係，因為「私交是靠不住的」。[119] 張雲逸這樣說或許是因為他感到韋拔群對自己的親朋好友比對外來共產黨人更加信任？在正統的共產黨人看來，韋拔群所熱衷的結拜兄弟等做法都是封建殘餘，而建立在共同政治信仰基礎之上的同志關係才是最可靠的。在張雲逸對韋拔群提出警告的兩年前，朱德就已經背叛過他的結拜兄弟范石生。范石生曾在朱德和他的部隊陷入危難時為朱德提供過保護和補給，但朱德後來給他的回報就是打敗了范石生的部隊。朱德對部下解釋道：「革命是沒有恩怨和私情的，階級立場不同，就是生身父母，也要革命，何況是結義兄弟。」[120]

不知道韋拔群是如何回應張雲逸的這一告誡的，但張雲逸當時恐怕很難讓韋拔群相信，黨比他的親朋好友更加可靠。誠然，中共在右江地區建立了強大的軍隊、佔領了大片領土、建立了正式的政府、

118　藍啟渲、蘇醒：〈韋拔群同志入黨時間考證〉，《革命人物》，1987 年，第 1 期，第 34 頁。

119　謝扶民：《韋拔群》，第 57 頁。

120　龔楚：《我與紅軍》，第 150 頁。

幫助訓練和裝備了農軍，並在這片偏遠土地上掀起了革命的高潮，但現在他們卻要把這一切都帶走了！他們不僅帶走了外來的革命份子，還帶走了韋拔群用了近十年時間辛苦培育的農軍中的最優秀的戰士和最精良的武器。韋拔群曾告訴他即將東行的朋友們，他盼着他們在不久的將來就能返回右江，但在韋拔群的內心深處，他可能也明白，即使他們真的能夠返回，可能也是在相當長時間之後。對於韋拔群而言，這意味着，至少在可預見的將來，個人關係可能還是會比黨更加可靠。

第 七 章

失敗：
革命的生態和文化因素
1930 —— 1932

到 1930 年底，新桂系的領導集團已經恢復和鞏固了對廣西的統治，並已準備好應對共產黨的威脅。紅七軍的兩個師一離開河池，就被迫陷入與新桂系軍隊的激戰。中共最高領導人已命令紅七軍進攻柳州和桂林，所以紅七軍主力離開河池不久就開始向柳州進發，但他們很快就發現，新桂系已經在柳州周圍建立了一條強固的防線，紅七軍的領導們於是決定暫時放棄攻佔柳州的計劃，並率領部隊向桂林方向移動，計劃先攻佔桂林再回頭攻打柳州。當時，對於究竟應該先打柳州還是先打桂林，紅七軍的領導們爭論不休。

為了奪取桂林，紅七軍又與新桂系的軍隊打了兩場惡仗，但兩次都沒能打贏。戰敗之後，紅七軍被迫向北轉移，並於 1930 年 12 月進入湖南。紅七軍的領袖們並未放棄攻佔桂林的夢想，所以他們幾天後又打回廣西，並出其不意地攻佔了全州城。正是在這裏，紅七軍領導們決定放棄攻打大城市的計劃，這一計劃的兩個最堅定的支持者，中共中央代表鄧崗和紅七軍政治部主任陳豪人，從這裏前往上海向中共中央彙報。文化大革命期間，紅七軍軍長張雲逸曾坦率地告訴一位紅七軍下屬，當時他和鄧小平都執行了立三路線，因為他們並不知曉立三路線已被放棄，但他們與鄧崗、陳豪人還是有分歧。鄧崗和陳豪人要求無條件地執行立三路線，而原因之一就是他倆嚮往大城市，不願留在貧窮落後的右江地區。[1]

紅七軍回到廣西後，新桂系的白崇禧就帶着一個整師來收復全

1　韋寶昌：〈重訪袁任遠同志記〉，1974 年 5 月 22 日。

州。紅七軍不願與這個強敵作戰，就又撤入湖南，但僅僅幾天之後，
紅七軍又回到廣西，並佔領了另一個縣。到這個時候，紅七軍 1930
年 11 月離開河池時的七千多兵力已經損失一半。1931 年 1 月，紅七
軍主力終於離開廣西。在粵北，紅七軍又與國民黨軍的六個團打了一
場惡仗，李立三的弟弟、紅七軍三個師長之一的李謙，戰死在這裏。
從某種意義上說，李謙之死與他哥哥推行的立三路線有一定關係。
1931 年夏天，紅七軍抵達江西的中共根據地，並加入毛澤東和朱德
領導的紅軍。從廣西到江西，紅七軍途經四省，走了三千五百公里
路程，最後只剩下約一千三百人。[2] 他們在轉移途中遭遇的危險和損
失，使得一些中共領導人認為，把紅七軍留在右江地區或許是更正確
的決策。[3]

反共圍剿與革命的生態學

　　雖然紅七軍主力的轉移在 1930 年底和 1931 年初吸引了新桂系的
大部分注意力，但新桂系領導集團並沒有忘記韋拔群及其在東蘭和右
江一帶的革命運動。不能確定新桂系頭領們當時是否已知曉韋拔群並
沒有隨紅七軍主力離開廣西，但他們顯然知道右江地區還有中共武
裝，而這些武裝依然控制着右江一帶的某些地方。到 1930 年底紅七
軍主力離開河池時，共產黨已經失去右江沿岸的大部分鄉鎮，右江根
據地的地盤只剩下東蘭、鳳山、那地以及恩隆和百色兩地的部分地

2　袁任遠：〈從百色到湘贛〉（1961），《左右江革命根據地》，下冊，第 631 − 632 頁；
　　蔣于里、陳世長：〈大事記〉，《左右江革命根據地》，下冊，第 1273-1274 頁；曹裕文、
　　盧家翔：《新桂系與中國共產黨》，第 47 − 52 頁，《桂海論叢》雜誌社，1994；陳欣德：
　　〈李謙〉，《中共廣西黨史人物傳》，第 4 輯，第 447-454 頁；莫文驊：《回憶紅七軍》，
　　第 111 頁。

3　閻衡：〈閻衡同志關於第七軍的報告〉（1931 年 4 月 4 日），《左右江革命根據地》，
　　上冊，第 391 頁。

區，而這些正是韋拔群和他的二十一師要保衛的地區。[4] 這些地方的附近都有國民黨軍隊，但他們還沒有準備好發動進攻。

韋拔群清楚地知道新桂系遲早會發起進攻，所以在 1930 年 11 月從河池返回東蘭後就立即着手重建武裝。他已從紅七軍首長手中接受了紅七軍二十一師的番號、二十一師的軍旗及二十一師師長的職位，而這些都象徵着他的合法性。他的第一次暴動完全是自發的，因為他不曾得到任何外部勢力的認可和真正支持；他的第二次暴動在起始階段也或多或少是自發的，但在 1926 年「蘭農慘案」之後，就被統一戰線政府賦予了合法性。韋拔群的第三次暴動自始至終都得到了共產黨的指導和支持。也就是說，他的第三次暴動在共產黨看來具有毋庸置疑的合法性，但在反共份子眼中卻是絕對的非法。

儘管韋拔群已擁有足夠多的合法性的象徵物，卻沒有足夠多的兵力來把他的象徵性權力實體化。他從河池只帶回了原第三縱隊的大約八十名士兵，因此他迫在眉睫的任務就是招募戰士。在組建二十一師時，韋拔群最堅定的支持者就是陳洪濤。1930 年底，陳洪濤任中共右江特委書記，而右江特委就是中共在整個右江地區的最高權力機關；此外，陳洪濤還是右江蘇維埃政府主席和二十一師政委。在中共的權力結構中，陳洪濤的地位在名義上要高於韋拔群，但實際上韋拔群在社會上的權勢比陳洪濤要大得多，而陳洪濤對韋拔群也相當順從，因為韋拔群在當地民眾中享有更多支持，也比陳洪濤更年長；此外，早在陳洪濤加入共產黨之前，韋拔群就已經是他的上司和靠山了。

韋拔群的另外兩位堅定的支持者是黃松堅和黃舉平。同陳洪濤一樣，他們都受過良好教育，都比韋拔群年輕十歲左右，而且都在第

4　藍天、黃志珍：《中國工農紅軍右江獨立師》，南寧：廣西人民出版社，1992，第 24 頁。

二次暴動期間開始追隨韋拔群。黃松堅是中共鳳山地方組織的領導人
和二十一師副師長，因此是右江地區僅次於陳洪濤、韋拔群的中共第
三號領導人。黃松堅曾奉命隨紅七軍主力部隊轉移，但令人驚訝的
是，他未能按時趕到河池；[5] 黃舉平領導着中共東蘭地方組織，但並
未在二十一師中擔任重要職位。

　　韋拔群和其他領導人決定通過整合現有的東蘭、鳳山和其他各
縣的赤衛隊來組建二十一師。到 1931 年 1 月初，他們已經建成四個
團和兩個獨立營。韋拔群的老朋友韋命周成為一個團的團長，他的另
兩位親密追隨者——黃書祥和廖源芳，分別指揮另外兩個團，第四
團則交由滕國棟指揮。滕是來自恩隆縣的一位資深農民運動領袖。外
地人黃暉擔任師參謀長，但他在二十一師成立後不久就離開了右江地
區，他走後，師參謀長職位由黃大權接任。[6] 顯然，擔任二十一師領
導職位的大多是來自東蘭和鳳山的韋拔群的忠實支持者。

　　韋拔群在東山的板升開辦了一個培訓班培養軍官。雖然紅七軍
主力帶走了大部分英勇善戰的老兵，但他們卻給韋拔群留下了一些強
大的武器，使二十一師得以組建一個迫擊炮連、一個重機槍連和一個
輕機槍連。二十一師的成立大會於 1931 年 1 月在恩隆的一個山間小
鎮舉行，來自兩個團的兩千多名戰士和大約五千村民參加了成立大
會。除二十一師之外，每個縣都組織了一個赤衛營，每個區或鎮都有
一個赤衛隊。[7] 二十一師成立後的第一個月，韋拔群就在東蘭和鄰近

5　　黃松堅：〈紅七軍主力北上以後〉（1981），《左右江革命根據地》，下冊，第 898 頁。

6　　《左右江革命史料彙編》，第 1 輯，第 222 頁；藍天、黃志珍：《中國工農紅軍右江獨
　　　立師》，第 22－23 頁。

7　　黃鴻翼（?）：〈韋師長拔群領導東蘭革命〉，下冊，第 66 節；牙美元、陳仕讀：〈韋拔
　　　群建立革命武裝的回憶〉，《東蘭文史資料》，1985 年，第 1 輯，第 60-61 頁；黃松
　　　堅，〈紅七軍主力北上以後〉（1981），《左右江革命根據地》，下冊，第 898－905 頁；
　　　藍天：〈右江革命根據地的反「圍剿」鬥爭〉（1992），《韋拔群陳洪濤史料專輯》，
　　　第 496 頁。

各縣同本地的敵對武裝打了幾仗，並照例輕而易舉地打敗了這些敵人，但就像他先前幾次暴動的發展周期所顯示的那樣，在打敗本地敵人之後，韋拔群就不得不對付那些前來保護這些本地敵人的更強大的外來敵人。

在接下來的兩年裏，韋拔群和他的支持者們必須面對的最強大的外來敵人就是新桂系的廖磊和他的部隊。廖是廣西人，畢業於保定陸軍軍官學校，他在湘軍中服役幾年後於 1928 年加入新桂系。巧合的是，當 1931 年初新桂系對東蘭發動第一次進攻時，廖磊是新桂系第七軍第二十一師師長，而韋拔群是紅七軍第二十一師師長。[8] 右江地區的共產黨人和反共勢力之間的衝突，就是在兩個二十一師和兩個七軍之間展開的。

新桂系在 1931 年的春節後不久便發動了對韋拔群及其部屬的首次清剿行動。新桂系的進攻來自三個方向，共約有一萬官兵，而韋拔群能夠直接指揮的戰士只有大約兩千人。新桂系的進攻部隊中有正規軍，也有地方民團，甚至還有部分黔軍，這是迄今為止韋拔群在東蘭遇到過的最強大的敵人。韋拔群和其他領導人很清楚，新組建的二十一師無法與敵軍抗衡，便決定放棄城鎮和平原而撤退到東蘭和鳳山的西山、中山和東山以及鄰縣的山區，他們的策略是避免陣地戰，而採取游擊戰術。

1931 年 3 月下旬，廖磊的部隊輕易佔領了東蘭、鳳山的縣城，殺了一些共產黨員和村民，打敗了韋拔群部的一些小股武裝，但未能找到韋拔群和他的主力。在整個第一次清剿行動中，廖磊的部隊在東蘭境內總共只造成了大約一百名韋拔群部屬的傷亡；其間有一次，

8　莫鳳欣：〈廖磊〉，廣西辛亥革命研究會編：《民國廣西人物傳》（一），第 114－119 頁。

韋拔群還設計讓新桂系和黔軍自相殘殺，造成敵人方面的慘重傷亡。[9]
1931 年 5 月，由於新桂系領導集團已策劃了另一場反蔣戰役，廖磊
的部隊不得不撤出右江地區。因此，新桂系的第一次清剿，並未能對
韋拔群的革命運動造成實質性的破壞。為了保持對韋拔群及其部屬的
壓力，新桂系迅速調派了另一個師進駐東蘭和鄰縣，繼續搜尋和攻擊
韋拔群的部隊。1931 年 6 月，韋拔群的結拜兄弟和長期追隨者廖源
芳死於發生在東蘭北部的一場衝突中。在西部戰線，由黃書祥指揮的
一部分韋拔群下屬發動了對敵方的攻擊，並佔領了一座縣城。

　　在抗擊新桂系第一次清剿期間，韋拔群與中共中央之間沒有任
何聯繫。韋拔群的參謀長黃暉於 1931 年 1 月離開右江去向中共中央
彙報，但並沒有傳回任何消息，韋拔群也並未採取其他措施以試圖重
建與外部中共組織的聯繫。中共廣東省委在這期間曾派陳福前往右江
擔任中共右江特委書記，但陳福未能到達東蘭。1931 年 5 月，在隨
紅七軍主力離開河池六個月後，鄧崗以新組建的中共兩廣省委特派
員的身份回到右江地區，而當時兩廣省委的最高機關設在香港，然
而，由於戰事不斷，他既沒能聯絡上任何熟悉的同志，也無法進入東
蘭。[10] 1931 年 6 月中旬，他給二十一師的領導寫了一封信，在信中他
坦承 1930 年 9 月由他親自帶到右江地區的立三路線破壞性很大，對
包括右江地區在內的各地共產主義運動都造成了損害。他還通知韋拔
群和其他領導人，中共中央已決定將他們的武裝力量的番號從紅七軍
第二十一師改為中國工農紅軍右江獨立師。鄧崗敦促韋拔群放棄消極
防禦戰略，而採取更具進攻性的軍事策略。有趣的是，雖然鄧崗承認

9　　陸秀祥編：《東蘭革命根據地》，第 21－22 頁；黃志珍：〈黃伯堯〉，《中共廣西黨史
　　人物傳》，第 2 輯，第 147 頁。

10　　鄧拔奇：〈拔奇關於廣西工作報告〉（1931 年 9 月 1 日），《左右江革命根據地》，上
　　冊，第 430－431 頁；庾新順：〈鄧拔奇〉，《中共廣西黨史人物傳》，第 1 輯（1992），
　　第 238 頁。

他對右江地區近期的事態知之甚少，但他卻毫不猶豫地向地方領導人下達了非常具體的指令。[11] 當時在上海的中共最高領導人也曾經這樣瞎指揮過毛澤東、朱德和其他地方領導人。

然而，鄧崗這封信卻沒能按時送達韋拔群。鄧崗在離開右江後不久向中共中央提交了一份報告，並在報告中建議中央派遣一位有能力的政治幹部和一位經驗豐富的軍事幹部到右江地區擔任韋拔群的政委和參謀長，但中共中央並未接受鄧崗的提議。1931 年 7 月下旬，第一次清剿結束後不久，中共兩廣省委派出的第二位特派員陳道生抵達東蘭西山。他從香港遠道而來，在進入廣西後不得不裝扮成走鄉串村的理髮師。[12] 韋拔群和其他領導人正是從他那裏得知，立三路線早在 1930 年 9 月就被廢棄了，而他們的武裝也已被授予右江獨立師或第三獨立師的新番號。

二十一師番號的改變是因為右江地區和江西之間的距離使得二十一師很難繼續成為紅七軍的一個組成部分。番號的改變也表明中共領導人將把二十一師留在右江，而不是把它轉移到江西。此外，紅七軍到達江西後不久就在那裏組建了一個新二十一師，到 1931 年 9 月，紅七軍又被改組為紅三軍團第五師。[13] 番號的變化並沒有改變原二十一師的指揮系統和內部結構。地方各級革命政府的名稱也做了更改，「蘇維埃政府」被改為「革命委員會」，黃舉平取代陳洪濤擔任右江革命委員會領導人，陳洪濤則繼續擔任中共右江特委書記和右江獨立師政委。

1931 年 11 月，廖磊的部隊返回右江地區實施對韋拔群的第二次

11　鄧拔奇：〈鄧拔奇給中共右江特委及二十一師師委信〉（1931 年 6 月 15 日），《左右江革命根據地》，上冊，第 415－420 頁。

12　鄧拔奇：〈拔奇關於廣西工作報告〉（1931 年 9 月 1 日），《左右江革命根據地》，上冊，第 435 頁；《左右江革命史料彙編》，第 1 輯，第 239 頁。

13　黃松堅：〈紅 21 師改編為獨立師後的鬥爭〉，韋信音編：《青松高潔：黃松堅史料專輯》，第 163 頁；《左右江革命史料彙編》，第 1 輯，第 216 頁。

清剿，但廖磊本人並未到右江。第二次清剿的進攻部隊由正規軍的四個團和一些地方民團組成，共計七千餘人。這時韋拔群可以直接指揮的部隊只有一千人左右，而他的根據地包括東蘭的西山、中山和東山，以及東蘭東部和鳳山的一些地區。東蘭和鳳山的山區，特別是西山，成為敵人攻擊的主要目標。國民黨軍隊輕易地佔領了西山，但他們並沒能找到韋拔群和他的部隊。由於害怕遭到游擊隊進攻，敵軍很快撤出了山區。在東蘭的東部，敵軍清除了共產黨武裝控制的一些重要堡壘，並建立起對這個地區的有效控制。鳳山的共產黨武裝也被剿滅了，只有西山、中山和東山還在中共武裝手中。1931 年 12 月下旬，部分新桂系進攻部隊被調往華北抗日，而這促使新桂系結束了第二次清剿。和第一次清剿一樣，第二次清剿給韋拔群的部隊造成了一些軍事上的挫折和嚴重的經濟困難，但並未能對他的領導集團和主力部隊造成致命傷害。

　　然而，第二次清剿結束後，敵方的正規軍和民團繼續包圍着韋拔群的根據地，使得共產黨人難以獲得糧食和其他物資。為了緩解物資短缺的問題，並降低被徹底消滅的風險，韋拔群和其他領導人便將獨立師分成十隊，每隊再分為三組，每組有十到十二名戰士。除了這十隊武裝外，韋拔群還保留了四個獨立營。十個小隊將在敵軍控制的平原和其他地區行動，而四個獨立營則留在山區保衛根據地。沒有編入小隊或獨立營的戰士可以回家或躲在其他地方，他們也可以加入赤衛隊，並為領導們搜集情報；同時，他們也受到警告：不許洩露任何有關二十一師改組的消息，不許傷害群眾。這些流散人員，如果是住在山裏，則可以帶走武器，但如果是住在平原，就必須在離開前交出武器。多餘的武器被隱藏在不同的地方，而只有韋拔群、陳洪濤和黃松堅三人知道這些地點。一些國民黨人認為，韋拔群甚至下令處決參

與藏匿武器的戰士，以防他們洩露機密。[14]

到了這個時候，韋拔群已經開始愈來愈依賴佔山區人口大多數的瑤族。他的四個獨立營中，有三個主要由瑤族戰士組成，而這三個營分別駐紮在西山、東山和紅水河東岸的都彝。韋拔群的保鏢和嚮導也都是瑤族，敵人的包圍和搜捕迫使韋拔群晝伏夜出，因此他出行時必須有當地嚮導引路。韋拔群的敵人聲稱，韋拔群非常善於利用民族衝突。他們認為韋拔群靠鼓動漢人殺壯人而開啟了他的運動，然後又鼓動壯人反對漢人，最後再挑動瑤人反對壯人和漢人。他們甚至相信韋拔群在革命最後階段曾喊出「留瑤殺壯」等口號。戴安娜·拉里也強調民族衝突在東蘭農民革命中的作用，認為韋拔群農民運動背後的動機主要是一種反漢情緒，而不是對社會革命的渴望。她把韋拔群的農民運動描述為一場民族暴動。[15]

這些說法都是沒有根據的。韋拔群從未對東蘭所有的漢人和壯人懷有深仇大恨。在他的三次暴動中，韋拔群的支持者和敵人中，都是既有漢人，也有壯人。東蘭的漢人人數不多，既不富裕，也沒有權勢，任何人都難以找到發動反漢暴動的理由。東蘭的社會衝突主要是由政治矛盾和社會矛盾造成的。瑤民的確對韋拔群的運動特別熱心，而韋拔群的敵人中的確很少有瑤人，但這主要是因為大多數瑤民都處於社會底層。韋拔群在運動的三個階段都始終如一地提倡瑤民的權

14　黃松堅：〈紅 21 師改編為獨立師後的鬥爭〉，韋信音編：《青松高潔：黃松堅史料專輯》，第 170 頁；王林濤、程宗善、林為才：〈陳洪濤〉，胡華編：《中共黨史人物傳》，第 7 卷，第 216 頁；《左右江革命史料彙編》，第 1 輯，第 248 頁；白崇禧：〈左右江政治視察報告〉（1932 年 10 月 23 日），《左右江革命史料彙編》，第 3 輯，第 142 頁；覃彩五：〈東蘭痛史〉（1934－1935），下冊，《左右江革命史料彙編》，第 3 輯，第 249 頁。

15　白崇禧：〈左右江政治視察報告〉（1932 年 10 年 23 日），《左右江革命史料彙編》，第 3 輯，第 141－142 頁；蔣晃：《東蘭縣政紀要》，桂林：1947；Diana Lary, "Communism and Ethnic Revolt: Some Notes on the Chuang Peasant Movement in Kwangsi 1921-31," *The China Quarterly*, No. 49 (1972), pp. 126-128, 130-131; Diana Lary, *Region and Nation: The Kwangsi Clique in Chinese Politics, 1925-1937*, p. 103.

利，因此山上的瑤民直到最後一刻都堅定地支持他。1930 年初，韋
拔群的代表韋菁和陳慶鍔曾向中共廣東省委報告：苗人和瑤人是蘇維
埃政府和紅軍的最忠實的支持者。[16] 有一個民間故事說道，在最後一
次清剿中，一位年邁的瑤族婦女每天都去韋拔群藏身的山洞給他送
飯。有一天，敵人抓住了她，並強迫她帶路去找韋拔群。她佯裝同
意，帶着敵人走到一處懸崖邊，然後她為了保護韋拔群而從懸崖上縱
身跳下。

　　1932 年初，隨着形勢繼續惡化，韋拔群等領導人召開了幾次會
議，並作出了一些重要決定，其中一個決定就是派遣一些領導人到外
地去開創新的根據地。1932 年 4 月，以黃松堅、黃大權為首的二十
餘位領導人向南進發，到右江下游創建新的黨組織、武裝和群眾組
織。此後不久，黃舉平率第二組約十五位領導人去往桂黔交界地區。
他們的計劃是由這兩個團體分別在兩個地區發動或恢復革命以分散反
共力量的注意力。大家都同意，一旦這兩個根據地中的一個能夠穩定
發展起來，韋拔群和陳洪濤就會轉去那裏。黃松堅回憶說，他在離開
西山前，曾與韋拔群、陳洪濤開了一個短會，三人在會上達成一個共
識，就是如果三人中有任何一人遇難，倖存者將自動接任遇難者的
職務。[17]

　　領導集團開會作出的另一項決定是派代表向設在香港的中共高
級機關彙報並尋求援助。他們決定派出兩位代表，其中一位是韋拔群
的弟弟，曾任鳳山縣委書記和右江獨立師團長的韋菁；另一位是韋拔
群妻子陳蘭芬的弟弟，時任右江獨立師參謀的陳慶鍔。兩位代表在

16　洪波：〈洪波給中共中央的報告［第一號］〉（1932 年 4 月 30 日），《左右江革命根據
　　地》，上冊，第 436 頁。

17　黃松堅：〈紅 21 師改編為獨立師後的鬥爭〉，韋信音編：《青松高潔：黃松堅史料專
　　輯》，第 171－174 頁；庾新順、曾啟強編著：《黃舉平傳》，南寧：廣西人民出版社，
　　2009，第 208－210 頁。

1932 年初與兩廣省委特派員陳道生一起出發。三人先向東往紅水河方向走去，然後在河邊的一個山洞裏躲了兩天，第三日早晨，他們上了一艘開往南寧的船，再從南寧換船去了香港，並向那裏的中共領導人彙報了右江的情況。在返回廣西途中，韋菁和陳慶鍔雙雙被反共武裝捕獲並殺害。至於他們是否從香港帶回任何重要指示或許諾，至今仍是個謎。[18]

韋拔群直到 1932 年 6 月還不知道韋菁和陳慶鍔都已被殺，於是就又派了一組代表去向香港中共領導人彙報，並同時探查韋菁和陳慶鍔的行蹤。這次共派出三個人：韋拔群的二兒子韋述宗，他當時剛滿十六歲，並且剛剛加入中國共產黨；韋拔群的長期追隨者、右江獨立師黨委委員白漢雲；以及特務連連長黃金尤，黃是其他兩人的保鏢。顯然，韋拔群只選擇他最信任的人充任向中共高層彙報的代表。代表的人選進一步表明，右江地區共產黨運動的真正領袖是韋拔群而不是陳洪濤。

韋述宗等三人抵達香港並向中共領導人彙報工作後就返回廣西。待他們回到右江地區時已經是 1932 年 10 月，而反共武裝已發動了對韋拔群的第三次清剿。廖磊回到右江地區親自指揮第三次清剿，他在行動開始時巡視了武篆和西山地區，甚至白崇禧也在 1932 年 10 月中旬在東蘭短暫停留。[19] 駐紮在西山周圍的大批敵軍使韋述宗等人難以返回根據地。白漢雲於是決定他和韋述宗將去南寧附近賓陽縣他的祖籍地小住，而保鏢黃金尤將返回東蘭向韋拔群報告。當黃金尤到達東蘭時，韋拔群已被韋昂殺害。黃金尤便立即向國民黨投降並帶領敵軍前往白漢雲和韋述宗的藏身地。白漢雲和韋述宗被捕後，被帶往柳州並在那裏被殺害。有一位國民黨人認為，這三人其實從未到過香

---

18 黃英俊：〈韋菁〉，《中共廣西黨史人物傳》，第 4 輯（2004），第 520 頁。

19 〈白副座由百色轉赴東蘭〉，《梧州民國日報》，1932 年 10 月 10 日。

港，他們早在 1932 年 7 月就住到賓陽了，[20] 他們不願回東蘭，可能是因為他們沒能完成任務。韋述宗是韋拔群唯一健在的兒子，他的死意味着韋拔群的血脈斷了。韋拔群的長子韋述祖、三子韋述軍、四子韋堅持、五子韋到底在那之前就已在清剿中被殺害或被餓死。

很難確定韋拔群究竟期望中共上級給予他什麼樣的支持。韋菁和陳慶鍔向中共廣東省委報告說，部屬們對陳洪濤有很多意見，而這可能意味着韋拔群對陳洪濤的表現並不完全滿意，兩人的關係可能不甚融洽。[21] 在中共體制中，這份報告的提交方式並不恰當。由於名義上陳洪濤是中共右江地方組織的最高領導人，任何送交上級的報告都應該由他或通過他來提交。軍事指揮官在政委不知情的情況下向上級報告政委的問題似乎並不符合規定，而向上級報告陳洪濤的問題可能是韋拔群決定派自己的弟弟、妻弟和兒子做代表的原因之一。上級並不認為韋拔群這樣報告陳洪濤的問題有任何不妥，也說明在上級領導看來，韋拔群才是右江地區共產主義運動的真正的最高領導人。

韋菁和陳慶鍔還反映，農民戰士們沒有受過很好的訓練，導致戰鬥力不高，同時武器彈藥也不夠充足，部分原因是兵工廠缺乏熟練的技工。他們建議省委和中央派一到兩位政治軍事幹部去協助韋拔群。[22] 鄧崗在 1930 年底也提過類似的建議，但沒有得到上級的回應。不能確定的是韋菁和陳慶鍔是否也提出過經濟上的要求。實際上，據韋拔群秘書回憶，韋菁和陳慶鍔兩人都在鞋裏藏了一些金子並且計劃把一部分金子作為黨費交給上級。白漢雲和韋述宗也隨身攜帶了一些

20　〈東鳳剿匪及善後近況〉，《南寧民國日報》，1932 年 12 月 30 日。

21　洪波：〈洪波給中共中央的報告［第一號］〉（1932 年 4 月 30 日），《左右江革命根據地》，上冊，第 436 — 437 頁。

22　同上。

黨費，[23] 這些都說明韋拔群他們可能並不十分缺錢。

中共上級不可能為韋拔群提供實質性的幫助，因為他們離東蘭太遠，而且自身的生存也缺乏保障。在香港的共產黨領導人應該很樂意提供指示，而這些指示也可以被視作一種幫助，但他們的許多指示可能無法執行。中共領導人也應該樂於提供政治上和道義上的支援。如前所述，1931 年 11 月初，就在廖磊發動第二次清剿時，韋拔群當選為以毛澤東為首的中華蘇維埃共和國臨時政府中央執行委員會委員。由於東蘭和中共中央之間已無通訊聯繫，韋拔群很可能從未收到任何有關中華蘇維埃共和國成立的消息，更不知道自己還在這個共和國政府中擔任要職。即使他已收到有關消息，這也不會為他帶來他急需的那種支持，雖然這些消息對他來說確實很有意義。

對於韋拔群和他的下屬來說，如何生存下去是當時最急迫的問題。中共上級也許可以為韋拔群提供一些資金和武器，但要把這些物資轉運到東蘭山區幾乎是不可能的。如果上級能夠向右江地區派出援兵，那將是對韋拔群的最好支持，但這也是他們無能為力的。1926年，南寧和廣州的國民黨左派曾幫助韋拔群打敗了他在地方上的敵人；1929 年，來自南寧的共產黨人曾協助韋拔群把他的運動融入一個更加強大的革命根據地；但在 1931 年和 1932 年，韋拔群的外地支持者無法為他提供任何實質性援助。

到 1932 年初，韋拔群和他的追隨者們已經認識到，如果沒有外部支持，他們將無法突破敵軍對根據地的包圍，而他們的運動就註定要失敗。東蘭的西山、中山和東山為革命者提供了方便的藏身之所，但卻無法長期為一大群人提供生活必需品。敵人部署的包圍圈使得韋拔群和他的支持者們在去山下平原地帶的城鎮和村莊獲取補給時要面

23　吳德林：〈回憶韋師長與紅軍右江獨立師〉，陸秀祥編：《東蘭革命根據地》，第 215 頁；黃美倫：〈回憶韋菁赴香港彙報〉，陸秀祥編：《東蘭革命根據地》，第 274－275 頁。

對極度危險。

　　即使他們可以冒險到達平原地區，他們可能也很難找到足夠的
糧食和其他物資。在革命運動初期，革命者可以把沒收富裕家庭的財
產作為一種重要的補給方式，但到了 1931 年和 1932 年，革命已經進
行了十年，這個地區已經沒有多少富裕家庭了。革命雖然有助於財富
的平均分配，但並沒能促進財富的增長。事實上，持續不斷的戰爭造
成了對生命和財產的極大破壞，也使得村民們很難從事正常農業生
產，生存下來已經十分不易，更不必說經濟繁榮了。革命者的另一個
重要收入來源是來自他們所控制區域的稅收，但是新桂系的清剿和包
圍使得他們無法從最富裕的地區收稅。從生態上或經濟上說革命已到
了難以持續的關頭。

　　國民黨人很清楚韋拔群等革命者必須面對的經濟和生態問題，
他們知道，如果能把山區包圍起來，革命者便只有兩個選擇：或者移
出山區，或者被餓死。1932 年初國民黨採取的新戰略便是加強圍攻
西山，切斷共產黨人的糧食供應和水源，爭取當地瑤民的支持，並強
迫村民歸還共產黨分給他們的土地。[24] 在 1932 年 8 月起始的第三次清
剿期間，反共武裝把這些措施都納入一套包括軍事、政治和經濟等不
同方面的綜合性方案中。

　　這一方案是由白崇禧設計、廖磊實施的，而廖磊這次帶來約一
萬名官兵。在軍事上，他們加強了對山區的包圍，然後派出許多機動
部隊對山區進行梳篦式搜查以追捕革命份子；在政治上，他們派出宣
傳員去爭取民眾支援；在經濟上，他們強迫村民搬出山區以防止他
們為革命份子提供幫助。國民黨人甚至計劃把部分瑤民遷移到柳州
地區，而國民黨軍隊還會破壞所到之處的財產和莊稼，並往水源投

24　黃松堅：〈我在右江下游的活動及兩次赴上海彙報工作的情況〉，韋信音編：《青松高
　　潔：黃松堅史料專輯》，第 179 頁。

毒。國民黨方面形容他們的策略是「張網捕魚」或「剝竹筍」。1932年10月中旬白崇禧在東蘭停留時曾自信地斷言：「此次追繳，雖然不捉到他，也能給他餓死。」[25] 白崇禧的方法相當有效，有些革命者試圖逃離山區，有的逃脫了，但也有人被捕；許多選擇留在山上的人，最終都被餓死，其中包括韋拔群的母親、兩個最小的兒子和他的獨生女兒，以及韋拔群父親的另外兩位妻妾，他們都於1932年被餓死在西山。

如果韋拔群在二十一師建制依然完整的時候就把部隊從山裏帶出來，那麼他和他的隊伍可能會有更好的生存機會。1931年底，韋拔群曾率部前往紅水河以東的東蘭地區以躲避追兵，並獲取補給。敵人很快就把他的部隊包圍在紅水河東岸，韋拔群一度陷入極度危險的境地。雖然二十一師最終得以安全返回山區，但領導集團一致認為，將部隊帶出山區非常危險，而韋拔群再也不曾試圖把整個二十一師帶出山區。雖然根據地的四面八方都有敵軍駐紮，但韋拔群的隊伍應該依然有可能從國民黨的包圍圈中溜走，逃到貴州、雲南或湖南去建立新的根據地，或者加入其他地方的共產主義運動。對韋拔群的部隊來說，紅水河和右江這兩條河是比山嶺更難逾越的障礙，紅七軍的領導人不相信右江地區是建設革命根據地的理想場所，原因之一就是這兩條大河的存在，[26] 但東蘭北部和西部並沒有江河幹流，如果向北移動，韋拔群他們或許有機會到達桂黔邊界，而如果向南移動，他們則可以到達桂滇邊界。

在1930年代初，比較成功的革命根據地如中央、閩浙贛、鄂豫皖、湘鄂西和陝甘寧等都位於兩省或三省交界處，而這些根據地的紅

25　〈廖軍長督師剿東鳳共匪〉，《梧州民國日報》，1932年9月20日；白崇禧：〈廣西今後的政治方針和我們對國家的責任〉（1932年10月14日－15日），《韋拔群陳洪濤史料專輯》，第575－576頁。

26　雷經天：〈廣西的蘇維埃運動〉（1945），《左右江革命根據地》，下冊，第614頁。

軍也都採用了一種流動的生活和作戰的方式以便利用蔣介石與一些地
方軍頭之間和各省軍頭之間的矛盾，以及敵人方面在協調各省軍隊時
遇到的困難。雖然東蘭靠近幾個省的邊界，但韋拔群卻從來不曾試圖
利用東蘭有利的地理位置將隊伍轉移到鄰近省份。1932 年初，他派
了一些幹部到桂黔交界地區工作，但派出的時間太晚，派的人也太
少，不可能立即發揮作用。在 1930 年底離開右江地區之前，那批外
來的共產黨人曾指示韋拔群要以東蘭和鳳山為根據地，然後嘗試向桂
東南的南寧發展，以便接近桂南的中共勢力，同時向東部的柳州發
展，以便與江西的中央革命根據地建立聯繫。[27] 到了 1931 年，向東或
東南發展已變得非常危險、甚至可以說是自殺行為，但往北向黔桂邊
界移動或許依然是可行的。如果韋拔群和領導集團能夠更具流動性和
冒險性，把整個多省交界地區而不僅僅是東蘭和鳳山當做作戰基地，
他們就有可能獲得更多補給。中共最高領導人在 1930 年初曾指示，
進攻和向外發展是自我保護的有效手段，而把部隊限定在某個區域則
很容易遭到敵人的包圍和追擊。[28] 韋拔群和他周圍的同志們先是喪失
了發動進攻性運動戰的意願，後來更是喪失了實施進攻性運動戰的能
力。1934 年，江西的中共革命根據地面臨的軍事經濟危機與韋拔群
在 1931 年至 1932 年間經歷的危機十分相似，而江西的中共武裝力量
之所以能夠生存，就是因為他們離開江西而開始長征。

　　在大多數其他革命根據地，中共武裝不只要與地方反共武裝作
戰，還不得不與蔣介石的中央軍廝殺，但在東蘭和右江地區，韋拔群
和他的部屬大部分時間都只需要與新桂系的軍隊作戰，雖然他們有時
也不得不去對付來自雲南、貴州和廣東的軍隊。當然，這並不意味着

27　鄧拔奇：〈鄧拔奇給中共右江特委及二十一師師委信〉（1931 年 6 月 15 日），《左右
　　江革命根據地》，上冊，第 420 頁。

28　中共中央：〈中共中央給廣東省委轉七軍前委的指示〉（1930 年 3 月 2 日），《左右江
　　革命根據地》，上冊，第 240－241 頁。

韋拔群的敵人比其他革命根據地的敵人更容易對付。

　　新桂系的軍人稱得上是中國當時最出色的戰士，而新桂系的領袖們也是中國當時最優秀的軍事指揮官。新桂系控制着的廣西省政府是一個軍事政權，政府不僅掌握着裝備精良、訓練有素的正規軍，而且擁有一個實力強勁的民團組織。在廣西，民團組織與當地的政治和教育系統連成一體，每個村子的村長、民團首領和學校校長都由同一人擔任。[29]新桂系的領袖們對整個社會的軍事化非常感興趣，白崇禧提出了「武化廣西」的口號，甚至為了達到武化廣西的目的而提倡舞獅和武術。[30]從 1925 年到 1927 年，新桂系集團無法徹底鎮壓東蘭和右江地區的農民運動，因為當時的新桂系是統一戰線政府的一部分，而統一戰線政府曾承諾支持農民運動。從 1927 年到 1931 年，新桂系不能集中精力打擊農民運動，因為那時新桂系正忙於在其他省份擴張勢力和影響，這導致了新桂系與蔣介石和其他地方軍事集團之間的幾次武力衝突。到 1932 年，新桂系已決定再次與蔣介石合作，並專注於保存和發展他們的廣西根據地。他們的計劃是先清除廣西境內的敵人，然後再着手重建廣西。百色起義和龍州起義強化了新桂系集團對共產主義的恐懼，使他們下定決心要剿滅東蘭和右江地區的共產主義運動。新桂系制定了一個以把廣西建成模範省為目的的宏偉規劃，而消滅共產主義是這個規劃的重要組成部分。有趣的是，雖然新桂系的領導人都是意志堅定的地方主義者，並且會不擇手段地向南京政府爭取獨立，他們卻同時不遺餘力地要鎮壓廣西境內的各種形式的地方主義運動。

29　James E. Sheridan, *China in Disintegration: The Republican Era in Chinese History, 1912-1949*, p. 196；有關新桂系統治時期的廣西民團組織，參見鍾文典編：《二十世紀三十年代的廣西》，第 551－583 頁。

30　饒開：〈白崇禧崇尚國術〉，廣西文史研究館編：《八桂香屑錄》，上海：上海書店，1992，第 12－14 頁。

　　韋拔群和他的運動在 1931 年和 1932 年遇到的困難對他的支持者
們的意志產生了毀滅性的消極影響。為了鼓舞士氣，韋拔群不斷提醒
他的同志們：中共中央很快就會傳來指示，而紅七軍主力最終也會回
到右江地區。[31] 他和支持者們一起待在山裏，而且經常到他依然控制
着的那些地方去和部下談話。他還運用自己的文藝天賦，為部下創作
了一些新山歌，其中一首唱道：

　　　　窮人鬧革命，眾鄉親，
　　　　雄心要堅定。
　　　　今日處惡境，但相信，
　　　　霧散天會晴。
　　　　想起好前景，渾身勁，
　　　　吞菜也甜心。
　　　　窮人鬧革命，眾鄉親，
　　　　雄心要堅定。
　　　　那時滅土豪，吃穿好，
　　　　飯飽衣又新。
　　　　今日處惡境，但相信，
　　　　霧散天會晴。[32]

　　正如這首山歌暗示的那樣，缺糧已經成為革命者必須面對的一
個嚴重問題。倖存者們後來回憶說，韋拔群和他的追隨者們在最後
階段不得不採集和食用 120 多種野草。[33] 這種說法與國民黨方面的一

31　陸秀軒、黃舉平：《右江星火》，1956，第 52－53 頁。

32　韋拔群：〈革命到底〉，《奔騰的左右江》，南寧：廣西人民出版社，1980，第 22 頁。

33　陳欣德：〈韋拔群〉，胡華編：《中共黨史人物傳》，第 12 卷，第 214 頁。

些報告相矛盾。國民黨方面報道說，1932 年 9 月廖磊的部隊攻佔西山弄京一帶後，在當地發現了超過十五萬公斤的玉米，[34] 而弄京正是 1931 年和 1932 年間韋拔群革命運動總部的所在地。韋拔群的一位追隨者回憶說，直到 1932 年秋天，韋拔群的家人還在他們西山的臨時住處養了一百多隻雞，[35] 這表明至少韋家那時還有足夠的糧食。一種可能是，敵人的包圍和搜查，使革命武裝無法運輸和分配糧食，因此有些官兵確實面臨糧食短缺。也有可能是韋拔群和其他領導人認為最困難的時候還沒到，希望能保留一些糧食儲備，因此沒有給下屬分配足夠的糧食。當然，國民黨人出於宣傳的目的，也有可能故意誇大他們沒收糧食的數量。有些國民黨人認為，為了生存，韋拔群的某些部下甚至綁架和販賣鄉下女孩，而這類行為造成了當地革命者和他們的瑤民支持者之間的嚴重衝突。[36]

韋拔群非常擔心會失去下屬的支持。為了保持士氣，他甚至不惜殺害兩位妻子。根據一位本地敵方人士留下的記錄，1931 年 9 月，韋拔群收到了弟弟韋菁的一封密信。韋菁在信中說：隊伍中有些人因為已得知韋拔群的第二任妻子陳蘭芬剛剛經歷流產，所以擔心共產主義運動即將崩潰。蘭芬是在已懷孕六個月的時候接受韋拔群命令而中止妊娠的。有些革命者認為韋拔群之所以下達這個命令是因為他對革命運動的未來感到悲觀，認為生下這個小孩會妨礙他們四處移動，而他也絕不希望蘭芬再次被捕。為了保持士氣，韋拔群曾要求蘭芬不要把墮胎一事告訴任何人，但不知為什麼他的追隨者們還是知道了這個秘密。韋菁警告韋拔群：如果不能立即止住這些謠言，就可能

34　〈參謀處工作概況〉，《軍事月刊》，第 1 期（1932 年 11 月 30 日），《左右江革命史料彙編》，第 3 輯，第 114 頁。

35　牙國華：〈幾點的回憶〉，陸秀祥編：《東蘭革命根據地》，第 308 頁。

36　覃彩五：〈東蘭痛史〉（1934－1935），下冊，《左右江革命史料彙編》，第 3 輯，第 247 頁。

發生嚴重危機。韋拔群於是召集領導們開會，他們認為制止謠言的唯一辦法就是處死蘭芬。韋拔群在會後把蘭芬叫到他的藏身處，在蘭芬到達後的第二天晚上，韋拔群在晚飯後帶着她出去散步，當他們走到一條小溪邊時，韋拔群掏出手槍，朝蘭芬的後背開了兩槍，蘭芬當場就死了。韋拔群隨後對追隨者們說，他殺死蘭芬是因為蘭芬未徵求他意見就擅自墮胎了，這意味着她對丈夫不忠，他殺蘭芬是為了防止她再次背叛。[37]

　　槍殺蘭芬後不久，韋拔群發現洩露蘭芬墮胎秘密的是他的第三任妻子王菊秋；此外，王菊秋的弟弟已向新桂系投降，並正積極參與第二次清剿。韋拔群因此開始懷疑菊秋的忠誠，為了防止她的背叛，就在 1931 年底下令處死菊秋。[38] 處死兩任妻子的事實說明巨大的壓力已將韋拔群推向了精神崩潰的邊緣。今天，中華人民共和國政府承認陳蘭芬是為革命犧牲的韋拔群家族的十七名成員之一，但並沒有給予王菊秋同樣的榮譽。兩個妻子慘死後不久，韋拔群又娶了一個叫黃秀梅的年輕女子，而她據說就是那個在某個民間故事裏被杜八欺凌而被韋拔群搭救的小女孩。黃秀梅的兩個哥哥都參加了韋拔群領導的運動，她自己也在十六歲時就參加了革命，她在 1930 年入黨，並在同年成為武篆區婦聯的領導人。[39]

文化與革命

　　韋拔群發動的東蘭革命融合了兩種不同文化的某些成分：一種是外來的革命文化，另一種是本土的造反份子和土匪的文化。一種是

37　同上，第 236－237 頁。

38　曾啟強編：《中國早期農民運動領袖韋拔群》，第 319 頁。

39　〈拔群的妻子和兒女〉，百色市檔案館（083-002-0017-004）；〈紅色女游擊隊員〉，百色市檔案館（083-002-0017-005）。

當時的先進文化，另一種是古老的下層文化。韋拔群及其追隨者們有意或無意地試圖用革命文化去改造造反份子和土匪的本土傳統，最終目的是用革命文化徹底同化造反份子和土匪的文化。這兩種文化有一些共同特點：其一是偏好暴力手段，其二是對有錢有勢階層的仇視。革命者決心把他們的暴力和仇恨指向一個社會階級，而造反份子和土匪往往把特定個人當做攻擊目標。這些共同特點使得當地人易於被革命思想所吸引，而兩種文化的交融又進一步強化了這些共同特點。

在東蘭，暴力衝突形成了一個惡性循環，一旦這個循環被啟動，共產黨人和反共份子都免不了要施行過度殘酷的殺戮。在研究湖北麻城的暴力歷史時，羅威廉發現革命時期的暴力與古代麻城的暴力傳統之間有明顯聯繫。他認為麻城的暴力傳統可以歸因於它的地理位置、強烈的地方自豪感、階級差別、精英集團的內部紛爭，以及城鄉之間和平原與山區之間的衝突。裴宜理認為淮北也有一種類似的暴力傳統，而淮北暴力傳統的成因主要是地理位置和生態的脆弱性。[40] 同麻城和淮北一樣，東蘭也是一個有着悠久暴力歷史的縣域，而造成東蘭暴力傳統的因素則包括民族衝突、本地人與新移民之間的糾紛，以及長期的土司統治及其帶來的土司與中央政府之間、土司與臣民之間、本地豪族之間以及同一豪族的不同成員之間的武裝衝突。生態條件的制約和階級差別也是造成暴力傳統的重要因素，因為在這兩個因素的共同影響下，農民陷於貧困，並因此易於被鼓動參加反叛活動。最後，東蘭地處偏僻，中央對東蘭疏於控制，當地便滋生出一種地方主義心態，而這種心態往往促使地方上的強人自行其是，並傾向於用暴力達成自己的目的。

---

40 William Rowe, *Crimson Rain: Seven Centuries of Violence in a Chinese County*, pp. 322-324; Elizabeth Perry, *Rebels and Revolutionaries in North China, 1845-1945*. Stanford, CA: Stanford University Press, 1980.

　　1926 年的蘭農慘案並不是韋拔群的敵人們所施行的唯一一次大
屠殺。在第一次清剿期間，國民黨軍隊曾在一天之內燒毀了東里村所
有的房屋，並在武篆一地殺害三百多人。[41] 也是在那段時間，一支黔
軍部隊進入凌雲，攻擊那裏的紅軍，由於找不到紅軍戰士，他們就圍
捕並屠殺了海亭村的三百八十位居民，而黔軍在海亭一帶一共殺死
了兩千多個村民，當地有二十戶人家被殺絕，有二十四戶人家不得
不搬離，另有四十多人被帶到外地販賣。大屠殺之後，那裏的農民
有整整七年無法耕作。在凌雲的另一個區，有兩千多村民躲在一個
山洞裏，由一個排的紅軍戰士保護着。黔軍沒能攻下這個山洞，但
把它包圍了，並且切斷了山洞的水源，結果至少有五百人被活活渴
死。[42] 1931 年初，一群村民和紅軍躲藏在鳳山縣城附近的恒里岩中，
他們立即就被一些國民黨軍隊和民團團丁包圍了，在其後的八個月
中，國民黨武裝對這個山洞發動了一百多次襲擊，但都沒能攻下這個
岩洞。十一個月後，當恒里岩最終被攻下之後，洞內所有的人，包括
兒童和一名孕婦，都被殺害。1949 年後，倖存的當地村民在洞中發
現了三百七十四具遺骨。[43] 1931 年底，廖磊的部隊攻佔了東蘭東南部
的一個親共的村莊後，發現村中共有兩百九十位村民，包括婦女、老
人和兒童，團長下令殺死所有村民，全村只有四人因為那天正好離家
外出而得以倖免於難。[44] 在 1931 年和 1932 年的三次清剿中，武篆附
近黃大權家所在的村子被燒毀七次，共有四十六名手無寸鐵的村民被

41　廣西師範學院政治系：《東蘭農民運動》，第 48 頁。

42　田曙嵐：《廣西旅行記》，上海：中華書局，1935，第 170－173 頁；李天心：〈三十六
　　坡鬥爭紀實〉，《左右江革命根據地》，下冊，第 921、924 頁。

43　庾新順、班鋒：〈恒里紅軍岩烈士〉，《中共廣西黨史人物傳》，第 4 輯（2004），第
　　562－569 頁；韋廷章編：《鳳山縣志》，南寧：廣西人民出版社，2008，第 578－580 頁。

44　覃彩五：〈東蘭痛史〉（1934－1935），下冊，《左右江革命史料彙編》，第 3 輯，第
　　240－241 頁。

殺。[45] 廖磊的第七軍報告說，他們在 1931 年通過軍事法庭將大約五百名被俘的共產黨人判處死刑。在西山，反共份子殺了幾乎所有識文斷字的瑤族人，結果瑤人父母再也不敢送孩子去上學了。據估計，在 1931 年和 1932 年的清剿行動中，廖磊的部屬和當地團丁在東蘭和鳳山共燒毀一萬多座房屋，殺了兩到三萬人；另有人估算，東蘭有七成以上的房屋都在三次清剿中被毀。[46]

如果抓不到革命者，反共武裝就會通過懲罰革命者的親屬來洩憤。在第三次暴動期間，韋拔群的大部分親屬包括他的所有子女都被餓死、殺死或販賣，陳伯民的父親也在 1928 年被殺，[47] 陳洪濤家也遭受了類似的厄運。在第三次暴動期間，陳洪濤的母親躲藏在一座被國民黨軍隊完全封鎖的山中，敵軍勸她出來，但她拒絕了，最後就被活活餓死。陳洪濤的妻子潘小梅和他們剛出生的兒子在第三次清剿中被抓獲，由於潘小梅拒絕說出陳洪濤的藏身之處，抓捕她的人立即當面殺死了他們的兒子。陳洪濤的一個妹妹，在快要被敵軍抓住時，就跳進河裏淹死了。韋拔群被殺後，陳洪濤和父親依然躲在西山的某個地方，為了幫助兒子逃跑，父親故意把敵人的注意力吸引到自己身上，最後，他被敵軍抓獲並被殺害了。1932 年 12 月，陳洪濤被殺後不久，他的妻子潘小梅也去世了，陳家唯一的倖存者是陳洪濤的一個妹

---

45 何偉典編：《東蘭縣地名志》，第 242 頁。

46 第七軍元旦特刊：〈軍法處一年來工作之概況〉（1932），《左右江革命根據地》，下冊，第 948 頁；中央訪問團第一分團聯絡組：《廣西東蘭縣西山區民族概況》，第 10 頁；王林濤、程宗善、林為才：〈陳洪濤〉，胡華編：《中共黨史人物傳》，第 7 卷，第 218 頁；《東蘭縣志》，1994，第 111、556 頁。

47 黃乃文：〈陳伯民傳略〉，《東蘭文史》，第 4 輯（2001），第 58 頁。

妹。[48] 黃松堅是他家唯一的倖存者，因為他的所有親屬都被殺了。[49] 西山的女共產黨員梁青蘭在第三次暴動期間擔任區一級婦聯主席，在敵方的一次清剿行動中，她的八個親屬被抓捕並全部被殺害。[50] 韋漢超是來自東蘭東南部的韋拔群部下，1927 年底，在韋拔群農軍與國民黨軍對峙期間，他的母親、妻子和所有的弟妹都被殺害。在凌雲，共產黨領袖黃伯堯的母親、妻子和女兒在 1932 年被國民黨軍抓獲後殺害。[51] 1932 年 9 月，在廖磊手下任團長，也是廖磊侄子的羅活，在東蘭北部包圍了以著名共產黨員藍志仁為首的大約八十名革命者，由於無法制服這些革命者，羅活命令手下把這些人的大約六十名親屬帶到前線，威脅說如果革命者不投降，他們的親人就會被殺死。藍志仁不肯投降，六十多名親屬便被當場殺害。大約在同一時間，另一批國民黨軍在東山圍捕了四十多位瑤民，強迫他們協助抓捕著名的瑤人共產黨員蘭茂才，村民們因為拒絕合作而全部被殺。[52]

紅色恐怖起初是對白色恐怖的回應，但一經啟動，就表現得與白色恐怖同樣血腥和暴力。在第一次暴動期間，韋拔群和他的支持者襲擊了縣城以及一些有權勢的家族，但並沒有殺多少人。他們本來可以輕易地抓住並處死杜八，但他們沒有那麼做。他們在 1923 年第四

48　王林濤、程宗善、林為才：〈陳洪濤〉，胡華編：《中共黨史人物傳》，第 7 卷，第 218－221 頁；韋春：〈豐碑，屹立在人民心中〉，河池日報社編：《追尋紅七軍足跡》，第 51 頁。

49　韶生等：〈慈父、嚴師：憶父親黃松堅〉，韋信音編：《青松高潔：黃松堅史料專輯》，第 370 頁。

50　楊紹娟：〈左右江革命根據地的婦女運動〉，《左右江革命根據地》，下冊，第 1122 頁。

51　韋榮剛：〈韋漢超〉，《中共廣西黨史人物傳》，第 2 輯（1995），第 15 頁；黃志珍：〈黃伯堯〉，《中共廣西黨史人物傳》，第 2 輯，第 148 頁。

52　藍天、黃志珍：《中國工農紅軍右江獨立師》，第 41 頁；藍桂祥、黃世平：〈藍茂才〉，《中共廣西黨史人物傳》，第 2 輯，第 126－127 頁。

次襲擊縣城時抓了韋龍甫的兒子，雖然他們把韋龍甫看做是死敵，但並沒有殺他的兒子。在第二次暴動初期，他們繼續保持克制：他們想殺龍顯雲，但龍顯雲逃脫了；甚至在縣長黃守先毀了東蘭農講所和幾位農民運動領袖的住房之後，韋拔群和他的同志們仍然決定釋放黃守先的弟弟黃智淵，而黃智淵還是東蘭縣警察局長，並參與了對農民運動的鎮壓。直到蘭農慘案期間，韋拔群和他的支持者才開始暗殺敵人，而隨着衝突愈演愈烈，殺戮的規模也逐漸升級。面對真實的和想像的敵人的暴行，同時可能也由於國內其他地區激進革命行為的影響，韋拔群和他的支持者們開始相信農民協會有權逮捕、拷打和處死「土豪」。在群眾大會上，如果有人提議某個土豪應該被殺，而其他人也支持這個提議，那麼這個土豪就會被殺，往往他的親屬也會受到相應懲罰。張雲逸曾提到一位叫陳士亮的地主因為抬高糧價，一家十六口人都被農民殺光，財產被全部沒收，但他沒有提供這件血案發生的時間。他還提到在蘭農慘案發生之後，階級矛盾更加激化，韋拔群和他的追隨者們對豪紳地主特別仇視，捉到就殺。1930 年初在武篆舉辦的一個培訓班上，一位學員問共產黨人應該如何對待土豪的父母和子女：應該殺掉還是留着？如果留着不殺，那是不是應該給他們分地？答案是：最徹底的辦法是把他們全殺了，留着不殺的人應該由蘇維埃政府供養，但不能給他們分地。東蘭蘇維埃政府在 1930 年 8 月發出的口號之一就是處決一切土豪劣紳，而中共中央在 1930 年底提出的反富農政策使一些共產黨人覺得處死富農也是正當的。[53]

革命者以革命的名義把死亡帶給很多人。韋拔群殺害自己兩位妻子的行為相當殘忍，而國民黨人聲稱韋拔群還殺了他最後一任妻子

53　〈請張老漫談回憶廣西革命鬥爭材料及廣西黨與蘇維埃紅軍運動簡史〉，1962；《左右江革命史料彙編》，第 2 輯，第 184 頁；東蘭縣蘇維埃：〈目前宣傳標語〉（1930 年 8 月 1 日），《左右江革命根據地》，上冊，第 320 頁；紅七軍：〈前委通告第七號〉（1930 年 9 月 19 日），《左右江革命根據地》，上冊，第 347 頁。

以及他父親的兩個妻妾。[54] 1927 年初，以黃松堅為首的一群革命者在
鳳山殺了十三個「土豪」並沒收了他們的財產，受害者包括鳳山教
育局局長和他的兩個兒子，至少有一位受害者還被砍頭示眾。[55] 大約
在同一時間，另一群韋拔群的部屬襲擊了東院的孫家和東蘭西部泗
孟的韋家，孫家所有十一口人和韋家所有六口人全部被殺。韋拔群
在當地的敵人在 1927 年 6 月向省政府報告說，這樣的殺戮在東蘭和
鳳山的民眾中引起了高度恐慌。省政府在 1929 年 8 月宣稱，過去幾
年中韋拔群和他的支持者在東蘭燒毀了一千多座房屋，殺了好幾百
人，搶走了幾千匹馬和牛，並奪佔了大量糧食和其他財產。[56] 1929 年
底，黃大權等人率領農軍進攻鳳山的一些反共村莊，在其中一處，他
們殺了五百多人，燒了至少三百座房子；在另一處，他們殺了二百
多人，燒了三百多座房屋。[57] 中共領導人曾多次告誡右江地區的同志
不要繼續進行肆意的過度的燒殺行為，[58] 但這些警告並沒有被認真對
待。1931 年，韋拔群在從東蘭縣城和武篆撤退之前，將被關押在縣
城監獄和武篆的二百二十名犯人全部處死。[59] 廖磊聲稱，右江蘇維埃
政府曾宣佈，從 1931 年 5 月至 1932 年 2 月，共產黨人在右江地區共

54　覃彩五：〈東蘭痛史〉（1934－1935），下冊，《左右江革命史料彙編》，第 3 輯，第
　　265 頁。

55　廣西省政府：〈廣西省政府銳電據人民呈控東蘭各區農會不法行為並飭該縣農民協會
　　速遵照黨綱切實整理文〉（1927 年 7 月 1 日），《左右江革命史料彙編》，第 3 輯，第
　　5－6 頁。

56　〈廣西省政府快郵代電〉（1927 年 6 月 15 日），廣西壯族自治區檔案館（L4/1/11-1）；
　　〈廣西省政府有關韋拔群和黃大權檔案〉（1929 年 8 月），廣西壯族自治區檔案館
　　（L4/1/11-4）。

57　〈鳳山赤禍調查〉，《梧州民國日報》，1932 年 11 月 21 日。

58　軍事通訊：〈對廣西紅軍工作佈置的討論〉（1930 年 1 月），《左右江革命根據地》，
　　上冊，第 176 頁；中共中央：〈中共中央給廣東省委轉七軍前委的指示〉（1930 年 3
　　月 2 日），《左右江革命根據地》，上冊，第 229 頁。

59　覃彩五：〈東蘭痛史〉（1934－1935），下冊，《左右江革命史料彙編》，第 3 輯，第
　　222－223 頁。

殺了 15,987 人。廖磊認為韋拔群比湖南、湖北的共產黨人更喜歡殺
人放火，比明朝的李自成更為殘暴；白崇禧估計，共產黨人於 1930
和 1931 年間在東蘭殺了大約一萬七千人。[60]

綁架勒索是土匪的一種主要營生，而國共雙方也都樂於使用這
種手段。從某種意義上說，韋拔群的第二次入獄就是一次綁架。掌權
者常常以捏造的罪名逮捕犯人，在索取贖金後再釋放犯人。韋拔群
這個曾經的綁架案受害者，後來在革命的艱難歲月裏，也把綁架當
做獲取現金的重要手段。1923 年，韋拔群從韋龍甫那裏收到一千多
銀元贖金，便放了他兒子，然後用這筆錢買了四支步槍和五百發子
彈。[61] 1929 年初，韋拔群聽說武篆有個叫黃榜登的富人曾對革命口出
怨言，便給黃寫了一張便條，說明要向他借八十塊銀元，黃榜登不但
拒絕借錢，還嚴詞斥責革命者。不久之後，一群人闖入黃家，帶走了
黃榜登的十三歲兒子，後來黃榜登發現兒子已被帶到西山，便派中間
人與韋拔群談判，韋拔群要求對方支付八百銀元作為兒子的贖金，黃
榜登付錢後，兒子就被放回。在第三次暴動期間，韋拔群下令將所有
重要俘虜都送到他的總部。1931 年春，韋拔群的一些下屬襲擊了反
共民團團總牙玉貴的新家，牙自己逃走了，但他的妻子和妹妹都被抓
住，並被帶到了韋拔群的總部，韋拔群給牙玉貴去信一封，要求他支
付八百銀元作為這兩名女子的贖金，並威脅說如果牙玉貴拒絕，就將
兩名女子撕票，牙玉貴屈服了，如數付了贖金。[62]

以任意殺人、綁架、搶劫為特徵的土匪文化對赤衛隊和鄉村幹

60　《左右江革命史料彙編》，第 3 輯，第 199 頁；白崇禧：〈左右江政治視察報告〉（1932
　　年 10 月 23 日），《左右江革命史料彙編》，第 3 輯，第 141－143 頁。

61　覃建才：〈韋龍甫贖魂記〉，廣西民間文學研究會編：《大膽有馬騎：左右江革命領導
　　人故事傳說》，第 191 頁。

62　黃金球、陸秀祥：〈回憶在弄勞買米送西山〉，陸秀祥編：《東蘭革命根據地》，第
　　311－312 頁；韋仲權、陸秀祥：〈回憶紅軍和赤衛隊在北荷的活動〉，陸秀祥編：《東
　　蘭革命根據地》，第 297－298 頁。

部的影響尤為強烈。據曾在 1929 年和 1930 年領導右江蘇維埃政府的
雷經天說，紅七軍和上級蘇維埃政府在做出死刑判決時相當謹慎，但
區、鄉政府卻喜歡濫殺。造成肆意殺戮的原因之一，就是那時並沒有
確定究竟誰或是哪一級政府有權做出死刑判決。有些地區是由縣政府
行使這種權力，但在其他地方，鄉政府也有權下令殺人。有些地方幹
部和赤衛隊會殺掉任何他們可以抓到的土豪和地主，並將所有生活在
右江蘇維埃政府管轄範圍之外的人們視為該死的敵人。紅七軍前委曾
在一份公告中指責一些本地革命者所推行的燒光殺光的政策，並警告
說這種做法會迫使農民站到土豪那一邊。[63]

　　紅七軍政治部主任陳豪人在呈送給中共中央的一份報告中也做
了類似的評論。據陳豪人說，農軍在佔領一個土豪的村莊後，就把一
切都燒了，也不去分別地主的房子和農民的房子，因此，這些村子裏
的農民總是站在地主一邊。有些赤衛隊會像土匪那樣強迫老百姓交出
糧食，並向農民強收稅款和贖金。[64] 紅七軍發佈的一份文件承認，許
多赤衛隊都犯下了壓迫剝削農民、強姦婦女和肆意殺人放火等罪行，
並認為這些罪行之所以發生，就是因為這些赤衛隊大多不是掌握在真
正的革命者手中。有些赤衛隊指揮員就像土匪頭子那樣把本人領導的
赤衛隊看作自己的私人武裝，而不是中共革命武裝的一部分。[65] 在其
他革命根據地，包括鄂豫皖，在使用暴力的問題上也存在着類似的中
共政策與地方幹部行為之間的脫節，地方農民幹部往往無視中共反對

63　方大恒、鄒文生：〈左右江革命根據地的肅反保衛工作〉，《左右江革命根據地》，下
　　冊，第 1126－1127 頁；雷經天：〈廣西的蘇維埃運動〉（1945），《左右江革命根據地》，
　　下冊，第 606 頁；紅七軍：〈前委通告第七號〉（1930 年 9 月 19 日），《左右江革命
　　根據地》，上冊，第 347 頁。

64　陳豪人：〈七軍工作總報告〉（1931 年 3 月 9 日），《左右江革命根據地》，上冊，第
　　360, 374 頁。

65　紅七軍：〈前委通告第七號〉（1930 年 9 月 19 日），《左右江革命根據地》，上冊，第
　　345 頁；鄧小平：〈七軍工作報告〉（1931 年 4 月 29 日），《左右江革命根據地》，上冊，
　　第 407 頁。

任意實施暴力的政策，而沉溺於一些土匪式行為。[66]

　　共產黨人的殺戮、沒收財產和綁架給國民黨人把共產黨人稱作土匪提供了一些依據。廖磊在第三次清剿期間就對東蘭百姓說，韋拔群並不是真正的共產黨人，而是土匪。[67] 共產黨人同樣也有充足的理由稱國民黨人為土匪。雙方的燒殺搶掠，將整個社會分成了兩個對立的群體，在許多場合，親共村莊和反共村莊之間陷入無休無止的仇殺。濫殺還造成勞動力短缺，並對當地經濟產生了破壞性影響。據白崇禧估計，東蘭和鳳山在 1925 年有十七萬人口，但到 1932 年這兩個縣的人口只有五萬人，而且大多是老弱婦孺，白崇禧當然把人口的迅速減少歸咎於共產黨。白崇禧的評估得到了另一位國民黨人的確認，他宣稱東蘭的人口密度之前是每平方公里約一百人，但到 1932 年已銳減到每平方公里 16.44 人，使東蘭在廣西九十四縣的人口密度排名中被排到第五十三位。[68] 然而，一位在 1933 年訪問過東蘭的來自上海的旅行家卻報告說，東蘭的總人口為近九萬三千人，這表明白崇禧誇大了東蘭的人口減幅。另有一種可能是，在和平恢復之後的一年間，一些流落在外的東蘭人已回到家鄉，或是一些外鄉人已移居人口稀少的東蘭。共產黨人認為，1921 年至 1933 年間東蘭的人口的確減少了，但他們把這歸咎於國民黨施行的「搶光、殺光、燒光」的政策。[69]

　　暴力傾向體現了革命文化與地方傳統之間的相似性，但革命文化和地方傳統之間也有許多不同之處。當時留下的記述中提到革命文化如何成功地改變了諸如歧視婦女、包辦婚姻、鋪張婚禮、封建迷信

66　Odoric, Y. K. Wou, *Mobilizing the Masses: Building Revolution in Henan*. Stanford, CA: Stanford University Press, 1994, pp. 138-139.

67　廖磊：〈徹底肅清共匪韋拔群辦法〉（1932），《韋拔群陳洪濤史料專輯》，第 597－598 頁。

68　廣西省民政廳：《廣西各縣概況》，南寧：大成印書館，1934。

69　覃彩五：〈東蘭痛史〉（1934－1935），下冊，《左右江革命史料彙編》，第 3 輯，第 249 頁；田曙嵐：《廣西旅行記》，第 193 頁；《東蘭縣志》，1960，第 26 頁。

等地方傳統習俗，同時也有證據表明兩種文化中互相衝突的元素可以和平共存，而不會導致嚴重問題。例如，共產黨人雖然不遺餘力地要清除宗教迷信，甚至號召兒童團協助摧毀佛寺，但農民們卻繼續通過編造有關韋拔群神秘力量的故事來神化他。在社會關係方面，革命同志式的關係與結拜兄弟式的關係並行不悖。有一次，一群既是革命同志又是結拜兄弟的韋拔群下屬聚在一起宣誓，誓詞以消除迷信的革命口號開始，但結語卻非常傳統：違背誓言者，必遭天打雷劈。[70]

1929 年底，在第三次入主縣城後，韋拔群和他的支持者們發佈了一份政治綱領，其中羅列了他們計劃實施的一些改革，其中一項改革就是摒棄一夫多妻制，但韋拔群自己當時還有兩個妻子。[71] 根據韋拔群的一位下屬提供的一份未出版的報告，在 1930 年的某個時候，可能是為了執行他自己制定的政治綱領，韋拔群決定休掉他的兩個妻子。韋拔群在給同志們的信中抱怨說，他受夠了一夫多妻制的折磨，並為兩個妻子不能和睦相處而感到沮喪；他認為離婚將有利於他集中精力幹革命。韋拔群的一群追隨者隨後給他寫了一封聯名信，勸說他只與第三任妻子王菊秋離婚而留下第二任妻子陳蘭芬，因為在他們看來，王菊秋是個麻煩製造者，而蘭芬則是個忠誠的並贏得大多數人愛戴的妻子。他們認為男人不成家是不恰當的，並提醒韋拔群，1922 年時蘭芬曾努力救他出獄，1924 年底又曾匯款給韋拔群，使得他能抵達廣州。[72] 韋拔群最終決定將兩個妻子都留下。1931 年，當陳蘭芬和王菊秋遇害時，兩人都仍然是韋拔群的妻室。

革命文化與造反農民和土匪文化之間的差異有時能夠產生極具

70　田曙嵐：《廣西旅行記》，第 195 頁；覃應機：《硝煙歲月》，第 4 頁；韋成珠、李鼎中、覃茂才：〈黃書祥在那馬革命活動片斷〉，《馬山文史資料》，第 1 輯（1986），第 23 頁。

71　東蘭縣革命委員會：〈廣西東蘭縣革命委員會最低政綱草案〉（1929 年 10 月），《左右江革命根據地》，上冊，93－96 頁。

72　黃鴻翼 (?)：〈韋師長拔群領導東蘭革命〉，下冊，第 89－90 節。

破壞性的影響，一個突出的例子就是革命者和土匪對忠誠和投降的不同看法。革命者和土匪都強調忠誠，但革命者至少在理論上說是必須忠誠於意識形態、政治路線、階級和政黨，但對於土匪來說，忠誠意味着服從自己的首領，而忠誠的程度往往取決於首領能給下屬帶來多少好處。如果首領能夠像韋拔群在運動早期那樣為追隨者們提供保護、升遷和生活保障，那麼追隨者們就將繼續對他效忠；如果首領不再能提供保護、升遷和生活保障，他的追隨者就可以離開他而轉投別人，或者甚至可以為了個人利益出賣首領。到 1931 年中，韋拔群的許多追隨者已經清楚地認識到，他們的領袖已經不再能為他們提供什麼了，於是韋拔群身邊就湧現出一股叛變的浪潮。清末民初時期，在廣西和其他地方，由地方政府提供大赦和官職來招安匪首已是司空見慣，目的是通過將土匪納入官僚體制來消除匪患，但這個政策帶來了一個意想不到的結果，就是有些人開始把落草為寇當作獲取高官厚祿的捷徑。韋拔群的追隨者們對這一切都並不陌生，其中不少人就走上了這條捷徑。投降或轉換陣營與革命文化完全不相容，但在土匪文化中這樣做是習以為常的。

叛變浪潮的形成還有其他原因。韋拔群所採取的強行分散的策略，即只把少數下屬留在山上，而讓大多數人回到自己的村莊，使得那些被遣散的下屬產生被拋棄的感覺。這些人因此認為，既然韋拔群已經拋棄了他們，他們也就有理由離開或背叛韋拔群。這些人回到村子以後，就變得無依無靠，只能任憑敵方人員擺佈，而敵人或者迫害他們，或者就招募他們。通常這些人唯一的活路就是幫敵方俘獲或殺害他們的領導。

在解釋韋拔群為什麼能聚攏那麼多追隨者時，共產黨方面認為這主要是因為韋拔群的聲望和農民對他政治主張的支持，而韋拔群的敵人則會強調他據說曾經採用過的一些強制手段。例如，白崇禧認為韋拔群的成功秘訣在於他對武力的運用，他曾聽人說，在韋拔群控制的地區，如果有人缺席一次會議，那麼這個人就會受到警告；如果再

缺席一次，就會被判入獄；如果缺席三次，就會被殺頭。很難證明是
否真的有過這樣一條殘酷的規定，但韋拔群和他的下屬在組織農民時
確曾使用過一些強制手段。令人驚訝的是，白崇禧認為韋拔群所採用
的強制手段是正當的和合理的。[73] 只要這些下屬都和韋拔群及其他領
導人一起待在山上，韋拔群就可以繼續控制他們，但這些人在回到自
己的村子之後，一方面韋拔群已不能對他們施用任何管控手段，另一
方面他們又處於敵方宣傳和脅迫的影響之下，便難以保持對革命事業
的忠誠。不可否認的是，革命艱難時期大量叛徒的出現也與雷經天等
領導人曾經批評過的重軍事、輕政治的傾向有關。由於政治思想工作
的缺失，韋拔群的一些追隨者在參加革命後並未經歷過深刻的思想改
造，因而並不具備革命者應有的政治覺悟和政治忠誠。

　　1931 年及其後出現眾多叛徒的另一個根本原因是到那時大多數
人已經認識到，韋拔群和他的同志們尚未能兌現他們在革命初期做
出的承諾。回首過去，許多人覺得在革命開始以來的十年間，他們
的生活條件不單沒有改善反而日益惡化，許多人都失去了親人、家
園、土地和其他財產。1931 年和 1932 年間，由於受到戰爭影響，人
們幾乎無法從事耕作。1933 年曾在東蘭短暫停留的上海旅行家田曙
嵐曾聽當地人說，在 1924 年以前，東蘭在經濟上可以自給自足，主
要靠種植水稻、玉米、小麥、紅薯、芋頭、大豆等糧食作物，以及桐
樹、茶油樹、八角、煙草、靛藍、甘蔗、棉花等經濟作物，和各種
水果，但到了 1933 年，東蘭的糧食生產已經不能滿足當地人口的需
要，長達十年的衝突已導致農業、畜牧業、手工業和貿易等各行各業
的衰退。[74]

73　Eugene William Levich, *The Kwangsi Way in Kuomintang China, 1931-1939*. Armonk, NY: M. E. Sharpe, 1997, p. 161.

74　田曙嵐：《廣西旅行記》，第 193-194 頁。

　　戰爭和經濟破壞給人民帶來了深重的痛苦。有報道說，在 1932 年 6 月，東蘭每天都有二十到三十人被餓死，還有人為了活命不得不賣掉自己的孩子，更多的人成為無家可歸者。1932 年時，鳳山有一萬三千至一萬四千名難民。為了復興經濟，政府不得不免去東蘭居民三年的賦稅，並取消所有拖欠的稅款。[75] 在革命的初始階段，只有韋拔群的敵人才把他看做是破壞者，而弱者和窮人則認為他是庇護者，但到了 1930 年代初，愈來愈多的人，包括一些窮人和弱者，也開始把他看作是破壞者。這場運動在成功和強勁時所展現的那種如火的熱情已經消失，而失敗則助長了消極和懈怠，更多的人開始感到他們正在經歷一場災難，而他們把這歸咎於韋拔群和他的追隨者，一些人選擇背叛是因為他們想盡快結束這場災難，以便恢復正常生活。

　　韋拔群雖然殺了兩個妻子，卻未能保持住下屬的士氣，也未能阻止他的許多下屬放棄革命事業和背叛領袖。雖然有許多人是因為真正認同韋拔群和他的運動而追隨他幹革命，但也有許多人是為了獲得保護或其他個人利益才追隨他。儘管他的許多追隨者都願意為這場運動而死，但也有許多人在意識到韋拔群的運動註定要失敗時就會選擇變節。曾於 1928 年在湘南追隨朱德，後來在井岡山做過毛澤東下屬，但最後成為共產黨叛徒的龔楚就曾評論說，朱德在湘南駐紮時，許多窮苦農民加入了他的部隊，因為那時朱德能夠給每個士兵每月十二銀元的薪賞；此外，士兵們還可以分享從富人手中徵收的豬、雞和鴨。部隊遷往井岡山後，每月的生活費降到了三個銀元，同時，由於有錢人都已逃走，戰士們連飯都吃不飽，結果，有些官兵感到不滿，便決定逃跑。[76] 韋拔群在東蘭和右江地區的追隨者們也經歷了從

75　〈鳳山赤禍調查〉，《梧州民國日報》，1932 年 11 月 21 日；〈東蘭之賑災分濟情形〉，《南寧民國日報》，1932 年 6 月 15 日；〈省府令催東鳳籌議善後辦法〉，《南寧民國日報》，1932 年 6 月 28 日。

76　龔楚：《我與紅軍》，第 145－146 頁。

早期的好日子到 1931 年、1932 年的苦日子的轉變。革命初起時，他們可以輕易沒收有錢人家的財產，紅七軍剛成立時，每個官兵每月能領到二十銀元的薪賞，雖然這樣的高薪只領了一個月，但在 1929 年和 1930 年，士兵們依然可以吃飽，有時還能領到薪賞，[77] 然而，在 1931 年和 1932 年的艱難歲月裏，韋拔群的許多追隨者幾乎食不果腹。許多人叛逃是因為他們覺得革命並未帶來他們期望的結果。

紅七軍主力離開右江後不久，韋拔群就創作了一首短詩，一共只有三句：「團結就是力量，分裂一定死亡，只怕失敗後同志叛變」[78] 沒過多久，韋拔群的恐懼就變成了現實。前面已經提到過，在第二次暴動期間，改造東蘭同志會的創始會員陳毓藻、梁士書和陳守和都因為背叛韋拔群而被處死。第二次暴動期間還出了另外兩位著名的叛徒：一個是黃海駒，東蘭農講所第一期畢業生，也是一個豪強地主的侄子。1926 年初，他在蘭農慘案中幫助過龔團，當年晚些時候，被韋拔群下令處死；[79] 另一個叛徒龍錦標是一位退役軍官，曾任東蘭農講所第三期的軍事教員。他於 1927 年 9 月背叛韋拔群，並殺死了韋拔群的弟弟韋莖，他稍後就死於另一個革命者之手。顯然，在第二次暴動期間，叛變現象還不是很嚴重，韋拔群還能夠對被看做是叛徒的人實施嚴厲處罰。

1931 年和 1932 年，當韋拔群看上去無法東山再起時，愈來愈多的追隨者開始把他看作是一個負擔，而不再是希望的象徵。叛徒們蜂擁而出，而韋拔群也無法再處罰所有的叛徒。1931 年 6 月，韋拔群的下屬鄧鵬變節，並殺害了韋拔群的老朋友廖源芳。雖然韋拔群是被韋昂殺害的，但將韋拔群逼到韋昂藏身地的是另一個叛徒黃家康，他

77　莫文驊：《回憶紅七軍》，第 8 頁；黃現璠、黃增慶、張一民：《壯族通史》，第 802 頁。

78　韋拔群：〈小詩二首〉，《韋拔群陳洪濤史料專輯》，第 222 頁。

79　黎國軸、嚴永通：《韋拔群傳》，第 113 頁。

知曉韋拔群在西山的大部分藏身地點，因為他曾在韋拔群手下當過營長。黃家康於 1932 年 10 月中旬叛變，隨後便率領敵軍搜查韋拔群的藏身之處，韋拔群於是被迫撤離西山。[80]

韋拔群屬下的另外兩位營長在黃家康投降之前就已經變節了。其中一位是韋超群。他是個知識份子，在第二次暴動時參加革命，並成為韋拔群手下最有才幹的指揮官之一。一種說法是，他在 1930 年 10 月的一次戰鬥中受傷，但韋拔群沒有給他足夠的錢治傷，他於是心生不滿，便在 1931 年底向新桂系投降了；[81] 根據另一種說法，韋超群的投降另有原因。他有一次在襲擊一個地主時，偶然瞥見了另一個地主的漂亮女兒，並對她一見鍾情，他隨後殺了她的丈夫，並強娶她為妻。為了贏得岳父大人的信任，韋超群送了一把手槍給他的地主岳父，韋拔群因為這件事曾嚴厲地斥責過他。當革命走上下坡路時，韋超群便決定向國民黨投降，為了做成交易，他跑了很遠的路到廣西南部去拜見省長黃旭初的父親。他的策略奏效了，省政府任命他為一支反共民團的指揮官。他立即召集了他在右江獨立師時的一些部下，並收集了一些先前藏匿起來的武器，而他所領導的這群人就成為韋拔群及其忠實支持者們的強勁對手。[82]

另一位向國民黨投降的營長是黃紹先，而他在投降後也成為反共民團組織的一名軍官。1932 年 5 月和 6 月，他帶領一批團丁在山中搜查韋拔群的藏身處，他們殺了不少共產黨人，找到了許多武器，

80　羅活：〈第七軍第二十四師第七十二團一年來工作報告〉（1932），《左右江革命史料彙編》，第 3 輯，第 272－274 頁；覃彩五：〈東蘭痛史〉（1934－1935），下冊，《左右江革命史料彙編》，第 3 輯，第 224－225、258 頁。

81　吳德林：〈回憶韋師長與紅軍右江獨立師〉，陸秀祥編：《東蘭革命根據地》，第 214－215 頁。

82　《東蘭縣志》，1994，第 726 頁；牙美元：〈桂系軍閥統治時期的東蘭貪官豪紳〉，《東蘭文史》，第 140－141 頁；覃彩五：〈東蘭痛史〉（1934－1935），下冊，《左右江革命史料彙編》，第 3 輯，第 251－252 頁。

黃紹先還因為剿共有功而獲得省政府的嘉獎。韋拔群後來下令刺殺了黃紹先，但在黃紹先被殺後不久，那個負責處死他的人也叛變了。[83]

　　當基本生活必需品都難以獲取，而且時時處處都面臨死亡威脅時，敵人提供的特赦和金錢獎賞就對韋拔群的許多追隨者產生了巨大吸引力。1927 年底，政府開始懸賞捕殺韋拔群和他的同夥，當時捕殺韋拔群的賞格是五千銀元，陳洪濤還不在通緝犯之列。到 1931 年 5 月，捕殺韋拔群的賞格已增加到一萬銀元，而捕殺陳洪濤的賞金則是五千銀元。[84] 不知為何到 1932 年初，韋拔群的價碼降到了七千銀元，而就是在這個時候，韋拔群決定和廖磊開個玩笑，他讓手下在一個路口貼了一張佈告，上面寫着：「誰砍得廖磊的狗頭，賞花紅一個銅板！」[85]

　　1932 年 4、5 月間，韋拔群決定自己來領取一筆政府開出的購買自己頭顱的賞金，用來買些糧食和其他物資。他派兩名手下到武篆與民團首領商談，這兩人聲稱，他們已把韋拔群綁了起來，藏在一個山洞裏，如果能領到賞金，他們很樂意把韋拔群交給政府。民團首領梁旭秋派了他的兩個弟弟、韋拔群原來的一個下屬陳守先和其他一些人去一探究竟。這群人跟着韋拔群的那兩個下屬一起到了一個山洞，看到疑似受了重傷的韋拔群被緊緊捆住，同時被幾個女孩打罵着。他的面部、胸部和背部都沾滿了鮮血，韋拔群閉着眼睛呻吟着，懇求姑娘們不要再打了，並哀求她們立即殺了他，然後把他的腦袋交給民團，

83　〈李瑞熊電呈痛剿東蘭共匪情形〉，《南寧民國日報》，1932 年 5 月 17 日；〈民政廳電覆東蘭縣長據該縣後備隊長黃紹先搜獲逆匪追擊炮彈情形仰轉令嘉獎由〉，《廣西民政月刊》，第 7 期（1932 年 6 月）。《左右江革命史料彙編》，第 3 輯，第 97 頁；《左右江革命史料彙編》，第 1 輯，第 254－255 頁。

84　〈省府懸紅購緝韋匪拔群及陳洪濤等佈告〉，《廣西公報》，第 32 期，1931 年 5 月 21 日，《韋拔群陳洪濤史料專輯》，第 546 頁。

85　陳欣德：〈韋拔群〉，胡華編：《中共黨史人物傳》，第 12 卷，第 210－211 頁。

以免他在敵人手中遭受更多折磨。一名團丁隨後回武篆報告了韋拔群的遭遇，而梁家兩兄弟和陳守先則被說服留在山洞協助「看管韋拔群」。梁旭秋於是確信自己可以用幾千銀元買下韋拔群或至少是買下他的首級，便說服一個有錢的朋友借給他兩千銀元，並把這些銀元送到了關押韋拔群的山洞裏。他承諾一旦韋拔群被送到民團團部，他會再補交五千銀元。韋拔群那些假叛變的下屬們接收了銀元，但去解送韋拔群的團丁們卻遭到伏擊。等到團丁們最終攻下那個山洞之後，卻發現韋拔群早已消失，梁家兩兄弟和陳守先都已被殺。陳守先曾經也是個革命者，但在 1931 年底向民團投降了。南寧最重要的報紙《南寧民國日報》至少刊登了兩篇有關韋拔群被捕的虛假報道，其中一篇甚至預測韋拔群將被帶到百色執行死刑。真相大白後，東蘭縣長因為這一令人尷尬的事件而被革職。[86]

所有參與策劃這場騙局的人都分到了賞金的一部分，但令韋拔群失望的是，有些人立即就把錢輸光了。[87] 韋昂在這場騙局中起了非常重要的作用，他就是那兩個去武篆與民團商談的韋拔群下屬中的一個。韋昂在這個騙局中發揮的作用增強了韋拔群對他的信任，韋拔群應該從來沒有想過，僅僅六個月之後，韋昂將會重演捕殺韋拔群領取賞金的情節，只是這一回，韋拔群不再是假裝的受害者，而將是真正的受害者。到韋拔群被韋昂殺害時，捕殺韋拔群的賞格已飆升至一萬四千銀元。

雖然最後真正殺害韋拔群的是韋昂，但韋拔群的另一位下屬早在幾個月前就曾想過要殺韋拔群。1932 年初，當韋拔群躲在東山時，

86 〈省府以一萬元購緝之共匪韋拔群被生擒〉，《南寧民國日報》，1932 年 5 月 19 日；〈共匪韋拔群被擒證實〉，《南寧民國日報》，1932 年 5 月 19 日；覃彩五，〈東蘭痛史〉（1934－1935），下冊，《左右江革命史料彙編》，第 3 輯，第 254 頁。

87 牙國華：〈幾點的回憶〉，陸秀祥編：《東蘭革命根據地》，第 307 頁；陳國英：〈在師長和政委身邊工作的日子〉（1987），《韋拔群陳洪濤史料專輯》，第 450 頁。

當地一位名叫覃壽春的共產黨幹部企圖暗殺他。當地反共民團的頭目
曾向覃壽春承諾，如能殺死韋拔群，覃壽春自己就可以活命；覃壽春
還從民團處拿到二十發子彈和二十塊銀元，用來為刺殺韋拔群做準
備。覃壽春知道韋拔群愛吃狗肉，就殺了一隻狗，然後請韋拔群吃晚
飯，打算趁韋拔群享用狗肉時殺他，但覃壽春驚訝地發現，韋拔群帶
着二十四個衛兵來赴宴。其中六名衛兵奉命在覃壽春家門外巡邏，其
餘十八名衛兵進了覃壽春家門，並在韋拔群身邊圍成兩圈，覃壽春於
是很難下手。在他父親的勸阻下，覃壽春最終放棄了他的計劃。韋拔
群後來發現了覃壽春的陰謀，覃壽春被嚇得逃離了村子。他先是殺了
向韋拔群洩密的人，並殺了策劃這場陰謀的民團頭目的侄子，希望能
重新獲得韋拔群的信任，但韋拔群再也不會相信他了，四個月後，覃
壽春和他七十歲的父親都在藏身處被殺。[88]

　　韋拔群帶着二十四個保鏢去吃覃壽春的狗肉宴，這說明他在得
知覃壽春的陰謀之前，就已經不怎麼信任他了。由於出現了大批叛
徒，韋拔群在生命的最後幾個月裏對身邊的許多人產生了懷疑。他殺
死第三任妻子王菊秋就是因為他相信，既然菊秋的哥哥已投靠敵人，
她本人也很可能會背叛革命。他也並不完全信任他的侄子韋昂。在搬
去香茶洞的前一天，韋拔群曾派陳洪濤去試探韋昂。陳洪濤去到香茶
洞，向韋昂提議，由於形勢已經非常危急，捕殺韋拔群的賞金又那麼
高，所以他倆應該把韋拔群綁起來送給政府，或者殺了韋拔群，把他
的腦袋送給政府，這樣既能結束危機，也可以發一筆橫財，但韋昂搖
搖頭說，拔群叔叔是黨的頂樑柱，應該受到保護，而不能遭到傷害；
他還對陳洪濤說，雖然目前形勢相當無望，但敵人遲早會離開東蘭，
等敵人離開後共產主義運動就會復興。韋昂就這樣通過了測試，陳洪

88　覃彩五：〈東蘭痛史〉（1934－1935），下冊，《左右江革命史料彙編》，第 3 輯，第
　　228－230 頁。

濤回去對韋拔群說韋昂是可靠的。[89] 顯然，韋拔群對陳洪濤遠比對其他大多數人更加信任。難以確定的是，韋昂能通過測試，是因為他知道陳洪濤是在測試他，還是因為他不想和陳洪濤分賞金。為了防止支持者背叛革命，韋拔群等領導人頒佈了懲治叛徒的規定，並組織了武裝小隊去鋤奸，但這些措施並未能阻止更多的叛變。

　　一批在 1950 年代初代表中華人民共和國政府訪問武篆的官員和學者在訪問之後得到一種印象，就是在叛變問題上各民族的表現有所不同。他們認為，在韋拔群的革命中，許多壯人和漢人在革命失利的情況下會變節，但背叛革命的瑤民非常少，他們認為這是韋拔群特別信任瑤民的原因之一。西山的一些瑤族革命者對這些官員和學者說，壯人在打仗時會逼迫瑤民衝在前面，打勝了壯人會貪功，打敗了就責怪瑤民，而且壯人常常一被打敗就投降，有時壯人為了向敵方證明自己投降的誠意，甚至會在投降前殺害瑤民革命同志。[90]

　　廖磊指揮的新桂系武裝是韋拔群和他的支持者們難以對付的外來強敵，新桂系在 1931 年和 1932 年間發動的三次清剿行動，實際上構成一次連貫的反共戰爭，因為即使在三次清剿之間的間隔階段，依然有大量外來官兵駐紮在根據地周圍，對根據地的包圍自 1931 年初第一次清剿時形成之後，就一直沒有解除。第一次清剿後，雖然韋拔群方面的大部分領導和士兵得以倖存，但已經不可能再把他們整合成一個師級軍事組織了；第二次清剿後，韋拔群的武裝已喪失大部分戰鬥力；1932 年 8 月第三次清剿開始後，生存成為韋拔群和他的支持者們的最迫切問題，而全面崩潰似乎已不可避免。1932 年 9 月，韋拔群的兩位忠誠的支持者藍志仁和韋漢超雙雙被擊敗。兩人都曾任營

89　同上，第 258 頁。

90　中央訪問團第一分團聯絡組：《廣西東蘭縣第五區（中和區）民族概況》，第 3 頁；中央訪問團第一分團聯絡組：《廣西東蘭縣西山區民族概況》，第 7–8 頁。

長：藍志仁是東蘭北部一個根據地的領導，韋漢超則控制了東蘭東南部的另一塊根據地。和他的許多追隨者一樣，韋拔群在死前就曾意識到情勢的危急。1932 年 10 月中旬，白崇禧抵達東蘭，敦促他的下屬完成剿共工作。幾天後，韋拔群覺得西山已經不再安全，便設法穿過三個檢查站到達位於西山邊緣、並鄰近他家鄉東里村的香茶洞。

　　1932 年 10 月 18 日，韋拔群派人把躲在附近另一個山洞的陳洪濤找來，兩人當晚在山洞裏做了短暫的面談。他們決定兩人都要設法在第二天上午逃出包圍圈，然後到貴州去。他們的最終目的地似乎是江西的中央革命根據地，因為在見陳洪濤之前不久，韋拔群曾告訴他的弟媳，他和陳洪濤將很快離開東蘭去找中共中央，暫時不會回東蘭了。有人甚至認為韋拔群有去蘇聯學習的計劃。直到這時，韋拔群依然不知道韋菁已經被殺，所以他對弟媳說，他不在東蘭時，將由韋菁擔任當地革命運動的領導人。[91]

　　在那個決定命運的夜晚，韋拔群和陳洪濤同意彼此將分開行動。與韋拔群商談後，陳洪濤回到了自己藏身的山洞。臨走前，他警告韋拔群第二天不要戴他的紅皮帽，因為很多人都知道韋拔群總是戴着那頂帽子。

　　關於韋拔群的最後一餐吃的是什麼至少有三種不同的說法：第一種說法是，10 月 18 日上午，羅日塊和韋昂曾走出山洞去見一個約好來送米的人，但那個人並沒有出現，因此那天晚上他們唯一能吃得到的是陳洪濤準備的一些玉米；第二種說法是，韋拔群讓韋昂煮點粥，再讓羅日塊煮一些豆子做晚餐。他病得太重，吃不下別的東西；最後一種說法是，韋昂殺了一隻雞，為韋拔群、陳洪濤和羅日塊準備了一頓美餐。雖然在那種情況下韋昂是否真能弄到一隻雞很值得懷疑，但

91　〈擾亂東蘭之匪共陰謀〉，《南寧民國日報》，1932 年 6 月 14 日；柳林：〈艱苦奮鬥的壯族婦女黃美倫〉，《右江日報》，1957 年 3 月 7、9、11、13、15 日。

他確有充分理由為拔群叔叔精心準備最後一頓晚餐。

在領導革命的歲月裏，韋拔群曾教導他的追隨者們：真正的革命者應該毫不猶豫地為革命犧牲自己的和親友的性命和財產。[92] 當他走近生命終點的時候，他已經把祖父和父親留給他的全部家產以及許多親朋好友的性命，都獻給了他的革命運動。他的死進一步證實他正是一位自己所描述的那種真正的革命者。

但韋拔群的許多追隨者並沒有聽從他的教誨。韋拔群被殺後，愈來愈多的人放棄或背叛了革命事業。陳洪濤的保鏢韋華在韋拔群死後就立即向政府投降，而他就是當初韋昂為獲得賞金而實施騙局時陪同韋昂去武篆與民團商談的那個人，現在他和韋昂又成了同夥，一起帶着團丁到西山搜捕陳洪濤。西山瑤民獨立營營長羅貴發也投降了。有些瑤人革命者說，革命二十多年來，從來沒有一個瑤人革命者向敵人投降過，但羅貴發的行為顯然與這種說法相矛盾。韋華、羅貴發等二十多名革命者後來還是被國民黨方面集體處死，罪名是他們沒能在韋拔群被殺之前就投降。韋拔群死後十天之內，他在武篆的追隨者就向政府上繳了四百多支槍；韋拔群死後僅一個月，黃金尤就將白漢雲和韋述宗交給了敵軍。[93]

陳洪濤得知韋昂謀殺韋拔群後深感震驚。在他寫的一篇感人至深的悼詞中，陳洪濤稱韋拔群是他的「同志」、「友」、「師表」，並承諾要殺了叛徒，用叛徒的頭顱來祭奠韋拔群。不幸的是，他並沒有機會兌現諾言。到 1932 年 12 月，陳洪濤已走出東蘭，到了右江附近的一個村莊，他嘗試與曾是部下和結拜兄弟的王廷業取得聯繫，但王

92　黃松堅：〈紅 21 師改編為獨立師後的鬥爭〉，韋信音編：《青松高潔：黃松堅史料專輯》，第 172 頁。

93　《左右江革命史料彙編》，第 1 輯，第 261 頁；〈謝指揮談東鳳情況〉，《南寧民國日報》，1932 年 12 月 6 日；中央訪問團第一分團聯絡組：《廣西東蘭縣西山區民族概況》，第 7 頁；覃彩五，〈東蘭痛史〉(1934－1935)，下冊，《左右江革命史料彙編》，第 3 輯，第 258 頁。

廷業為了保命和五千銀元的賞金，就將陳洪濤引進了敵軍設下的圈套。1932 年 12 月下旬，陳洪濤在百色被殺害。[94] 廖磊在韋拔群死後不久就斷言，陳洪濤的日子不多了；廖磊還明確表示，他認為陳洪濤是僅次於韋拔群的二號罪犯，因此即使陳洪濤投案自首，他也不會饒陳洪濤一命。[95] 陳洪濤被捕後，從未乞求活命，他遭受了嚴刑拷打，最終英勇犧牲。好幾位革命領導人都是在試圖聯繫已被遣散回鄉的前下屬時被捕或被殺，因為他們不知道這些過去的同志已經倒戈。就在陳洪濤被抓獲並殺害的同時，右江革命委員會主席覃道平也被一名前下屬出賣，國民黨軍隊在西山的一個山洞裏找到了他，把他帶到武篆，並在那裏把他槍殺。[96] 到 1932 年底，東蘭的中共組織已經崩潰。在三次反共清剿開始之前的 1931 年初，東蘭共有三十七個黨支部，四百多名黨員，而到 1932 年底還在活動的只有七個黨支部和二十名黨員。[97]

　　韋拔群被殺的消息傳到江西的中央根據地之後，中共中央決定派韋拔群的戰友黃治峰回右江地區領導革命。黃治峰是東蘭農講所第一期學員，是來自右江地區奉議縣的老資格農民運動領袖，他曾隨紅七軍主力離開河池去江西，並擔任紅七軍一個師的副師長，在隨紅七軍遠赴江西的所有來自右江地區的官兵中，他的職位是最高的。有些

94　陳洪濤：〈悼拔群同志〉，《韋拔群陳洪濤史料專輯》，第 225 頁；牙美元、覃應物：〈憶陳洪濤同志〉，《東蘭文史》，第 4 輯（2001），第 40－43 頁；藍天：〈陳洪濤〉，《中共廣西黨史人物傳》，第 1 輯（1992），第 283 頁；〈共匪韋拔群餘孽陳洪濤被擒總部令解色訊辦〉，《南寧民國日報》，1932 年 12 月 14 日；〈韋匪拔群之特務隊長就擒與陳洪濤一併解百色訊辦〉，《南寧民國日報》，1932 年 12 月 15 日；〈陳匪洪濤等經在色槍決〉，《南寧民國日報》，1932 年 12 月 27 日；黃舉平：〈陳洪濤同志殉難記〉（1985），《左右江革命根據地》，下冊，第 906－913 頁。

95　〈陳匪洪濤不久可就擒〉，《梧州民國日報》，1932 年 11 月 9 日；廖磊：〈今後東鳳善後辦法及民眾應努力要點〉（1932），《韋拔群陳洪濤史料專輯》，第 603 頁。

96　蘇醒：〈覃道平〉，《中共廣西黨史人物傳》，第 1 輯，第 300 頁。

97　黃語錄：〈中國共產黨廣西壯族自治區東蘭縣組織史資料，1926-1987〉，南寧：廣西人民出版社，1994，第 4 頁。

傳記作者認為他是在 1932 年底或 1934 年在由江西返回右江途中在湘桂邊境附近被國民黨人抓獲後被槍殺的，[98] 但也有另外一種說法，即黃治峰與韋拔群、陳洪濤和其他許多革命領袖一樣，也是死於叛徒之手。叛徒的名字叫韋伍，是一名東蘭籍的共產黨員和紅軍戰士。他與黃治峰一起在 1930 年隨紅七軍離開右江遠赴江西，又被安排在 1932 年底與黃治峰一起離開江西返回右江地區，而與他倆同行的還有一名瑤族戰士。他們一行到達廣西興安後，韋伍就為了佔有黃治峰隨身攜帶的一百二十塊光洋和三個金戒指而把他殺害了。韋伍回到東蘭後，用搶劫來的金錢購買了牲畜、土地和槍支，從而引起中共東蘭縣委的懷疑。在確信韋伍是殺害黃治峰的叛徒之後，當地的中共游擊隊就把他處死了。[99]

陳洪濤和黃治峰死後僅半年左右，韋拔群的參謀長、右江共產主義運動的第四或第五號領導人黃大權在百色以南的天保縣被敵軍抓獲。雖然在中共體制中，黃大權的地位比陳洪濤要低，但國民黨方面認為他造成的禍患比陳洪濤還多，部分原因是黃大權與韋拔群的交往時間比陳洪濤更長，在東蘭、鳳山共產黨人中的影響也比陳洪濤更大，同時也是比陳洪濤更有經驗的軍事指揮員。黃大權和他的妻子也是被他在農軍的一些前下屬出賣的。被捕三個月後，黃大權在一棵木棉樹下被殺害。[100]

在韋拔群、陳洪濤被殺三年多後，在中共體系中與黃大權地位相當或略高於黃大權的陸皓仁也因為被一位前下屬背叛而遇難。到那

98　黃國光：〈黃治峰〉，《中共廣西黨史人物傳》，第 1 輯，第 295 頁；羅秀龍：〈黃文通〉，《中共廣西黨史人物傳》，第 4 輯，第 539 頁。黃治峰曾經的下屬謝撫民認為黃在 1934 年才離開江西，並在那一年被殺。參見謝撫民：〈憶右江赤衛軍總指揮黃治峰〉（1959），《左右江革命根據地》，下冊，第 673、681 頁。

99　覃紹寬、陳國家主編：《田陽縣志》，南寧：廣西人民出版社，1999，第 889 頁。

100　〈懸賞緝共匪首要〉，《梧州民國日報》，1932 年 10 月 5 日；黃英俊：〈黃大權〉，《中共廣西黨史人物傳》，第 1 輯，第 320－322 頁。

時，中共右江特委的五名委員中已有三人死於叛徒之手。在 1931 年初接受任命的右江獨立師的四位團長中也已有三人因被叛徒出賣而被殺，第四位則自己當了叛徒。在三位因被出賣而被殺的團長中，最先遇害的是廖源芳；第二位是黃書祥，他在 1933 年 5 月因為被一名下屬洩露了藏身之地而被殺；第三位是在 1936 年和陸皓仁一起被殺的滕國棟。[101] 第四位團長是韋命周，他在 1931 年被任命為團長後不久，就因為沒能完成一項重要命令而被撤職。韋拔群死後，韋命周和他的一些下屬向敵軍投降。國民黨方面最初答應赦免他們，但後來又反悔了，韋命周和下屬在被解除武裝後就被處死了。

　　雖然大多數曾經參與過革命運動的普通民眾在韋拔群死後都選擇服從政府以便過上正常生活，但也有少數忠誠份子拒絕放棄革命事業。一名叫韋廷安的瑤民在韋拔群死後就做了十七年孤獨的革命者。他來自西山，很可能是韋拔群的一名普通追隨者，而並不是中共黨員或軍官。換言之，如果他投降，國民黨很可能不會給他製造太多麻煩，如果他不投降，倖存的地下共產黨人也不會把他當做同志。然而，即使在 1932 年的失敗後，他也拒絕投降。他的朋友們對他說：「出來投降就算啦！革命是搞不起來了。你等韋拔群回來，除非是太陽出西山。你光靠那條爛槍能頂什麼事？」在那十七年中，他的房子被國民黨兵燒毀十九次，大多數時候他都不得不四處流浪。韋廷安後來抱怨說，一些壯人因為沒有堅定信仰而投降了，但他也承認，自己村裏的瑤民也稱他是「赤匪」，不許他留在村子裏。1949 年共產黨執政後，農民協會得以恢復，當地幹部決定任命一位從未投降過的人來擔任韋廷安村裏的農會主席，村民們一致認為，只有韋廷安適合擔任

101　盧永克、黃英俊：〈黃書祥〉，《中共廣西黨史人物傳》，第 1 輯，第 313－314 頁；《左右江革命史料彙編》，第 1 輯，第 274－275 頁；陳遵誠：〈滕國棟〉，藍天、黃志珍：《中國工農紅軍右江獨立師》，第 385 頁。

這個職位！ [102]

　　難以確定的是，如果韋拔群在 1930 年 11 月隨紅七軍主力離開右江地區，他是不是會有更好的生存機會。考慮到紅七軍的七千多名官兵中只有一千三百人安全抵達江西，韋拔群也很有可能會死在前往江西的途中，有些高級軍官如李謙就戰死在途中。即使韋拔群能夠安全抵達江西，他仍然可能被敵人或自己的同志殺害。紅七軍總指揮李明瑞就在 1931 年 10 月被自己的同志殺害。據龔楚說，李明瑞因過去與汪精衛改組派的關係而受到迫害，因此感到不快，想逃離革命根據地，當他向一小群親密下屬透露逃離計劃之後，其中一位下屬就開槍打死了他，因為這位下屬是中共保衛局的秘密特工。紅七軍的其他幾名高級軍官，也因為被誣告為改組派的奸細而被自己的同志處死。[103]

　　李明瑞被殺時，龔楚並不在場。在李明瑞死前幾小時還見過他的覃應機提供了有關李明瑞被殺一案的不同的、更可靠的描述。覃應機當時是紅七軍的一名下級軍官。1931 年 10 月的一個下午，他看見李明瑞和其他幾位軍官到了他的連隊。那天晚上，連長把所有講白話的人叫到一起，並把他們帶到附近的一個祠堂，把他們關在祠堂裏，因為有傳言說李明瑞想逃跑，並要帶走一些講白話的下屬。晚上十一時左右，覃應機聽到李明瑞所在的房間裏傳出槍聲和噪音，然後就被告知李明瑞死於一場事故。他們隨後買了一口漂亮的棺材，把李明瑞埋葬了。[104] 另外兩位紅七軍幹部袁任遠和陳漫遠相信李明瑞確曾計劃逃離，但他們認為他是因為受到身邊代表王明集團的政委的迫害才不得不計劃逃跑的。[105]

102 韋廷安：〈堅持革命 30 年，幸福美好在今天〉，百色市檔案館（083-002-099-003）。

103 龔楚：《我與紅軍》，第 243－244、262－263 頁。

104 覃應機：《硝煙歲月》，第 22－23 頁。

105 韋寶昌：〈重訪袁任遠同志記〉，1974 年 5 月 22 日；韋寶昌：〈重訪陳漫遠同志記〉，1974 年 5 月 25 日。

　　龔楚認為這場導致李明瑞被殺的肅反是毛澤東策劃的，因為紅七軍的一些軍官曾抵制毛澤東改編紅七軍的計劃，而其他人大多和袁任遠、陳漫遠一樣認為當時在中央革命根據地佔主導地位的王明集團應該為李明瑞之死負責。雷經天本來也在死亡名單上，但毛澤東救了他的命，這表明，即使殺死李明瑞並不是毛澤東的決定，或許毛澤東也有足夠的權力救李明瑞一命，因為毛澤東當時並沒有失去對軍隊的控制，但他選擇了不救。鄧小平對李明瑞的死非常痛心，上世紀七十年代，他多次對毛澤東說「李明瑞是錯殺的」。李明瑞被殺時，鄧小平只是一個縣委書記，可能沒有足夠大的權力救李明瑞的命。李明瑞和死於這場肅反的紅七軍幹部都在 1945 年召開的中共七大上獲得平反，因此，雖然難以確定毛澤東是否與他們的死亡有關，但可以確定的是毛澤東對於為他們平反發揮了非常重要的作用；毛澤東還為自己對紅七軍的不良態度和處理紅七軍人事問題時所犯的錯誤表示道歉，但並未承認自己參與殺害李明瑞。文化大革命期間，紅衛兵又把李明瑞當作叛徒批判，但在 1970 年代末鄧小平復出後，李明瑞再次獲得平反。[106]

　　假如韋拔群隨紅七軍到了江西，那麼他過去與俞作柏和其他國民黨左派的密切關係，以及他的未經證實的與無政府主義者的聯繫，都可能會給他帶來嚴重麻煩。即使他有幸在一次又一次的黨內清洗中倖存下來，他仍有可能在 1930 年代和 1940 年代死於國民黨人或日本人之手。在 1931 年抵達江西的一千三百名紅七軍官兵中，只有幾十人到 1949 年依然活着。[107] 如果韋拔群沒有在長征前就死於江西，並

106　毛毛：《我的父親鄧小平》，上冊，第 273 頁；覃應機等：〈紅軍的優秀指揮員、黨
　　的忠貞戰士〉，《左右江革命根據地》，下冊，第 644－645 頁；莫文驊：《莫文驊回
　　憶錄》，第 203－205、413－417 頁；Graham Hutchings, "The Troubled Life and After-
　　Life of a Guangxi Communist: Some Notes on Li Mingrui and the Communist Movement
　　in Guangxi Province before 1949," China Quarterly, No. 104 (1985), pp.700-708。
107　黃征：〈回憶右江赤衛軍十二連〉，《左右江革命根據地》，下冊，第 754 頁。

被允許參加長征，那麼作為一名高級軍官，他會有更好的生存機會；如果他被選中留在江西「堅持鬥爭」，那麼他更有可能被殺。1934 年留在江西的大多數高級幹部都在長征開始後不久就被殺害。另一種可能是中共中央會把韋拔群從江西派回右江地區恢復當地的革命。如果真是那樣的話，那麼韋拔群可能會在沿途的任何一個檢查站被國民黨人抓獲並處死。1931 年底，在上一年隨紅七軍遠赴江西的韋拔群的戰友黃文通，就在受派從江西返回右江的途中被國民黨方面捕獲，並在百色被殺害。

把韋拔群留在東蘭和右江地區很有可能是外來共產黨人的決定，如果真是那樣的話，韋拔群就沒有理由後悔，因為他一開始就沒有其他選擇；即使是韋拔群自己決定留在東蘭，他也沒有太多後悔的理由，因為並不是所有留下的人都被殺了，也並不是所有隨紅七軍主力離開的都活了下來。革命是一項危險的事業，韋拔群對這一點一直心知肚明。

尾聲

早在韋拔群被害之前，新桂系就開始組織東鳳善後委員會來處理革命風潮過後東蘭、鳳山兩縣的一些遺留問題。委員會於 1932 年 11 月 1 日開始運作，最初由廖磊領導，廖磊離開後，則由他的侄子羅活主持。[108] 委員會致力於使當地社會「正常化」以杜絕再次發生革命的可能性。先前被迫離開家園的山區居民，現在可以回家了；所有居民都必須把槍械交給政府；許多革命者被殺或被監禁。

革命領導人的親屬們都遭到嚴厲處置。他們的家產被沒收，家中的女性家屬常常會被帶到廣西其他地方賣給當地農民。例如，韋拔

---

108 〈東鳳善後委員會成立〉，《梧州民國日報》，1932 年 11 月 3 日。

群的妹妹韋的壯被帶往柳州並於 1932 年底在那裏被賣，後來徹底失蹤。[109] 韋拔群的最後一任妻子黃秀梅，在韋拔群走上前往香茶洞的死亡之路前與他在西山分別，她在韋拔群被殺後不久被國民黨抓獲，然後被帶到柳州囚禁了幾個月，最後被賣給桂東南北流縣的一名男子，1949 年後，她加入了當地的共產黨政府，後在 1952 年因病去世。韋拔群的下屬謝扶民認為黃秀梅早在 1932 年 4 月就為了保護韋拔群而被殺，一位國民黨人則認為是韋拔群殺了黃秀梅，但另一個更可信的國民黨人說，黃秀梅確是在韋拔群死後不久被抓獲的，[110] 也有人聲稱，她在韋拔群死後被賣掉，之後就下落不明了。韋拔群的弟媳，也就是黃書祥的妹妹黃美倫，在 1932 年 10 月被捕，然後被賣給桂東南陸川縣的一個村民。她在 1940 年代末加入了當地中共地下黨，並於 1953 年回到東蘭，成為縣政府的一名官員，但直到 1980 年才被允許重新入黨。她於 2004 年在東蘭去世，享年 104 歲。[111] 韋拔群的兩個養女，雙鳳和飛來，也被抓捕和販賣。1922 年，韋拔群和他的部屬在路邊發現了三個被遺棄的小女孩，韋拔群領養了其中兩個，第三個則被黃大權領回家中。到 1932 年，兩個養女都已長大成人，韋昂幫助國民黨軍隊找到了她們，她倆後來被帶到河池，然後就徹底失蹤了。[112] 東蘭婦聯主席黃正秀是白漢雲的妻子，她也被賣掉，但最終活了下來。

109　曾啟強編：《中國早期農民運動領袖韋拔群》，第 318 頁。

110　羅日塊：〈回憶韋師長犧牲前後〉（1976），《韋拔群陳洪濤史料專輯》，第 461 頁；〈女游擊隊員：韋烈士的愛人黃秀梅同志〉，百色市檔案館（002-0017-005）；謝扶民：《韋拔群》，第 46 頁；〈陳匪洪濤不久可就擒〉，《梧州民國日報》，1932 年 11 月 9 日。

111　柳林：〈艱苦奮鬥的壯族婦女黃美倫〉，《右江日報》，1957 年 3 月 7、9、11、13、15 日；黃志平編：《紅土之魂：東蘭英雄譜》，廣西中共黨史學會，2003，第 80 頁；黃美倫：〈拔哥和三哥帶我走上革命路〉，《當代廣西》，第 23 期（2009 年 12 月），第 18 頁。

112　黃美倫：〈雙鳳飛來〉，《東蘭文史資料》，第 2 輯（1987），第 62 – 67 頁。

　　另一方面，為了結束肆意燒殺的惡性循環，善後委員會不允許革命受害者自行尋求報復。在武篆舉行的慶祝韋拔群喪生的群眾大會上，廖磊發言說，如果全中國人民都像東蘭、鳳山居民那樣殘暴並熱衷於報復的話，中國很快就會亡國了。[113] 為了贏得農民的信任，政府宣佈要處罰土豪劣紳，善後委員會還真的就把鳳山的一個土豪處死了。[114] 被韋拔群和革命者摧毀的大戶豪族大多未能完全恢復他們的權力和財富，部分原因是這些家族的許多成員都已死亡。根據 1949 年後所做的一項調查，在 1950 年代初的土地改革之前，在武篆的 3,665 戶家庭中，只有 98 戶家庭有少量剩餘土地可供出租；在西山，地主和富農都被殺光了，到了 1950 年代，當地連一個地主都沒有了。[115]

　　和平的恢復使得政府能夠進行一次人口普查，而普查顯示許多家庭已經絕戶；東蘭還存在着大批難民和孤兒，為了收留東蘭的孤兒，政府在縣城修建了一所孤兒院。[116] 政府還實施了一項心理康復項目，並為受過教育的人士和普通民眾制定了不同的心理康復計劃。村民們都被編入以集體責任原則為基礎的保甲制度中。政府採取的另一項措施是強化反共民團組織。韋拔群死後十一天，廖磊就啟動了一個培訓民團首領的項目。[117] 政府還計劃為村民重建房屋，並為東蘭、鳳山兩縣修路。省政府還撥款資助東蘭、鳳山等地的貧困居民和難民，但東蘭縣長只把一小部分資金發給村民，其餘的都裝進自己的口

113　廖磊：〈今後東鳳善後辦法及民眾應努力要點〉（1932），《韋拔群陳洪濤史料專輯》，第 603－604 頁。

114　黃漢鐘：〈東蘭善後委員會真相〉，《東蘭文史》，第 4 輯（2001），第 144－146 頁。

115　中央訪問團第一分團聯絡組：《廣西東蘭縣第五區（中和區）民族概況》，第 2－4 頁；中央訪問團第一分團聯絡組：《廣西東蘭縣西山區民族概況》，第 17 頁。

116　〈東鳳善後委員會最近工作情況〉，《南寧民國日報》，1932 年 12 月 15 日。

117　〈廖軍長在東鳳辦善後〉，《梧州民國日報》，1932 年 10 月 26 日。

袋。[118] 隨着韋拔群和大多數其他革命領導人的被俘或被殺,當地的當權派就又變得傲慢而腐敗,因為他們認為現在已沒有人敢再去挑戰他們。

在東里村的村民們還沒能建好紅神廟之前,韋拔群的敵人已在縣城建造了兩座紀念設施來慶祝他們的勝利。一個是中山公園,而建這個公園就是為了提醒當地人,東蘭遵循的是三民主義而不是共產主義。公園位於縣城東邊的馬鞍山腳下,裏面有一個亭子和許多樹木、花卉,這個公園後來在抗日戰爭時期被毀。政府還重建了縣城的三條主要道路,並把它們分別命名為中山路、五權路和民生路。[119] 另一個具有象徵意義的紀念設施是滅共紀念亭。為了建這座耗資八百銀元的紀念亭,東蘭、鳳山兩縣的每戶人家都要繳毫銀一角。紀念亭的建設歷時八個月,而紀念亭的核心是一座刻有白崇禧題詞的石碑。在題詞中,白崇禧把韋拔群比作漢代張角、唐代黃巢、明代李自成等對某些人來說是美名遠揚但對另一些人來說是惡名昭彰的起義領袖。他認為韋拔群的死亡是天意為之,並預言東蘭和鳳山需要二十年才能從共產黨人造成的破壞中恢復過來。[120]

為了能夠更好地管住不太平靜的東蘭和鳳山等縣之間的山區,省政府於 1934 年在鳳山、百色、恩隆的交界地區劃出一個新縣 —— 萬崗縣。顧名思義,萬崗縣域之內有着千山萬嶺,但這項措施並未能根除這個地區的革命種子,韋拔群的追隨者繼續在這裏從事地下工作,在 1940 年代末,萬崗取代東蘭成為中共領導的當地反抗國民黨的最後一輪起義的中心。為了消除韋拔群故鄉武篆的動亂根源,政府

118　覃彩五,〈東蘭痛史〉(1934－1935),下冊,《左右江革命史料彙編》,第 3 輯,第 262－263 頁。

119　《東蘭縣志》,1994,第 404－407 頁。

120　覃彩五:〈東蘭痛史〉(1934－1935),下冊,《左右江革命史料彙編》,第 3 輯,第 264－265 頁。

把武篆一分為三。韋拔群被害前兩年，武篆因名字裏面帶有在政府看來寓意不祥的「武」字，便被改名為「中和」，取「和諧」之意。武篆的象徵魁星樓也被按照風水原理加以改建，它原來的尖頂被改為平頂，整個魁星樓被漆成白色，表示白崇禧或白色恐怖的「白」終將制服象徵着共產主義和韋拔群的「紅」。[121]

　　韋拔群的前兩次暴動失敗之後，他和大多數最親密的戰友依然團結在一起，所以當形勢好轉後，他們就很容易重整旗鼓。在第三次暴動期間和之後，部分地由於叛徒太多，韋拔群和大多數其他重要領導人都被殺害，因此就很難再復興革命。此外，從 1930 年代初開始，新桂系建立了對全省的穩固而有力的統治，並逐步把廣西變成中華民國的「模範省」，因此，共產黨人在廣西的活動就變得愈發困難。1934 年底，紅軍主力在長征途中進入廣西，但他們並未在廣西長駐；在東蘭和右江地區，黃松堅和黃舉平等人試圖恢復共產黨組織，但那裏的共產黨人將不得不等到 1940 年代末才能發動下一場革命。

　　正如韋拔群早年的勝利不是他一個人的勝利，因為如果沒有強大的外部支持他就不可能取得勝利，韋拔群在 1932 年的失敗也不是他一個人的失敗，因為他失敗的主要原因是他的外部支持者未能及時提供他所需要的支援。雖然他在 1932 的挫折是不可避免的，但他在那一年的死亡卻並非必然。假如他在那個寒涼的十月之夜沒有和韋昂一起待在香茶洞裏，又假如他雖然和韋昂在一起但韋昂在那個晚上表現得像個孝順的侄子或忠誠的革命者，那麼韋拔群就有可能在第二天逃到貴州或其他地方並活下來。如果韋拔群能再活五年，那麼他的死敵新桂系軍閥就會成為他的抗日盟友；如果他能再活十四年，那麼他就能見證日本投降和國共之間又一次內戰的爆發；如果他能多活十七

---

121 何偉典編：《東蘭縣地名志》，第 117、237 頁。

年，他就能親身經歷共產黨在 1949 年的勝利。假如在那些年裏，韋拔群走的是一個共產黨領導人應走的道路，並且從來不曾犯過什麼嚴重錯誤，那麼到了 1949 年時，他將是中共政治體系中一個很有權勢的人物，而在 1949 年 10 月 1 日那一天，他甚至可能會站在天安門城樓上親耳聆聽毛澤東宣佈中華人民共和國的成立。

第八章

作為國家與地方之間中介
和紐帶的紅神

　　韋拔群作為連接邊緣與中心、邊疆地區與國家的橋樑的作用，並沒有因為他的逝去而終結。在他有生之年，他扮演了兩個看似相互矛盾的角色：一方面，他把中心地區的思想和文化傳播到邊遠地區，而這有助於加強邊疆與國內較先進地區的聯繫，縮小邊疆與國內較先進地區的差距；另一方面，他在邊緣領導了一場反抗中心的革命，而這場革命有可能割裂地方與國家之間的聯繫。如果我們把韋拔群置於民國的時空環境中，那麼上述兩個角色之間就不再有任何矛盾，因為整個民國時期中國一直存在着對立的中心，而韋拔群總是支持一些中心而反對另一些中心。早年他與孫中山這個中心結盟而反對大小軍閥代表的中心；1920 年代中期以後，隨着國民黨與軍閥之間的衝突讓位於國民黨與共產黨之間的對抗，韋拔群開始支持共產黨這個中心，而反對國民黨政權及其地方代理人所代表的的中心。在國民黨看來，韋拔群是個必須被消滅的叛徒、土匪和殘暴的破壞者，但共產黨人則把他看做是偉大的革命家，以及由共產黨主導的新秩序的奠基人。如果國民黨人認為他是一個致力於割裂地方與由國民黨主導的國家之間聯繫的破壞份子的話，在共產黨人看來，韋拔群卻能夠在強化地方與正在興起的共產主義體系的聯繫方面發揮建設性的協調和統一的作用。

　　身故之後的韋拔群，被當地村民塑造為紅神，被他的革命同志和追隨者塑造成一位完美的共產黨人，還被中華人民共和國政府識別為一個不是漢族的壯族。共產黨奪得全國政權是韋拔群形象演變過程中的決定性因素：如果共產主義運動失敗了，韋拔群可能仍然會受到一些當地農民的崇拜，但肯定會被國民黨政府斥為叛徒或土匪；正是

共產黨的勝利確定了韋拔群在國家榮譽殿堂中的地位。在中華人民共和國，韋拔群代表着人民的反抗和革命精神，並且成為地方與國家之間溝通和統一的媒介。出於不盡相同的原因，村民、地方官員和中央領導人都參與了對韋拔群的「神化」，雖然不同群體所塑造的韋拔群的形象並不完全一致，但這些形象都體現着一種共同的願望，即把英雄塑造得比真人更加高大全一些，並且讓逝去的英雄為活着的人們服務。

從人變成紅神

在彭湃還活着的時候，海陸豐的農民就已開始奉他為神；與此相似，東蘭的村民們也在韋拔群被害前就開始傳佈有關他的神性的故事。從某種意義上說，對韋拔群的神化在他出生之後不久就開始了：人們認為他的出生年月日、體重和面部特徵都預示着他註定將是一位不凡的人物。在他成為一位廣受歡迎的農民領袖後，當地民眾，不論是他的支持者還是他的敵人，都開始宣揚他的神力。有一個故事說到，1927 年的某一天，一夥敵兵聽說韋拔群正待在西山的一個村子裏，他們就立即衝進那個村子，搜遍了每家每戶，卻沒能找到韋拔群的任何蹤跡，他們於是得出結論：「韋拔群不是凡人。已化身走了。」真正的原因是在敵人到來之前，韋拔群已經迅速離開了那個村子。[1]又有一次，韋拔群被一群士兵追到東里村，士兵們看着他跑向一個池塘，但當他們追到池塘邊時，韋拔群已經無影無蹤了，這些敵兵於是相信韋拔群會巫術，所以不可能被抓住，但他們不知道的是，這個池塘連着一個深洞，一個漁夫用一隻小漁船把韋拔群送進了洞裏。[2]又

1　宗英等：《韋拔群烈士的故事》，第 9 頁。

2　黃漢鐘：〈韋拔群故居東里〉，《東蘭文史資料》，1985 年，第 1 期，第 83 頁。

有一次，另一群追捕韋拔群的士兵認為韋拔群能把自己變成老虎。他們看見韋拔群在一座山上，便把這座山包圍起來，由於他們堅信韋拔群已無路可逃，便決定放火燒山，大火從山腳下逐漸蔓延到山頂，突然，一隻老虎從火裏跳出來，瞬間就跑開了。這群士兵於是一致認為這隻老虎一定是韋拔群變的，而且這也正好印證了村民們的一種信念，那就是：韋拔群是白虎精的化身。[3]

其他許多傳說故事則把韋拔群與蛇或龍而不是老虎聯繫在一起。其中一個故事說到，有一天，韋拔群假扮成山腰上一座寺廟的守衛，還嚇唬駐紮在廟裏的一些敵方官兵說，韋拔群可厲害了。不久，一個地主來到廟裏，並立即識破了韋拔群的偽裝，但在他還沒來得及向那些官兵報告的時候，韋拔群就跑掉了。官兵們找遍了那片山腰，卻只找到了韋拔群的一頂草帽，當他們把草帽撿起來的時候，就看見了蜷縮在草地上的一條肥碩的蛇，於是官兵們就相信韋拔群已經把自己變成了一條蛇。

當地的瑤民認為這件事證明韋拔群是龍的化身，因此可以輕易地上天入地。一個類似的故事提到，有一天，韋拔群被一群追兵圍困在一座山上，他設法從一個山洞裏逃了出去，追兵到達洞口時，只發現了他的草帽和一條受傷的蛇，他們徹底搜查了周圍，卻依然是一無所獲，只好把這條蛇帶給廖磊覆命，並上交了韋拔群留下的草帽，以證明這條蛇就是韋拔群，而他們得到的獎賞是廖磊的一頓責罵。[4]

當地很多人認為，這些有關韋拔群如何變成蛇和龍的故事都是可信的，因為在當地的民間信仰中，韋拔群的生日 —— 農曆大年初一也正是龍的誕辰。一位年老村民聲稱，他曾親眼目睹韋拔群化己為

3　覃建才：〈韋拔群變虎了〉，廣西民間文學研究會編：《大膽有馬騎：左右江革命領導人故事傳說》，第 192－196 頁；百色市檔案館：〈韋拔群同志的故事〉（083-002-0013）。

4　宗英等：《韋拔群烈士的故事》，第 17－18 頁；謝扶民：《韋拔群》，第 74 頁；黃煥英：〈變龍〉，《大膽有馬騎：左右江革命領導人故事傳說》，第 242－246 頁。

龍。有一天，他和其他一些貧苦村民眼睜睜看着韋拔群被一大群民團團丁死死地包圍着，正在他們為韋拔群擔憂的時候，天空中突然顯出一道閃光，韋拔群化作一條青龍消失在雲層中。一群孩子也說，有一天，他們看見正被敵人包圍着的韋拔群爬上一棵大樟樹的頂端，然後變成一條青龍飛走了，把一群不知所措的追兵留在了地上。還有一次，韋拔群和他的警衛員被一群敵軍困在西山，敵人搜尋多次也沒發現他們，最後決定放火燒山，大火燒了超過一整天的時間。大火熄滅之後，敵方士兵又開始在光禿禿的山上搜尋，但他們所能找到的只有一個被韋拔群殺死的敵兵。追兵們因此斷定韋拔群是個神，可以把自己變成一條烈火不侵的蛇。[5]

　　有關韋拔群的超自然力量和非凡行為的故事還有很多。有人認為，他有一個帶有法力的護身符，可以幫他預見敵人的行動，因此他永遠不會被敵人找到；有人說他可以去任何他想去的地方，還可以隨意把自己變成一個農民、商人、學生、教師甚至神靈；有人認為他可以透視牆壁，還可以清晰地看到千里之外；有人認為他是個長着紅頭髮紅鬍子的男人，或是一位一心扶貧除惡的長着一張紅臉和一雙紅眼的武林高手；[6] 韋拔群的一些敵人則認為他能遁地飛天、刀槍不入，或者是某個惡魔的化身，只能被一個更強大的天神征服，又或是一個真命天子，因此不可戰勝。[7] 這些民間故事所描繪的韋拔群是一位以

5　謝扶民：《韋拔群》，第 37 頁；韋杰：〈三次見拔哥〉，《回憶韋拔群》，第 41 頁；周繼忠：〈西山突圍記〉，《回憶韋拔群》，第 119－124 頁。

6　黃超、黃惠良、譚慶榮：〈篩子退敵〉，《回憶韋拔群》，第 51－52 頁；盧永克：〈右江革命的播種人——韋拔群〉，《回憶韋拔群》，第 95 頁；百色市檔案館：〈韋拔群變仙〉（083-002-0013）；謝扶民：《韋拔群》，第 42 頁；韋杰：〈三次見拔哥〉，《回憶韋拔群》，第 47 頁；歐致富：〈憶韋拔群同志對奉議一帶農民運動的影響〉，《回憶韋拔群》，第 56 頁。

7　黃相：〈夜襲那綠屯〉，《大膽有馬騎：左右江革命領導人故事傳說》，第 172 頁；蘇長仙：〈炮彈也怕韋拔群〉，前引書，第 205－207 頁；覃承勤：〈拔哥會飛〉，前引書，第 220－221 頁；藍漢東、藍啟渲：《韋拔群》，第 64 頁；黎國軸、嚴永通：〈拔哥的故事〉，前引書，第 125 頁。

弱者和窮人為友並且不能被敵人傷害的強人。韋拔群的眾多年輕追隨者正是在聽了這些故事後開始仰慕他的。

韋拔群本人積極地推動了對他的神化。他的多才多藝使追隨他的村民們相信他擁有某種超自然的力量：他是個能寫會唱的優秀山歌手，還擅長武術以及其他一些運動；他是一位富有魅力的演說家；能講多種語言和方言；[8] 另外，他還是一位出色的謀略家，善於發動群眾和操弄敵人。

有時韋拔群會試着用他從外地帶回的稀奇物品來震懾村民，讓他們相信他的確具有超常的力量。有一次，他把一大群人帶到一個山腳下，然後從口袋裏掏出個東西，並把它扔出去，那東西頃刻間就爆炸了，土石飛揚之後，地上留下一個彈坑。韋拔群對驚恐萬分的旁觀者說，這是他和一個鐵匠做的「俄國彈」，觀眾們都很震驚，並且一致認為這個炸彈的威力比步槍要大得多，應該能嚇倒那幫土豪劣紳。有人還說，拔哥走南闖北，什麼都見過，什麼都曉得。[9]

韋拔群從城裏帶回來的另一件稀奇玩意是手電筒。白崇禧認為，韋拔群就是用他的手電筒輕鬆地贏得了瑤民的支持。[10] 有個故事說，即使是比村民更加見多識廣的城鎮居民，也被手電筒嚇壞了。據說有一次，韋拔群和他的宿敵杜八比賽，看誰有本事讓老天爺睜開眼睛，杜八先去叫老天爺睜眼，但什麼也沒發生，輪到韋拔群時，他一聲令下，天邊先是迸出了一道閃電，接着便聽見一陣雷聲，杜八被鎮住了，而有觀眾說韋拔群是神仙下凡。其實，閃電和雷聲是陳伯民在

8 覃承勤：〈拔哥說瑤話〉，《大膽有馬騎》，第 133－135 頁；黃現璠、黃增慶、張一民：《壯族通史》，第 828 頁。

9 黃奇峰：〈試炸俄國彈〉，《大膽有馬騎》，第 131-133 頁；陸秀軒：〈豎起義旗拯救農民〉，《韋拔群陳洪濤史料專輯》，第 290 頁。

10 白崇禧：〈廣西今後的政治方針和我們對國家的責任〉（1932 年 10 月 14－15 日），《韋拔群陳洪濤史料專輯》，第 575－576 頁。

遠處用一個長手電筒和幾顆手榴彈製造出來的。[11]

　　利用村民的愚昧落後去爭取他們的仰慕和支持，是二十世紀初中國革命者的常用策略。彭湃剛開始從事農民運動時，喜歡為海豐村民表演魔術；不少共產黨領導人告誡從事農民工作的同志，不要對村民的神靈表示不敬。如果韋拔群展示那些稀奇玩意只是為了贏得村民的欽敬和支持，那麼這些展示帶來的結果已經超出了他的預期——一些村民開始認為韋拔群不僅是他們的領袖，而且是他們的神靈。

　　韋拔群被殺害之後，一些當地農民認為他並沒有死，或者認為他已經變成神了。他們說韋拔群死後又復活了，或是變成一個紅色的火球升天了，或是變成了一匹白馬，在世上每個角落追討惡魔，或是變成一條青龍，飛到江西投奔那裏的共產黨人了，或是變成一隻紅色的神犬，升天後得以位列仙班。東里村的農民們相信，韋拔群的屍體被焚燒後，他的一些追隨者在灰燼中發現了一顆鮮活的紅彤彤的像碗那麼大的心臟。[12] 東里村的村民們承認韋拔群已死，他們想盡一切辦法來保存他的遺骨，並表達他們對「紅神」的敬意。紅神廟建成後，村民們就在小廟的旁邊種了兩棵柿子樹，因為韋拔群生前很喜歡吃柿子；村民們還會定期給紅神廟送去供品。

　　似乎是為了彰顯他的神威，在韋拔群死後，他的直接敵人大多被他的戰友們捕獲並受到嚴懲。韋昂在韋拔群死後，與小老婆陳的伯在柳州過了幾年安穩日子，兩人揮霍完省政府的賞錢後，於 1930 年代末搬到河池的一個村子，靠撿、賣柴禾為生。二人搬到河池不久，韋昂就被神秘地殺死了，據說是共產黨人殺了他，有人認為是中共東蘭縣支部書記黃舉平親自下的誅殺令，但至少有一個消息來源認為實

11　黃煥英，〈拔哥叫天開〉，《大膽有馬騎》，第 141－144 頁。

12　宗英等：《韋拔群烈士的故事》，第 1 頁；藍漢東、藍啟渲：《韋拔群》，第 219 頁；黃現璠、甘文傑、甘文豪：《韋拔群評傳》，第 2 頁；百色市檔案館：〈特牙廟的秘密〉（BSD, 083-002-0013）。

照片五　東里村的紅神廟（作者拍攝）

際上是國民黨人殺了韋昂。[13]

　　韋昂死後，陳的伯就失蹤了，但韋拔群的支持者們並沒有忘記她。1960 年，一位韋拔群生前的追隨者給自治區公安廳廳長寫了一封信，敦促他查明並逮捕所有參與謀害韋拔群的人，公安廳於是派出兩名經驗豐富的警官前往東蘭調查此案。兩人很快就找到了一個有價值的知情人徐家豫，徐在 1932 年 4 月至 1933 年 4 月期間曾任廖磊第七軍的軍官和東蘭縣長，他因此知道與謀害韋拔群有關的所有秘密。徐家豫在 1950 年成了共產黨的俘虜，並被判處十五年有期徒刑，1960 年時他尚在服刑。徐家豫告訴兩位警官，百色區民團指揮部的劉治和陳的伯二人與韋拔群的被害有直接關聯。1932 年，在第三次清剿期間，劉治被派往東蘭幫助搜尋韋拔群，而劉治在百色區民團指揮部的上司之一正是 1922 年底在南寧把韋拔群關進監獄的那個叫黃騏的軍官，韋拔群當時的罪名是煽動士兵開小差。[14] 黃騏可能對自己十年前釋放韋拔群一事感到後悔，但同時可能也會因為又得到一次捕捉韋拔群的機會而感到寬慰。劉治發現了陳的伯的藏身之處並將她逮捕。由於無法忍受酷刑，或是無法抵擋巨額賞金的誘惑，陳的伯答應與劉治合作，並幫他捕獲了自己的丈夫韋昂，劉、陳二人於是一起勸說韋昂協助殺死韋拔群，韋昂猶豫了一陣之後就同意了。

　　在 1960 年的調查中，兩位警官發現了一條新線索，使得他們找到了劉治的出生地——一個離百色不遠的村子。他們在村裏找到了劉治的妻子，但劉的妻子告訴他們說，她 1949 年之後就再沒見過她丈夫了。她聽說劉治在右江地區的一個山村做了上門女婿，警方於是派出人員前往調查這個地區的所有公社，他們很快就查明，當地一位賣

13　謝扶民：《韋拔群》，第 81—82 頁。

14　〈各地附共份子如係脅從准予自新〉，《南寧民國日報》，1932 年 9 月 27 日。

粥的老人就是劉治，便將他逮捕。[15]

此後不久，陳的伯也被發現並被逮捕。韋昂被殺後，陳的伯就搬到柳州附近融水縣的一個村子，並在 1944 年嫁給了一個苗人；四年後，她的苗人丈夫去世了，她又嫁給了本村的另一個男人。她和再婚丈夫在 1950 年代搬到融水縣城，住在一條又臭又髒的小河邊。被捕後，她向警方供認，1932 年 10 月 19 日凌晨，她本人就在香茶洞裏；她還證實韋昂當時對於謀害叔父一事顯得猶豫不決，是她促使韋昂動的手。劉治和陳的伯二人都被判處死刑，但在死刑判決得到上級批准之前，兩人都已死在東蘭監獄裏。[16]

韋昂早在 1949 年共產黨勝利前就已被處死，但共產黨人必須等到 1949 年以後才能懲處那些更有權勢的叛徒。韋拔群手下的營長韋超群在 1931 年叛變，給東蘭的共產主義運動造成嚴重損害。他後來獲新桂系委任軍政職務，並在 1949 年夏天成為東蘭最後一任國民黨縣長。共產黨接管東蘭後，他被抓獲，並成為 1950 年 12 月被公開處決的五十三名反革命份子之一。[17]

韋超群作為東蘭縣長的前任之一是與韋拔群有過曲折關係的陳樹森。陳在 1916 年追隨他的拜把兄弟韋拔群加入黔軍，之後在黔系軍閥、舊桂系軍閥、新桂系軍閥和蔣介石南京政府的軍隊中服役多年。他在 1922 年曾出力把韋拔群從第二次監禁中解救出來。1931 年初，陳在作為廖磊二十一師的營長隨廖磊前往東蘭剿共途中，被廖磊命令返回南寧，因為廖磊發現陳與韋拔群是故交。此後不久，韋拔群

---

15 熊紅明、楊子健：〈韋拔群烈士被害案偵破記〉，《南國早報》，2009 年 11 月 13 日。

16 楊文科：〈策動殺害我紅七軍韋拔群師長的罪犯陳的伯落入法網〉，《融水文史資料》，1989 年，第 5 期，第 124–127 頁；熊紅明、楊子健：〈韋拔群烈士被害案偵破記〉，《南國早報》，2009 年 11 月 13 日。有關 1960 年劉治、陳的伯案件偵破過程的紀實文學作品有李寧：《東蘭 1960：追查告密者》，香港：世界文學出版社，2019。

17 黃語錄：〈東蘭解放紀實〉，《東蘭文史》，2004 年，第 5 期，第 1-12 頁；牙美元：〈桂系軍閥統治時期的東蘭貪官豪紳〉，《東蘭文史》，2001 年，第 4 期，第 140–141 頁。

的部下意外殺害了陳樹森的父親，陳因此重新贏得了廖磊的信任。一年之後，陳樹森以營長身份回到東蘭，並在摧毀韋拔群農民運動的過程中發揮了重要作用。[18] 1944 年 11 月，陳樹森成為東蘭縣長，後於 1946 年 1 月離開東蘭就任百色區保安部隊副指揮官。1949 年，就在共產黨接管東蘭前夕，他在紅水河東岸的一個村子裏服毒自盡，但陳樹森的三個兒子後來都成為共產黨幹部。[19]

在 1921 年至 1932 年間一直與韋拔群為敵的東蘭反共民團的首領們，也相繼受到懲罰。陳儒瑾曾在 1930 年做過五個月的東蘭縣長，並在 1924 年到 1934 年間擔任東蘭反共民團的指揮官。在韋拔群的第二次和第三次暴動中，陳儒瑾都是他的兇狠敵人。1934 年除夕夜，韋拔群的一群追隨者在陳儒瑾位於紅水河東岸的家中發現他，並把他槍殺了。

陳儒瑾的哥哥陳儒珍是韋拔群最早的結拜兄弟之一。韋拔群在黔軍時，陳儒珍是東蘭高等小學的一名教師，韋拔群至少三次給陳儒珍寄過激進刊物《新青年》，[20] 但《新青年》並未能把陳儒珍變成革命者。他在 1922 年曾做過兩個月的東蘭縣長，其後做過短期的縣參議會議長和長期的民團首領，而民團首領的職務使他成為韋拔群的對手。儘管陳儒珍聲稱他在 1926 年曾試圖阻止龔團對東蘭農民的攻擊，並保護韋拔群的妻子陳蘭芬和他們的兒子（部分地是因為蘭芬是

18　吳德林：〈回憶韋師長與紅軍右江獨立師〉，陸秀祥編：《東蘭革命根據地》，第 212 頁。

19　牙美元：〈桂系軍閥統治時期的東蘭貪官豪紳〉，《東蘭文史》，第 139 － 140 頁；黃漢鐘、陳儒楷：〈陳樹森其人其事〉，《東蘭文史資料》，1987 年第 2 期，第 46 － 50 頁。

20　黃喚民：〈撲不滅的火焰〉，《左右江革命根據地》，下冊，第 914 頁；牙美元：〈桂系軍閥統治時期的東蘭貪官豪紳〉，第 141 － 142 頁；《東蘭縣志》，1994，第 113 頁，第 156、725 － 726 頁；黃鴻翼（?）：〈韋師長拔群領導東蘭革命〉，下冊，第 84 節，未出版手稿；吳德林：〈對東蘭農運的幾點回憶〉，陸秀祥編：《東蘭農民運動 1921-1927》，第 239 頁。

他的親戚），[21] 但韋拔群對他毫無感激之情，認為陳儒珍參與製造了蘭農慘案。1949 年以後，陳儒珍被政府關進監獄。

除陳樹森和陳儒珍之外，韋拔群的其他一些結拜兄弟也因為背叛他而在 1949 年後受到懲罰。覃彩五、陳儒珍、黃鴻舉、覃瑞五和韋拔群五人在上小學時就結拜為兄弟，其中韋拔群年紀最小。[22] 和陳儒珍一樣，覃彩五和黃鴻舉後來也參與了反共運動。在 1931 年和 1932 年的清剿期間，覃彩五成為反共民團的首領，後來還寫了一篇有關韋拔群革命以及韋拔群被圍剿過程的詳盡記述。他後來被抓獲並於 1952 年被處死，[23] 黃鴻舉在 1949 年後也受到了懲罰。

在 1950 年 12 月被處決的五十三名反革命份子中，還有兩位來自武篆的韋拔群的宿敵。一位是 1930 年代初的武篆民團首領梁旭秋，他的兩個兄弟都在 1932 年韋拔群謀取賞金的行動中被殺死，另一位是杜八的兒子杜伯豪。[24]

韋拔群敵人中的兩位外地人，龔壽儀和黃明遠，都曾是劉日福的手下並在 1926 年參與製造蘭農慘案，而他倆後來都死於共產黨人之手。黃明遠後來成為廣西省長黃紹竑的親信，黃紹竑 1934 年就任浙江省省長後，黃明遠也到浙江做官，後來就在那裏被共產黨人殺死。龔壽儀後來在新桂系軍隊中升任旅長，並在退役後回到桂東南陸川縣的家鄉，土改期間，他在 1953 年受審後被分屍。[25]

在 1925 年至 1929 年間擔任廣西省長，並在此期間支持圍剿韋拔群的黃紹竑，後來不止一次變換陣營。他在 1929 年脫離新桂系加入

---

21 陳儒珍：〈陳儒珍自傳〉，《韋拔群陳洪濤史料專輯》，第 680 頁；陳勉恕：〈廣西東蘭農民運動之實際狀況〉（1927 年 4 月），《韋拔群陳洪濤史料專輯》，第 55 頁。.

22 黃鴻翼(?)：〈韋師長拔群領導東蘭革命〉，下冊，第 91 節，第 7 段。

23 《東蘭縣志》，1994，第 726 頁。

24 《東蘭縣志》，1994，第 224 頁。

25 牙美元：〈桂系軍閥統治時期的東蘭貪官豪紳〉，第 139 頁。

了蔣介石政府，南京政府為他安排了重要職位，包括內務部長以及浙江省和湖北省省長。1948 年，當蔣介石和李宗仁開始新一輪政治角逐後，黃紹竑選擇支持他的老上司李宗仁；同時他也堅定地支持與共產黨人舉行和平談判。1949 年李宗仁就任中華民國臨時總統後，就委任黃紹竑作為代表之一與共產黨人進行和平談判。談判並未成功，但共產黨人成功地說服黃紹竑加入他們的陣營，而黃也因此被國民黨開除。從 1949 年中華人民共和國成立到 1957 年，黃紹竑一直被共產黨視為盟友，彷彿共產黨人已經徹底原諒了他過去的反共行為，但在 1957 年，黃紹竑因批評政府的一些政策而被劃為右派，此後他開始因為「歷史問題」受到迫害，而他的歷史問題就包括 1927 年後參與蔣介石發動的反共清黨運動以及對韋拔群農民運動的鎮壓。文化大革命開始後，黃紹竑自殺身亡。

　　曾在 1925 年和 1926 年擔任東蘭縣長、並在 1926 年初一手策劃了「蘭農慘案」的黃守先，在 1949 年之後也變成了共產黨的盟友。他改名為黃紹祖，並成為廣西政治協商會議委員。在 1954 年的政協會議上，他與兩位來自東蘭的韋拔群的追隨者 —— 覃聯魁和黃美倫 —— 被分配在同一個討論群組。曾在 1920 年代被黃守先監禁過的覃聯魁立即就認出了黃，並把他的發現報告給黃舉平、黃松堅、覃應機和韋國清。這幾位在 1920 年代和 1930 年代都曾是韋拔群的部下，到了 1950 年代都在政府中擔任要職。他們隨後確認政協委員黃紹祖就是前東蘭縣長黃守先；1959 年，黃紹祖被逮捕並被帶回東蘭受審，後被判處死刑。[26] 對於當時的廣西最高領導韋國清來說，這也報了他的家仇，因為黃守先曾在 1926 年初殺害韋國清的父親和叔叔。[27] 難以確定的是，這些共產黨領導人為什麼等了五年才逮捕黃紹祖，也許真

26　牙美元：〈桂系軍閥統治時期的東蘭貪官豪紳〉，第 137－139 頁。

27　覃應物：〈黃守先的可恥下場〉，《東蘭文史資料》，1987 年第 2 期，第 12－13 頁。

是因為黃紹祖與黃紹竑有親戚關係。1957 年以前，黃紹竑被待為上賓，出身東蘭的共產黨人要起訴他的親戚黃紹祖可能並非易事，黃紹竑在 1957 年被打成右派後，自然就無法繼續保護黃紹祖了。

在韋拔群的敵人中，廖磊是少數逃脫共產黨懲罰的人之一。在 1931 年和 1932 年間新桂系對右江地區的反共清剿行動中，廖磊是參與圍剿的新桂系部隊的最高指揮官。1934 年，當紅軍長征經過廣西時，廖磊在桂北再次與共產黨交戰。1937 年抗日戰爭爆發後，廖磊率部赴安徽抗日，並於 1938 年就任安徽省省長。在這個位置上，他與新四軍方面的共產黨領導人建立了密切的合作關係，而其中的一位共產黨領導人就是前紅七軍總司令張雲逸。張雲逸當時任新四軍參謀長，而他還曾是廖磊在保定軍官學校的教官。在安徽，廖磊甚至邀請張雲逸去給他的桂軍軍官講授游擊戰術。在新桂系領導集團中，廖磊是第二次國共合作的堅定支持者，他甚至允許一些共產黨人在他的政府和軍隊中工作。廖磊治下的安徽，曾被稱為「抗日模範省」。1939 年廖磊在安徽病逝後，周恩來、葉劍英、彭德懷、葉挺等共產黨領導人都為他獻上優美的悼詞。[28] 難以確定的是，廖磊是否曾為當初在東蘭對韋拔群等共產黨人的殘酷鎮壓後悔過，以及他在東蘭的經歷對於他後來抗戰期間對共產黨態度的轉變是否有任何影響。

廖磊的上司白崇禧也逃脫了共產黨的懲罰。1949 年新桂系的軍隊在廣西和華南被共產黨擊潰後，白崇禧隨蔣介石遷往台灣。1949 年後，大約還有九萬名白崇禧的部下留在廣西山區與共產黨作戰，[29]

28　程思遠：《政海秘辛》，哈爾濱：北方文藝出版社，1991，第 108 頁；劉傳增：〈廖磊和新四軍領導同志〉，《陸川文史資料》，第 4 輯（1988），第 25－31 頁；林經華：〈廖磊在抗戰中的一段故事〉，《陸川文史資料》，第 10 輯（1999），第 101-103 頁；《陸川文史資料》，第 8 輯（1994）；第 9 輯（1995）；廖瑞珍、何德唐：〈我所知道的廖磊〉，《陸川文史資料》，第 1 輯（1985），第 65－71 頁。張雲逸官方傳記的作者們卻強調抗戰期間廖磊對共產黨的敵視。張雲逸傳編寫組：《張雲逸傳》，北京：當代中國出版社，2012，第 135、155 頁。

29　莫文驊，《莫文驊回憶錄》，第 618-619 頁。

而現在輪到共產黨把他們貶為土匪了。到 1952 年，這些新桂系殘餘都已被殺或被俘。白崇禧後來口述了一部回憶錄，但其中甚至不曾提到韋拔群的大名。

和白崇禧一樣，新桂系的另外兩大巨頭李宗仁和黃旭初在 1949 年後也未因為他們當初對韋拔群及其運動的敵對行為而受到嚴重懲罰。李宗仁拒絕遷往台灣，而在 1949 年流亡到美國，他在 1965 年回到中國大陸，並因此被他的前宿敵們以偉大的愛國者相待。在北京度過四年舒適的時光之後，他在 1969 年被癌症奪去生命。黃旭初於 1949 年逃往香港，並拒絕遷往台灣或遷回中國大陸，他於 1975 年死於香港。他在 1965 年發表過一篇從題目到內容都大肆貶損韋拔群的回憶文章，後來還出版過長篇回憶錄。[30] 不知黃旭初在香港時是否仍與韋拔群的另一位宿敵黃騏保持密切聯繫。1945 年黃騏任桂西某縣縣長時，曾鼓勵當地農民種植鴉片，後來他的鴉片走私買賣被曝光，省長黃旭初佯裝要懲罰他，卻在暗中建議他逃走，他在那年逃到香港，並於 1970 年在香港故去。[31]

正如許多神靈都沒有具體樣貌，韋拔群沒有留下任何照片，而這使他變得更加神秘。韋拔群生前到過很多城市，應該拍過一些照片，但一張都沒有留下來。可能是他在參加革命後，為了保護自己而有意銷毀了這些照片，也可能是他的敵人們無意中毀掉了他的照片——他們曾經至少兩次燒了他家的房子。韋拔群的部下牙國華回憶說，韋拔群在被害前不久曾交給牙一張自己的半身照。韋拔群的本意並非要把那張照片留給牙國華，而是希望牙能夠暫時保存這張照片，然後交給其他同志。1949 年後，南寧的一家博物館拿走了這張

30　黃旭初：〈韋拔群亂東蘭禍廣西始末〉，《春秋》，第 187 期 (1965)。

31　岑建英：〈廣西百色的煙幫〉，《廣西文史資料選輯》，第 3 輯（1963），第 159 頁。

照片，但不久之後卻將它遺失了。[32]

　　此後，政府方面一直在搜尋韋拔群的照片。迄今為止，已發現兩張可能性較大的照片，但均未得到證實。第一張是由南寧附近的永寧縣檔案館在 1984 年發現的。這張照片拍攝於 1929 年的龍州，照片上有兩個人，其中一人是永寧人黃肖彭，他在 1929 年 7 月至 10 月間任職龍州縣長。另一人比黃肖彭更高，據信是韋拔群。韋、黃兩人既是好朋友，又是革命同志，當時經常互訪。黃肖彭不是共產黨員，但他是俞作柏的親信，並且堅定地支持農民運動，並在 1929 年 11 月被他在當地的敵人殺害。[33] 這張照片後來被拿給三十多位與韋拔群相熟的人辨認。在這些人中，有十三人認為照片中高一些的那個人正是韋拔群；韋拔群的兩個妹妹和警衛員看到照片時，都禁不住淚流滿面，並確定那個人就是韋拔群；另有十四人認為照片中那個人與韋拔群有些相似，但不能確定；還有包括韋拔群前任秘書在內的五個人確信照片中的高個子並非韋拔群。這張照片隨後被帶到北京交給鄧小平辨認，而鄧小平的答覆是，那個人看上去與韋拔群有幾分相似，但他無法確定；鄧小平還補充說，韋拔群在 1929 年並沒有到過龍州。雖然大多數與韋拔群關係密切的人都認為照片中的男子看上去與韋拔群相像，但政府方面並未將這張照片確認為韋拔群的官方形象。[34]

　　2009 年，一位廣西學者在南寧郊區的梁烈亞故居發現了另一張照片，這是孫中山於 1921 年 11 月 26 日到訪南寧那天拍攝的一張百餘人的合影。照片上的文字說這一群人中有孫中山、馬君武、胡漢民、陳炯明、韋拔群等名人。梁烈亞當年是改造廣西同志會的積極份

32　牙國華：〈幾點的回憶〉，陸秀祥編：《東蘭革命根據地》，第 308－309 頁。

33　黃如海、方孫振：〈黃肖彭〉，《中共廣西黨史人物傳》，第 4 輯（2004），第 232－236 頁。

34　黃現璠、甘文傑、甘文豪：《韋拔群評傳》，第 516－517 頁。

子，照片拍攝時正擔任永寧縣長，他也是韋拔群的好朋友。[35] 雖然有人確信照片中一個留鬍子的人就是韋拔群，但政府方面尚未給予認證。比較棘手的問題是，照片中人太多，因此很難看清每個人的面部特徵；此外，到 2009 年，幾乎所有與韋拔群熟悉的人都已亡故，因此沒人能證實那個留鬍子的人是否真的就是韋拔群。

在核實這兩張照片時，研究人員可以參考的唯一物證就是韋拔群的頭顱，而對韋拔群頭顱的搜尋比對他照片的搜尋更加成功。曾經是韋拔群結拜兄弟，後來變成他敵人的覃彩五在 1930 年代寫成的《東蘭痛史》中提到，韋拔群的頭骨埋在梧州市北山公園；梧州的一家報紙也刊登過一篇有關韋拔群頭骨埋葬時間和地點的報道。1949 年後，政府方面花了十多年時間來核實這些記述和確定韋拔群頭骨的確切埋葬地點。工作人員於 1961 年 12 月 12 日在梧州市中山公園內開始挖掘，到第二天上午就發現了一個裝着一具頭骨的魚缸。來自南寧的外科醫生和法醫認為，這具頭骨的主人生前長着一副四方臉，是在三十多歲時死亡的；他們還在頭骨中發現了一顆金牙和兩個彈孔，證明這確是韋拔群的頭顱。[36] 韋拔群的頭骨後來被送到北京，一個他生前從未到訪過的地方。

從不完美的共產黨員變成完美的共產黨員

在韋拔群活着的時候，他的一些共產黨同志把他看作一個有些問題的黨員，理由是據說他過去曾與無政府主義者有過聯繫，他發動的起義和革命帶有一些綠林好漢色彩，他對過度暴力的容忍和提倡，

35　〈這張合影上果真有韋拔群嗎？〉，《南寧晚報》，2010 年 3 月 30 日；藍磊斌：〈韋拔群相片之謎〉，《廣西文史》，2009 年，第 3 期，第 77－80 頁。

36　王延義：〈韋拔群烈士永遠活在我們心中：韋拔群烈士頭骨在梧州出土記〉，《梧州文史資料》，1986 年，第 11 期，第 19－21 頁。

他的追隨者們對他的神化，以及他對個人關係的依賴。在他死後，他的黨內同志就不再談論他的缺點；相反，他們齊心協力地把他描繪成一位完美的共產黨人。雖然韋拔群並不是右江地區的第一位共產黨員，他在生前也從未擔任過右江地區中共組織的頭號領導人，但在死後他卻被塑造成整個右江地區最負盛名和最偉大的共產黨人。

共產黨內有三個群體在塑造韋拔群高大全形象的過程中發揮了最重要的作用。第一個群體的成員是外地的共產黨人，包括毛澤東、周恩來等中共高層領導，他們雖未見過韋拔群，但對他的事蹟很熟悉。雖然毛澤東在正式著作中從未提及韋拔群，但每當他遇到廣西人時，不管是來自桂東都安的警衛，還是韋國清、覃應機、謝扶民和黃舉平這樣的高級官員，他都喜歡和他們談論韋拔群。周恩來也曾在不同場合評說過韋拔群，他也是最早將韋拔群同江西的方志敏和廣東的彭湃相提並論的共產黨人之一。1981年，時任中共中央總書記的胡耀邦在慶祝中國共產黨成立六十周年之際，將韋拔群與方志敏、劉志丹、黃公略、許繼慎歸入一組，認為他們是為黨和國家獻出生命的中共早期軍事家，值得被永遠銘記。[37]

那些曾與韋拔群共事的外地共產黨人，在塑造韋拔群完美共產黨員形象方面發揮了更具體的作用。他們中有些人可能對韋拔群的熱情好客依然心存感激，或許也對當年沒能給他留下更多的戰士和武器、對在1930年底沒有帶他一起離開、或對沒能更快地返回右江地區營救韋拔群和他的運動感到愧疚。鄧小平在1962年為韋拔群撰寫了第一篇悼詞後，又在1981年寫了第二篇悼詞，悼念李明瑞、韋拔群等人的犧牲。1953年，原紅七軍軍長張雲逸在桂林視察時曾痛心地說：韋拔群同志如果還活着，一定能為黨和人民作出更大的貢獻。

---

37 梁寶渭：〈對韋拔群「好」評如潮淺析〉，黎麗編：《韋拔群精神論》，北京：解放軍出版社，2009，第244−246頁；黎麗編：《韋拔群精神論》，書前附加頁。

1957 年，張雲逸親筆題寫了東蘭革命烈士陵園的名牌，而韋拔群的
遺骸就遷葬在這個陵園中。在 1950 年代末撰寫的一篇關於百色起義
的文章中，張雲逸將韋拔群描述為右江地區出色的群眾領袖，認為他
做出了具有歷史意義的貢獻。在 1959 年為一本韋拔群傳記所寫的序
言中，張雲逸又給予韋拔群更多的讚譽。1961 年清明節，張雲逸從
北京遠赴東蘭為韋拔群掃墓。他對當地幹部說，韋拔群是民族英雄、
是廣西的驕傲、是黨的好兒子、應該永遠被懷念。第二年，張雲逸為
韋拔群寫了一篇長篇悼詞，他和鄧小平一樣給予韋拔群高度評價。張
雲逸在悼詞中把韋拔群描述為共產黨人、革命戰士和各族人民的榜
樣，稱讚他「對黨的事業無限忠誠，對勞動人民無限熱愛，英勇頑
強、艱苦樸素、不怕困難、不怕犧牲」。[38]

　　兩位前紅七軍中層軍官莫文驊和葉季壯也發表過歌頌韋拔群的
文章和著作。莫文驊回憶說，他當年從江西紅軍俘虜的一些桂軍口中
聽到韋拔群犧牲和右江革命失敗的消息時，曾為自己沒能與韋拔群並
肩作戰並保護他而感到遺憾。莫文驊後來成為 1949 年後南寧市的第
一任市長。他記得，1949 年底，當他作為中國人民解放軍將領從南
寧北門進入這座城市時，他曾突然想起，1932 年底，韋拔群的首級
曾被掛在南寧北門上示眾，他於是想像着拔哥那一刻一定正含笑在城
門口看着老紅軍回來佔領這座城市。[39] 葉季壯則稱讚韋拔群的堅強意
志，他與群眾的親密關係，以及他為發展紅七軍和建立右江革命根據

38　韋天富、譚律：〈韋拔群遇難前後〉，《東蘭文史》，2001 年，第 4 期，第 37 頁；覃
　　國翰：〈告別——憶在河池整編中的韋拔群同志〉（1981），《韋拔群陳洪濤史料專輯》，
　　第 413 頁；文史組：〈東蘭縣革命烈士陵園〉，《東蘭文史資料》，1985 年第 1 期，第
　　86－92 頁；張雲逸：〈百色起義與紅七軍的建立〉（1958），《星火燎原》，第 1 集，
　　第 416 頁；謝扶民：《韋拔群》，第 Ⅰ－Ⅲ 頁；覃國翰、黃超、譚慶榮：〈革命戰鬥友誼〉，
　　《廣西革命鬥爭回憶錄》，第 2 集，南寧：廣西人民出版社，1984，第 164 頁；梁寶渭：
　　〈對韋拔群「好」評如潮淺析〉，黎麗編：《韋拔群精神論》，第 247 頁；張雲逸：〈學
　　習韋拔群同志〉，《回憶韋拔群》，書前附頁。
39　莫文驊：〈回憶韋拔群同志〉，《回憶韋拔群》，第 11-12 頁。

地所作出的貢獻。[40]

　　來自東蘭和右江的韋拔群的本地支持者組成了宣傳韋拔群事蹟的第二個群體，而他們也為樹立韋拔群模範共產黨員的形象作出了巨大貢獻。他們中有些人在 1930 年隨紅七軍主力離開右江地區，有的則留在韋拔群身邊，並在韋拔群死後繼續留在右江地區工作。可以理解的是，他們中有許多人比外地人更熟悉韋拔群的活動，因此他們一起提供了有關韋拔群革命生涯的重要信息，從而為確立韋拔群的政治遺產發揮了作用。謝扶民是來自奉議縣的農民運動積極份子，並在 1930 年隨紅七軍主力離開家鄉。他寫的《韋拔群傳》於 1958 年在北京出版，書中收錄了許多有關韋拔群的民間故事，這也是最早出版的韋拔群傳記之一。1978 年，上海一家出版社根據這本傳記編寫了一本連環畫，分上、下兩冊出版，印銷量多達五十萬冊。[41] 與謝扶民一起宣傳韋拔群的還有韋杰、覃應機、韋國清和陸秀軒。他們都是東蘭人，都在 1920 年代參加了韋拔群領導的革命運動，並且都在 1930 年隨紅七軍離開右江，那時他們還都很年輕。1949 年以後，他們都成為重要領導，也都曾撰寫文章紀念他們的拔哥。黃松堅和黃舉平是韋拔群逝世後右江地區革命運動的兩位最高領導，1949 年後也在政府中擔任要職，他倆也寫了很多文字讚頌韋拔群的偉大。這些土生土長的韋拔群的部下，無論後來擔任的職位有多高，都沒有忘記引導他們走上革命道路的那個人 —— 韋拔群。

　　在韋拔群被害三十周年之際，他的老同志們準備了一本有關他革命活動和革命成就的文集，但出於某種原因，這本文集直到 1979 年才得以出版。1982 年，在韋拔群逝世五十周年之際，東蘭縣政府

40　葉季壯：〈對韋拔群同志的幾點回憶〉，《回憶韋拔群》，第 1–6 頁。

41　謝扶民：《韋拔群》，北京：工人出版社，1958；謝扶民、宇文、錢生發：《韋拔群》，上、下冊，上海：上海人民美術出版社，1978。

在韋拔群墓前舉行了紀念儀式，他的一些前部下、兩個妹妹和一位弟媳參加了儀式，韋國清、覃應機、黃松堅和其他幾位東蘭革命者為主要報刊撰寫了文章，向韋拔群致敬。[42] 在 1982 年，韋國清是中國人民解放軍總政治部主任，而覃應機則是廣西壯族自治區政府主席。

　　1994 年 2 月 6 日是韋拔群誕辰 100 周年，《廣西日報》在當天發表了一篇紀念他的長文，文章的作者黃榮畢業於東蘭農講所第三期，1949 年後在省政府任職。本地和外地的領導人都一致讚揚韋拔群在 1930 年底把自己最精銳的部隊編入紅七軍主力、並為革命犧牲了全家人的壯舉。雖然大多數資料顯示，在 1930 年底，是外來共產黨人下令將韋拔群第三縱隊的大部分官兵編入紅七軍主力，但韋拔群的一些本地部下後來認為是韋拔群主動獻出了自己的武裝。[43]

　　文革期間，當韋拔群曾經的同志如彭湃、鄧小平和其他許多活着的或故去的革命者都成為紅衛兵的鬥爭對象時，韋拔群的政治遺產也受到一些質疑。在東蘭，有近二百五十名前紅軍戰士和地下黨員被打成叛徒，其中甚至包括韋拔群的親密戰友黃大權，他的名字被從革命烈士名冊中刪除；韋拔群的弟媳黃美倫也於 1967 年被撤職，直到 1979 年才獲得平反。東蘭縣委在 1970 年發佈的 32 號文件中正式把黃大權等人列為叛徒，而這份文件直到改革開放後才被廢除和銷毀；[44] 有幾年時間韋拔群的墳墓也不再對外開放。雖然有人私下裏把

42　《東蘭縣志》，1994，第 19 頁；韋國清：〈英範永存〉，《民族團結》，1982 年第 10 期；覃應機、黃松堅、黃榮：〈卓越的共產主義戰士韋拔群〉，《廣西日報》，1982 年 10 月 19 日；黃松堅：〈貢獻卓著 風範永存〉，《人民日報》，1982 年 10 月 21 日。

43　藍漢東、藍啟渲：〈戰友深情〉，《大膽有馬騎》，第 106 頁；黃松堅：〈貢獻卓著　風範永存〉。

44　文史委：〈文化大革命在東蘭發生和發展的主要事記〉，《東蘭文史》，2004 年，第 5 期，第 180 頁；黃語錄：〈中國共產黨廣西壯族自治區東蘭縣組織史資料，1926－1987〉，第 180、382 頁、392 頁；〈老紅軍戰士、老首長回東蘭召開的老同志座談會議記錄〉，1981 年 4 月 4－5 日。

韋拔群也說成是叛徒，並認為他從未去過廣州，[45] 但韋拔群本人並未受到公開攻擊，部分原因可能是韋拔群的部下韋國清在那動盪的十年裏一直在廣西主政。

除了那些能對韋拔群的偉大給予官方評價並提供一手記述的革命者之外，廣西當地的歷史學者構成了積極參與塑造韋拔群完美共產主義者形象的第三個群體，而廣西各級黨史辦的歷史學者在這方面尤為活躍。韋拔群的傳記已經出版了很多，而比傳記更多的是在地方和國家級刊物上發表的有關韋拔群的文章。最近，在韋拔群的 115 歲誕辰之際，在東蘭召開了一場有關拔群精神的研討會。官員和學者們都認為，拔群精神最顯著的特點就是忠於黨、忠於人民、忠於真理、堅韌不拔、無私奉獻，並把國家利益置於地方利益之上。[46] 除了「拔群精神」外，一些廣西學者和政府官員最近還主張研究「拔群思想」和「拔群人格」。[47] 為了把韋拔群塑造成完美的共產主義革命家，一些本地學者不願承認韋拔群出身於地主家庭，或者不願接受韋拔群在第三次暴動前並非中共正式黨員這一事實。

為了消除沒有韋拔群真人照片的缺憾，藝術家們根據韋拔群的親戚、同志和朋友對他體貌特徵的描述，創作了不少韋拔群的肖像畫。韋拔群的第一幅官方畫像是由一群藝術家於 1958 年創作的，並在慶祝廣西壯族自治區成立的集會上展出，但韋拔群的親友們都覺得這幅畫像不夠「真實」。此後幾經修改，還是不盡如人意。1978 年和 1979 年，北京電影製片廠製作了一部有關韋拔群的故事片，1981 年和 1983 年，在上海和南寧分別出版了兩本關於韋拔群的畫冊，上世紀九十年代，有一部關於韋拔群的電視連續劇問世，後來又有一部

45　〈老紅軍戰士、老首長回東蘭召開的老同志座談會議記錄〉，1981 年 4 月 4－5 日。

46　藍天立：〈弘揚拔群精神 促進科學發展〉，黎麗編：《韋拔群精神論》，第 7 頁。

47　黃現璠、甘文傑、甘文豪：《韋拔群評傳》，第 9 頁。

關於紅七軍的電視連續劇於 2010 年上映。這些文藝作品塑造了一些韋拔群的新形象，但這些新形象並不比 1958 年的畫像更真實。2002年，中國國家郵政局發行了五枚印有韋拔群等五位早期革命家畫像的郵票，而這枚郵票上的韋拔群肖像與 1958 年的肖像有着明顯不同。新的肖像是根據 1958 年的肖像和韋拔群顱骨的照片繪製的，但對公眾來說，這仍然不是一幅令人滿意的肖像。[48]

除了紀念韋拔群的書籍、文章、電影、電視節目、郵票和繪畫外，政府還在韋拔群工作和生活過的地方修建了許多紀念館，也樹立了許多雕像。這些紀念設施有助於確立韋拔群完美共產黨員的地位，但更重要的是，它們也有助於彰顯韋拔群作為一位對全國革命運動做出重要貢獻的地方壯族共產黨人的地位，這也似乎印證了柯文（Paul Cohen）所描述的那種「地方推崇主義」。[49] 這些紀念館的數量證明了革命家韋拔群的政治遺產的重要性，而維護壯漢團結和促進邊疆與國家的融合就是他政治遺產的重要組成部分。

韋拔群在東里村的故居在 1926 年被敵人燒毀，他在村裏另一個地方蓋的新房也在 1931 年被毀。1949 年後，東蘭縣政府重建了 1931年被毀的那個故居，而這個重建的韋拔群故居就位於紅神廟旁邊。建好後的近四十年時間裏，這座故居被拔群小學用作教室和辦公室。1987 年，拔群小學被遷往別處，而韋拔群故居變成了對公眾開放的紀念館。故居紀念館前是韋拔群十七位親屬的一長排墓碑。除拔群小學外，當地還有其他一些以韋拔群命名的地標性建築和機構，其中包括武篆的一個水庫和東蘭縣城的一所師範學校。[50]

48　黃英俊：〈韋拔群烈士畫像之謎〉，《黨史博覽》，2003 年，第 3 期，第 50－51 頁。

49　Paul Cohen, *History in Three Keys: The Boxers as Event, Experience, and Myth*. New York：Columbia University Press, 1997, p. 219.

50　廣西少數民族社會歷史調查組編：《廣西壯族自治區東蘭縣中和人民公社東里屯社會歷史調查報告》，第 4、55－58、60－62 頁。

在 1932 年還屬於東蘭管轄的香茶洞，現在隸屬於巴馬瑤族自治縣。巴馬縣政府以通往香茶洞的那條道路的終點為起點修建了許多通往香茶洞的石階，石階旁豎立着許多刻有韋拔群名言的石碑。香茶洞前矗立着一堵屏風似的高牆，上面鐫刻着陳洪濤為韋拔群寫的悼詞，悼詞上方是「拔群精神永放光芒」幾個大字。牆後的洞口旁，端坐着一尊韋拔群的白色塑像，從洞口到洞底共建有三十八級台階，代表着韋拔群的三十八年生命。

北帝岩是 1925 年韋拔群舉辦第一屆東蘭農講所的場地，1930 年張雲逸把北帝岩改為列寧岩。1963 年，列寧岩被定為省級重點文物保護單位，再於 1987 年被改為紀念館。

武篆鎮的魁星樓曾是武篆農民協會的總部、紅七軍的指揮部，以及韋拔群、鄧小平和其他領導人的住處。1963 年，魁星樓被定為省級重點文化遺址，並於 1974 年翻修，1978 年對外開放。1995 年，這裏成為愛國主義教育基地。這裏也曾是反共軍隊和民團的指揮部，而在 1932 年 10 月 19 日早晨，韋拔群的頭顱就曾被懸掛在魁星樓的入口上方示眾。

1950 年，張雲逸領導的省政府下令撥款重建韋拔群墓，於是韋拔群被燒焦的遺骨就被移葬到縣城內東蘭中學的校園裏，而紅神廟在韋拔群的遺骨遷出後仍然是可供村民祭拜的地方。1956 年，在廣西省人民代表大會上，包括韋拔群弟媳黃美倫在內的兩位來自東蘭的代表提議政府為韋拔群修建一座陵園，省政府接受了這個建議，決定在縣城東邊的一座小山上修建東蘭革命烈士陵園，韋拔群的遺骨便再從東蘭中學移葬到烈士陵園。在韋拔群新墓的右側豎立着一塊刻有韋拔群生平簡介的石碑，上面羅列了韋拔群生前所擔任的重要職務，並以「1932 年 10 月 19 日，在西山被叛徒殺害，光榮犧牲」作為結語。

離韋拔群的新墓不遠是一座為東蘭所有革命烈士修建的紀念館，和一座為 1949 年在東蘭的國共最後一戰中犧牲的三十多名解放軍戰士而豎立的紀念碑，這些戰士來自湖南、四川、江西、河南、山

照片六　香茶洞洞口（作者拍攝）

西和甘肅等地。[51] 從某種意義上說，他們是為完成韋拔群的未竟事業而犧牲的，他們是在報答在中國其他地方戰鬥和犧牲的東蘭革命者，以及 1930 年底被紅七軍主力留在東蘭的那些東蘭革命者。韋拔群就這樣被從邊遠的東里村遷葬到東蘭的政治中心，被從親人身邊移葬到革命同志身邊。

烈士陵園兼公園佔地約兩千畝，陵園中還有一座拱門、一個亭子和其他建築物。陵園於 1958 年春節首次對外開放，並在 1963 年被確定為省級重點文物保護單位。這是廣西最重要的三個革命紀念碑之一。[52]

2009 年，在韋拔群 115 歲誕辰之際，為紀念韋拔群，在他的陵墓北側修建了一座新紀念館。這座紀念館共有七個展廳，是一個巨大的多層結構，每個展廳都陳列着有關韋拔群人生某一時期或某一方面的展品。紀念館前是寬大的拔群廣場，廣場西側矗立着十七尊銅像，其中有韋拔群本人，以及張雲逸、陳洪濤、韋國清、黃松堅等韋拔群的同志和部下的銅像。整個紀念館遠比紅神廟更加宏偉，顯示出國家祭拜的大氣與民間崇拜的謙遜之間的鮮明對比。縣城的另一個重要遺址是東蘭革命勞動小學的校園，1929 年和 1930 年，當韋拔群控制着縣城時，東蘭革命勞動小學是培養年輕革命者的搖籃，[53] 紅七軍第三縱隊的總部也曾設在那裏。這所學校今天還在原處，而且仍被稱為革命勞動小學。

在離韋拔群家鄉更遠一些的百色，由幾棟傳統風格的兩層木屋組成的原粵東會館，現在是百色起義一處紀念地。百色起義期間，韋拔群曾在那裏短暫居住。1961 年，在百色市東郊建成一座百色起義

51　韋天富：《東蘭縣民政志》，東蘭縣人民政府民政局、東蘭縣地方誌辦公室，2001，第 299－302 頁。

52　同上，第 157-161 頁。

53　覃士冕：〈憶東蘭革命勞動小學〉（1984），《左右江革命根據地》，下冊，第 778 頁。

照片七　東蘭革命烈士陵園中的韋拔群墓（作者拍攝）

照片八　緊鄰東蘭縣革命烈士陵園的韋拔群紀念館（作者拍攝）

紀念館，而這座老紀念館後來被一座更富麗堂皇、規模也更大的新紀念館取代了。新館坐落在右江岸邊，裏面有一個關於東蘭農民運動的專題展覽。這座新館已被確立為全國愛國主義教育示範基地。

在河池市的中心金城江區最繁華地帶的一個公園裏，豎立着一尊韋拔群的雕像，這個公園是金城江一帶的最高點。在金城江附近的河池老城，有一座很普通的黃色建築，在 1930 年 10 月和 11 月，紅七軍總部就設在這裏。正是在這裏，紅七軍領導們作出了將韋拔群和陳洪濤留在右江地區、同時把他們的大多數部下編入紅七軍主力帶離右江的決定，韋拔群就是在那座黃色房子附近與那些即將前往江西的同志們道別的。1949 年以後，房主在維修房子時無意中發現了紅七軍在牆上留下的幾十條標語，這些標語至今還保留在原處。

1984 年，為了紀念百色起義五十五周年，在廣西壯族自治區首府南寧市中心美麗的南湖邊，建立了一座李明瑞和韋拔群紀念館。紀念館有一個展覽廳和一座由兩人的雕像合成的紀念碑，碑座上鎸刻着鄧小平親筆題寫的悼詞：「紀念李明瑞、韋拔群等同志，百色起義的革命先烈，永垂不朽！」紀念館是省級愛國主義教育基地，也是全國二十七個民族團結教育基地之一。這座紀念館所傳佈的政治信息是有力而清晰的：李明瑞是來自桂南的漢族人，韋拔群是來自桂北的壯族人，是共產主義把他們聯在一起，在百色起義以及廣西和中國的革命運動中發揮了重要作用，他們也因此為漢、壯後代樹立了好榜樣。鄧小平和百色起義其他領導人對李明瑞、韋拔群深懷感激之情是可以理解的，因為組成紅七軍的官兵大多是李明瑞和韋拔群兩人的舊部，如果沒有這兩位廣西本地人的支持，百色起義就幾乎不可能獲得成功。

也是在 1984 年，梧州市也在中山公園中建立了一座韋拔群紀念館。這是一座兩層建築，裏面陳列着有關韋拔群革命活動的展品，而離紀念館不遠就是 1960 年代初發現韋拔群顱骨的地方。這座紀念館使韋拔群在死後依然得以與他十分崇敬的孫中山保持着密切聯繫。

這些紀念館，加上所有有關韋拔群的媒體報道、政治和學術著

作，以及藝術和文學作品，使韋拔群成為許多人心目中一位偉大的革命家和民族英雄。2009 年，作為慶祝中華人民共和國成立六十周年活動的一部分，北京的十一個中央部委聯合號召推選 100 位為中華人民共和國成立作出重大貢獻的英雄人物，韋拔群當選為 100 位英雄之一。他是唯一的廣西人，唯一的壯族，也是大約十位少數民族英雄之一。韋拔群在紅七軍的上級李明瑞也是候選人但最終未能入選。韋拔群在東蘭高等小學讀書時，就經常對朋友們表達「生不流芳百世，死當遺臭萬年」的志向。[54] 顯然，他如願以償了。關於韋拔群，有一點是他的敵人和同志都會同意的，那就是：韋拔群決不是一個普通人。

從漢人中的壯人變成不是漢族的壯族

在韋拔群的年代，東蘭的壯人大多認為自己既是壯人又是漢人。當地人把壯人稱為老漢人，而把不是壯人的漢人稱為新漢人。[55] 很多外地人也認為壯人和漢人沒有區別，白崇禧就主張壯人和漢人沒有什麼不同，認為中華人民共和國政府不應該「創造」出壯族這個少數民族。前省長黃紹竑在 1950 年代曾公開反對成立廣西壯族自治區，而這也成為他後來遭受迫害的原因之一。在民國時代，大多數國民黨人將壯人視為漢族的一個支系。一位在 1933 年到訪過東蘭的上海地理老師報告說，東蘭只有漢族和瑤族兩個民族，而漢族又可以分為兩類：一類是土人，是宋朝時移居東蘭的北方人的後裔；另一類是客人，是清代遷入東蘭的鄰省移民的後代。他估計，在 1933 年東蘭約九萬三千的總人口中有數千瑤人和一萬客人，其餘都是土人。一些西方學者也認為壯人與漢人難以分別，他們中有些人也贊同白崇禧的

54　陸秀祥：〈韋拔群〉，陸秀祥、黃建平、黃英俊編：《中共東蘭黨史人物傳》，第 3 頁。

55　中央訪問團第一分團聯絡組：《廣西東蘭縣第五區（中和區）民族概況》，第 5 頁。

觀點，即壯族是中華人民共和國政府創造出來的一個少數民族。[56]

韋拔群和他的追隨者並不認為壯人是不同於漢人的少數民族，他們並不認為自己與東蘭的新漢人有很大的差別。曾在 1950 年代初代表中華人民共和國政府訪問過西山地區的一些學者和官員報告說，西山一帶的壯人都認為自己是漢人。[57] 在韋拔群和他的支持者們看來，東蘭真正的少數民族是瑤人，而他們採取了許多措施來促進瑤民的權利、提高他們的教育水平並改善他們的生活條件。

民國時期傳下的一些共產黨人的記述也把瑤族和漢族列為右江地區僅有的兩大民族，這些共產黨人也都把壯、漢看作同一個群體。例如，雷經天在寫於 1945 年的一份報告中就說，在右江地區，瑤族和漢族雜居共處，卻完全沒有提到壯族；他進一步評論說，過去當地的漢人都用蔑稱侮辱瑤民，韋拔群則稱他們為「瑤友」，並因此贏得了瑤民的支持。[58] 雷經天是來自南寧郊區的漢人，他當年顯然認為韋拔群也是漢人。

民國時期各級共產黨組織也頻頻在文件中提及右江一帶的民族問題，但他們所說的民族問題主要是瑤民問題，沒有任何一份文件把壯人列為少數民族。無論對於當地和外來的共產黨人來說，在右江地區，民族平等指的是漢人和瑤人之間的平等，而壯人被當做漢人的一部分。其中一份共產黨文件呼籲黨員們鼓勵瑤民起來反抗漢族統治階級，[59] 在右江地區的許多地方，如果不把壯人當做漢人的一部分，就

56　田曙嵐：《廣西旅行記》，第 193 頁；Katherine Kaup, *Creating the Zhuang: Ethnic Politics in China*. Boulder, CO: Lynne Rienner, 2000, p. 3, 11.

57　中央訪問團第一分團聯絡組：《廣西東蘭縣西山區民族概況》，第 2 頁。

58　雷經天：〈廣西的蘇維埃運動〉（1945），《左右江革命根據地》，下冊，第 600、609 頁。

59　軍事通訊：〈對廣西紅軍工作佈置的討論〉（1930 年 1 月），《左右江革命根據地》，上冊，第 179、第 195 頁；中共中央：〈中共中央給廣東省委轉七軍前委的指示〉（1930 年 3 月 2 日），《左右江革命根據地》，上冊，第 239 頁；鄧拔奇：〈鄧拔奇給中共右江特委及二十一師師委信〉（1931 年 6 月 15 日），《左右江革命根據地》，上冊，第 417 頁。

不存在所謂的漢族統治階級。

1949 年中華人民共和國成立後，壯族認同得以復興。過去對於少數民族的偏見和歧視促使許多壯人去隱藏或故意遺忘自己的少數民族身份並接受漢人身份，新政府的民族平等政策則鼓勵許多自稱是「講壯話的漢人」的壯人恢復了自己的壯族認同。當新政府第一次號召民眾申報自己的族群身份時，廣西只有幾十萬居民報稱是壯族；1952 年，自稱壯族的人數達到五六百萬；當 1953 年 6 月進行首次人口普查時，登記為壯族的人口已達 660 萬，而幾乎所有這些人都生活在廣西。[60] 1952 年，也就是廣西解放三年後，新政府創建了桂西壯族自治區，這是一個管轄着左江、右江和紅水河流域的地區級政府，而東蘭也成為這個壯族自治區的一部分。曾經是韋拔群下屬的東蘭人覃應機成為桂西壯族自治區政府的第一任主席。正式的民族識別開始於 1953 年，大多數講壯話的人包括東蘭和右江地區的大多數居民都被識別為壯族。

韋拔群就這樣在去世二十多年後被正式認定為一位不是漢族人的壯族人，而不再是一位漢人中的壯人，他也理所當然地被立即確認為最傑出的壯族革命家。在中華人民共和國時代，把韋拔群樹立為壯族的象徵對於中央政府和本地人民來說都是方便的和有益的。從中央政府方面說，韋拔群的革命運動表明，早在 1920 年代就有許多壯族革命者投身於共產主義運動，而由共產主義維繫的漢壯之間的團結是堅固而強勁的，韋拔群於是成為一個能夠把壯族與共產主義、漢族革命者和中華人民共和國緊密聯在一起的象徵。對於當地人民來說，韋拔群的革命生涯明確地體現了壯族人民為中華人民共和國的建立所作出的傑出貢獻。他們可以理直氣壯地說，壯族為共產黨的勝利所作出的貢獻是與最大少數民族的地位相符合的，而韋拔群就是強有力的

---

60 范宏貴、顧有識等編：《壯族歷史與文化》，第 256 頁。

證明。

　　壯族認同的復興引起一些本地學者開始強調韋拔群與壯族文化和社會的聯繫。例如，廣西最著名的壯族歷史學家之一的黃現璠就認為，韋拔群不僅是一位共產黨人，而且也是歷史上包括儂智高和太平天國領袖石達開在內的許多壯族起義者和革命者的繼承人。他相信韋拔群具有強烈的壯族認同，而壯族的文化和傳統是韋拔群成為一名共產主義革命家的重要因素。具體來說，他認為韋拔群的游擊戰術和其他軍事策略、他對瑤民的政策、他的組織動員方法、他對待士兵的方式、他的生活方式，以及他的智慧和勇敢都是在壯族文化和傳統的強烈影響下形成的。[61]

　　民族識別完成後，壯族也開始享受韋拔群當年為瑤民制定的一些優惠政策。1958 年，廣西省變成了廣西壯族自治區，自治區的領導人們選擇了 12 月 11 日——一個對廣西具有重要政治意義的日子作為自治區的生日。百色起義的爆發和紅七軍的誕生都發生在 1929 年 12 月 11 日；整整二十年後，中國人民解放軍在 1949 年 12 月 11 日進入中越邊境地區並佔領鎮南關，標誌着他們已完全接管廣西全省。在自治區政府中，來自東蘭和右江地區的一些韋拔群以前的部下開始發揮重要作用。

　　岑毓英、岑椿萱、陸榮廷等壯人領導人在清末民初時期曾在廣西內外握有重權，但在 1925 年至 1955 年間，廣西省政府則由漢人掌控着。在 1925 年至 1949 年間統治廣西的新桂系軍閥是由兩組漢人組成的：一組是來自桂東南、特別是容縣的講粵語的漢人，他們的領袖在 1929 年前是黃紹竑，在 1929 年後則是黃旭初；另一組是來自桂東北的一群講北方漢話或桂柳話的漢人，他們的領袖是李宗仁和白崇

61　黃現璠、甘文傑、甘文豪：《韋拔群評傳》，第 37—39、46、135—138、244、276、307—308、323—324、417—420、422—429、467—468、507 頁。

禧。白崇禧雖然是回族，但他更喜歡說自己是個信回教的漢人。

1949 年後，廣西的政權最初由原紅七軍中的一些漢人共產黨人掌握着。紅七軍軍長張雲逸在 1949 年成為中共廣西省委書記和廣西省長，雷經天於 1949 年底返回廣西擔任副省長，[62] 張雲逸在紅七軍的舊部陳漫遠、莫文驊也成為他的重要助手。雷經天、陳漫遠和莫文驊都是廣西人，但他們都是來自廣西較發達地區的漢人。年輕時曾追隨韋拔群、並在 1930 年隨紅七軍離開家鄉的東蘭人覃應機在 1949 年底從河北調回廣西，擔任省公安局長，成為當時廣西全省級別最高的壯人官員。

然而，到 1955 年中，1949 年後回到廣西的四名漢人高官 —— 張雲逸、雷經天、陳漫遠和莫文驊，已失去對廣西的控制，部分原因是他們沒能在毛澤東預期的時間內清除廣西的匪患。有趣的是，這些國民黨土匪現在採取了許多韋拔群當初使用的戰術。例如，他們會組成游擊小組，也會有效地利用山地和洞穴。另一方面，在圍剿國民黨土匪時，共產黨政府所採取的策略也與當年新桂系對付韋拔群的辦法非常相似：政府會特赦投降的士兵，但對頭目們就沒有那麼寬容；共產黨軍隊有時會把石山包圍起來，使土匪很難獲得補給，許多人因此被餓死在山洞裏。[63]

壯族革命精英在 1950 年代中期開始接管廣西省政府。先是覃應機在 1952 年被提拔為副省長；1955 年，韋國清將軍成為廣西的省長，並在其後的二十年中一直擔任廣西的最高官員。也是在 1955 年，他獲授上將軍銜，成為在 1929 年和 1930 年參加紅軍的東蘭官兵中級別最高的將領。韋國清對於 1958 年廣西壯族自治區的成立做出

62　王林濤：〈雷經天〉，胡華編：《中共黨史人物傳》，第 20 卷，第 357 頁。

63　中共廣西壯族自治區委員會黨史研究室編：《廣西剿匪記》，北京：中共黨史出版社，2008；黃繼樹：《敗兵成匪：1949 年到 1952 年的剿匪往事》，北京：文化藝術出版社，2011。

了重要貢獻。[64] 在韋國清之下，還有其他幾位來自東蘭和右江地區的韋拔群的下屬在廣西的黨政機構任職。韋國清於 1975 年調任廣州、並於幾年後再調任北京之後，覃應機於 1979 年至 1984 年間擔任廣西壯族自治區主席，韋國清和覃應機這兩位東蘭人在近三十年時間內一直擔任着廣西的最高官職。來自邊緣地區的壯族革命精英能夠在中華人民共和國時期在廣西壯族自治區長期執掌權柄，主要應該歸功於韋拔群。這些壯族革命精英的權力和影響力直到二十世紀八十年代才開始衰落。

在東蘭，韋拔群的長期追隨者黃舉平在 1949 年新中國成立後就立即成為縣政府領導人。1955 年，老資格東蘭共產黨人韋經益回到東蘭，先後任副縣長、縣長和縣委副書記。他早在 1929 年就加入了東蘭農民自衛軍，在 1930 年底隨紅七軍主力前往江西，直到 1950 年才返回東蘭。韋經益在 1960 年去世之前一直是東蘭的重要領導人。[65] 其他一些韋拔群的下屬，包括他的弟媳黃美倫，一直到 1980 年代才逐漸退出東蘭政壇。

民族平等政策使得壯族可以享受少數民族的地位和相應的特殊待遇，同時也促使政府重新劃分了東蘭的邊界。1953 年，省政府取締了萬崗縣，可能因為萬崗縣是國民黨政府出於反共需要而設立的。與東蘭相鄰的原萬崗縣的四個區都被併入東蘭。僅僅三年後，為了實現瑤族、漢族和壯族之間的政治平等，廣西省政府創建了巴馬瑤族自治縣，而巴馬所管轄的範圍與原萬崗縣的地域大致重合。西山的一大片區域雖然離東里和武篆很近，而且在韋拔群的革命中發揮了重要作用，但由於居民中以瑤族佔大多數就被劃歸巴馬。東蘭南部的一些土地則被劃給了都安和大化兩個瑤族自治縣。

64　Guo Xiaolin. *State and Ethnicity in China's Southwest.* Leiden/Boston: Brill, 2008, p.45.

65　《東蘭縣志》，1994，第 630 頁。

　　韋拔群活着時一直在他的邊疆地區和國家之間扮演着一個令人迷惑的、矛盾的和充滿爭議的角色，部分原因在於他生活在一個混亂的年代，並因此不得不面對各種相互對立的勢力。他與無政府主義者、國民黨左派和共產黨人的真實或想像的關係，以及在別人看來他的一些可以對革命工作造成傷害的缺陷，曾引起他的共產黨同志們的不解和爭論，而他作為激進革命家的形象和行為，又不可避免地使得國共兩黨對於作為邊疆地方與國家之間媒介的韋拔群做出截然不同的評價。

　　中華人民共和國最終成長為一個比韋拔群親身經歷的中華民國更為有序的國家，而身故後的韋拔群在這個秩序中被賦予了明確的穩定的角色，並開始為新社會履行一些重要職責。在新秩序中，韋拔群的角色不再引發迷惑、衝突和爭議，他的形象變得鮮明無誤——他是紅神、是一位完美的共產黨人，還是一位偉大的壯族英雄。被重塑了形象的韋拔群就成為農民群體與共產黨革命者之間、壯族與漢族之間，以及東蘭和右江等邊疆地區與國家之間的堅強而持久的中介和紐帶。

結語

　　二十世紀上半葉，中國相繼出現了三個強大的軍人集團：第一個軍人集團由袁世凱及其部下組成，他們在二十世紀二十年代末以前維持着對中國的軍事統治；第二個軍人集團是國民黨控制的軍隊。國民黨軍人以孫中山信徒自居，並與蔣介石關係密切；第三個軍人集團是 1927 年國共統一戰線崩潰後崛起的共產黨軍人。袁世凱的一些部下，曾一度與孫中山結盟，但最終他們的背叛令孫中山認識到必須建立自己的武裝；國民黨和共產黨也曾經是同盟，但蔣介石在 1927 年發動的清黨迫使共產黨建立了自己的軍隊。如果說袁世凱集團誕生在清政府的新軍，國民黨將領的搖籃是黃埔軍校的話，那麼共產黨軍人則是在中國的鄉村成長起來的。雖然最早的共產黨武裝起義發生在城市裏，共產黨軍隊的許多早期軍官都畢業於城市裏的學校，但幾乎所有共產黨強人都親身經歷過漫長的農村革命。

　　韋拔群是二十世紀初中國大地上湧現的眾多軍事強人之一。他的政治生涯起始於軍閥混戰時代，但除了對武力的絕對信仰，他與那些典型的軍閥沒有什麼共同之處。在政治上韋拔群比袁世凱集團的大多數成員都更加進步和激進，而他的第一個政治行動就是組織一小隊農軍參與反袁戰爭。作為孫中山長期的忠實的支持者和國民黨黨員，韋拔群曾與一些國民黨要人保持密切聯繫，但他的政治觀點與國民黨右派明顯不同，而他也從未與蔣介石建立的國民黨政府合作過。實際上，廣西的國民黨右派將領，尤其是新桂系的領袖們，是韋拔群最危險的敵人。韋拔群在東蘭所採取的激進政策符合國民黨左派和共產黨人的主張，因此，他的敵人們早在他正式加入中國共產黨之前，就把他當作共產黨人對待，而最終他確實成為一名堅定的共產黨革命者。

與其他兩個軍人集團相比，共產黨軍人更加重視政治思想和紀律；他們也更加自立，因為包括韋拔群在內的許多共產黨人，不得不白手起家地建立軍隊。他們中的大多數人都是在 1920 年代末以地方游擊人員起家，而他們的傷亡率也很高，韋拔群只是眾多未能在第一次國共內戰中倖存下來的共產黨軍人之一。共產黨軍人的另一個特點是他們大都不只是軍事指揮員，而且是本地民眾中富有影響力的領袖。作為一名軍事指揮員，韋拔群直接指揮過的兵力從未超過數千人，因而他的軍事權威遠低於同時代的其他許多軍人，但作為一名社會政治領袖，韋拔群可以動員整個當地社會，他不僅在自己的地區，而且在省內和國內其他地區都有影響，因此他的社會政治影響遠超許多非共產黨軍人。

韋拔群雖然接受了一些外來思想，但他同時也一直是一個邊疆地區的地方傳統的產物和守護者，這部分地解釋了為什麼韋拔群的運動兼具全球性和地方性。共和思想和無政府主義等全球性的意識形態對韋拔群有過一定程度的影響，但他最終成為共產主義的信徒。第二次暴動期間，他在東蘭農講所的教室前懸掛列寧的畫像，農講所還開設了有關俄國革命和列寧主義理論的課程。1926 年以後，韋拔群的運動逐漸融入中國的共產主義革命，成為共產國際在莫斯科領導的全球共產主義運動的一部分，韋拔群也因此成為全球共產主義網絡中的一環。大都市中那些創建了並領導着中國共產黨的中共領導人是蘇聯共產黨領導人和像韋拔群那樣的地方共產黨人之間的媒介。中共給韋拔群下達的一些命令，比如關於土地革命的命令，最終來自共產國際。階級戰爭是韋拔群領導的農民運動與世界各地的共產主義革命的共同特徵，而農民對於革命的積極參與也是所有第三世界共產主義革命運動的顯著特徵。韋拔群很清楚，中國共產黨代表着中國的共產主義，而莫斯科則是全球共產主義的中心。為了打動當地的追隨者，韋拔群或他的同志可能曾謊稱韋拔群曾在一次外出旅行時去蘇聯學習過。臨死前不久，韋拔群還曾告訴一些密友，他將離開右江前往蘇聯

學習。他的個性和工作作風也帶有當時共產主義文化的普遍特徵。

但韋拔群的革命也深受地方文化、地方社會關係和地方民眾訴求的影響。韋拔群非常善於利用當地的文化和地理環境來推動革命。當地農民大多不識字，但很喜歡唱歌跳舞，韋拔群便創作了許多民歌來傳播革命思想。當地盛行歃血為盟，韋拔群便把許多朋友先變成結拜兄弟，再改造成革命同志。當外來的共產黨人批評韋拔群過於依賴個人關係時，他們實際上是在批判一種當地的文化傳統。為了在一個多民族地區贏得盡可能多的支持者，韋拔群成為全中國最早實施促進民族團結和平等政策的革命者之一。他的重在利用山地和洞穴並強調游擊戰術的軍事戰略，以及他傳遞情報的方式，都類似於歷史上當地綠林人士所青睞的策略。

然而，地方文化、地方社會關係和地方民眾訴求，並不總是對韋拔群和他的運動有利。他對東蘭及周邊地區的強烈依戀，使他無法採取更機動、更具攻擊性的軍事戰略，使他最終成為國民黨圍剿行動的犧牲品。韋拔群及其追隨者們實施的過度的燒殺搶掠，與傳統的仇殺和當地起義者和盜匪的做法有相似之處。這類行為雖然有助於消滅敵人，卻也使民眾產生恐懼、破壞了農業生產、消耗了資源，最終使得愈來愈多的本地民眾對革命失望。從長遠來看，這些地方因素對韋拔群的革命產生了破壞性的影響。此外，當地土匪文化的一些特徵，例如要求首領提供生存和安全保障以換取忠誠，以及默許為了獲得特赦、賞錢或官職而背叛，都給韋拔群的運動造成了毀滅性的後果。當韋拔群最需要革命老同志支持的時候，一些老同志卻選擇了背叛，這成了壓死駱駝的最後一根稻草，而韋拔群之所以會被自己的姪子殺害，也直接與這種不甚高明的土匪實用主義有關。

儘管韋拔群的運動與中國和世界其他地區的革命有相似之處，並且是中國乃至全世界革命運動的一部分，還對整個廣西和國內其他許多地區都有影響，但韋拔群的實際影響力很少超出東蘭或東蘭－鳳山這一小片區域。從這個意義上說，韋拔群的運動主要是一個地方運

動。在他的小區域內，韋拔群能夠輕易地打敗當地的敵人，但他的本地敵人有許多外部支持者，而這些外部支持者總是對韋拔群構成嚴重威脅。自然，韋拔群也有外部支持者，但他們無法為他提供持續的支持。韋拔群在 1932 年的失敗就是因為在那個時刻，廣西全省的反共勢力比共產黨的力量要強大得多。可以說，導致韋拔群失敗的一個重要原因就是他不能完全保持他的革命運動的地方性。任何地方運動的命運都取決於那個特定地方的各種相關外部勢力在關鍵時刻的力量對比。

1920 年代末至 1930 年代初的中國共產主義運動由許多地方革命運動共同組成，而韋拔群領導的東蘭農民運動便是其中之一。這些地方運動有些失敗了，另一些則不但生存下來還得以發展壯大，而某些地方運動的失敗卻有助於其他地方運動的生存和擴張。例如，中共 1930 年代初在華南的失敗導致了長征，結果是陝北的革命根據地得以生存，而中共在華北的影響得到擴展。紅七軍主力的撤離一方面是右江地區韋拔群領導的革命運動遭受失敗的原因之一，另一方面卻增強了江西中央革命根據地的武裝力量。從這個意義上說，所有地方性的共產主義運動都不是真正地方性的，也沒有一個地方革命運動是完全失敗的，因為每一個地方革命運動，都為中共在 1949 年的勝利做出了貢獻。中共在 1949 年的勝利是所有地方性革命運動的勝利，不論這些運動在自己的中心區域是成功的還是不成功的。

在 1940 年代末以前，共產黨人從未能夠在任何一省佔據永久的主導地位。早期的贛南和後期的陝北，雖然被共產黨人和他們的支持者視為「中心」，也依然只是一個省的一部分，具有很強的地方性。當這些倖存下來並發展起來的地方運動最終被連為一體之後，它們就組成一個強大的並最終獲得勝利的全國性共產主義運動。韋拔群雖然被打敗了，但他的運動並沒有被徹底擊潰。他的一些支持者在反覆的清剿行動中倖存下來，並繼續維持一個在 1940 年代後期重新融入全國性共產主義體系的地方運動。儘管韋拔群已死，他的許多追隨者仍

然在中共主力部隊和右江地區的中共地方武裝中為共產主義事業繼續戰鬥。

作為一位地方領袖，韋拔群生前在邊疆地區與國家中心的關係中扮演着兩個截然不同的角色。對於邊疆地區與佔統治地位的國民黨中心的關係，他的作用是破壞性的，但在邊疆地區與正在興起的共產黨中心的關係中，他卻起到了協調和聯合的作用。在廣西，新桂系軍閥是國民黨體系的一部分，而韋拔群則代表着共產主義運動。對他的同志和追隨者來說，韋拔群的悲劇性結局並不意味着他真的是一位需要被憐憫的失敗者，而只是證明了他是一位在漫長而艱辛的革命道路上先倒下的英雄。這就是為什麼他們都異口同聲地讚頌他對於革命勝利的貢獻 —— 實際上，他們在他死後比在他生前給了他更加慷慨的讚美。中共 1949 年的勝利確定了韋拔群在自己故鄉和全中國的崇高地位。

中華人民共和國成立後，由於韋拔群被正式確定為壯族，而壯族也被正式確定為少數民族，韋拔群的革命就最明確地證明了共產主義革命不只是漢族人的革命，而且是中國各族人民共同的革命。如果說韋拔群生前是舊秩序中的一個反叛者和破壞者的話，那麼在死後，他則主要扮演着新秩序中一個聯合和協調的角色。1949 年以後，人們不再只是根據他生前所帶來的實際變化來衡量他的貢獻，而是在評價他的功績時也會考慮他和他的支持者們所作出的犧牲，以及他作為一種象徵的精神影響。

貧困是二十世紀二三十年代許多東蘭人參加韋拔群革命的動因之一。今天東蘭的經濟狀況，比近一個世紀前要好得多，但與中國的發達和富裕地區相比，東蘭依然貧窮而落後。2010 年，東蘭人均國內生產總值（GDP）為 6,785 元，排在廣西七十五個縣市中的倒數第二。同年廣西壯族自治區的人均 GDP 為 20,645 元，而全中國的人均GDP 是 29,970 元。2020 年之前，東蘭一直是官方承認的廣西二十八個貧困縣之一。然而，在政治上，主要得益於韋拔群，東蘭不再屬於

邊緣地帶。在韋拔群的時代，省政府和中央政府對東蘭的管治十分鬆懈，把東蘭看作一個沒有多少價值的偏僻貧瘠之地，或是一個可以被摧毀或拋棄的動亂地區。今天的東蘭是在中國官方媒體和政治版圖上引人注目的紅軍縣之一。突出的政治地位也給東蘭帶來了一定的經濟效益。東蘭受到了省政府和中央政府的特殊照顧，因為它不僅是少數民族地區、邊疆地區和貧困縣，還曾經是革命根據地。中央政府已為所有老革命根據地提供經濟援助和稅收優惠政策，中央政府和省政府還幫助東蘭建設基礎設施，並為當地貧困家庭提供生活補貼。

近年來，中國紅色旅遊業的發展使東蘭成為頗受歡迎的旅遊目的地，這也成為把東蘭的政治資本轉化為經濟資本的另一種途徑。縣政府已把旅遊業定為全縣的重點產業，近年來已接連投入鉅資，翻修韋拔群及其革命的紀念館和紀念碑，期待着這類投資能獲得可觀的回報。為了方便遊客遊覽山區的偏僻遺址，縣政府出資修建了連接東里村、香茶洞和紅七軍第二十一師指揮部舊址的拔群路。官方的宣傳海報將東蘭描述為銅鼓之鄉、板栗之鄉、烏雞之鄉、藥材之鄉、綠色之鄉，尤其是革命將軍之鄉。東蘭還被描繪成「紅七軍的誕生地，右江革命根據地的中心，百色起義的搖籃，鄧小平、張雲逸、韋拔群等老一輩革命家生活和戰鬥過的地方和 2,241 名革命烈士的故鄉」。東蘭的革命烈士比廣西任何其他縣都要多，而在上述 2,241 位烈士中，有將近 2,100 人是因為參加韋拔群領導的革命而犧牲的。[1]

今天，在縣城西邊韋拔群的墳墓和紀念館旁，矗立着全縣最豪華的酒店，一位來自新加坡的商人在東蘭一個寧靜的湖邊建了一個度假村，天津、江蘇等地的商人也紛紛來東蘭投資。東蘭隨處可見的喀斯特地貌，曾為韋拔群及其追隨者提供了天然保護，如今則主要是因

1　劉廷智：〈東蘭大力挖掘弘揚「紅色」資源〉，東蘭黨建網，2007 年 10 月 12 日，http://www.71dj.gov.cn/ReadNews.asp?NewsID=2697；《東蘭縣志》，1994，第 117 頁。

為它們美麗的自然風光和清新怡人的空氣而受到遊客的青睞。毗鄰東蘭、並且管轄着西山地區的巴馬瑤族自治縣，因為居住着眾多百歲老人而被稱為「長壽之鄉」。很多人把百歲老人的長壽歸因於巴馬的綠色環境，而東蘭也有同樣的綠色環境。當年被韋拔群和他的追隨者們用作庇護所的眾多洞穴，現在引起了探險家們的興趣，每個新洞穴的發現都能引發新一輪的興奮。[2] 2010 年的前九個月，近十二萬人參觀了東蘭的各個革命紀念館，在全縣共產生了數千萬元的旅遊消費，[3]因此，韋拔群及其革命運動，不僅是東蘭的政治資產，而且也是經濟資產。國內外資本家都樂於為了獲取利潤而開發這一資產，結果是擴大了韋拔群的影響。很少有人還記得韋拔群曾經是資本主義的敵人，在 1920 年代和 1930 年代，他曾經給許多富商和地主帶來厄運。顯然，今天的資本家們確信，韋拔群的共產主義接班人對於繼承他這個方面的「遺產」並不感興趣。

韋拔群和他的支持者們在歷經長達十年的鬥爭後認識到，如果沒有源源不斷的外部支持，他們幾乎不可能在東蘭一個縣取得革命的勝利。今天，無論是當地人還是外地人都會同意，如果沒有外界的幫助，要消除東蘭與國內較發達地區在發展方面的差距也將極為困難。作為紀念韋拔群 115 歲誕辰活動的一部分，一批退役的解放軍將領在北京釣魚台國賓館開會呼籲支援東蘭的經濟發展。在南寧，一群官員、學者、商人等熱心人士組織了支援東蘭發展的協會。政府已制定了發展東蘭、巴馬、鳳山三縣基礎設施的宏偉計劃，目的是為三縣帶來經濟繁榮。在革命時期，三縣曾經為了革命而連成一體，而現在三縣又為了經濟發展而合成一區。如果省政府和中央政府需要一個為東

2　黃贇：〈東蘭發現一神奇溶洞　旅遊開發前景看好〉，廣西大學生村官網，2010 年 5 月 7 日，http://hcdxscg.com/news/html/?371.html2。

3　劉廷智：〈東蘭大力挖掘弘揚「紅色」資源〉。

蘭提供特別援助的理由的話，那麼韋拔群就是最好的理由。八十多年前，韋拔群和他的支持者曾向東蘭人民許諾，革命將給他們帶來幸福生活，可惜他還沒來得及兌現諾言就慘遭殺害，而他的革命接班人自然應該責無旁貸地替他實現這一承諾。

參考書目

一、資料集

〈大膽有馬騎：左右江革命領導人故事傳說〉，廣西民間文學研究會編：《廣西民間文學叢刊》，第 11 期，1984。

中共廣西壯族自治區委員會黨史研究室編：《韋拔群陳洪濤史料專輯》。南寧：2006。

中共廣西區委黨史資料徵集委員會《左右江革命根據地》編輯組編：《左右江革命根據地》（上、下）。北京：中共黨史資料出版社，1989。

左右江革命歷史調查組編：《左右江革命史料彙編》（第一、二、三輯）。南寧：1978。

《奔騰的左右江》。南寧：廣西人民出版社，1980。

林錦文編：《廣州農民運動講習所資料選編》。北京：人民出版社，1987。

政協東蘭文史委編：《東蘭文史》。

政協東蘭文史委編：《東蘭文史資料》。

韋文俊、馬永全編：《東蘭歌謠集》。東蘭：東蘭縣民間文學繼承小組，1987。

《韋拔群陳洪濤遺作和講話選輯》。東蘭：中共東蘭縣委黨史資料徵集辦公室，1984。

區濟文、吳忠才、庾新順編：《廣西紅軍》。南寧：廣西新四軍歷史研究會，2007。

庾新順編：《黨的創建和大革命時期的廣西農民運動》。南寧：廣西人民出版社，2003。

莫鋒、韋正健主編：《廣西山歌：廣西山歌之鄉東蘭縣武篆專刊》。南寧：廣西山歌學會，2011。

陸秀祥編：《東蘭農民運動 1921－1927》。南寧：廣西民族出版社，1986。

陸秀祥編：《東蘭革命根據地》。百色：右江日報印刷廠印，1990。

藍應波、鄧李能編：《廣西革命歷史文件彙集：1926,12－1929,3》。廣州：廣東人民出版社，1982。

藍應波、鄧李能編：《廣西革命歷史文件彙集：1929,4－1936,12》。廣州：廣東人民出版社，1982。

二、檔案資料

東蘭縣檔案館

〈老紅軍戰士、老首長回東蘭召開的老同志座談會議記錄〉，1981 年 4 月 4－5 日。

東蘭縣公安局：〈關於殺害韋拔群等烈士的反革命罪惡材料調查報告〉，1960 年 10 月 27 日。

韋寶昌：〈莫文驊同志談紅七軍〉，1974 年 3 月 15 日。

韋寶昌：〈重訪袁任遠同志記〉，1974 年 5 月 22 日。

韋寶昌：〈重訪陳漫遠同志記〉，1974 年 5 月 25 日。

張雲逸：〈請張老漫談回憶廣西革命鬥爭材料及廣西黨與蘇維埃紅軍運動簡史〉（1962）。

黃羽成：〈提問黃羽成〉（黃羽成回憶），1972 年 9 月 9 日。

熊樹和、田炳坤、韋寶昌：〈陳漫遠同志談紅七軍〉，1974 年 3 月 1 日。

百色市檔案館

〈女游擊隊員：韋烈士的愛人黃秀梅同志〉，（002-0017-005）

〈有關東蘭革命的參考資料〉，（083-002-099-002）

〈拔群外出遊歷〉，（083-002-0013）

〈拔群的妻子和兒女〉，（083-002-0017-004）

〈紅色女游擊隊員〉，（083-002-0017-005）

韋廷安：〈堅持革命 30 年，幸福美好在今天〉，（083-002-099-003）

〈韋拔群同志的故事〉，（083-002-0013）

〈韋拔群變仙〉，（083-002-0013）

韋禮伯：〈韋禮伯致劉聘卿〉，1927，（084）

〈特牙廟的秘密〉，（BSD, 083-002-0013）

〈馬列主義傳入東蘭和影響〉，（083-02-100-002）

〈瑤族人民起義〉，（083-002-062-002）

廣西壯族自治區檔案館

廣西省政府：〈廣西省政府快郵代電〉（1927 年 6 月 15 日），（L4/1/11-1）。

廣西省政府：〈廣西省政府有關韋拔群和黃大權檔案〉（1929 年 8 月），（L4/1/11-4）。

三、時人和親歷者的記述和回憶以及國共雙方的相關文獻

中共中央：〈目前農運計劃〉（1926 年 11 月 15 日），《韋拔群陳洪濤史料專輯》，67－68 頁。

中共中央：〈中央局報告〉（1926 年 12 月 5 日），《韋拔群陳洪濤史料專輯》，69－70 頁。

中共中央：〈最近農民鬥爭的決議案〉（1927 年 8 月），中央檔案館編：《中共中央檔案選集》，第 4 卷。北京：中共中央黨校出版社，1989，294－297 頁。

中共中央：〈農民運動決議案〉（1928 年 7 月 9 日），中央檔案館編：《中共中央檔案選集》，第 4 卷，354－366 頁。

中共中央：〈中共中央給廣東省委轉七軍前委的指示〉（1930 年 3 月 2 日），《左右江革命根據地》（上），218－248 頁。

中共中央：〈中共中央給軍委南方辦事處並轉七軍前委指示信〉（1930 年 6 月 16 日），《左右江革命根據地》（上），315－317 頁。

中共東鳳縣委：〈中共東鳳縣委通告〉（1930），《左右江革命根據地》（上），349－354 頁。

中共廣西特委：〈廣西黨政治任務決議案〉（1929 年 9 月 13 日），《左右江革命根據地》（上），51－63 頁。

中共廣西特委：〈中共廣西特委給廣東省委的信〉（1929 年 10 月 20 日），《韋拔群陳洪濤史料專輯》，92－96 頁。

中共廣東省委：〈中共廣東省委給廣西特委指示信〉（1929 年 11 月 19 日），《韋拔群陳洪濤史料專輯》，101－103 頁。

中共廣東省委：〈粵省對七軍前委的指示信〉（1929 年 12 月 25 日），《左右江革命根據地》（上），139－145 頁。

中華蘇維埃共和國：〈中華蘇維埃共和國臨時中央政府佈告〉（1931 年 11 月），《韋拔群陳洪濤史料專輯》，205 頁。

毛澤東：〈湖南農民運動考察報告〉（1927），《毛澤東選集》，第 1 卷。北京：人民出版社，1951。

牙美元：〈第一次革命戰爭時期國內各人民團體及各界人士支持東蘭農民運動的回憶〉，《東蘭文史資料》，第 1 輯（1985），18－23 頁。

牙美元：〈回憶大革命和土地革命時期東蘭社會治安概況〉，《東蘭文史資料》，第 1 輯（1985），44－48 頁。

牙美元：〈東蘭縣蘇府財經概況〉，《東蘭革命根據地》，228 頁。

牙美元：〈革命縣長陳勉恕〉，《東蘭文史》，第 4 輯（2001），73－76 頁。

牙美元：〈桂系軍閥統治時期的東蘭貪官豪紳〉，《東蘭文史》，第 4 輯（2001），136－143 頁。

牙美元、陳仕讀：〈韋拔群建立革命武裝的回憶〉，《東蘭文史資料》，第 1 輯（1985），54－61 頁。

牙美元、覃應物：〈憶陳洪濤同志〉，《東蘭文史》，第 4 輯（2001），40－43 頁。

牙國華：〈幾點的回憶〉，《東蘭革命根據地》，304－309 頁。

王玉樹：〈王玉樹關於七、八軍情形報告〉（1930 年 8 月），《左右江革命根據地》（上），327－331 頁。

右江蘇維埃政府：〈右江蘇維埃政府口號〉（1929 年 12 月），《左右江革命根據地》（上），146 頁。

右江蘇維埃政府：〈土地法暫行條例〉（1930 年 5 月），《左右江革命根據地》（上），265－269 頁。

右江蘇維埃政府：〈共耕條例〉（1930 年 5 月），《左右江革命根據地》（上），271－274。

右江蘇維埃政府：〈工農兵識字課本〉（2 冊），《左右江革命史料彙編》，第 2 輯，236－250 頁。

田曙嵐：《廣西旅行記》。上海：中華書局，1935。

白崇禧：〈廣西今後的政治方針和我們對國家的責任〉（1932 年 10 月 14－15 日），《韋拔群陳洪濤史料專輯》，575－576 頁。

白崇禧：〈左右江政治視察報告〉（1932 年 10 月 23 日），《左右江革命史料彙編》，第三輯，141－144 頁。

白崇禧：《白崇禧回憶錄》。北京：解放軍出版社，1987。

朱錫昂：〈朱錫昂給中央巡視員和廣東省委的報告〉（1929 年 1 月 27 日），《廣西革命歷史文件彙集：1926,12 － 1929,3》。

何炳芬：〈寧培瑛〉，《中共廣西黨史人物傳》，第 1 輯。南寧：廣西人民出版社，1992，77 － 78 頁。

何家榮：〈回憶紅八軍〉（1985），《左右江革命根據地》（下），867 － 888 頁。

吳西：〈曲折的歷程〉（1981），《左右江革命根據地》（下），835 － 841 頁。

吳德林：〈對東蘭農運的幾點回憶〉，《東蘭農民運動 1921 － 1927》，239 － 247 頁。

吳德林：〈回憶韋師長與紅軍右江獨立師〉，《東蘭革命根據地》，199 － 217 頁。

吳德林、黃漢鐘：〈魁星樓概況〉，《東蘭文史資料》，第 1 輯（1985），71 － 76 頁。

岑建英：〈廣西百色的煙幫〉，《廣西文史資料選輯》，第 3 輯（1963），155 － 160 頁。

李天心：〈三十六坡鬥爭紀實〉，《左右江革命根據地》（下），919 － 927 頁。

李其實等：〈關於廣西的組織情況、工農革命運動及對今後工作意見〉（1928 年 2 月），《韋拔群陳洪濤史料專輯》，83 － 84 頁。

李宗仁：〈第四集團軍軍事經過概略〉，《李總司令最近演講集》。第四集團軍總司令部政訓處。香港重印本，年份不詳，49 － 50 貞。

李宗仁、唐德剛：《李宗仁回憶錄》。桂林：廣西師範大學出版社，2005。

李家誚：〈自治軍佔領南寧後廣西的局面〉，《廣西文史資料選輯》，第 3 輯（1963），135 － 142 頁。

李華清：〈憶紅七軍軍醫處長吳清培同志〉，《廣西紅軍》，260 － 263 頁。

阮嘯仙：〈全國農民運動的形勢及其在國民革命中的地位〉（1926 年 8 月 19 日），《阮嘯仙文集》。廣州：廣東人民出版社，1984，277 － 298 頁。

周恩來：〈關於 1924 至 1926 年黨對國民黨的關係〉（1943），《周恩來選集》，第 1 卷。北京：人民出版社，1980。

周繼忠：〈西山突圍記〉，葉季壯等：《回憶韋拔群》，119 － 124 頁。

東蘭縣革命委員會：〈廣西東蘭縣革命委員會最低政綱草案〉（1929 年 10 月），《左右江革命根據地》（上），93 － 96 頁。

東蘭縣農民協會：〈快郵代電〉（1926 年 5 月），《韋拔群陳洪濤史料專輯》，30 － 31 頁。

東蘭縣蘇維埃：〈目前宣傳標語〉（1930 年 8 月），《左右江革命根據地》（上），319 － 321 頁。

勃拉戈達托夫：《中國革命箚記：1925 － 1927》。北京：新華出版社，1985。

姜茂生：《千里來龍》。福州：福建人民出版社，1985。

洪波：〈洪波給中共中央的報告［第一號］〉（1932 年 4 月 30 日），《左右江革命根據地》（上），436 － 437 頁。

紅七軍：〈土地革命〉（1929 年 12 月），《左右江革命根據地》（上），129 － 135 頁。

紅七軍：〈前委通告第七號〉（1930 年 9 月），《左右江革命根據地》（上），342 － 348 頁。

紅七軍：〈紅七軍在百色寫的標語〉，《左右江革命根據地》（下），91 頁。

紅七軍：〈紅七軍在河池寫的標語〉，《左右江革命史料彙編》，第 2 輯，172 － 177 頁。

胡炳瓊：〈援助東蘭的農友〉（1926），《韋拔群陳洪濤史料專輯》，34 － 35 頁。

軍事通訊：〈對廣西紅軍工作佈置的討論〉（1930 年 1 月），《左右江革命根據地》（上），174－199 頁。

韋仕拔：〈護送鄧政委及我北上的回憶〉，《東蘭革命根據地》，249－251 頁。

韋仕林：〈都安農民運動的興起〉，《黨的創建和大革命時期的廣西農民運動》，560－561 頁。

韋仲權、陸秀祥：〈回憶紅軍和赤衛隊在北荷的活動〉，《東蘭革命根據地》，296－299 頁。

韋拔群：〈小詩二首〉，《韋拔群陳洪濤史料專輯》，222 頁。

韋拔群：〈安慰親人歌〉，《韋拔群陳洪濤史料專輯》，221 頁。

韋拔群：〈革命到底〉，《奔騰的左右江》，22 頁。

韋拔群：〈詩歌十首；山歌十五首〉，《韋拔群陳洪濤遺作和講話選輯》，70－87 頁。

韋拔群等：〈敬告同胞書〉，《韋拔群陳洪濤史料專輯》，26－27 頁。

韋杰：〈三次見拔哥〉，葉季壯等：《回憶韋拔群》，41－50 頁。

韋國清：〈英範永存〉（1982），《左右江革命根據地》（下），650－654 頁。

韋鼎新、陸秀祥：〈北上江西後的親身經歷〉，《東蘭革命根據地》，324－331 頁。

韋樹奎：〈蒙葡門其人其事〉，《東蘭文史》，第 4 輯（2001），第 196－205 頁。

時花：〈廣西共產黨的過去及現在〉（1932），《韋拔群陳洪濤史料專輯》，621－624 頁。

袁任遠：〈從百色到湘贛〉（1961），《左右江革命根據地》（下），621－635 頁。

袁任遠、莫文驊：〈關於廣西蘇維埃運動與紅軍第七軍總結的意見書〉，《廣西紅軍》，77－79 頁。

高瑤光：〈陳勉恕二三事〉，陸秀祥編：《東蘭農民運動 1921－1927》。

張秀山：《我的八十五年》。北京：中共黨史出版社，2007。

張雲逸：〈百色起義與紅七軍的建立〉（1958），《星火燎原》，第 1 集。北京：解放軍出版社，1997，410－420 頁。

曹裕文、盧家翔。《新桂系與中國共產黨》。南寧：《桂海論叢》雜誌社，1994。

梁烈亞：〈改造廣西同志會的成立及其鬥爭〉，《廣西文史資料選輯》，第 6 輯（1963），150－174 頁。

莫文驊：〈回憶韋拔群同志〉，葉季壯等：《回憶韋拔群》，7－13 頁。

莫文驊：《回憶紅七軍》。南寧：廣西人民出版社，1962。

莫文驊：《莫文驊回憶錄》。北京：解放軍出版社，1996。

莫應忠：〈陳伯民河池紀事〉，《東蘭文史》，第 4 輯（2001），48－57 頁。

郭洪濤：《郭洪濤回憶錄》。北京：中共黨史出版社，2004。

閉夢平：〈我在東蘭第三屆講習所任教前後〉，《韋拔群陳洪濤史料專輯》，364－365 頁。

陳公博：《苦笑錄：陳公博回憶，1925－1936》（2 卷，1939）。香港：香港大學亞洲研究中心，1979。

陳仕讀：〈回憶免俄兵工廠〉，《東蘭文史資料》，第 1 輯（1985），24－25 頁。

陳仕讀：〈反擊黃守先對農所的破壞〉，《東蘭農民運動 1921－1927》，179－182 頁。

陳伯民、牙蘇民、覃孔賢：〈東蘭縣黨務報告〉（1927 年 3 月），《韋拔群陳洪濤史料專輯》，

76－77 頁。

陳協五：〈廣西東蘭農民之慘案〉，《農民運動》，第 6－7 期（廣州，1926 年 9 月）。《韋拔群陳洪濤史料專輯》，39－46 頁。

陳協五：〈陳部長演說稿〉（1926），《東蘭農民運動 1921－1927》，74－78 頁。

陳勉恕：〈廣西東蘭農民運動之實際狀況〉，《農民運動》（武漢），1927 年 4 月。《韋拔群陳洪濤史料專輯》，47－57 頁。

陳洪濤：〈悼拔群同志〉，《韋拔群陳洪濤史料專輯》，225 頁。

陳國英：〈在師長和政委身邊工作的日子〉（1987），《韋拔群陳洪濤史料專輯》，447－450 頁。

陳國培、陸秀祥：〈北上江西和參加反「圍剿」鬥爭的回憶〉，《東蘭革命根據地》，336－338 頁。

陳豪人：〈七軍前委報告〉（1930 年 1 月），《左右江革命根據地》（上），158－167 頁。

陳豪人：〈七軍工作總報告〉（1931 年 3 月 9 日），《左右江革命根據地》（上），358－381 頁。

陳儒珍：〈陳儒珍自傳〉，《韋拔群陳洪濤史料專輯》，679－680 頁。

陳儒楷：〈東蘭食鹽專賣公店概況〉，《東蘭文史資料》，第 2 輯（1987），18 頁。

陳遵誠：〈鄧政委在恩隆〉，《田東文史資料》，第 1 輯（1987），22－31 頁。

陳遵誠：〈楊金梅〉，《中共廣西黨史人物傳》，第 4 輯。南寧：廣西人民出版社，2004，455－457 頁。

陸秀軒：〈打倒韋龍甫 趕走蒙元良〉，葉季壯等：《回憶韋拔群》，62－64 頁。

陸秀軒：〈豎起義旗拯救農民〉，《韋拔群陳洪濤史料專輯》，290－293 頁。

陸秀軒、黃舉平：《右江星火》。1956。

陸現靈：〈回憶慘痛兩件事〉，《東蘭文史資料》，第 2 輯（1987），30－37 頁。

彭湃：〈海豐農民運動〉（1926），《彭湃文集》。北京：人民出版社，1981，101－186 頁。

彭湃：〈花縣團匪慘殺農民的經過〉（1926），《彭湃文集》，207－257 頁。

彭湃：〈為五華農友哭一聲〉（1926），《彭湃文集》，1981，263－270 頁。

彭湃：〈詩歌十一首〉（1921－1927），《彭湃文集》，330－337 頁。

惲代英：〈給中共中央的報告〉（1927 年 10 月 24 日），《韋拔群陳洪濤史料專輯》，82 頁。

程思遠：《政海秘辛》。哈爾濱：北方文藝出版社，1991。

華崗：《中國大革命史》（1931）。北京：文史資料出版社重印，1982。

覃士冕：〈憶東蘭革命勞動小學〉（1984），《左右江革命根據地》（下），772－778 頁。

覃健：〈赴平馬領槍前後〉（1959），《東蘭革命根據地》，171－172 頁。

覃國翰：〈告別——憶在河池整編中的韋拔群同志〉（1981），《韋拔群陳洪濤史料專輯》，410－414 頁。

覃國翰：〈紅河激浪〉，《黨的創建和大革命時期的廣西農民運動》，562－565 頁。

覃國翰、黃超、譚慶榮：〈革命戰鬥友誼〉，《廣西革命鬥爭回憶錄》，第 2 集。南寧：廣西人民出版社，1984，162－164 頁。

覃彩五：〈東蘭痛史〉（1934－1935），下冊。《左右江革命史料彙編》，第 3 輯，221－266
頁。

覃應機：《硝煙歲月》。北京：中共黨史出版社，1991。

覃應機、黃松堅、黃榮：〈卓越的共產主義戰士韋拔群〉，《廣西日報》，1982 年 10 月 19 日。

覃應機等：〈紅軍的優秀指揮員、黨的忠貞戰士〉，《左右江革命根據地》（下），636－645
頁。

覃聯魁：〈東蘭黨組織建設和反「圍剿」鬥爭〉，《東蘭農民運動 1921－1927》，218－225 頁。

黃正秀：〈在縣農民協會工作的回憶〉，《韋拔群陳洪濤史料專輯》，352－354 頁。

黃玉美：〈衝破牢籠幹革命〉，《廣西革命鬥爭回憶錄》，第 2 輯。南寧：廣西人民出版社，
1984，100－108 頁。

黃旭初：〈廣西李白黃與清黨之役〉，《春秋》，第 108 期，1962。

黃旭初：〈韋拔群亂東蘭禍廣西始末〉，《春秋》，第 187 期，1965。

黃旭初：《黃旭初回憶錄：從辛亥到抗戰》。台北：獨立作家，2015。

黃旭初：《黃旭初回憶錄：孫中山與陸榮廷的護法暗鬥》。台北：獨立作家，2016。

黃羽成：〈共產黨行政組織內幕情況〉（1934），《左右江革命根據地》（下），1004－1021 頁。

黃征：〈回憶右江赤衛軍十二連〉，《左右江革命根據地》（下），750－754 頁。

黃松堅：〈紅七軍主力北上以後〉（1981），《左右江革命根據地》（下），898－905 頁。

黃松堅：〈貢獻卓著　風範永存〉，《人民日報》，1982 年 10 月 21 日。

黃金球：〈回憶第二屆農講所婦女班〉，《東蘭農民運動 1921－1927》，199－202 頁。

黃金球、陸秀祥：〈回憶在弄勞買米送西山〉，《東蘭革命根據地》，310－312 頁。

黃雨山：〈回憶東蘭農民運動講習所〉，《東蘭農民運動 1921－1927》，第 170－178 頁。

黃雨山：〈紅七軍生活回憶〉（1984），《左右江革命根據地》（下），744－749 頁。

黃炳鈿：〈蔣、桂爭奪鴉片煙稅的一幕〉，《廣西文史資料》，第 3 輯（1963），52－54 頁。

黃美倫：〈鄧政委來到武篆〉（1981），《左右江革命根據地》（下），682－686 頁。

黃美倫：〈東蘭革命初期的婦女運動片斷〉，《廣西革命鬥爭回憶錄》，第 2 輯（1984）。南
寧：廣西人民出版社，94－99 頁。

黃美倫：〈拔哥引我走上革命路〉，《東蘭農民運動 1921－1927》，183－185 頁。

黃美倫：〈雙鳳飛來〉，《東蘭文史資料》，第 2 輯（1987），62－67 頁。

黃美倫：〈回憶韋菁赴香港彙報〉，《東蘭革命根據地》，274－275 頁。

黃美倫：〈拔哥和三哥帶我走上革命路〉，《當代廣西》，第 23 期（2009 年 12 月），18 頁。

黃家仕：〈憶清算韋龍甫和三打東蘭城〉，《東蘭農民運動 1921－1927》，165－169 頁。

黃紹竑：〈全省政治概況〉（1929 年 2 月），《左右江革命史料彙編》，第 3 輯，29－30 頁。

黃紹竑：〈四一二事變前後我親身經歷的回憶〉，《廣西文史資料》，第 7 輯（1978），1－
42 頁。

黃紹竑：〈四一二事變關於廣西方面材料的補充〉，《廣西文史資料》，第 7 輯（1978），
43－49 頁。

黃紹竑：《黃紹竑回憶錄》。南寧：廣西人民出版社，1991。

黃喚民：〈第三屆農講所生活片段〉，《韋拔群陳洪濤史料專輯》，359－363 頁。

黃喚民：〈撲不滅的火焰〉，《左右江革命根據地》（下），914－918 頁。

黃超：〈跟隨拔哥鬧革命〉（1981），《韋拔群陳洪濤史料專輯》，345－351 頁。

黃超：〈對紅七軍建立一書的幾點意見〉，《東蘭文史資料》，第 3 輯（1988），227－229 頁。

黃漢鐘：〈清朝科舉制度在東蘭〉，《東蘭文史資料》，第 1 輯（1985），1－7 頁。

黃漢鐘：〈銀海州概況〉，《東蘭文史資料》，第 1 輯（1985），77－81 頁。

黃漢鐘：〈韋拔群故居東里〉，《東蘭文史資料》，第 1 輯（1985），82－85 頁。

黃漢鐘：〈東蘭善後委員會真相〉，《東蘭文史》，第 4 輯（2001），144－146 頁。

黃漢鐘：〈亭泗戰役後的傷患救護〉，《東蘭文史》，第 4 輯（2001），104－105 頁。

黃漢鐘、陳儒楷：〈陳樹森其人其事〉，《東蘭文史資料》，第 2 輯（1987），18－21 頁。

黃漢鐘、陳霸先：〈育才高等小學沿革概況〉，《東蘭文史》，第 4 輯（2001），170－174 頁。

黃潤生：〈去廣州第六屆農講所學習前後的回憶〉（1974 年 11 月 26 日），《東蘭農民運動 1921－1927》，231－233 頁。

黃澤農：〈回憶果德農民協會的鬥爭歷程〉，《黨的創建和大革命時期的廣西農民運動》，566－570 頁。

黃舉平：〈東蘭革命根據地的建立〉（1976），《東蘭革命根據地》，137－142 頁。

黃舉平：〈陳洪濤同志殉難記〉（1985），《左右江革命根據地》（下），906－913 頁。

黃舉平：〈列寧岩〉，葉季壯等：《回憶韋拔群》，70－71 頁。

黃舉平、謝扶民：〈憶東蘭暴動〉，區濟文、吳忠才、庾新順編：《廣西紅軍》。南寧：廣西新四軍歷史研究會，2007，135－136 頁。

黃鴻翼 (?)：〈韋師長拔群領導東蘭革命〉，下冊。未出版手稿。

葉季壯：〈對韋拔群同志的幾點回憶〉，葉季壯等：《回憶韋拔群》，1－6 頁。

葉季壯等：《回憶韋拔群》。南寧：廣西人民出版社，1979。

農其振：〈左江革命運動片段回憶〉，《左右江革命根據地》（下），889－892 頁。

雷經天：〈廣西的蘇維埃運動〉（1945），《左右江革命根據地》（下），600－614 頁。

雷經天：〈嚴敏在廣西革命鬥爭事略〉（1959），《左右江革命根據地》（下），825－828 頁。

廖瑞珍、何德唐：〈我所知道的廖磊〉，《陸川文史資料》，第 1 輯（1985），65－71 頁。

廖夢樵：〈給東蘭縣長黃守先一封公開的信〉（1926），《韋拔群陳洪濤資料專輯》，36－37 頁。

廖磊：〈徹底肅清共匪韋拔群辦法〉（1932），《韋拔群陳洪濤史料專輯》，597－599 頁。

廖磊：〈今後東鳳善後辦法及民眾應努力要點〉（1932），《韋拔群陳洪濤史料專輯》，602－604 頁。

廣西省民政廳：《廣西各縣概況》。南寧：大成印書館，1934。

廣西省政府：〈廣西省政府對東蘭農案之經過〉（1926 年 12 月），《左右江革命史料彙編》，第 3 輯，2－4 頁。

廣西省政府：〈廣西省政府訓令各縣長各警廳局案據田南清鄉總辦劉日福呈議定賞格購緝首要匪黨韋拔群等仰即一體協緝務獲歸案訓辦文［附賞格］〉（1927 年 12 月），《左右江革命史料彙編》，第 3 輯，12－13 頁。

廣西省農民部：〈廣西省農民部工作報告〉（1927），《左右江革命史料彙編》，第 2 輯，42－59 頁。

廣西省農會籌備處：〈農民運動的策略〉（1929 年 8 月），《韋拔群陳洪濤史料專輯》，86－87 頁。

歐致富：〈憶韋拔群同志對奉議一帶農民運動的影響〉，《回憶韋拔群》，55－60 頁。

蔣介石：〈蔣主席忠告李明瑞電全文〉（1929 年 10 月），《左右江革命史料彙編》，第 3 輯，37－38 頁。

蔣晃：《東蘭縣政紀要》。桂林：廣西省立職業學校印刷廠，1947。

鄧小平：〈七軍工作報告〉，《左右江革命根據地》（上），392－411 頁。

鄧小平：〈我的自述〉（1968），https://www.chinese.is/wenzhai/deng1.htm。

鄧小平：〈發展中日關係要看得遠些〉（1984 年 3 月 15 日），《鄧小平文選》，第 3 卷，北京：人民出版社，1993，31－32 頁。

鄧拔奇：〈鄧拔奇給中共右江特委及二十一師師委信〉（1931 年 6 月 15 日），《左右江革命根據地》（上），415－420 頁。

鄧拔奇：〈目前廣西的政治形勢〉（1931 年 8 月 1 日），《左右江革命根據地》（上），421－428 頁。

鄧拔奇：〈拔奇關於廣西工作報告〉（1931 年 9 月 1 日），《左右江革命根據地》（上），429－435 頁。

黎先賢、陸秀祥：〈北上江西後的片斷回憶〉，《東蘭革命根據地》，332－335 頁。

盧永克：〈右江革命的播種人——韋拔群〉，《回憶韋拔群》，89－95 頁。

磨力：〈一次難忘的報告會〉，葉季壯等：《回憶韋拔群》，102－106 頁。

閣衡：〈閣衡同志關於第七軍的報告〉（1931），《左右江革命根據地》（上），382－391 頁。

謝生樺：〈對於廣西東蘭農民被難的我感〉（1926），《韋拔群陳洪濤史料專輯》，60－63 頁。

謝扶民：〈憶右江赤衛軍總指揮黃治峰〉（1959），《左右江革命根據地》（下），673－681 頁。

謝扶民：〈拔群同志戰鬥的一生〉，葉季壯等：《回憶韋拔群》，14－32 頁。

雙才：〈值得注意的東蘭農民運動〉（1926），《韋拔群陳洪濤史料專輯》，32－33 頁。

羅日塊：〈回憶韋師長犧牲前後〉（1976），《韋拔群陳洪濤史料專輯》，461－463 頁。

羅活：〈第七軍第二十四師第七十二團一年來工作報告〉（1932），《左右江革命史料彙編》，第 3 輯，272－274 頁。

譚慶榮：〈我當「農軍」交通的回憶〉，《東蘭農民運動 1921－1927》，212－215 頁。

龔楚：《我與紅軍》。香港：南風出版社，1954。

四、論著、論文

中央訪問團第一分團聯絡組：《廣西東蘭縣西山區民族概況》。鉛印本，1951。

中央訪問團第一分團聯絡組：《廣西東蘭縣第五區（中和區）民族概況》。鉛印本，1951。

中共東蘭縣委黨史資料徵集小組辦公室：〈韋拔群不是無政府主義者而是傑出的共產主義戰士〉，東蘭：1982 年 8 月 5 日。油印件。

中共東蘭縣委黨史辦公室：〈關於「敬告同胞」書發表時間的看法〉，《東蘭農民運動1921－1927》，281－284 頁。

中共廣西壯族自治區委員會黨史研究室編：《廣西剿匪記》。北京：中共黨史出版社，2008。

文史組：〈三打東蘭城〉，《東蘭文史資料》，1985 年，第 1 期，26－35 頁。

文史組：〈東蘭縣革命烈士陵園〉，《東蘭文史資料》，1985 年，第 1 期，86－92 頁。

文史組：〈東蘭農運中的婦運概況〉，《東蘭文史》，第 4 輯（2001），94－96 頁。

文史組：〈韋虎臣傳略〉，《東蘭文史》，第 4 輯（2001），132－133 頁。

文史委：〈文化大革命在東蘭發生和發展的主要事記〉，《東蘭文史》，2004 年，第 5 期，176－180 頁。

方大恒、鄒文生：〈左右江革命根據地的肅反保衛工作〉，《左右江革命根據地》（下），1124－1133 頁。

毛毛：《我的父親鄧小平》，上卷。北京：中央文獻出版社，1993。

牙祖坤、韋加波編：《鄧小平與東蘭》。南寧：2005。

牙遠波：〈韋拔群等《敬告同胞》成文、發佈時間考〉，《河池師專學報》，第 21 卷，第 3期（2001），30－32 頁。

牙遠波：〈韋拔群同志入黨時間再考證〉，《河池師專學報》，第 23 卷，第 1 期（2003），76－78 頁。

王延義：〈韋拔群烈士永遠活在我們心中：韋拔群烈士頭骨在梧州出土記〉，《梧州文史資料》，第 11 期（1986），19－21 頁。

王林濤：〈雷經天〉，胡華編：《中共黨史人物傳》，第 20 卷。西安：陝西人民出版社，1984，346－360 頁。

王林濤、程宗善、林為才：〈陳洪濤〉，胡華編：《中共黨史人物傳》，第 7 卷。西安：陝西人民出版社，1983，206－224 頁。

王錦俠、陳幼明：〈陳勉恕〉，《中共廣西黨史人物傳》，第 1 輯。南寧：廣西人民出版社，1992，376－388 頁。

白先經編：《紅七軍紅八軍英列傳》。北京：解放軍出版社，1991。

白耀天：《儂智高：歷史的幸運兒與棄兒》。北京：民族出版社，2006。

朱仲玉：《韋拔群》。北京：中華書局，1959。

朱浤源：《從變亂到軍省：廣西的初期現代化，1860－1937》。台北：中央研究院近代史研究所專刊，76，1995。

何偉典編：《東蘭縣地名志》。東蘭：東蘭縣地名辦公室，1988。

吳忠才、黃遠征、陳欣德：《百色起義史稿》。桂林：廣西師範大學出版社，2004。

李天佑：〈回憶百色起義〉，《左右江革命根據地》（下），597－599 頁。

李府華：〈雷佩濤〉，《中共廣西黨史人物傳》，第 1 輯，14－16 頁。

李長壽：〈百色起義和紅軍在百色〉，《百色史志》，第 1 輯（1985），1－13 頁。

李長壽：〈鵝城戰事史話〉，《百色史志》，第 4 輯（1988），33－49 頁。

李彥福、韋衛、黃啟輝：〈左右江革命根據地的教育事業〉，《左右江革命根據地》（下），
　　1143－1155 頁。

李修琅：《黃書祥革命生涯》。南寧：廣西民族出版社，2009。

李國祥、楊昶編：《明實錄類纂　廣西史料卷》。桂林：廣西師範大學出版社，1990。

李翔：〈1897－1927 年「國民革命」概念演變考釋〉，《雲南社會科學》，2008（2），
　　140－144 頁。

李寧：《東蘭 1960：追查告密者》，香港：世界文學出版社，2019。

李德漢：〈黃世新〉，《中共廣西黨史人物傳》，第 2 輯。南寧：廣西人民出版社，1995，
　　95－100 頁。

汪路勇：〈廣州農民運動講習所的創辦及其歷史功績〉，《福建黨史月刊》，2005 年，第 2
　　期，39－41 頁。

宗英等：《韋拔群烈士的故事》。北京：作家出版社，1959。

明月中：〈血染蘭中校園〉，《東蘭文史》，第 5 輯（2004），138－151 頁。

《東蘭縣誌》（1960），油印本，東蘭。

《東蘭縣誌》（1994）。南寧：廣西人民出版社。

林經華：〈廖磊在抗戰中的一段故事〉，《陸川文史資料》，第 10 輯（1999），101－103 頁。

河池日報社編：《追尋紅七軍足跡》。南寧：廣西人民出版社，1990。

邱捷、何文平：〈民國初年廣東的民間武器〉，《中國社會科學》，2005（1），178－190 頁。

柳林：〈艱苦奮鬥的壯族婦女黃美倫〉，《右江日報》，1957 年 3 月 7、9、11、13、15 日。

范宏貴、顧有識編：《壯族歷史與文化》。南寧：廣西民族出版社，1997。

韋天富：〈俞作柏與東蘭革命二三事〉，《東蘭文史》，第 4 輯（2001），70－72 頁。

韋天富：〈東蘭韋氏土司的興衰〉，《東蘭文史》，第 4 輯（2001），116－131 頁。

韋天富編：《東蘭縣民政志》。東蘭：東蘭縣人民政府民政局、東蘭縣地方誌辦公室，
　　2001。

韋天富、譚律：〈韋拔群遇難前後〉，《東蘭文史》，第 4 輯（2001），32－38 頁。

韋成珠、李鼎中、覃茂才：〈黃書祥在那馬革命活動片斷〉，《馬山文史資料》，第 1 輯
　　（1986），21－26 頁。

韋廷章編：《鳳山縣誌》。南寧：廣西人民出版社，2008。

韋志虹、吳忠才、高雄編：《百色起義人物志》。南寧：廣西人民出版社，1999。

韋志華：〈盧燾〉，《中共廣西黨史人物傳》，第 3 輯。南寧：廣西人民出版社，1997，
　　258－264 頁。

韋信音編：《青松高潔：黃松堅史料專輯》。南寧：廣西人民出版社，1999。

韋崎嶸、黃建平：〈陳伯民〉，《中共廣西黨史人物傳》，第 1 輯，139－147 頁。

韋榮剛：〈韋漢超〉，《中共廣西黨史人物傳》，第 2 輯，14－18 頁。

韋漢臣：〈建國前東蘭發展少數民族教育概況〉，《東蘭文史》，第 4 輯（2001），183－186 頁。

韋慶蘭、黃超蔭：〈陳孟武〉，《中共廣西黨史人物傳》，第 4 輯。南寧：廣西人民出版社，2004，169－172 頁。

韋顯知：〈陳立亞〉，《中共廣西黨史人物傳》，第 4 輯，63－68 頁。

唐士書、申耕智：〈紅七軍的醫藥衛生工作〉，《左右江革命根據地》（下），1156－1162 頁。

唐松球：〈嚴敏〉，《中共廣西黨史人物傳》，第 1 輯，130－138 頁。

唐凌：〈清朝同光時期廣西人口問題初探〉，鍾文典編：《近代廣西社會研究》。南寧：廣西人民出版社，1990，285－301。

唐儂麟編：《桂海遺珠》。上海：上海書店，1994。

班鋒、羅昭文：〈廖源芳〉，《中共廣西黨史人物傳》，第 1 輯，202－211 頁。

祝萬里：〈壯族韋姓起源三說〉，《文史春秋》，1995 年，第 3 期，50－51 頁。

馬寅主編：《中國少數民族》。北京：人民出版社，1984。

高華：〈肅 AB 團事件的歷史考察〉，《二十一世紀》，第 54 期（1999），60－71 頁。

庾新順：〈左右江地區的農民武裝鬥爭〉，《左右江革命根據地》（下），1055－1069 頁。

庾新順：〈左右江革命根據地的黨組織〉，《左右江革命根據地》（下），1163－1181 頁。

庾新順：〈鄧拔奇〉，《中共廣西黨史人物傳》，第 1 輯，229－242 頁。

庾新順：〈梁六度〉，《中共廣西黨史人物傳》，第 4 輯，53－62 頁。

庾新順編：《左右江革命根據地人物志》。南寧：廣西人民出版社，1998。

庾新順、班鋒：〈恒里紅軍岩烈士〉，《中共廣西黨史人物傳》，第 4 輯，562－569 頁。

庾新順、曾啟強編著：《黃舉平傳》。南寧：廣西人民出版社，2009。

《張雲逸傳》編寫組：《張雲逸傳》。北京：當代中國出版社，2012。

張聲震主編：《壯族通史》，三卷。北京：民族出版社，1997。

梁庭旺：〈壯族文化概論〉。南寧：廣西教育出版社，2000。

梁漢明、何光、黃文彩：〈李植華〉，《中共廣西黨史人物傳》，第 1 輯，115－118 頁。

梁耀東：〈陳鼓濤〉，《中共廣西黨史人物傳》，第 4 輯，531－535 頁。

盛明：〈無政府主義在四川的流傳〉，《四川黨史》，1995 年，第 3 期，45－49 頁。

許述：〈朱德入黨的一波三折〉，《黨的文獻》，2010 年，第 3 期，118－119 頁。

陳永發：〈政治控制與群眾動員：鄂豫皖肅反〉，《大陸雜誌》，86（1），20－38 頁；86（2），19－30 頁；86（3），24－33 頁，1993。

陳欣德：〈韋拔群〉，胡華編：《中共黨史人物傳》，第 12 卷。西安：陝西人民出版社，1983，183－216 頁。

陳欣德：〈綜述〉，《左右江革命根據地》（上）。

陳欣德：〈左右江革命根據地的土地革命運動〉，《左右江革命根據地》（下），1080－1093頁。

陳欣德：〈韋拔群〉，《中共廣西黨史人物傳》，第 1 輯，244－260 頁。

陳欣德：〈黃昉日〉，《中共廣西黨史人物傳》，第 1 輯，324－332 頁。

陳欣德：〈雷天壯〉，《中共廣西黨史人物傳》，第 4 輯，74－78 頁。

陳欣德：〈李謙〉，《中共廣西黨史人物傳》，第 4 輯，447－454 頁。

陳寒鳴：〈論近代中國無政府主義思潮〉，學說連線，http://www.xslx.com/Html/sxgc/200408/6950.html。

陸秀祥、黃建平、黃英俊編：《中共東蘭黨史人物傳》。東蘭：中共東蘭縣委黨史辦公室，1988。

陸錦侖：〈百色中學烈士知多少〉，《百色史志》，第 3 輯（1988），19－22 頁。

陸錦侖：〈關崇和〉，《中共廣西黨史人物傳》，第 4 輯。

曾啟強編：《中國共產黨東蘭歷史》。北京：中共黨史出版社，2007。

曾啟強編：《中國早期農民運動領袖韋拔群》。東蘭：2010。

曾慶榴：〈無政府主義與廣州共產黨之源〉，《二十一世紀》，第 125 期（2011），84－93 頁。

粟冠昌：《廣西土官制度研究》。南寧：廣西民族出版社，2000。

覃文良編：《東蘭縣革命英名錄》，《東蘭文史資料》，第 3 期（1988）。

覃紹寬、陳國家主編：《田陽縣志》。南寧：廣西人民出版社，1999。

覃華儒：〈盧燾傳略〉，《廣西文史資料》，第 21 輯（1984），1－17 頁。

覃劍萍：〈韋正寶三代抗倭建奇功〉，《文史春秋》，第 36 期（1995），31－32 頁。

覃應物：〈黃守先的可恥下場〉，《東蘭文史資料》，第 2 期（1987），9－17 頁。

覃應物：〈陳洪濤小傳〉，《東蘭文史》，第 4 輯（2001），44－47 頁。

隆安縣政協文史委：〈梁砥〉，《中共廣西黨史人物傳》，第 4 輯，50－52 頁。

黃一平：〈紅七軍初創時期的若干政策〉，《左右江革命根據地》（下），687－694 頁。

黃乃文：〈陳伯民傳略〉，《東蘭文史》，第 4 輯（2001），58－62 頁。

黃大昆：〈李正儒〉，《中共廣西黨史人物傳》，第 4 輯，443－446 頁。

黃如海、方孫振：〈黃肖彭〉，《中共廣西黨史人物傳》，第 4 輯，232－236 頁。

黃成授：〈何建南〉，《中共廣西黨史人物傳》，第 1 輯，119－129 頁。

黃志平編：《紅土之魂：東蘭英雄譜》。南寧：廣西中共黨史學會，2003。

黃志珍：〈黃伯堯〉，《中共廣西黨史人物傳》，第 2 輯，144－150 頁。

黃英俊：〈黃大權〉，《中共廣西黨史人物傳》，第 1 輯，315－323 頁。

黃英俊：〈韋拔群烈士畫像之謎〉，《黨史博覽》，2003 年，第 3 期，50－51 頁。

黃英俊：〈韋菁〉，《中共廣西黨史人物傳》，第 4 輯，515－516 頁。

黃茂田：〈韋拔群入黨時間的考證〉（1981），《韋拔群陳洪濤史料專輯》，483－486 頁。

黃國光：〈黃治峰〉，《中共廣西黨史人物傳》，第 1 輯，286－295 頁。

黃現璠、甘文傑、甘文豪：《韋拔群評傳》。桂林：廣西師範大學出版社，2008。

黃現璠、黃增慶、張一民：《壯族通史》。南寧：廣西民族出版社，1988。

黃超英、關立雄：〈陳協五〉，《中共廣西黨史人物傳》，第 2 輯

黃漢紀、黃語錄：〈譚統南〉，《中共廣西黨史人物傳》，第 3 輯，42－47 頁。

黃語錄：〈東蘭解放紀實〉，《東蘭文史》，第 5 期（2004），1－12 頁。

黃語錄編：《中國共產黨廣西壯族自治區東蘭縣組織史資料，1926－1987》。南寧：廣西人
　　民出版社，1994。

黃鋒：〈韋氏三代抗倭寇〉，《東蘭文史》，第 4 輯（2001），112－115 頁。

黃龍星、高萬章：〈廖夢樵〉，《中共廣西黨史人物傳》，第 1 輯，47－49 頁。

黃繼樹：《敗兵成匪：1949 年到 1952 年的剿匪往事》。北京：文化藝術出版社，2011。

楊文科：〈策動殺害我紅七軍韋拔群師長的罪犯陳的伯落入法網〉，《融水文史資料》，
　　1989 年，第 5 期，124－127 頁。

楊紹娟：〈左右江革命根據地的婦女運動〉，《左右江革命根據地》（下），1111－1123 頁。

楊業興、黃雄鷹：《右江流域壯族經濟史稿》。南寧：廣西人民出版社，1995。

農冠品、曹廷偉編：《壯族民間故事選》，第 1 集。南寧：廣西人民出版社，1982。

雷嘯岑：《三十年動亂中國》。香港：亞洲出版社，1955。

熊紅明、楊子健：〈韋拔群烈士被害案偵破記〉，《南國早報》，2009 年 11 月 13 日。

趙秉壯：〈第一個來恩隆縣建立共產黨組織的余少傑〉，《田東文史資料》，第 1 輯（1987），
　　32－42 頁。

趙秉壯：〈陸磯彰〉，《中共廣西黨史人物傳》，第 1 輯，8－9 頁。

劉傳增：〈廖磊和新四軍領導同志〉，《陸川文史資料》，第 4 輯（1988），25－31 頁。

劉錫蕃：《嶺表紀蠻》。上海：商務印書館，1934。

廣西少數民族社會歷史調查組編：《廣西壯族自治區東蘭縣中和人民公社東里屯社會歷
　　史調查報告》。南寧：中國社會科學院民族研究所廣西少數民族社會歷史調查組，
　　1964。

廣西文史研究館編：《八桂香屑錄》。上海：上海書店，1992。

廣西辛亥革命史研究會編：《民國廣西人物傳》（一）。南寧：廣西人民出版社，1983。

廣西師範學院政治系：《東蘭農民運動》。桂林，1978。

歐正人：《馬君武傳》。南寧：政協廣西壯族自治區委員會文史資料研究室，1982。

潘其旭：〈歌仙劉三姐的產生是歌圩形成的標誌〉，唐正柱編：《紅水河文化研究》。南寧：
　　廣西人民出版社，2001，529－552 頁。

蔣永敬：《鮑羅廷與武漢政權》。台北：中國學術著作獎助委員會，1963。

黎式堯、唐人基：〈陳伯民縣長在河池〉，《河池文史》，第 1 輯（1987），71－77 頁。

黎灼仁、葉學明、盧淵：〈左右江革命根據地的財政經濟建設〉，《左右江革命根據地》
　　（下），1094－1103 頁。

黎國軸：《論韋拔群》。南寧：廣西人民出版社，1989。

黎國軸、嚴永通:《韋拔群傳》。桂林:廣西師範大學出版社,1989。

黎麗編:《韋拔群精神論》。北京:解放軍出版社,2009。

盧永克、黃英俊:〈黃書祥〉,《中共廣西黨史人物傳》,第 1 輯。南寧:廣西人民出版社,1992,306 － 314 頁。

盧行:〈鄧小平在廣西〉,《左右江革命根據地》(下),1031 － 1054 頁。

戴向青:〈論 AB 團和富田事變〉,《中共黨史研究》,1989(1),24 － 29 頁。

謝扶民:《韋拔群》。北京:工人出版社,1958。

謝扶民、宇文、錢生發:《韋拔群》,連環畫(上、下)。上海:上海人民美術出版社,1978。

鍾文典編:《二十世紀三十年代的廣西》。桂林:廣西師範大學出版社,1992。

韓建猛:〈牙蘇民〉,《中共廣西黨史人物傳》,第 4 輯,343 － 350 頁。

藍天:〈右江革命根據地的反「圍剿」鬥爭〉,《韋拔群陳洪濤史料專輯》,494 － 508 頁。

藍天:〈陳洪濤〉,《中共廣西黨史人物傳》,第 1 輯,273 － 285 頁。

藍天、黃志珍:《中國工農紅軍右江獨立師》。南寧:廣西人民出版社,1992。

藍桂祥、黃世平:〈藍茂才〉,《中共廣西黨史人物傳》,第 2 輯,122 － 128 頁。

藍啟渲:〈黃榜巍〉,《中共廣西黨史人物傳》,第 4 輯,1 － 7 頁。

藍啟渲、蘇醒:〈韋拔群同志入黨時間考證〉,《革命人物》,1987 年,第 1 期,30 － 34 頁。

藍漢東、藍啟渲:《韋拔群》。北京:中國青年出版社,1986。

藍磊斌:〈韋拔群相片之謎〉,《廣西文史》,2009 年,第 3 期,77 － 80 頁。

藍懷昌、李德漢:《人民群眾的領袖韋拔群》。北京:中國青年出版社,2009。

羅秀龍:〈黃文通〉,《中共廣西黨史人物傳》,第 4 輯,536 － 539 頁。

蘇醒:〈覃道平〉,《中共廣西黨史人物傳》,第 1 輯,296 － 300 頁。

顧祖禹:《讀史方輿紀要》(1692)。上海:商務印書館 1937 年版。

五、英文文獻

Alitto, Guy. *The Last Confucian: Liang Shu-ming and the Chinese Dilemma of Modernity*. Berkeley, CA: University of California Press, 1979.

Anderson, James. *The Rebel Den of Nung Tri Cao: Loyalty and Identity along the Sino-Vietnamese Frontier*. Seattle: University of Washington Press, 2007.

Averill, Stephen C. *Revolution in the Highlands: China's Jinggangshan Base Area*. Rowman & Littlefield Publishers, 2006.

Barlow, Jeffrey G. "The Zhuang Minority Peoples of the Sino-Vietnamese Frontier in the Song Period." *Journal of Southeast Asian Studies*, 18(2), 1987, 250-269.

Barlow, Jeffrey G. "The Zhuang Minority in the Ming Era." *Ming Studies*, 28 (1989), 15-45.

Benton, Gregor. *Mountain Fires: The Red Army's Three-Year War in South China, 1934-1938*.

Berkeley, CA: University of California Press, 1992.

Bianco, Lucien. *Origins of the Chinese Revolution, 1915-1949*. Stanford, CA: Stanford University Press, 1971.

Bianco, Lucien. *Peasants Without the Party: Grassroots Movements in Twentieth-Century China*. Armonk, New York: M. E. Sharpe, 2001.

Bianco, Lucien. *Wretched Rebels: Rural Disturbances on the Eve of the Chinese Revolution*. Cambridge, MA and London: Harvard East Asian Monographs, 2009.

Billingsley, Phil. *Bandits in Republican China*. Stanford, CA: Stanford University Press, 1988.

Chang Kuo-tao (Zhang Guotao). *The Rise of the Chinese Communist Party: The Autobiography of Chang Kuo-tao*. Two volumes. Lawrence: University Press of Kansas, 1971-72.

Chen Yung-fa. "The Futian Incident and the Anti-Bolshevik League: The 'Terror' and CCP Rovolution." *Republican China*, Vol. XIX, No. 2 (April 1994), 1-51.

Chesneaux, Jean. *Peasant Revolts in China, 1840-1949*. New York: W. W. Norton & Company, Inc., 1973.

Cohen, Paul, A. *History in Three Keys: The Boxers as Event, Experience, and Myth*. New York: Columbia University Press, 1997.

DeFronzo, James. *Revolutions and Revolutionary Movements*. 4th Edition. Boulder, CO: Westview Press, 2011.

Dirlik, Arif. *The Origins of Chinese Communism*. New York: Oxford University Press, 1989.

Dirlik, Arif. *Anarchism in Chinese Revolution*. Berkeley, CA: University of California Press, 1993.

Esherick, Joseph W. "Ten Theses on the Chinese Revolution." In Jeffrey N. Wasserstrom, ed., *Twentieth-Century China: New Approaches*. New York: Routledge, 2003, 37-65.

Faure, David. "The Yao Wars in the Mid-Ming and Their Impact on Yao Ethnicity." In Pamela Kyle Crossley, Helen F. Siu, and Donald S. Sutton, eds., *Empire at the Margins: Culture, Ethnicity, and Frontier in Early Modern China*. Berkeley, CA: University of California Press, 2006, 171-189.

Forster, Keith. "Localism, Central Policy, and the Provincial Purges of 1957-1958: The Case of Zhejiang." In Timothy Cheek and Tony Saich, eds., *New Perspectives on State Socialism in China*. Armonk, NY: M. E. Sharpe, 1997.

Friedman, Edward. *Backward toward Revolution: The Chinese Revolutionary Party*. Berkeley, CA: University of California Press, 1974.

Galbiati, Fernando. *Peng Pai and the Hai-Lu-Feng Soviet*. Stanford, CA: Stanford University Press, 1985.

Goodman, David, S. G. *Deng Xiaoping and the Chinese Revolution: A Political Biography*. London & New York: Routledge, 1994.

Guo Xiaolin. *State and Ethnicity in China's Southwest*. Leiden/Boston: Brill, 2008.

Han, Xiaorong. *Chinese Discourses on the Peasant, 1900-1949*. Albany: State University of New York Press, 2005.

Han, Xiaorong. "Localism in Chinese Communist Politics Before and After 1949 — The Case of Feng Baiju." *Chinese Historical Review*, 11(1), 23-56. 2004.

Hartford, Kathleen, and Steven M. Goldstein, eds. *Single Sparks: China's Rural Revolutions*. Armonk, NY: M. E. Sharpe, INC. 1989.

Hayford, Charles. *To the People: James Yen and Village China*. New York: Columbia University Press, 1990.

Ho, Ping-ti. *The Ladder of Success in Imperial China: Aspects of Social Mobility, 1368-1911*. New York: John Wiley & Sons, 1964.

Hofheinz, Roy, JR. *The Broken Wave: the Chinese Communist Peasant Movement, 1922-1928*. Cambridge, MA: Harvard University Press, 1977.

Hutchings, Graham. "The Troubled Life and After-Life of a Guangxi Communist: Some Notes on Li Mingrui and the Communist Movement in Guangxi Province before 1949." *China Quarterly*, No. 104 (1985), 700-708.

Isaacs, Harold R. *The Tragedy of the Chinese Revolution*. Stanford, CA: Stanford University Press, 1961. 2nd revised edition.

Johnson, Chalmers A. *Peasant Nationalism and Communist Power: The Emergence of Revolutionary China, 1937-1945*. Stanford, CA: Stanford University Press, 1962.

Kaup, Katherine Palmer. *Creating the Zhuang: Ethnic Politics in China*. Boulder, CO: Lynne Rienner, 2000.

Kroeber, Clifton B. "Theory and History of Revolution." *Journal of World History*, Vol. 7, No. 1 (1996), 21-40.

Kuhn, Philip A. *Origins of the Modern Chinese State*. Stanford, CA: Stanford University Press, 2002.

Kurtz, Marcus J. "Understanding Peasant Revolution: From Concept to Theory and Case." *Theory and Society*, No. 29 (2000), 93-124.

Lary, Diana. "Communism and Ethnic Revolt: Some Notes on the Chuang Peasant Movement in Kwangsi 1921-31." *The China Quarterly*, No. 49 (1972), 126-135.

Lary, Diana. *Region and Nation: The Kwangsi Clique in Chinese Politics, 1925-1937*. London and New York: Cambridge University Press, 1974.

Lary, Diana. "A Zone of Nebulous Menace: The Guangxi/Indochina Border in the Republican Period." In Diana Lary, ed. *The Chinese State at the Borders*. Vancouver: University of British Columbia Press, 2007, 181-197.

Levich, Eugene William. *The Kwangsi Way in Kuomintang China, 1931-1939*. Armonk, New York: M. E. Sharpe, 1997.

Levine, Marilyn A. *The Found Generation: Chinese Communists in Europe during the Twenties*. Seattle: The University of Washington Press, 1993.

Li Jui. *The Early Revolutionary Activities of Comrade Mao Tse-tung*. White Plains, NY: M. E. Sharpe, 1977.

Marks, Robert. *Rural Revolution in South China: Peasants and the Making of History in Haifeng County, 1570-1930*. Madison: University of Wisconsin Press, 1984.

McAleavy, Henry. *Black Flags in Vietnam: The Story of a Chinese Intervention*. London: Allen & Unwin, 1968.

McDonald, Angus W. *Urban Origins of Rural Revolution: Elites and the Masses in Hunan Province,*

China, 1911-1927. Berkeley, CA: University of California Press, 1978.

Meisner, Maurice. *Li Ta-chao and the Origins of Chinese Marxism*. Cambridge, MA: Harvard University Press, 1967.

Meisner, Maurice. *Mao Zedong: A Political and Intellectual Portrait*. Cambridge; Malden, MA: Polity, 2007.

North, Robert and Xenia Eudin, *M. N. Roy's Mission to China: The Communist-Kuomintang Split of 1927*. Berkeley, CA: University of California Press, 1963.

Perry, Elizabeth. *Rebels and Revolutionaries in North China, 1845-1945*. Stanford, CA: Stanford University Press, 1980.

Rowe, William. *Saving the World: Chen Hongmou and Elite Consciousness in Eighteenth-Century China*. Stanford, CA: Stanford University Press, 2001.

Rowe, William. *Crimson Rain: Seven Centuries of Violence in a Chinese County*. Stanford, CA: Stanford University Press, 2007.

Rue, John E. *Mao Tse-tung in Opposition, 1927-1935*. Stanford: Stanford University Press, 1966.

Schoppa, Keith R. *Blood Road: The Mystery of Shen Dingyi in Revolutionary China*. Berkeley, CA: University of California Press, 1995.

Schram, Stuart. *Mao Tse-tung*. Harmondsworth: Penguin, 1966.

Schwartz, Benjamin. *Chinese Communism and the Rise of Mao*. Cambridge, MA: Harvard University Press, 1951.

Selden, Mark. *The Yenan Way in Revolutionary China*. Cambridge, MA: Harvard University Press, 1971.

Sheel, Kamal. *Peasant Society and Marxist Intellectuals in China: Fang Zhimin and the Origin of a Revolutionary Movement in the Xinjiang Region*. Princeton: Princeton University Press, 1989.

Sheridan, James E. *China in Disintegration: The Republican Era in Chinese History, 1912-1949*. New York: The Free Press, 1975.

Short, Philip. *Mao: A Life*. New York: Henry Holt, 2000.

Skinner, G. William. "Introduction: Urban and Rural in Chinese Society." In Skinner, G. William, ed., *The City in Late Imperial China*. Stanford, CA: Stanford University Press, 1977.

Skinner, G. William. "Introduction: Urban Development in Imperial China." In Skinner, G. William, ed., *The City in Late Imperial China*. Stanford: Stanford University Press, 1977.

Skocpol, Theda. *States and Social Revolutions: A Comparative Analysis of France, Russia, and China*. Cambridge: Cambridge University Press, 1979.

Spence, Jonathan. *God's Chinese Son: The Taiping Heavenly Kingdom of Hong Xiuquan*. New York: W. W. Norton & Company, 1996.

Spence, Jonathan. *Mao Zedong*. New York: Lipper/Viking, 1999.

Terrill, Ross. *Mao: A Biography*. Stanford, CA: Stanford University Press, 1999.

U, Eddy. "Third Sister Liu and the Making of the Intellectual in Socialist China." *The Journal of Asian Studies*, No. 69 (2010), 57-83.

Van De Ven, Hans, J. *From Friends to Comrades: The Founding of the Chinese Communist Party,*

1920-1927. Berkeley, CA: University of California Press, 1991.

Vogel, Ezra. *Deng Xiaoping and the Transformation of China*. Cambridge, MA: Belknap Press of Harvard University Press, 2011.

Wakeman, Frederick, Jr. "Rebellion and Revolution: The Study of Popular Movements in Chinese History." *The Journal of Asian Studies*, Vol. 36, No. 2 (1977), 201-237.

Walder, Andrew G. and Yang Su. "The Cultural Revolution in the Countryside, Scope, Timing and Human Impact." *The China Quarterly*, No. 173 (2003), 74-99.

Wou, Odoric, Y. K. *Mobilizing the Masses: Building Revolution in Henan*. Stanford, CA: Stanford University Press, 1994.

Wu Tien-wei. "A Review of the Wuhan Debacle: The Kuomintang-Communist Split of 1927." *Journal of Asian Studies*, 29(1), 1969.

Yang, Benjamin. "The Making of a Pragmatic Communist: The Early Life of Deng Xiaoping, 1904-1949." *China Quarterly*, No. 135 (1993), 444-456.

Yeh Wen-hsin. *Provincial Passages: Culture, Space, and the Origins of Chinese Communism*. Berkeley, CA: University of California Press, 1996.

Zarrow, Peter. *China in War and Revolution, 1895-1945*. London: Routledge, 2005.

Zarrow, Peter. *Anarchism and Chinese Political Culture*. New York: Columbia University Press, 1990.

Zheng Chaolin. *An Oppositionist for Life: Memoirs of the Chinese Revolutionary Zheng Chaolin*. Gregor Benton, trans. Atlantic Highlands, N.J.: Humanities Press, 1997.

責任編輯：黎耀強
封面設計：簡雋盈
排　版：陳美連
印　務：劉漢舉

紅神：韋拔群與華南邊疆的農民革命

□
著者
韓孝榮

□
出版
中華書局（香港）有限公司
香港北角英皇道499號北角工業大廈1樓B
電話：(852)2137 2338 傳真：(852)2713 8202
電子郵件：Info@chunghwabook.com.hk
網址：http://www.chunghwabook.com.hk

□
發行
香港聯合書刊物流有限公司
香港新界荃灣德士古道220-248號荃灣工業中心16樓
電話：(852)2150 2100　傳真：(852)2407 3062
電子郵件：info@suplogistics.com.hk

□
印刷
美雅印刷製本有限公司
香港觀塘榮業街6號海濱工業大廈4樓A室

□
版次
2023年2月初版
© 2022中華書局（香港）有限公司

□
規格
16開（230mm x 170mm）

□
ISBN：978-988-8809-43-1

The Chinese translation of this book is made possible by permission of the State University
of New York Press ©2014, and may be sold throughout the World.